藤井俊二
宮﨑　淳 〔著〕

レクチャー 民法学
債権各論
［第2版］

成文堂

□ 第2版のはしがき □

　民法が1896年に制定されて以来およそ120年ぶりに全般的な見直しが行われ、2017年5月、第193回国会において「民法の一部を改正する法律」（平成29年法律第44号）が成立した。この民法改正法は、2020年4月1日から施行される。

　この改正によって、債権各論の分野でも大きな修正を受けることになった。特に、契約上の地位の移転や定型約款に関する規定の新設、さらに、危険負担、契約解除の規定の大幅な改正、売主の担保責任を債務不履行責任に変更する等、極めて大きな改正がなされた。したがって、本書もこの改正法に即して改訂する必要が生じた。我々としては、2020年4月1日の施行日前には本書を刊行していたいと考え、急いで改訂作業を行ったために、わかりやすい記述を旨とした本書の趣旨が損なわれ、理解が難しい箇所が生じているかもしれず、また思わぬ過誤をおかしているかもしれないと危惧している。読者の皆様からのご教示をお願いする次第である。

　本書の校正には、藤井の研究室出身の佐藤元弁護士（法学修士、法務博士）と千葉商科大学の太田昌志准教授の協力を得た。ここに記して感謝申し上げる。また、ますます厳しくなる出版事情の中、本書の出版を引き受けて頂いた成文堂阿部成一社長、周到な編集作業をしていただいた飯村晃弘氏、松田智香子さんにもお礼を申し上げる。

2019年5月

藤　井　俊　二

宮　﨑　　淳

□ 初版のはしがき □

　かつて、我妻榮博士が、その著書『債権各論中巻一』の序文で「各種の契約はなかなか難しい。総則・物権・担保物権・債権総論・〔債権〕各論上巻と、それぞれの場所で考えたことが、すべてみな総合されて姿を現す」と述べて、その記述の困難さを表現している。また、田山輝明教授は、「不法行為の領域は民法の分野でも最も激しい変動を経験しているということができる。それだけに学説・判例も多く出現しており、これをもれなく集約することはほとんど不可能である」（『不法行為法』はしがき）と述べられている。このように、民法の大家がその叙述の困難さ、ひいては学習の困難さを嘆いている債権各論の分野について、法学部の学生に理解しやすい教科書を提供しようとする意図で、われわれは、本書を著すことにした。

　民法の規定は、抽象的であり、初学者には理解が困難でなものであったことは、筆者達が、ようやく制限行為能力者から行為能力者になった法学部生時代に既に体験していることである。そこで、本書は、通信教育部生にも使用されることを念頭に置いて、自宅学習でも理解しやすいように多数のケースを例示して具体的に問題解決をしながら、議論を進めるように工夫をした。民法に関する問題は、実生活の中から具体的に発生するものであるから、読者が自ら本書に書かれているケースをどのように解決すべきかを考えながら読み進むことを勧めたい。そのように読み進めば、自ずからそこにおける法理論も理解できることになるであろう。

　さて、従来、「民法的なものが深海の底流を凝視するものなるかの観を示す」（柚木馨『担保物権法』はしがき）といわれていたが、近時、民法の現代語化をはじめとして、民法関連諸法の改正が激しく、従来の静的なものとされていた民法とは異なった様相を呈するようになっている。われわれは、近時の動的な民法、すなわち種々の新法および改正法をフォローし、本書の記述

に反映するように努めた。今後も、債権法の改正が予定されており、われわれも、法改正に合わせて、本書の改訂もしなければならないであろうことは覚悟している。また、われわれが、執筆に際して思わぬ過誤をおかしていないとも限らない。読者も、最新の六法で新しい法状況を確認するように努めて頂きたい。読者からの忌憚のないご意見を筆者達にお寄せ頂ければ幸いである。

　最後に、本書の出版については、昨今の厳しい出版事情の中において引き受けて頂いた成文堂社長阿部耕一氏、また、様々な配慮をして頂いた取締役土子三男氏および編集部石川真貴さんに心から感謝申し上げる。

2006年8月25日

藤　井　俊　二

宮　﨑　　淳

□ 目　次 □

第 2 版のはしがき i

はしがき ii

Lecture 1　契約序論 1

Ⅰ　契約とは何か 2

　　1. 契約の意義 *(2)*　　2. 契約の種類 *(2)*　　3. 契約自由の原則とその修正 *(4)*　　4. 約款による契約 *(5)*

Ⅱ　契約の成立 8

　　1. 契約成立の前段階―契約締結上の過失（culpa in contrahendo）― *(8)*
　　2. 申込みと承諾による契約の成立 *(10)*

Lecture 2　契約の効力 16

Ⅰ　契約の本体的効力 17

Ⅱ　双務契約上の債務における牽連関係 17

　　1. 総　説 *(17)*　　2. 同時履行の抗弁権 *(18)*　　3. 危険負担 *(25)*

Ⅲ　第三者のためにする契約 27

　　1. 第三者のためにする契約とは *(27)*　　2. 第三者のためにする契約の効果 *(28)*

Ⅳ　契約上の地位の移転（契約引受） 30

　　1. 契約上の地位の移転の意義 *(30)*　　2. 要　件 *(31)*　　3. 効　果 *(31)*

Lecture 3　契約の解除 33

Ⅰ　契約の解除とは 34

Ⅱ　契約解除と類似の制度 34

Ⅲ　法定解除権 35

vi　目　次

　　　1. 催告による解除 *(36)*　　2. 無催告解除 *(39)*

　Ⅳ　**解除権の行使** ·· 42

　　　1. 解除権行使の方法 *(42)*　　2. 解除権の不可分性 *(43)*

　Ⅴ　**法定解除の効果** ·· 43

　　　1. 原状回復義務 *(44)*　　2. 原状回復の範囲 *(45)*　　3. 第三者の保護 *(46)*
　　　4. 損害賠償請求 *(49)*　　5. 解除権の消滅 *(50)*

　Ⅵ　**約定解除** ·· 51

　　　1. 約定解除権の行使 *(51)*　　2. 約定解除の効果 *(51)*　　3. 約定解除権の消滅 *(51)*

　Ⅶ　**解除契約（合意解除）** ·· 52

Lecture 4　贈与・売買（1）································· 53

　Ⅰ　**贈　与** ·· 54

　　　1. 贈与の意義および法的性質 *(54)*　　2. 贈与の効力 *(54)*　　3. 特殊の贈与 *(56)*

　Ⅱ　**売　買（1）** ·· 57

　　　1. 売買とは *(57)*　　2. 売買の成立 *(57)*　　3. 売買の効力 *(61)*

Lecture 5　売　買（2）···································· 66

　Ⅰ　**売主の契約不適合責任** ·· 67

　　　1. 売主の目的物契約適合性確保義務 *(67)*　　2. 売買目的物の種類・品質・数量に関する契約不適合性 *(67)*　　3. 契約不適合の意味 *(67)*　　4. 追完請求権 *(69)*
　　　5. 代金減額請求権 *(70)*　　6. 損害賠償請求権 *(72)*　　7. 契約解除 *(73)*
　　　8. 権利に関する契約不適合 *(74)*　　9. 契約不適合責任の期間制限 *(76)*
　　　10. 契約不適合責任と錯誤の関係 *(77)*　　11. 競売の場合の特則 *(78)*
　　　12. 債権の売主の担保責任 *(79)*　　13. 担保権実行の際の費用償還 *(79)*
　　　14. 契約不適合責任免除特約 *(79)*

Lecture 6　売買（3）・交換 ···························· 81

　Ⅰ　**危険の移転** ·· 83

　　　1. 引渡し後の目的物の滅失・損傷 *(76)*　　2. 売主の提供した物が受理されなかった場合 *(83)*

　Ⅱ　**買主の義務** ·· 83

目　次　*vii*

　　　1. 代金支払義務 *(83)*　　2. 目的物引取義務 *(85)*

　Ⅲ　買戻し ··· 85

　　　1. 買戻しの意義 *(85)*　　2. 買戻しと再売買の予約の有効要件 *(86)*　　3. 対
　　抗要件 *(88)*　　4. 買戻権 *(88)*　　5. 買戻権と予約完結権の行使 *(88)*　　6.
　　買戻しの効果 *(89)*

　Ⅳ　交　換 ··· 89

　　　1. 交換の意義 *(89)*　　2. 効　力 *(90)*

Lecture 7　消費貸借・使用貸借 ································· 91

　Ⅰ　消費貸借 ··· 92

　　　1. 消費貸借の意義 *(92)*　　2. 消費貸借の法的性質 *(92)*　　3. 利　息 *(94)*
　　4. 消費貸借の効力 *(94)*　　5. 消費貸借の終了 *(95)*　　6. 準消費貸借 *(96)*

　Ⅱ　使用貸借 ··· 98

　　　1. 使用貸借の意義・性質 *(98)*　　2. 使用貸借の効力 *(98)*　　3. 使用貸借の
　　終了 *(100)*　　4. 使用貸借終了における貸主・借主の権利義務 *(102)*

Lecture 8　賃貸借（1） ··· 105

　Ⅰ　賃貸借の意義・性質 ·· 106

　Ⅱ　民法上の賃貸借と賃貸借特別法 ································· 106

　Ⅲ　賃貸借の成立 ··· 109

　　　1. 賃貸借の目的物 *(109)*　　2. 賃貸借の成立 *(110)*　　3. 短期賃貸借 *(110)*

　Ⅳ　賃貸借の効力 ··· 111

　　　1. 賃貸人の義務 *(111)*　　2. 賃借人の義務 *(116)*

Lecture 9　賃貸借（2） ··· 124

　Ⅰ　賃借権の対外的効力 ·· 125

　　　1. 賃借権の対抗力 *(125)*　　2. 賃貸人の地位の移転 *(126)*　　3. 賃借権に基
　　づく妨害排除請求権 *(129)*

　Ⅱ　賃借権の譲渡・賃借物の転貸 ··································· 130

　　　1. 賃借権の譲渡・賃借物の転貸とは *(130)*　　2. 賃借権の無断譲渡・賃借物の
　　無断転貸 *(131)*　　3. 適法になされた賃借権の譲渡・賃借物の転貸 *(133)*

viii　目　次

Ⅲ　賃貸借の終了 ··· 136

1. 存続期間の満了 *(136)*　　2. 解約の申入れ *(137)*　　3. 解　除 *(138)*　　4. 賃借目的物の使用収益不能 *(140)*　　5. 混　同 *(140)*

Lecture 10　賃貸借 (3) ··· 141

Ⅰ　宅地・建物・農地の賃貸借特別法 ································ 142

1. 不動産賃貸借特別法の成立と展開 *(142)*

Ⅱ　借地借家法における借地関係 ····································· 145

1. 借地権の種類 *(145)*　　2. 借地権の存続期間 *(146)*　　3. 借地権の対抗力 *(151)*　　4. 地代等の増減額請求権 *(155)*　　5. 建物買取請求権 *(157)*　　6. 自己借地権 *(158)*　　7. 借地条件の変更等 *(159)*　　8. 定期借地権等 *(161)*　　9. 一時使用目的の借地権 *(163)*　　10. 平成 4 年 8 月 1 日前に設定された借地関係 *(163)*

Lecture 11　賃貸借 (4) ··· 165

Ⅰ　借地借家法における借家関係 ····································· 166

1. 借家権の対抗力 *(166)*　　2. 借家権の存続期間と借家契約の更新 *(167)*　　3. 定期建物賃貸借等 *(168)*　　4. 賃料増減額請求権 *(170)*　　5. サブリース問題 *(170)*　　6. 造作買取請求権 *(171)*　　7. 建物転借人の保護 *(173)*　　8. 借地上の建物の賃借人保護 *(173)*　　9. 居住用建物賃借権の承継 *(174)*

Lecture 12　雇用・委任 ··· 176

Ⅰ　雇　用 ·· 177

1. 雇用の意義と成立 *(177)*　　2. 効　力 *(178)*　　3. 雇用の終了 *(180)*

Ⅱ　委　任 ·· 182

1. 委任の意義 *(182)*　　2. 委任の成立 *(182)*　　3. 委任の効力 *(182)*　　4. 委任の終了 *(186)*

Lecture 13　請　負 ··· 190

Ⅰ　請負の意義 ·· 191

Ⅱ　請負の成立 ·· 191

Ⅲ　請負の効力 ·· 191

目　次　*ix*

　　1.　請負人の義務（*191*）　　2.　目的物の所有権の帰属（*192*）　　3.　仕事の滅
失・損傷（*193*）　　4.　請負人の担保責任（契約不適合責任）（*194*）　　5.　注文
者の義務（*198*）

　Ⅳ　請負の終了 ……………………………………………………………… 199

　　1.　仕事完成前における注文者の解除権（*199*　　2.　注文者の破産（*200*）

Lecture 14　組　合 …………………………………………………… 201

　Ⅰ　組合の意義 ……………………………………………………………… 202

　　1.　組合と組合契約（*202*）　　2.　組合と社団（*202*）　　3.　組合と区別されるべ
き団体（*202*）　　4.　組合契約の法的性質（*203*）

　Ⅱ　組合の成立 ……………………………………………………………… 204

　　1.　組合契約による組合の成立（*204*）　　2.　組合契約の瑕疵（*205*）

　Ⅲ　組合の業務執行 ………………………………………………………… 205

　　1.　組合の内部的業務執行（*205*）　　2.　対外的業務（組合代理）（*206*）

　Ⅳ　組合の財産関係 ………………………………………………………… 208

　　1.　組合財産の法的性質（*208*）　　2.　組合財産に対する組合員の物権的権利
（*208*）　　3.　組合の債権（*209*）　　4.　組合の債務（*210*）　　5.　損益分配（*211*）

　Ⅴ　組合員の変動 …………………………………………………………… 211

　　1.　組合員の変動と組合の同一性（*211*）　　2.　組合員の脱退（*211*）　　3.　組合
員の加入・組合員の地位の譲渡（*213*）

　Ⅵ　組合の解散と清算 ……………………………………………………… 214

　　1.　組合の解散（*214*）　　2.　組合の清算（*214*）

Lecture 15　寄託・終身定期金・和解 ……………………………… 216

　Ⅰ　寄　託 …………………………………………………………………… 217

　　1.　寄託の意義（*217*）　　2.　寄託の成立（*217*）　　3.　寄託の効力（*218*）　　4.
寄託の終了（*220*）　　5.　特殊な寄託（*221*）

　Ⅱ　終身定期金 ……………………………………………………………… 222

　　1.　終身定期金の意義（*222*）　　2.　終身定期金の効力（*223*）

　Ⅲ　和　解 …………………………………………………………………… 224

　　1.　和解の意義と成立（*224*）　　2.　和解の効力（*225*）　　3.　示談と後遺症（*227*）

x　目　次

Lecture 16　不法行為の基礎理論 ················· 228

I　不法行為の意義と機能 ··························· 229

1. 不法行為の意義と機能 *(229)*　　2. 民事責任と刑事責任の分化 *(229)*

II　過失責任と無過失責任 ··························· 230

1. 過失責任主義 *(230)*　　2. 無過失責任主義 *(230)*　　3. 危険責任主義と報償責任主義 *(230)*　　4. 準無過失責任（中間責任）*(231)*

III　不法行為責任と債務不履行責任 ··················· 231

1. 不法行為責任と債務不履行責任の相違 *(231)*　　2. 請求権競合論 *(232)*

IV　不法行為責任と保険 ··························· 233

1. 責任保険 *(233)*　　2. 補償制度 *(234)*　　3. 社会保障 *(235)*

V　不法行為法の構造 ··························· 235

Lecture 17　故意または過失 ················· 237

I　一般的不法行為の成立要件の概要 ··················· 238

II　過　失 ··························· 239

1. 主観的過失と客観的過失 *(239)*　　2. 抽象的過失と具体的過失 *(240)*　　3. 予見可能性と結果回避義務 *(240)*　　4. 軽過失と重過失 *(244)*

III　故　意 ··························· 244

IV　過失の立証責任 ··························· 245

V　責任能力 ··························· 246

1. 責任能力制度の意義 *(246)*　　2. 未成年者 *(247)*　　3. 責任弁識能力を欠く者 *(248)*

Lecture 18　権利侵害と違法性 ················· 249

I　権利侵害論から違法性論への展開 ··················· 250

1. 権利侵害論 *(250)*　　2. 違法性論の出現と相関関係説 *(251)*　　3. 相関関係説の問題点と要件論の混乱 *(252)*

II　不法行為二分論の登場 ··························· 252

1. 絶対権・絶対的利益と相対権・相対的利益 *(252)*　　2. 権利侵害類型と違法侵害類型 *(253)*

Ⅲ　権利侵害類型―絶対権・絶対的利益とその保護 ················ 254

1. 絶対的人格権と相対的人格権 (254)　　2. 絶対的人格権の侵害 (255)　　3. 物権ないし物権的権利の侵害 (255)

Ⅳ　違法侵害類型―相対権・相対的利益とその保護 ················ 257

1. 債権侵害 (257)　　2. 営業上の利益侵害 (258)　　3. 生活妨害（公害）(259)　　4. 相対的人格権の侵害 (260)

Ⅴ　被侵害利益の要保護性の程度 ······································ 266

Ⅵ　違法性阻却事由 ·· 267

1. 正当防衛 (267)　　2. 緊急避難 (268)　　3. 社会的に妥当な行為 (269)
4. 被害者の承諾 (270)　　5. 自力救済 (270)

Lecture 19　損害の発生、因果関係、賠償範囲の画定 ············ 272

Ⅰ　損害の発生 ·· 273

1. 損害の定義 (273)　　2. 財産的損害・非財産的損害と積極的損害・消極的損害 (274)

Ⅱ　因果関係 ·· 274

1. 因果関係の意義 (274)　　2. 因果関係の存否 (275)　　3. 因果関係の立証 (276)

Ⅲ　賠償範囲の画定 ·· 278

1. 相当因果関係説 (278)　　2. 近時の有力説 (279)

Lecture 20　不法行為の効果（1）······························ 281

Ⅰ　損害賠償の方法 ·· 281

1. 金銭賠償の原則 (282)　　2. 原状回復 (282)　　3. 差止め (283)

Ⅱ　損害賠償請求権の主体 ·· 286

1. 自然人・法人・胎児 (286)　　2. 間接被害者 (287)　　3. 生命侵害の場合の賠償請求権者 (289)

Lecture 21　不法行為の効果（2）······························ 292

Ⅰ　損害賠償額の算定 ·· 293

1. 損害賠償額の算定方法 (293)　　2. 損害賠償額の算定基準時 (296)　　3. 弁護士費用 (297)　　4. 過失相殺 (298)　　5. 損益相殺 (300)

xii　目　次

Ⅱ　損害賠償請求権の性質 ……………………………………………… 302

1. 相続性と一身専属性 *(302)*　　2. 相殺の禁止 *(303)*　　3. 消滅時効 *(303)*

Lecture 22　特殊の不法行為 ……………………………………… 307

Ⅰ　特殊の不法行為とは ……………………………………………… 308

Ⅱ　責任無能力者の監督義務者責任 ………………………………… 308

1. 監督義務者責任の意義 *(308)*　　2. 監督義務者・代理監督者 *(309)*　　3. 監督義務者の709条責任 *(309)*

Ⅲ　使用者責任 ………………………………………………………… 310

1. 使用者責任の意義 *(310)*　　2. 使用者責任の成立要件 *(311)*　　3. 賠償義務者 *(314)*　　4. 求償関係 *(314)*　　5. 注文者の責任 *(315)*

Ⅳ　土地工作物責任 …………………………………………………… 315

1. 土地工作物責任の意義 *(315)*　　2. 土地工作物責任の要件 *(316)*　　3. 賠償責任の負担者 *(317)*

Ⅴ　動物占有者の責任 ………………………………………………… 318

1. 動物占有者責任の意義 *(318)*　　2. 動物占有者責任の要件 *(318)*　　3. 賠償責任の負担者—占有者・保管者 *(319)*

Ⅵ　共同不法行為 ……………………………………………………… 319

1. 共同不法行為の意義 *(319)*　　2. 共同不法行為の成立要件 *(320)*　　3. 共同不法行為の効果 *(322)*　　4. 加害者不明の共同不法行為 *(323)*　　5. 教唆・幇助による共同不法行為 *(323)*　　6. 競合的不法行為 *(324)*

Lecture 23　特別法上の不法行為 ………………………………… 325

Ⅰ　特別法上の不法行為 ……………………………………………… 326

Ⅱ　国家賠償法 ………………………………………………………… 326

1. 国家賠償法の意義 *(326)*　　2. 公務員の不法行為責任 *(326)*　　3. 公の営造物責任 *(328)*　　4. 賠償責任者 *(329)*

Ⅲ　自動車損害賠償保障法 …………………………………………… 329

1. 自動車損害賠償保障制度の意義 *(329)*　　2. 運行供用者 *(330)*　　3. 運行供用者責任の成立要件 *(331)*

Ⅳ　製造物責任法 ……………………………………………………… 332

目　次　*xiii*

1．製造物責任制度の意義 *(332)*　　2．製造物責任の成立要件 *(333)*　　3．賠償義務者 *(334)*　　4．請求権行使期間 *(334)*

V　失火責任法 ……………………………………………………………… 335

1．失火責任法の意義 *(335)*　　2．重過失 *(335)*　　3．他の賠償責任との関係 *(335)*

Lecture 24　事務管理 ……………………………………………… 337

I　事務管理の意義 ……………………………………………………… 338

II　事務管理の成立要件 ………………………………………………… 339

1．他人の事務を管理すること *(339)*　　2．他人のためにする意思があること *(340)*　　3．法律上の義務がないこと *(340)*　　4．本人の意思および利益に適合すること *(341)*

III　事務管理の効果 …………………………………………………… 341

1．違法性の阻却 *(341)*　　2．事務管理者の義務 *(342)*　　3．本人の義務 *(343)*　　4．事務管理の対外的効果 *(345)*

IV　準事務管理 ………………………………………………………… 346

Lecture 25　不当利得 ……………………………………………… 349

I　不当利得の意義および類型 ………………………………………… 350

1．不当利得の意義 *(350)*　　2．不当利得の性質 *(350)*　　3．不当利得の類型 *(351)*

II　一般不当利得の成立要件 …………………………………………… 354

1．「受益」と「損失」*(354)*　　2．受益と損失との間における因果関係 *(356)*　　3．法律上の原因がないこと *(357)*

III　転用物訴権 ………………………………………………………… 359

IV　一般不当利得の効果 ……………………………………………… 361

1．現物返還と価格返還 *(361)*　　2．他の請求権との関係 *(361)*　　3．不当利得返還の範囲 *(362)*

V　特殊な不当利得 …………………………………………………… 366

1．非債弁済 *(366)*　　2．不法原因給付 *(366)*

事項索引 *(370)*
判例索引 *(377)*

xiv　凡　例

■凡例

1　法令の略語について
　法令名は、原則として、『六法全書』（有斐閣）の法令略語表にしたがった。

2　判例および判例集の略語について

大判	大審院判決
大連判	大審院連合部判決
最大判	最高裁判所大法廷判決
最判	最高裁判所判決
高判	高等裁判所判決
地判	地方裁判所判決
支判	支部判決
＊	＊
民録	大審院民事判決録
刑録	大審院刑事判決録
民集	大審院民事判例集、最高裁判所民事判例集
刑集	大審院刑事判例集、最高裁判所刑事判例集
裁判例	大審院裁判例
判決全集	大審院判決全集
裁判集民	最高裁判所裁判集民事
高民集	高等裁判所民事判例集
下民集	下級裁判所民事裁判例集
裁時	裁判所時報
新聞	法律新聞
判時	判例時報
判タ	判例タイムズ
法学	法学（東北大学）
金商	金融・商事判例
金法	金融法務事情
＊	＊

〈例〉　最判平 7 ・ 9 ・19民集49巻 8 号2805頁
　　　→最高裁判所平成 7 年 9 月19日判決（最高裁判所民事判例集49巻 8 号2805頁所収）

Lecture **1**　契約序論

Resume
Ⅰ　契約とは何か
　1．契約の意義
　2．契約の種類
　　a．典型契約・非典型契約
　　b．双務契約・片務契約
　　c．有償契約・無償契約
　　d．諾成契約・要物契約
　　e．要式契約・不要式契約
　　f．継続的契約・一時的契約
　3．契約自由の原則とその修正
　4．約款による契約
　　a．約款の意義
　　b．約款の拘束力
　　c．定型約款
　　　ⅰ）定型約款の定義
　　　ⅱ）定型約款におけるみなし合意
　　　ⅲ）不当条項・不意打ち条項の排除
　　　ⅳ）定型約款の事前の開示
　　　ⅴ）定型約款の変更
Ⅱ　契約の成立
　1．契約成立の前段階―契約締結上の過失（culpa in contrahendo）―
　2．申込みと承諾による契約の成立
　　a．申込み
　　b．承諾
　　c．契約の成立時期
　　d．競売・入札による契約の成立
　　e．交叉申込み
　　f．懸賞広告・優等懸賞広告
　　　ⅰ）懸賞広告の効力
　　　ⅱ）優等懸賞広告の効力
　　g．事実的契約関係

▣ Ⅰ 契約とは何か ▣

1．契約の意義

　例えば、Aが友人のBに対してその所有する自動車を100万円で売りたいという意思を表示し（申込み）、ちょうど自動車がほしかったBは、手頃な値段でもあるので買うという意思を表示する（承諾）と、AとBの間で売買契約が成立する。すなわち、「売りたい」・「買いたい」という相対立する意思表示が合致することによって成立する法律行為を契約という。契約が成立すると、AはBに対して代金の支払いを請求する権利を取得し、BはAに対して自動車の引渡しと所有権移転を請求する権利を取得することになる。このように、契約は、当事者の意思表示によって債権を発生させるものである。

　契約の効力は、当事者の合意した内容だけから生じるわけではない。また、契約のすべての事項について当事者が合意していることも考えがたい。一般の市民間の契約では、欠陥のある自動車を引き渡した場合、あるいは代金を支払わなかった場合にどうするかなどについて合意していないのが通常であろう。民法は、合意がなかった事項を補充する規定を債権法の中に多く含んでいる。これらの規定を任意規定と呼ぶ。これらの規定は、当事者が別段の合意をした場合には適用されないものであり、当事者の意思を尊重する契約自由の原則に則った規定である（91条参照）。

2．契約の種類

a．典型契約・非典型契約

　民法が定める13種類の契約を「典型契約」といい、またはその契約類型に民法上名前が与えられていることから「有名契約」とも呼ばれる。

　民法上の規定のない契約類型を「非典型契約」または「無名契約」という。典型契約または非典型契約をいくつか組み合わせたような内容を有する契約も存在するが、これを「混合契約」という。

b．双務契約・片務契約

契約当事者が互いに対価的意義を有する債務を負担する契約を双務契約（例えば、売買・賃貸借・請負など）という。例えば、売買契約では、売主は目的物の所有権の移転と引渡しについての債務を負担し、買主はその対価としての代金を支払う債務を負担する。

当事者の一方のみが債務を負担する契約を片務契約（例えば、贈与・消費貸借・使用貸借など）という。例えば、贈与の場合には、贈与者は目的物の所有権移転・引渡しについて債務を負うが、受贈者は何らの義務も負担しない。また、書面によらない金銭の消費貸借の場合には、下に述べるように要物契約であり、借主が貸主より金銭を受け取らなければ、契約の効力が生じないから（587条）、貸主は、金銭を貸す債務を負担していない。他方、借主が金銭を受け取ったときに契約の効力が発生するから、借主は、金銭を返す債務を負担する。

c．有償契約・無償契約

当事者が互いに対価的意義を有する給付をする契約（例えば、売買・賃貸借・請負など）を有償契約といい、そうではない契約（例えば、贈与、使用貸借など）を無償契約という。双務契約は有償契約であり、一般に無償契約は片務契約である場合が多い。しかし、例えば、書面によらない消費貸借の場合には、片務契約であるが、無利息の場合は、無償契約であり、利息付きの場合には、有償契約である。例えば、AがBに100万円を利息年1割で貸し、Bが1年後に元本100万円に年1割の利息（10万円）を付けてAに返済した場合に、この利息10万円は元本100万円の使用の対価とみなすことができる。有償契約には売買の規定が準用される（559条）。

d．諾成契約・要物契約

当事者の意思表示の合致のみによって成立する契約を諾成契約という。民法上のほとんどの契約が諾成契約であるが、例外的に、契約の効力が生じるために物の交付を要件とする契約があり、これを要物契約という。民法では、書面によらない消費貸借（587条）が、これにあたる。

e．要式契約・不要式契約

契約が成立するためには、当事者の合意だけでは足りず、契約書の作成が必要とされる契約を要式契約という。当事者の合意だけで契約が成立し、何らの要式も必要ではない契約を不要式契約という。

f．継続的契約・一時的契約

売買や贈与のように一回的給付の履行によって契約関係が終了するものを一時的契約といい、賃貸借のように契約関係が長期的に継続するものを継続的契約という。民法は、賃貸借の解除について特則を設けているが（620条）、これ以外にも継続的契約関係の解消の要件・効果について一時的契約と異なるとする議論がなされる（賃貸借についての説明において、詳述する）。

3．契約自由の原則とその修正

契約当事者の自由な意思によって契約関係が形成される契約自由の原則は、所有権絶対および過失責任の原則と並ぶ近代民法の古典的私法原理である。改正によってこの原則は、明文化された（521条）。

契約自由原則は、具体的には、①契約を締結するか否かの自由（521条1項）、②相手方選択の自由、③契約内容決定の自由（521条2項）、④方式の自由（522条2項）を意味するが、そこで前提とされているのは、相互に自由で、対等な立場で交渉することのできる近代的自由人像であった。ここで、契約に拘束される根拠は、当事者の自由な意思によって債務を負担することに求められる。

しかし、資本主義の発展に伴って、契約自由の原則の弊害が生じるようになってきた。すなわち、契約自由の原則の形式的適用は、経済的強者が経済的弱者にその欲する契約を押しつけることを事実上認める結果となってしまった。それは、弱者から見れば実質的には契約の不自由を意味した。そこで、現代民法では、弱者の奪われた実質的契約自由を回復するために、多くの特別法によって契約自由の原則の修正がなされている。

契約締結・相手方選択の自由の修正では、独占的事業や人命・人権に関する職業に関わる者は一定の承諾義務が課せられている（電気事業法17条1項、

ガス事業法47条1項、医師法19条1項等）。また、社会的弱者を保護するために、締結された契約条項の効力を否定する場合もある（借地借家9条・16条・21条・30条・37条、労基13条等）。

4．約款による契約

a．約款の意義

現代社会では、鉄道・バス・航空機等による運送契約、ホテルの宿泊契約、火災保険・生命保険契約、ガス・電気の供給契約等は、約款を用いて契約される場合が多いといってよいであろう。

約款〔ヤッカン〕とは、多数の契約に用いるためにあらかじめ定式化された契約条項の総体をいう。約款による契約では、顧客は約款の内容を認識し、理解することは困難であることが多く、たとえ理解してその修正を求めても、事業者がそれに応じないのが通例である。

約款を使用すると、取引にかかるコストは節約できるという利点はあるが、しかし、顧客としては、事業者が提示してきた約款を受け入れるかどうかを決定するだけで、約款の内容の修正をするなどの自己決定権を行使する機会がない、すなわち、約款による契約が私的自治の原則に合致していないわけであるから、なぜその約款に拘束されるのか、という疑問が生じるのは当然である。

b．約款の拘束力

約款を用いた契約において、当事者、とくに顧客は個別的に合意もしていない約款になぜ拘束力があるのか疑問に思うであろう。旧い判例は、顧客が契約当時、約款の内容を知らなかったとしても、「反証なき限りその約款よる意思をもって契約したものと推定すべ」きであるとしていた（大判大4・12・24民録21輯2182頁）。

しかし、今日の学説は、約款も本質的には契約であるから、約款を契約に組み入れるとの当事者の合意（組入れ合意）があって、拘束力が生じると解している。組入れ合意をするためには、当事者、特に顧客が組み入れられる約款を認識する機会が保障されていなければならない。このことは、約款の事

前開示が約款を契約内容に組み入れるための要件（組入れ要件）として重視される。この場合には事前に開示されたという事実が本質的ではなく、約款の内容を知る機会が事前に顧客に与えられたことが本質であることに注意しよう。

c．定型約款
i）定型約款の定義

民法において規律の対象とされる約款は「定型約款」である。定型約款とは、「定型取引（ある特定の者が不特定多数の者を相手方として行う取引であって、その内容の全部又は一部が画一的であることが双方にとって合理的なもの）」において「契約の内容とすることを目的としてその特定の者により準備された条項の総体をいう」（548条の2第1項柱書）。

すなわち、定型約款とは、次の全ての要件を満たす「条項の総体」をいう。

①定型取引に用いられること

「定型取引」とは、次の2つの要件を満たすものである。ⓐ特定の者が不特定多数の者を相手方と行うものであって、ⓑ取引の内容の全部または一部が画一的であることが双方にとって合理的なものでなければならない。

例えば、労働契約は相手方の個性に注目して行われるのであって、「不特定多数の者」を相手方にする契約ではないから、ⓐの要件を満たさない。また、ⓑ相手方が交渉を行わず、一方の当事者が準備をした契約条項総体を、交渉の過程で修正や変更せずに、そのまま受け入れて契約の締結に至ることが取引通念に照らして合理的である取引でなければならない。双方にとって「合理的」であることが必要である。

②契約内容とすることを目的として準備されたものであること

③当該定型取引の当事者の一方により準備されたものであること

上記の定義からすると、生命保険約款、損害保険約款、旅行業約款、宿泊約款、運送約款、預金規定、コンピュータ・ソフトウェアの利用約款などが定型約款に該当するとされる。

ii）定型約款におけるみなし合意

定型約款は、次の要件を満たすとき、その個別の条項の効力が認められる。

すなわち、定型取引を行うことの合意をした者は、①定型約款を契約内容とする旨の合意をしたとき（548条の２第１項１号）、定型約款の個別条項について当事者間で合意があったものとみなされる。この場合は、個別の条項を契約内容に組み入れる合意したものをみなすことになる。

または②定型約款を準備した者（定型約款準備者）があらかじめその定型約款を契約内容とする旨を相手方に表示していたときは（548条の２第１項２号）、定型約款の個別条項について当事者間で合意があったものとみなされる。

③取引自体の公共性が高く、かつ約款による契約内容の補充の必要性が高い一定の取引に用いられる定型約款は、定型約款準備者が当該定型約款によって契約の内容が補充されることをあらかじめ公表していた場合にも、当事者はその定型約款の個別条項について合意したものとみなされる。例えば、鉄道やバスによる旅客運送取引である（鉄道営業法18条の２、道路運送法87条等）。

iii）不当条項・不意打ち条項の排除

定型約款の条項が、①「相手方の権利を制限し、又は相手方の義務を加重する条項であって、その定型取引の態様及びその実情並びに取引上の社会通念に照らして」信義則（１条２項）に反して「相手方の利益を一方的に害すると認められるもの」については、合意しなかったものとみなす（548条の２第２項）。不当条項及び相手方に不意打ちとなる条項を排除するための規定である。

iv）定型約款の事前の開示

定型約款準備者が約款の内容を開示する義務を負う場合は、次の場合である。

①定型取引合意の前、または②定型取引合意の後相当の期間内に、相手方から請求があった場合に、定型約款準備者は、遅滞なく相当な方法で定型約款の内容を開示しなければならない（548条の３第１項本文）

相手方からの事前の開示請求がされないままに定型約款を用いた契約が締結されたときは、548条の２に定める要件が満たされていれば、定型約款は

契約の内容となる。

定型約款準備者が、定型取引合意をする前に相手方からされた事前開示請求を拒んだときは、一時的な通信障害が発生した場合その他正当な事由がある場合を除き、定型約款は契約内容にならない（548条の3第2項）。

ⅴ) 定型約款の変更

定型約款準備者は、次の2つの場合には、個別に相手方と合意することなく定型約款の内容を変更することができる。すなわち、定型約款の変更が、①相手方の一般の利益に適合するとき（548条の4第1項1号）、または、②変更が契約をした目的に反せず、かつ、変更の必要性、変更後の内容の相当性、548条の4の規定により定型約款の変更をすることがある旨の定めの有無およびその内容その他の変更に係る事情に照らして合理的なものであるときは（548条の4第1項第2号）、変更をすることができる（548条の4第1項）。

この変更をするときは、効力発生時期を定め、かつ、定型約款を変更する旨および変更後の定型約款の内容並びにその効力の発生時期をインターネットの利用その他の適切な方法により周知しなければならない（同条2項）。

上記②による変更は、548条の4第2項による効力発生時期が到来するまでに同項による周知をしなければ、効力を生じない（548条の4第3項）。なお、定型約款変更については不当条項・不意打ち条項排除の規定（548条の2第2項）は、適用されない（548条の4第4項）。

☐ Ⅱ 契約の成立 ☐

ここでは、契約の成立に至るプロセスに即して、その法律問題を述べることとする。

1．契約成立の前段階─契約締結上の過失 (culpa in contrahendo) ─

現実の契約は、いきなり契約の申込みがなされることもあるが、契約に先立って長い交渉過程があってようやく契約成立に至るのが普通である。改正前の議論では、契約成立後の責任は債務不履行あるいは契約解除の問題として論じているが、その前段階である交渉過程は法の領域外におかれていた。

しかし、契約前の段階でも、法的に保護すべき場合があり、そうしなければ不当な結果が生じるのではないかとも考えられる。これが「契約締結上の過失」の問題である。この概念は、もともとドイツのイェーリングによって提唱されたものである。

Case 1

① ＡはＢに山中湖にある別荘を売却する契約を締結したが、Ａが2日前に別荘に行ったときに、座布団の上に火の付いたたばこを落としたまま、帰宅したので、契約締結の前日に別荘が全焼していた。Ｂはこれによって生じた損害の賠償をＡに請求することができるか。

② Ａがマンションの分譲を計画し、着工と同時に買主の募集を始めた。歯科医のＢが購入を希望してＡと交渉を開始したが、Ｂはなお検討するので結論を待ってくれと述べた。その間にＢがこのマンションで歯科医院を営むといっていたので、Ａは、Ｂの意向に添うように間取りの設計を変更し、さらに電気容量も歯科医院用に大容量にする施工をした。その後、Ｂは購入資金借入申込みのために見積書の作成を依頼したが、毎月の支払額が多額であることを理由に買取りを断り、結局契約は成立しなかった。ＡはＢに損害賠償を請求することができるか。

Case 1 の①の場合のように契約締結の時点で売主Ａの過失によって既に契約を履行することができない状態（原始的不能）になったときは、かつては契約が成立しないと解されていた。「契約締結上の過失」は、このような場合にも、買主Ｂに生じた損害（例えば、山中湖までの往復の交通費、購入資金を借りた場合の利息等）を債務不履行に準じた責任として売主に賠償させようとする理論である。債権法改正によって、債務の履行が原始的に不能であっても、債務不履行責任が認められることになった（412条の2第2項）。履行不能であることのリスクを債務者が引き受けていると認められることは、契約が有効に成立していることを前提としているものである。

また、今日では、Case 1 の②のように一定の段階に達した交渉を不当に破棄した場合に、信義則上、法的責任があるとされたり、交渉の過程での説明や助言が法的義務であるとされたりしている。

判例は、契約準備段階に入ったときは、信義則の支配する緊密な関係に立

10 Lecture 1 契約序論

ち、相手方の人格、財産を害しない信義則上の注意義務を負うとして、Case 1の②と類似の事案について過失割合5割の損害賠償責任（設計変更費用・電気施工費用）を肯定している（最判昭和59・9・18判時1137号51頁）。すなわち、契約の交渉過程であっても、相手方が契約が有効に成立すると信じ、その結果相手方が費用の支出等をした場合には、その信頼を裏切った当事者は相手方が被った損害（信頼利益：交通費、利息等）を賠償すべきことになる。したがって、Case 1の②では、Aは、Bに対して信頼利益の賠償を請求することができることになる。

2．申込みと承諾による契約の成立

a．申込み

申込みとは、承諾があれば契約を成立させようという意思表示である。申込みに対応する承諾があれば契約は成立する（522条1項）。しかし、申込みに対して価格などの変更を加えて承諾したときは、当初の申込みを拒絶して、新たな申込みをしたものとみなされる（528条）。

申込みと似て非なる概念に「申込みの誘引」がある。これは、申込みではなく、申込みを誘うものである。例えば、コンビニが「店員を求む」という札を店の前に貼っている場合である。これは申込ではないから、この札を見た者が「雇ってほしい」といった場合に、店主は必ず、雇わなければならないわけではない。すなわち、雇ってほしいというのが申込みであり、それに対して店主が「雇おう」と承諾しなければ、契約は成立しないのである。

Case 2

① 東京に住んでいるＡが北海道富良野市に住んでいるＢに対して、Ｂ所有の甲土地を別荘建設用に買いたいと申入れた。この申込みに対する返事を7月31日までにもらいたいと記載して申込みの手紙を7月1日にポストに投函し、7月3日にＢのもとに到達した。Ｂは、承諾する旨の手紙を7月28日に投函したが、郵便事情が悪く、通常ならば7月30日には到達するはずが、8月3日にＡに到達した。この売買契約は、成立するか。

② 上の場合にＡが承諾期間を定めずに、Ｂに申込みをしていた場合には、契約は成立するか。また、契約が成立するとすれば、何時成

立したことになるか。

　申込みは、意思表示に関する一般原則により相手方に到達することによって効力を生じる（97条1項）。Case 2 の①では、7月3日に申込みの効力が発生し、Bの承諾が7月31日までにAに到達すれば、売買契約は成立する。このように承諾があれば契約が成立しうる状態にあることを承諾適格という。

　いったん、なされた申込みを撤回することができるか。申込みには到達主義の原則が適用されるから、申込みが到達する前は、申込みの効力が発生していない。したがって、撤回することができる。到達後は、承諾の期間を定めた申込みは撤回することができない（523条1項本文）。もっとも、申込者が撤回する権利を留保したときは、この限りではない（同項ただし書）。また、承諾の期間を定めずになされた申込みは、承諾の通知を受けるのに相当な期間を経過するまで撤回をすることができない（525条1項）。これを申込みの拘束力という。ただし、申込者が撤回する権利を留保したときは、この限りではない（同項ただし書）。

　電話で交渉している場合のように、意思表示が到達するのに時間を要してない対話者間では、対話が継続している間は、いつでも撤回できる（525条2項）。

　承諾期間を定めた場合には、その期間を経過すると、その後に承諾が到達しても契約は成立しない（523条2項）。承諾期間を定めなかった場合には、相当期間が経過したからといって申込みの効力が失われるわけではない。それでは申込者が撤回をしない限り、申込みの効力は何時までも存続するであろうか。例えば、Case 2 の②の場合に、Bが1年を経過してから承諾をしてきたときにも契約は成立するであろうか。通常はこのような場合にも契約の成立を認めるのは不当である。したがって、取引慣行と信義則によって撤回可能となった時点から相当期間が経過すると、承諾をすることができなくなると解される（商法508条1項参照）。

　なお、対話者間で申込みをしたときは、相手方が対話継続中に承諾しない場合には、申込みは効力を失う（525条3項本文）。ただし、申込者が対話終了後も申込の効力は失われない旨の表示をしたときは、この限りでない（同項ただし書）。

12　Lecture 1　契約序論

　なお、意思表示に関する一般原則によれば、意思表示発信後に表意者が死亡し、意思能力を喪失し、または行為能力を制限された場合でも、意思表示の効力に影響はないとされるが（97条3項）、申込みの場合には、申込者が申込みの通知を発した後に死亡し、意思能力を有しない常況にある者になり、または行為能力の制限を受けた場合には、申込者がそのような事実が生じたならばその申込みは効力を有しない旨の意思表示をしていたとき、または相手方が承諾の通知を発するまでにその事実が生じたことを知ったときは、申込みは、効力を有しない（526条）。

b．承　諾

　承諾は、申込みに対してそれに応じて契約を成立させるために承諾者から申込者に対してなされる意思表示である。承諾の方式は、申込者が一定の方式を定めていない限り、原則として自由である。承諾は、明示でも、黙示でもよい。さらには、申込者に対して通知することなく、承諾の意思表示と認められるべき行為があれば契約は成立する（意思実現による契約の成立。527条）。
　承諾は、何時までになされるべきであろうか。承諾期間の定めた申込みの場合には、原則として、承諾期間内に承諾の通知が到達していなければならない（523条2項）。Case 2 の①で承諾期間を7月31日までとしていた場合に、Bが7月28日に承諾の通知を発信し、8月3日に到達した場合には、契約は成立しない。なお、承諾が延着した場合には、契約は成立しないが、これを新たな申込みとみなして、申込み者がこれに承諾をすると契約が成立する（524条）。

c．契約の成立時期

　さて、申込みと承諾が合致した場合に、何時契約は成立したことになるのであろうか。改正前の契約の成立時期は、承諾の意思表示について発信主義を定めていたから、承諾の意思表示の発信時に契約が成立することとなっていた（旧526条1項）。しかし、改正によって、この規定は削除され、承諾の意思表示についても民法総則の到達主義の原則（97条1項）が適用されることとなった。したがって、承諾の意思表示が到達した時に効力が生じることに

なる。

d．競売・入札による契約の成立

契約の締結を希望する一方の側を競争させて、最も有利な契約条件を提示する者と契約を締結する方法を競売とか、入札と呼ぶ。国家機関が行う競売は、民事執行法によって規制されている（民執64条・188条）。

私人間の任意の競売では、競り下げ競売と競り上げ競売がある。競り下げ競売の場合には、競売申し出者の申し出が申込みであり、相手方の受諾が承諾である。競り上げ競売の場合には、最低価格の提示がされているときは、これが申込みであり、最低価格以上での申し出は、他に高額の申し出がないことを条件に、承諾の効力が認められるが、最低価格が示されていない場合には、競売申し出者の申し出は、申込みの誘引であり、相手方の一定の価格の申し出が申込みであり、競売申し出者がこれに承諾を与えたときに契約が成立する。

e．交叉申込み

交叉申込みとは、当事者双方が相手方の申込みを知らずに同一内容の申込みを行った場合である。申込みと承諾がある場合ではないが、2つの意思表示が客観的に合致しているから、契約の成立を認めるべきである。

f．懸賞広告・優等懸賞広告

一定の行為をした者に、その広告を知っていたかどうかにかかわらず、一定の報酬を与えるという広告を「懸賞広告」といい（529条）また、一定の行為をした者の中から優等者にだけ報酬を与えるという広告を「優等懸賞広告」という（532条1項）。

i）懸賞広告の効力

懸賞広告者が、その指定した行為をする期間を定めたときは、これを撤回することはできない（529条の2第1項本文）。ただし、広告で撤回権を留保したときは、撤回することができる（同項ただし書）。期間内に指定した行為を完了する者がないときは、広告は失効する（同条2項）。

14 Lecture 1 契約序論

　広告者は、指定した行為を完了する者がいない間は、指定した行為をする期間を定めないでした広告の撤回をすることができる（529の3条本文）。ただし、広告の中で撤回しない旨を表示した場合には、撤回することができない（同条ただし書）。広告の撤回は、前の広告と同一の方法によってしたときは、これを知らない者に対してもその効力を有する（530条1項）。前の広告と異なる方法によっても広告を撤回できる（同条2項本文）。ただし、この撤回は、これを知った者に対してのみ効力を有する（同項ただし書）。

　指定行為を完了した者は広告に定められた報酬債権を取得する（529条）。指定行為を完了した者が数人ある場合には、原則として最初に行為を完了した者のみが報酬債権を取得する（531条1項）。同時の場合は、平等の割合で報酬を分けることになる（同条2項）。ただし、報酬が性質上分割に不便な場合または広告で1人のみに与えるとしていた場合には、抽選で決める（同条2項ただし書）。なお、これらの規定は、広告中に異なる意思が表示されていた場合には適用されない（同条3項）。

ⅱ）優等懸賞広告の効力

　優等懸賞広告の場合には、応募の期間を定めなければならず（532条1項）。判定は、判定者を広告中に定めていたときは、その者が行い、定めのない場合には広告者が行う（同条2項）。応募者は、判定に異議を述べることはできない（同条3項）。

g．事実的契約関係

　民法は、申込みと承諾という両当事者の意思の合致を契約の成立の前提としている。ところが、電車やバスの乗車、自動販売機の利用、電気・ガスの供給等の法律関係においては一般に契約と理解されているにもかかわらず、合意があったとはいえない場合がある。自動販売機でジュースを買う場合に、自動販売機の設置が申込みで、ジュースを買う行為が黙示の承諾であるといえなくはない。したがって、自動販売機に硬貨を入れ、ジュースを選択するボタンを押したところでジュースの売買契約の合意が成立したとみることができるかもしれない。それでは、錯誤で間違った種類のジュースを買ったり、意思能力が備わっていない者が買った場合には、取消しや無効の主張

が認められるのであろうか。しかし、このような定型的な契約において個別の意思を問題にして、無効や取消しを主張できるとするのは不都合であるとも考えられる。そこで、この種の契約では、電車やバスに乗車するとか、電気・ガスの利用といった社会類型的行為があれば、個々の意思を問題にすることなく契約が成立するという理論が唱えられた。これを「事実的契約関係」論という。

【Exercise】
1．契約の種類について分類し、整理しなさい。
2．契約成立前の交渉過程における法律問題、例えば契約締結上の過失について説明しなさい。
3．契約の成立時期について論じなさい。
4．懸賞広告を契約と考えるか、単独行為と考えるかによってどのような相違があるかを論じなさい。

Lecture 2　契約の効力

Resume

Ⅰ　契約の本体的効力
Ⅱ　双務契約上の債務における牽連関係
　1．総説
　　a．成立上の牽連関係〔原始的不能〕
　　b．履行上の牽連関係〔同時履行の抗弁権〕
　　c．存続上の牽連関係〔危険負担〕
　2．同時履行の抗弁権
　　a．要件
　　　ⅰ）1個の双務契約から生じた相対立する債務が存在すること
　　　ⅱ）相手方の債務が履行期にあること
　　　ⅲ）不安の抗弁権　Unsicherheitseinrede
　　　ⅳ）相手方が自己の債務の履行またはその提供をしないで履行請求をし
　　　　　てきたこと（単純請求）
　　b．同時履行の抗弁権の存在効果
　　c．同時履行の抗弁権行使の効果
　3．危険負担
　　a．総説
　　b．当事者双方に帰責事由がない場合
　　c．債権者に帰責事由がある場合
Ⅲ　第三者のためにする契約
　1．第三者のためにする契約とは
　2．要件
　3．第三者のためにする契約の効果
　　a．第三者の地位
　　b．要約者の地位
　　c．諾約者の地位
Ⅳ　契約上の地位の移転（契約引受）
　1．契約上の地位の移転の意義
　2．要件
　3．効果
　　a．契約上の地位の移転の効力発生時期
　　b．権利義務の移転

□ Ⅰ 契約の本体的効力 □

契約は債権・債務の発生原因であるから、契約の本体的効力が債権・債務を発生させることであるということは当然である。しかし、どのような債権・債務であるかは、個々・具体的に異なる。民法は贈与契約以下13種類の典型契約を定め、それぞれについて債権・債務の一般的内容について規定を置いている。

□ Ⅱ 双務契約上の債務における牽連関係 □

1. 総 説

双務契約では、両当事者は相互に相手方に対する債務を負っており、それぞれの双方債務は互いに他方の債務の存在を前提としている。この関係を双務契約における牽連関係という。

a. 成立上の牽連関係〔原始的不能〕

かつては、次のように説明していた。

双務契約において一方の債務が成立していなければ、他方の債務も成立しない。例えば、建物の売買契約において契約締結前に既に建物が全焼しており、一方当事者である売主の建物の引渡債務が成立しない場合には、他方当事者である買主の代金支払債務も成立しない、と。しかし、民法改正によって給付が原始的不能でも契約は無効とならないと考えられる（412条の2）から、成立上の牽連関係を論じる必要はなくなった。

b. 履行上の牽連関係〔同時履行の抗弁権〕

双務契約における双方の債務は、同時に履行されるのが公平である。したがって、一方の債務が履行されていない間は、他方の債務も履行されなくてもよいという関係が成り立つ。同時履行の抗弁権がこの問題である。

c．存続上の牽連関係〔危険負担〕

双務契約上の債務が成立した後に、一方の債務が不可抗力で不能となって消滅した場合に、他方もまた消滅するか。建物の売買契約締結後に、建物が全焼して、売主が引渡し債務を免れたとき、買主の代金債務もこれと運命をともにして消滅するかという問題である。

2．同時履行の抗弁権

例えば、Aがその所有する不動産をBに売却する契約をし、4月1日に登記所で契約の履行をすることにしていた。ところが、当日、Bは代金を持参せず、移転登記を先にしてくれというが、Aはこの要求に応じなければならないであろうか。

Aは、確かに、移転登記義務を負っているが、しかしBの請求に応じて、先にAが移転登記をした場合に、その後にBが契約通りに代金を支払ってくれるという保証はないから、Aは代金を受け取ることができるか不安定な立場におかれる。したがって、AはBの代金支払いと引き替えでなければ、移転登記をしないと主張することが、公平の観点から認められるべきことになる。これが、同時履行の抗弁権である（533条）。当事者間の公平を図ることを目的としている。留置権（295条）と類似性を有し、両者が競合する場合には、いずれを行使してもよいと解される。しかし、留置権は物の引渡しの場合にのみ問題となり、同時履行の抗弁権は物の引渡しがない双務契約がある場合にも問題となるので、常に競合するわけではない。

a．要　件
i）1個の双務契約から生じた相対立する債務が存在すること

売主Aの登記移転債務と買主Bの代金支払い債務は1個の不動産売買契約から生じた相対立する債務であって同時履行の関係にある（大判大7・8・14民録24輯1650頁）。では、不動産売買において、売主の引渡債務と買主の代金支払債務は同時履行の関係に立つであろうか。判例は、土地の売買についてこれを否定している（前掲大判大7・8・14）。しかし、家屋の売買では引渡しが重要な意味を有するから、引渡し債務と代金債務も同時履行の関係に立

つと解すべきである。売買契約のような一時的契約では、同時履行の関係に立つ債務は比較的単純であるが、家屋の賃貸借のような継続的契約の場合には、複雑である。

例えば、賃貸人は賃借人に家屋を利用させる債務以外に、家屋の修繕義務や必要費償還義務あるいは賃貸借終了に際しての敷金返還債務を負い、他方賃借人には賃料債務のほか、賃貸借終了時における家屋返還義務が生じるが、これらの各債務が同時履行の関係に立つか否かを個別に検討しなければならない。

両当事者が相互に債務を負担するが、1個の契約から生じたのではない場合には、原則として同時履行関係は生じない。しかし、533条以外の諸規定（例えば、546条、553条、633条、634条、692条等）および学説・判例は双務契約自体から生じた債務ではなくても、同時履行の抗弁権を拡張する傾向にある。公平の観点から同時に履行されるべきだというのは双務契約に限られるわけではないからである。したがって、このような拡張は肯定されるべきである。拡張される例を以下に説明しよう。

①本来の債務が変形した場合（一方の債務が債務不履行により損害賠償債務に転化した場合）　履行不能により本来の債務が塡補賠償債務に転化した場合には（415条）、塡補賠償債務は本来の債務と同一性を保持しているから、同時履行の抗弁権は存続する。改正法はこのことを明記している（533条本文括弧書）。

> **Case 1**
> 　AがBに建物を売却する契約を締結したが、その後、Aのタバコの不始末でこの建物が火事で焼失してしまった〔後発的不能〕。契約は解除されていないので、AがBに代金の支払いを請求してきた場合に、Bは代金の支払いを拒むことができるか。

Case 1の場合Bは、Aの建物の給付に代わる塡補賠償債務の履行と引換えに代金を支払うとして、同時履行の抗弁権を行使することができる

履行遅滞の場合（例えば、建物は存在していて、Bの代金支払が履行期を過ぎてもなされていない場合）も、遅延賠償債務は本来の債務と一体性を有するので、Aは、Bが本来の債務（代金）と遅延損害賠償債務（遅延利息）と併せて履行

20 Lecture 2 契約の効力

しなければ建物を引き渡さないと抗弁できる。

②当事者が交替した場合　債権譲渡・債務引受けの場合には債権・債務の同一性は失われないから、同時履行の抗弁権はそのまま存続する（大判大6・11・10民録23輯1960頁）。例えば、Ａが代金債権をＣに譲渡した場合に、ＣからＢに代金の支払い請求があったときも、Ｂは、Ａからの建物の引渡しと引換えにＣに代金を支払うと主張できる。つまり、Ｃには代金債権しか移転していないのであって、売主としての契約上の地位は依然としてＡに留まっている。同時履行の抗弁権は契約当事者の地位に付着するものであるから、契約当事者（Ａ・Ｂ）のみが有するのであって、債権の譲受人や債務の引受人に必ずしも移転するものではない。契約上の地位の引受けがあった場合には、引受人に移転する。更改によって債務者の変更が行われた場合には、旧債務が消滅するので、同時履行の抗弁権は消滅する（大判大10・6・2民録27輯1048頁）。

③契約の無効・取消しによる原状回復（不当利得返還）　契約が無効または取り消された場合にも、両当事者は相互に原状回復義務を負うが（121条の2第1項）、この両者の義務履行関係も同時履行の関係にある（最判昭28・6・16民集7巻6号629頁、最判昭47・9・7民集26巻7号1327頁）。

Case 2

　ＡがＢに強迫されてＡ所有の甲土地をＢに安い値段で売却し、甲土地の移転登記・引渡しをし、代金を受け取った。その後、Ａは、この売買契約を取り消した。ＡはＢに甲土地の返還を請求したが、Ｂは代金の返還と甲土地の返還との同時履行を主張できるか。

　解除については533条の準用規定（546条）があるが、無効・取消しの場合の原状回復も同様と解されるべきである。したがって、Ｂの同時履行の主張は認められることになる。

④弁済と受取証書の交付　債務者は、債務の弁済について受取証書（486条）の交付との関係において同時履行の抗弁権を主張できる（大判昭16・3・1民集20巻163頁）。受取証書は弁済したことの重要な証拠であり、二重弁済を回避するためである。486条は改正によってこのことを明記した。

⑤債務の弁済と担保権の消滅手続　　留置権や動産質権のように占有移転が担保権消滅に必要な場合は、弁済と担保物の引渡しは同時履行の関係に立つ。同時履行の抗弁権が認められないと、弁済後に担保物が第三者に即時取得された場合に、債務者の不利益が大きいからである。しかし、抵当権の場合には、弁済が先履行とされ、抹消登記とは同時履行の関係に立たないとされる（最判昭57・1・19判時1032号55頁）。これに対して、仮登記担保の場合に、弁済と仮登記の抹消は同時履行の関係にあると解する。

⑥建物買取請求後の敷地明渡・造作買取請求後の建物明渡しと買取代金支払義務　　借地権者が建物買取請求権（借地借家13条、14条）を行使したり、借家人が造作買取請求権（借地借家33条）を行使した場合、いずれの権利も形成権であるから、これらの請求権を行使すると、建物売買または造作売買契約が生じたのと同一の法律状態が生じる。その結果、建物買取請求権の場合には建物引渡しと代金支払い、造作買取請求権の場合も造作引渡しと代金支払いは同時履行の関係に立つことは争いがない（造作買取請求権について、大判昭13・3・1民集17巻318頁）。さて、その場合に、借地の明渡しや建物明渡しと代金の支払いは同時履行の関係に立つであろうか。

Case 3

　AはBから甲土地を賃借し甲土地上に建物を建て所有していたが、借地期間が満了したので、Bが甲土地の明渡しを請求してきた。Aが建物買取請求権を行使したが、Bは建物代金を提供せずに、甲土地の明渡しを求めてきた場合に、Aは甲土地明渡しと代金支払いの同時履行を主張して、土地の明渡しを拒むことができるか。

　判例は、建物買取請求権について土地の明渡しについても建物代金支払いとの同時履行の抗弁権を肯定するから（最判昭35・9・20民集14巻11号2227頁）Aは同時履行の抗弁権を主張することができる。これに対して、造作買取請求権については建物明渡しと造作代金支払いとの同時履行を否定する（最判昭29・7・22民集8巻7号1425頁）。これに対して、学説は建物買取請求権・造作買取請求権のいずれについても代金と土地明渡しあるいは建物明渡しとの同時履行を肯定する。判例は、建物と敷地は分離しがたいので同時履行の抗弁

権を認めるが、造作と建物は分離でき、造作買取代金債権は建物に関する債権ではないから認められないとするのである。しかし、造作も建物から分離すると価値を失う物が多いのであるから、分離可能か否かを物理的にではなく、経済的に捉え、建物と造作が経済的一体性を保つ限り、同時履行の抗弁権を認めるべきである。

ⅱ）相手方の債務が履行期にあること

相手方の債務が履行期になければ、同時履行の抗弁権は認められないが、請求を受けた抗弁権を主張する者の債務も履行期にあることが前提となるから、実質的には、双方の債務が履行期になければならない。実際の取引ではどちらか一方が先履行義務を負う場合が多い。例えば、賃貸借では特約がない限り賃料の支払いが後払いとされているので（614条）、賃貸人は賃貸物件の引渡しについては同時履行の抗弁権を主張できない（委任（648条）も同様である）。

Case 4

　AがBに自動車を売却し、Aは4月15日に自動車を引渡し、Bは5月15日に代金を支払うとしていた。ところが、Aは4月15日に引渡しをしないまま時間が経過して、5月15日になってBがAに代金の提供をしないで自動車の引渡しを請求したときに、Aは同時履行の抗弁権を行使して、引渡しを拒絶できるであろうか。

先履行義務者Aが履行遅滞に陥っていた場合でも、Bの債務が履行期にあれば、Aは同時履行の抗弁権を有する。Bは、5月15日前にAに履行遅滞の責任を追及することができたはずであり、それを怠ったのだからAに同時履行の抗弁権を対抗されてもやむを得ないのである。

ⅲ）不安の抗弁権 Unsicherheitseinrede

Case 4におけるように当事者の一方Aが先履行義務を負うときは、同時履行の抗弁権は認められない（533条ただし書）。しかし、これは相手方Bの支払い能力を信用しているからである。したがって、Bの資産状態が悪化し、支払いが受けられない可能性が生じた場合、すなわち信用状態に不安が生じたときは、先履行義務を拒絶して、同時履行の関係を主張する抗弁権を認め

ようとするのが「不安の抗弁権」である（ドイツ、フランス、スイスなどでは認められている。わが国でも、不安の抗弁権を認める下級審判決がある。例えば、東京地判平2・12・20判時1389号79頁）。

iv）**相手方が自己の債務の履行またはその提供をしないで履行請求をしてきたこと（単純請求）**

契約の相手方が自己の債務の履行または提供をして、履行の請求をしてきた場合には、同時履行の抗弁権は発生しないが、次のような問題が生じる。

①相手方が一部しか履行してこなかったり、不完全な履行しかしなかった場合には、同時履行の抗弁権は発生するであろうか。この場合には、債務の本旨に従っていないから、履行の提供の効果が生じないので、同時履行の抗弁権が発生しない。請求された債務が可分である場合には、未履行または不完全な部分に相当する債務部分の履行を拒絶することができると解される。

②いったん提供があった場合には、以後、同時履行の抗弁権は成立しないか。

Case 5

　Ａが7月1日にＢに自動車を売却する契約をし、7月15日にＡの営業所で自動車の引渡しをし、同時にＢが代金の支払いをすると特約した。Ｂは7月15日に代金を準備してＡの営業所に行き、自動車の引渡しを請求したが、Ａは自動車の用意をしていなかったので、Ｂは代金の支払いをせず、いったん引き返した。その後、7月20日に、Ｂは今度は代金を持参せずにＡの営業所に行き自動車の引渡しを請求した場合に、Ａは代金と引き換えでなければ、自動車を引き渡すことができないと主張できるか。また、Ｂは契約を解除することができるか。

Ｂが代金を準備して、Ａの営業所に行ったのは、債務の履行の提供にあたるから、Ａの同時履行の抗弁権は生じないことになる。同時履行の抗弁権が発生するためには、Ｂが履行または提供をしないことが要件となるからである。

それでは、Ｂがいったん履行の提供を行い、Ａの同時履行の抗弁権を生じさせなかった場合には、その後、Ｂが履行の提供をしないで、請求をしたときにも、Ａは同時履行の抗弁権を主張できないであろうか。判例は、同時

24 Lecture 2 契約の効力

履行の抗弁権を認める（最判昭34・5・14民集13巻5号609頁）。すなわち、Bが代金の提供したとしても、代金債務を免れるわけではなく、またA・B双方の債務の履行上の牽連関係はなお存続しているからである。さらに、その後にBの資産状態が悪化し、Aが弁済を受けられないことも考えられるのであるから、Bが履行の提供をしない限りは、Aの同時履行の抗弁権を認めるべきである。

契約解除をするためには、1回の提供で足りる（大判昭3・5・31民集7巻393頁）。債務の本旨に従った提供が1回あれば、債務不履行として解除権が生じるからである。したがって、Bは再度履行の提供をすることを要せず、相当の期間を定めて催告したうえで契約の解除をすることはできる（541条）。

判例は、当事者の一方が自己の債務を履行しないことが明確であるときは、他方当事者は自己の債務の弁済の提供をすることなく、相手方の債務の履行遅滞の責任を問うことができるとしている（最判昭41・3・22民集20巻3号468頁）。すなわち、Aが自動車の引渡しをしない意思を明確にしていた場合において、Bが代金債務の提供をせずに、債務の履行としての自動車の引渡しを請求するときは、Aの同時履行の抗弁権は失われないが、契約解除をする場合に重ねて代金を提供する必要はないことになる。

b．同時履行の抗弁権の存在効果

533条は、相手方の履行の請求に対して、履行を拒むことができるとしている。

例えば、Aは、Bに自動車を売却する契約を5月15日にし、引渡しおよび代金支払期日を6月1日とした。6月1日にAが自動車の引渡しの準備をせずに、代金の支払いだけをBに請求してきたときに、Bが同時履行の抗弁権を行使しなかった場合には、Bは履行遅滞であるといえるであろうか。すなわちBが同時履行の抗弁権を主張するときは、引換給付判決が下されるが、主張しなかった場合には、履行の請求を拒絶できないこととなる。さてそれでは、同時履行の抗弁権を行使しなかった場合には、Bは履行遅滞となったといえるかという問題である。

Bが履行遅滞になるとする少数説もあるが、通説は、契約関係に同時履行

の抗弁権が付着している以上、Bがそれを援用しなくても、同時履行の抗弁権の存在のみでその効果が生じ、履行しないことに正当事由が生じるから、履行遅滞にはならないと解する。すなわち、Bは代金に支払いが遅れた期間分の遅延賠償としての遅延利息を付して支払う義務はないのである。言い換えると、代金だけを支払えばよいのである。

c．同時履行の抗弁権行使の効果

同時履行の抗弁権の実体は、履行の拒絶であるが、同時履行の抗弁権があって履行しないときは、違法性がないから、履行遅滞にはならない。Aが解除をするためには、履行の提供をして、Bを履行遅滞に陥らせる必要がある。

BがAに対する反対債権を有していたとしても、Bに同時履行の抗弁権がある限り、その債権を自働債権としてAは相殺をすることができない。

Aが給付訴訟を提起した場合に、Bが同時履行の抗弁権を主張したときは、A敗訴の判決ではなく、Aの給付と引換えにBも給付すべきであるとする判決（引換給付判決）になる。

3．危険負担

a．総　説

改正前は、例えば、AとBが、A所有の建物をBに売却する契約を締結したが、この建物がBに引き渡される前に、落雷によって焼失してしまった。Aは建物の焼失によって建物引渡義務を免れるが、これに対して、Bは、代金を支払わなければならないかということが危険負担の問題であった。売買契約のような双務契約では、A・B双方の債務は存続上の牽連関係もある。したがって、Aの引渡債務がAの責めに帰すべからざる事由によって履行が不能となった場合に、Bの債務も消滅するかという問題であった。改正後は、このような場合に、Aの代金請求に対してBは代金支払いの履行を拒絶できるかの問題とされた。

26 Lecture 2 契約の効力

b．当事者双方に帰責事由がない場合

Case 6

BがAからA所有の甲建物を買い受ける契約をしたが、AがBに甲建物を引き渡す前に甲建物は落雷によって焼失してしまった。Aは、焼失について自分に責任がないのだから、Bに代金を請求できると主張する。Bは、これに対して、どのような主張ができるか。

双務契約の当事者双方の責めに帰すことのできない事由によって債務の履行ができなくなったときは、債権者は、反対給付の履行を拒むことができる（536条1項）。

Case 6 のように、売買規約という双務契約の当事者である売主Aにも買主Bにも甲建物の焼失について帰責事由がない場合には、Aの引渡債務は履行不能になって、Bは引渡しを請求できなくなる（412条の2第1項）が、AがBに代金の請求をしてきたときは、甲建物の引渡しを請求できる債権を有する債権者であるBは代金の支払いを拒むことができる。

もっとも、履行を拒絶したとしても、Bには代金支払債務が残っているから、この債務を免れるためには、Aの債務の全部の履行が不能であることを理由に契約の解除をしなければならない（542条1項1号）。

c．債権者に帰責事由がある場合

債権者の責めに帰すべき事由によって履行が不能となったときは、債権者は、反対給付の履行を拒むことができない（536条2項前段）。

上記 Case 6 において甲建物の焼失の原因が、Bが建物を検分しに行ったときにおけるBのタバコの不始末であった場合には、Bに帰責事由があるから、Bは代金を支払わなければならない。

この場合には、債権者であるBは、契約を解除することもできない（543条）。

他方、債務者が自己の債務を免れたことによって利益を得たときは、その利益を債権者に償還しなければならない（536条2項後段）。つまり、Aが火災保険金を得た場合には、その火災保険金をBに償還しなければならないこ

とになる。

□ Ⅲ 第三者のためにする契約 □

1. 第三者のためにする契約とは

第三者のためにする契約とは、当事者A・Bとの間で、Bが第三者Cに対して一定の給付をすることを合意する契約である。この場合、Aを要約者、Bを諾約者、Cを受益者という。この場合に、A・Bはそれぞれ自己の名において合意し、AはCの代理人になるのではない。そして、第三者Cは、Bに対して直接請求をすることができる（537条1項）。

Case 7

　AはCから100万円を借りていたが、どうしても返済できないので、その所有する自動車をBに代金100万円で売却して、Bがその代金を直接Cに支払うことにした。Bが代金の支払いを遅滞した場合には、Cは代金請求をすることができるであろうか。また、Cは、さらに損害賠償請求もすることができ、契約解除もできるであろうか。

第三者のためにする契約では、要約者Aの諾約者Bに対する出捐と要約者Aの受益者Cに対する出捐原因という二重の原因関係があるはずである。そこで、A・B間を補償関係、A・C間を対価関係という。補償関係とは、諾約者が受益者に対して債務を負担することに対する補償を要約者が諾約者に対してする関係をいう（BがCに代金を支払うのは、BがAから自動車を取得することによって補償されるからである）。

対価関係は、要約者が第三者に利益を与えることの原因である。Case 7では、AがCに対して負担している債務の弁済である。

また、B・C間を給付関係という。第三者のためにする契約は、AがBからの出捐（代金100万円）を受領して、これをCに出捐（支払い）をするという手間を省くところにその存在理由がある。

第三者のためにする契約では、諾約者が第三者に対してある給付をすることが契約内容となっていなければならない（537条1項）、これに基づいて第

三者Cは、諾約者Bに対して直接的給付請求権を取得する。したがって、CはBに直接100万円の支払いを請求することができる。

2．要　件

要約者と諾約者の間で契約が有効に成立していなければならない。契約は、売買や賃貸借のような有償契約でも、贈与のような無償契約でもよい。

その契約には、諾約者が第三者に対してある給付をすることが約束され、第三者に、直接、その給付を請求する権利を取得させることが含まれていなければならない。

第三者のためにする契約締結時に第三者が現に存しない場合（例えば、胎児、設立中の法人等）または第三者が特定していない場合（例えば、運動会における競技の優勝者）であっても、第三者のためにする契約の効力は妨げられない（537条2項）。

3．第三者のためにする契約の効果

a．第三者の地位

第三者C（受益者）の諾約者（債務者）Bに対する給付請求権は、CがBに対して契約の利益を享受する旨の意思表示（受益の意思表示）をしたときに発生する（537条3項）。黙示の意思表示でもよい。受益の意思表示は、第三者の給付請求権の発生要件であって、契約自体の成立要件ではない。Cは、善意（無過失）であっても虚偽表示や詐欺における第三者（94条2項、96条3項）ではない。Cの取得する権利は第三者のためにする契約から直接生じたものであって、Cがその契約が有効であると信じてその契約から新たに利害関係を有するに至ったわけではないからである。すなわち、A・B間の第三者のためにする契約が虚偽表示で無効であったときは（94条1項）、Cは善意であって受益の意思表示をしても、契約が無効であるから、給付請求権を取得することができないことになる。

受益の意思表示をした後は、CはBに対して自己に対して履行せよと請求することができ、損害賠償も請求できるが、契約解除はすることができない。Cは契約当事者ではないからであり、解除権は契約の拘束から解放され

Ⅲ　第三者のためにする契約　　*29*

るべき契約当事者だけが有すべきものだからである。受益の意思表示によっ
てCの権利が確定した後は、当事者はこれを変更し、または消滅させるこ
とができない（538条1項）。

b．要約者の地位

　要約者Aは、諾約者Bに対して第三者Cに債務を履行するように請求す
ることができる。Cが受益の意思表示をした後に、Bが債務不履行になった
場合には、CがBに損害賠償を請求することができることは明らかである。
Cが受益の意思表示をした後は、BはCに対して債務の履行をすべきこと
になるが、Bが債務の履行をしないときには、AもBに賠償請求すること
ができるであろうか。例えば、BがCに履行しなかった場合には、AはC
に損害賠償すると約定していた場合のように、AがCに履行されることに
ついて特別の利益があるときは、AもBに損害賠償を請求することができ
ると解すべきである。

　Aは、契約当事者として、契約に無効（虚偽表示等）や取消し（錯誤・詐欺・
強迫等）の原因があれば、その主張をすることができる。また、Bが債務を
履行しない場合には、契約を解除することもできる。

　538条1項は受益の意思表示後はCの権利を変更または消滅させてはなら
ないとしているが、Aは第三者Cの承諾があれば、契約を解除することが
できる（538条2項）。

c．諾約者の地位

　諾約者Bは、要約者Aとの契約から生じる債務を第三者Cに履行する義
務を負う。Cの権利はA・B間の契約に基づくものであるから、BはAと
の契約に基づく抗弁を第三者Cに対抗することができる（539条）。例えば、
BがAから反対給付を受けていない場合には、Bは、Cに対しても同時履
行の抗弁権を主張することができ、Cへの履行を拒むことができる。また、
A・B間の契約の無効・取消しを主張して、Cの給付請求権が消滅したこと
を主張することもできる。Aに債務不履行があれば、Bは契約を解除してC
に対する給付義務を消滅させることもできる。

30 Lecture 2 契約の効力

□ Ⅳ 契約上の地位の移転（契約引受） □

Case 8

　和菓子製造業のＢは、Ａから餡の原料となる小豆を100万円で買い受ける契約をしていたが、和菓子製造をやめることにした。そこで、同業者であるＣに小豆の買主の地位を移転することにし、ＣがＢの和菓子製造業を引き継ぎ、小豆の買主の地位を引き受けた。Ｂは、このことをＡに通知したが、その後、履行期が到来してもＡはＣに小豆を引き渡さなかった。そこでＣは、引渡しを催告したうえで、催告期間経過後に解除する旨の意思表示をした。これに対して、Ａは、買主はＢであるから、Ｃの解除の意思表示は効力がないという。契約解除の効力は、生じるであろうか。

　ＡがＤに売買代金債権の譲渡をしたときは、Ｂが代金の支払いを遅滞している場合は、Ｄは売買契約を解除できるか。

　また、Ｂの代金債務をＥが引き受けたが、Ｅが代金の支払いを遅滞したときは、Ｅに対して解除の意思表示をすべきか。

１．契約上の地位の移転の意義

　Case 8 における売主ＡがＤに売買代金債権を譲渡したときは、Ｄは買主Ｂに対して代金を請求することはできるが、その不払いを理由に契約を解除することはできない。売主として解除権を有するのは、Ａだからである。

　また、Ｂの代金支払債務をＥが引き受けて、Ｅが代金の支払いを遅滞しているときは、ＡはＢに対して契約解除の意思表示をしなければならない。あくまでも、契約当事者としての買主はＢだから、Ｅに対して解除の意思表示をしてもその効力は生じない。

　すなわち、Ｄに移転しているのは100万円の代金債権だけであり、同様にＥに移転しているのは100万円の代金支払債務だけだからである。契約解除権は契約当事者に発生するものだから、契約当事者であるＡとＢということになる。

　債権・債務のみならず契約当事者に発生する解除権や取消権も含めた契約上の地位の引受人への包括的な移転が契約上の地位の移転である。

2．要　件

　契約上の地位を移転するためには、①当事者の一方（B）が第三者（C）との間で契約上の地位を譲渡する旨の合意をし、②契約の相手方（A）がその譲渡に承諾をすることが必要である（539条の2）。

　BからCへ契約上の地位を移転させる合意があれば、Cが100万円の代金支払債務を引き受け、通常は、Bは債務を免責されるであろうから、AからするとCに支払能力があるかは大いに利害関係があり、したがって、契約上の地位の譲渡について、Aの承諾が必要とされるのである（なお、賃貸借については、賃貸人たる地位の移転について賃借人の「承諾」を要しない旨の特別規定がある（605条の3））。ここでの「承諾」は、契約上の地位の移転のための要件であり、「観念の通知」ではなく、「意思表示」である。なお、A・B・Cの三者間の合意によって契約上の地位を移転させることも当然にできる。

　Case 8 では、BがAに契約上の地位をCに移転した旨を通知しているだけで、Aの承諾がないから、契約上の地位はCには移転していない、といえる。

3．効　果

a．契約上の地位の移転の効力発生時期

　契約上の地位の移転の効力は、A・B・Cの三者間で契約したときは、原則として、契約成立の時に発生する。B・C間で契約をして、その後にAが承諾を与える場合は、Aが承諾をした時に移転の効力が生じるか、移転契約の当事者B・C間では契約時に移転の効力が生じているが、Aの承諾がない限り、Aに対しては移転を対抗できない、と解するかは、契約の内容・解釈によって定まる。

　Aがあらかじめ承諾をしていて、その後にB・C間で移転契約を合意した場合には、移転契約成立の時に効力が生じるか、またはAにこのことを通知した時またはAが移転を了知した時に効力が生じるかも、契約の内容・解釈によって定まるであろう。

32 Lecture 2 契約の効力

b. 権利義務の移転

契約上の地位の移転を受けた者が新たに契約当事者となり、当事者たる地位を譲渡した者は契約関係から離脱する。契約から発生する代金債務や小豆の引渡債権は、契約上の地位の移転についてＡが承諾していれば、ＢからＣに移転し、さらに、契約解除権や取消権も移転する。したがって、Ａの承諾があったときは、ＣはＡの債務不履行を理由に売買契約を解除することができる。

契約上の地位の譲受人は、移転以前に発生していた債権を取得し、債務を負担する場合もある。Case 8 の例はこれに当たる。

そうではなく、移転以後に発生する将来の債権債務のみが移転する場合もある。賃借地上の建物を譲り受けて、土地賃借人たる地位も譲受した者は、譲受後の賃料債務だけ負担し、それ以前の未払い賃料は譲渡人が負担する場合である。

そのいずれのタイプの契約かも、契約の内容・解釈によって定まる。

【Exercise】
1. 契約の有効要件について説明しなさい。
2. 双務契約における牽連関係について説明しなさい。
3. 「同時履行の抗弁権」の意義を述べなさい。
4. 「同時履行の抗弁権」の要件を説明しなさい。
5. 「不安の抗弁権」を説明しなさい。
6. 同時履行の抗弁権を行使すると、どのような効果が発生するか、説明しなさい。
7. 第三者のためにする契約について事例を作って説明しなさい。
8. 第三者のためにする契約における要約者の地位について説明しなさい。
9. 第三者のためにする契約における諾約者の地位について説明しなさい。
10. 契約上の地位の移転と債権譲渡の相違を説明しなさい。

33

Lecture 3　契約の解除

Resume

I　契約の解除とは
II　契約解除と類似の制度
　 i ）告知
　 ii ）解除条件
　 iii ）取消し
III　法定解除権
　 1．催告による解除
　　 a．履行遅滞
　　　 i ）履行期の到来
　　　 ii ）履行が可能であること
　　　 iii ）履行しないことの正当化事
　　　　　由が存しないこと
　　　 iv ）履行の提供をしないこと
　　 b．その他の債務不履行
　　　 i ）債務の本旨に従ったものと
　　　　　いえない履行
　　　 ii ）履行が可能であること
　　 c．催告
　　　 i ）催告の意義
　　　 ii ）相当の期間
　　 d．軽微な不履行
　　　 i ）意義
　　　 ii ）軽微性の判定時期
　　　 iii ）軽微性の判断基準
　 2．無催告解除
　　 a．履行不能
　　　 i ）全部不能
　　　 ii ）一部不能
　　 b．履行拒絶
　　 c．定期行為

　　 d．催告しても履行される見込み
　　　　がないことが明らかなとき
　　 e．債務者の帰責事由
　　 f．債権者の帰責事由による不履
　　　　行
IV　解除権の行使
　 1．解除権行使の方法
　 2．解除権の不可分性
V　法定解除の効果
　 1．原状回復義務
　 2．原状回復の範囲
　　 a．全部返還
　　 b．使用利益の返還
　　 c．果実の返還
　　 d．原状回復関係の同時履行性
　 3．第三者の保護
　　 a．第三者保護の理論構成
　　 b．悪意の第三者を保護すべきか
　　 c．第三者の範囲
　 4．損害賠償請求
　 5．解除権の消滅
　　 a．相手方の催告による消滅
　　 b．解除権者の目的物の滅失・損
　　　　傷による消滅
　　 c．解除権の消滅時効
VI　約定解除
　 1．約定解除権の行使
　 2．約定解除の効果
　 3．約定解除権の消滅
VII　解除契約（合意解除）

34 Lecture 3 契約の解除

▢ Ⅰ 契約の解除とは ▢

契約の解除とは、契約が締結された後に、一方の当事者が意思表示によって契約を解消し、まだ履行されていない債務については履行する必要がないものとされ、既に履行されたものがあるときは、相互に返還するとして、法律関係を清算することである。解除には、法律の規定によって発生する法定解除と当事者の合意によって解除する約定解除がある。

例えば、AがBに100万円で自動車を売却する契約をした。ところが、Bは、代金の支払い期限が到来しても代金の支払いを渋っている場合に、Aがとることができる手段にはどのようなものがあるであろうか。Bは、代金の弁済期を過ぎているわけであるが、催促をして支払いを待つという場合もあるであろう。さらに、Bは債務不履行（履行遅滞）となっているのであるから、AはBの履行遅滞を理由に代金100万円と遅延損害金（利息）を請求することもできる（415条、419条1項）。さらに、Bがあくまでも支払わない場合には、強制履行の請求をすることもできる（414条）。これらの手段をとった場合でも、Aは自動車の引渡し債務を免れるわけではない。そこで、Aは、どうせならば、このような不誠実な態度をとるBとの契約を解消したいと考えるであろう。特に、その自動車の代金を即金で支払うから、買い受けたいという者が現れた場合などなおさらである。そこで、Aは、契約解除という手段を用いることになる。

▢ Ⅱ 契約解除と類似の制度 ▢

契約関係を解消する制度は、解除だけではなく、類似の機能も営むものがいくつか存在する。①告知、②解除条件および③取消しである。

ⅰ）告知　告知とは、賃貸借・雇用・委任のような継続的契約関係を終了させ、将来に向かってその契約の効力を消滅させる意思表示である。民法では、これらについても解除という用語を用いている（620条、626条、630条、651条、652条参照）。しかし、解除は遡及効（この点については、争いがあるが）があ

り、遡及効のない620条等の契約の解消についても、解除の用語を用いるのは正確ではないとして、学説では一般にドイツ法で用いられる告知Kündigung という用語を用いる。

　なお、民法は期間の定めのない継続的契約関係を終了させることを解約と定めている。解約申入れがされると、一定の猶予期間が経過した時に終了するのが通例である（617条、618条、627条等参照）。

　ⅱ）**解除条件**　解除条件とは、その条件とした事実が発生した場合には、解除とは異なり特に別段の意思表示がなくても、法律行為の効力が将来に向かって失われるとする特約である（127条2項）。条件成就の効果をそれ以前に遡及させるためには、特約がなければならない（同条3項）。一定の事実が発生した場合には、直ちに契約が解除されるという失権約款も解除条件の一種とみなされる（ドイツでは、約定解除の一種とされる）。この場合にも、特段の意思表示を要することなく、契約は消滅する。

　ⅲ）**取消し**　取消しは、行為能力の制限や意思表示の瑕疵という取消原因が存在する場合に、取消しの意思表示によって契約を遡及的に消滅させることである（121条）。

□　Ⅲ　法定解除権　□

　法律の規定によって生じる解除権を法定解除権という。実務上は、法定解除権が大きな意味をもっている。各種の契約について特別な解除権を認める場合もあるが、すべての契約に通じる法定解除権は債務不履行を理由とする解除権である。

　かつては、債務不履行を「履行遅滞」、「履行不能」、「不完全履行」の三類型に分類して説明してきた。そして、履行遅滞には改正前415条前段、改正前541条が適用され、履行不能には改正前415条後段、改正前543条が適用されると説明してきた。不完全履行には規定がなく、追完が可能であれば履行遅滞に準じ、追完が不能であれば履行不能に準じるとされた。

　この三分説はドイツ法に倣ったものであるが、近時批判が強くなってきた。つまり、415条は「債務の本旨に従った履行をしないとき」、541条は「そ

36 Lecture 3 契約の解除

の債務を履行しない場合」と規定しているだけで、ここでの債務不履行を履行遅滞に限定しているとはいえないからである。ドイツ法とは前提となっている民法の規定が異なることが指摘される。

近時は、①履行遅滞（541条、542条1項4号・5号）、②履行不能（542条1項1号・3号）、③履行拒絶（542条1項2号・3号）および④その他の債務不履行（541条、542条1項5号）に分類されている。例えば、AがBにA所有の建物を売却する契約をした場合に、①契約で定めた期日にAがBに建物の引渡しをしない場合は、履行遅滞であり、②引渡しをする前に建物が火事で焼失していた場合には、履行不能であり、③AがBに絶対に建物を引き渡さないと主張している場合は、履行拒絶であり、④Bに建物は引き渡されたが、その土台に白蟻の巣があって土台が大きく傷んでいた場合は、その他の債務不履行である。

そこで、本書でも、債務不履行を三分説によるのではなく、改正法に従って四分説に従って記述する。

1．催告による解除

履行遅滞およびその他の債務不履行においては、相当の期間を定めて催告し、その期間内に履行がないときは、解除をすることができる（541条本文）。しかし、不履行の程度が軽微であるときは、解除することができない（同条ただし書）。

a．履行遅滞

履行遅滞による契約解除の要件は、契約の一方の当事者が、①履行期が到来し、②履行が可能であり、③履行を拒みうる理由がないのに、④履行の提供をしない場合に、⑤相手方（他方の当事者）が相当の期間を定めて履行の催告をし、その期間内に履行がないこと、である。

i）履行期の到来

債務が履行期になければ、遅滞は生じない。履行期とは債務者が債務の履行をすべき時であって、債務者が履行しなければ、それ以降は遅滞の責任を負うことになる時である。履行遅滞に何時陥るかは、412条に定められてい

る。すなわち、① ○月○日と確定期限が定められているときは、その期限が到来した翌日から遅滞になる（同条1項）。②ある人が死んだらというような不確定期限が定められていたときは、期限到来後に債権者から履行の請求を受けた時の翌日、または期限の到来を知った時の翌日のいずれか早い時から遅滞になる（同条2項）。③期限の定めがない場合には、履行の請求を受けた時の翌日から債務者は遅滞になる（同条3項）。

ⅱ) 履行が可能であること

債務の履行が可能でなければならない。不能である場合には、履行不能による解除の問題となる。

ⅲ) 履行しないことの正当化事由が存しないこと

債務者が同時履行の抗弁権（533条）や留置権（295条）を主張できるときは、履行期に履行しなかったとしても履行遅滞にはならないから、解除できない。

ⅳ) 履行の提供をしないこと

債務者は、履行を完了していなくても、履行の提供をすれば、債務不履行にはならない（492条）から、債務者が履行の提供をしたときは、解除することができない。例えば、買主が代金を持参して売主の所に行ったが、売主が代金の受領を拒んだ場合、まだ代金は支払われていないから、買主は代金債務の履行を完了していないが、履行の提供をしているから、債務不履行責任を免れる。

ｂ．その他の債務不履行

その他の債務不履行による契約解除の要件は、①履行期に一応は履行されたが、それが債務の本旨に従ったものといえないこと、および②履行が可能であることである。

ⅰ) 債務の本旨に従ったものといえない履行

例えば、建物の売買において売主が買主に建物を引き渡したが、建物の土台に白蟻の巣があった場合は、売主の引渡債務が履行されたとしても、「その債務を履行しない場合」（541条）に含まれる。すなわち、白蟻の巣があることは、「引き渡された目的物が種類、品質又は数量に関して契約の内容に

38 Lecture 3 契約の解除

適合しないものであるとき」（562条 1 項）に当るから買主は解除をすること
ができ（564条）、また「売主が買主に移転した権利が契約の内容に適合しな
いものである場合」も同様である（565条）。

ⅱ) 履行が可能であること

催告を受けた相手方が債務を履行することができなければならない。

c. 催　告

ⅰ) 催告の意義

履行遅滞やその他の債務不履行があっても、直ちに解除できるわけではな
く、相当の期間を定めて履行を催告しなければならない（541条）。相手方が
履行して解除を回避する機会を与えるために、催告が要件となっている。解
除は解除者を契約の拘束から解放する一方で、相手方から契約の利益を奪う
重大な行為であるから、当事者間の均衡を図っているのである。

催告において定めた相当の期間を経過しても、なお履行されないときに、
契約を解除することができる。したがって、催告の期間経過後に解除の意思
表示をすることが必要である。しかし、実際には催告期間内に履行がないこ
とを停止条件として解除の意思表示をするのも有効であると解されている
（大判明43・12・9 民録16輯910頁）。例えば、「買主が 3 週間内に代金を支払わな
ければ解除する」という通知を売主が買主にした場合には、 3 週間経過した
時に売買契約は解除されたことになる。

ⅱ) 相当の期間

「相当の期間」とは、履行の準備をし、これを履行するのに要する期間を
いう（大判大 6・6・27民録23輯1153頁）。期間を定めないで催告した場合、また
は催告の期間が不相当に短かった場合も、催告が無効になるわけではなく、
催告から相当の期間が経過した時に解除をすることができる（大判昭 2・2・
2 民集 6 巻133頁、最判昭31・12・6 民集10巻12号1527頁）。

実際の履行遅滞額よりも多額の催告をする過大催告は、有効であろうか。
債務の同一性が認められるならば、催告は有効であり、本来給付すべき額・
量の範囲内で効力が生じる。ただし、「請求金額全部の提供がなければこれ
が受領を拒絶すべき意思が明確である場合」は、無効である（最判昭32・3・

28民集11巻3号610頁、最判昭37・3・9民集16巻3号514頁)。

過小催告の場合は、債務の同一性が認められれば、催告として有効であるが、催告で示された額・量の範囲でのみ効力が生じると解されている。

d．軽微な不履行
i）意　義

催告解除の場合には、債務不履行があれば催告したうえで解除することができるが、「債務の不履行がその契約及び取引上の社会通念に照らして軽微であるときは、この限りではない。」と規定されている（541条ただし書）。

改正法は、契約解除をするについて履行を受けていない債権者が契約の拘束から解放されることについて債務者の帰責事由を不要とし、解放されやすくしたのに対し、債務不履行が軽微であるときは、契約の拘束力を尊重し、債務者の契約に対する利益に配慮したものといわれる。

ii）軽微性の判定時期

不履行が軽微であるか否かは、催告期間経過時において判定される。催告時に判定するものではない。

iii）軽微性の判断基準

軽微か否かは、「その契約及び取引上の社会通念に照らして」判断される。数量的にわずかな部分の不履行であっても、その不履行が契約にとって極めて重大な意味をもつときは、軽微ではないと判断される。

2．無催告解除

債務の履行を催告しても無意味である場合、民法は、催告をしないで解除をすることができる場合を認めている。

民法は、①債務の履行が全部不能であるとき、②債務者が債務の全部の履行を拒絶する意思を明確に表示したとき、③特定の日時または一定の期間内に履行されなければ契約の目的を達することができない場合（定期行為）、④催告しても履行される見込みのない場合に、催告をせずに解除できることを認めている（542条1項に列挙されている事由）。

a．履行不能

ⅰ）全部不能

履行不能とは、履行が不可能となったことをいう。物理的に不能である場合だけでなく、法律的に不能な場合も含まれる。例えば、Aがその所有する建物をBに売却する契約したが、引き渡す前に建物が火事で全焼してしまった場合は、物理的に不能である。また、Aが同一建物をCにも売却する契約をし、建物の登記をCに移転した場合には、AのBへ建物所有権を移転する債務は法律的に履行不能となる。不能かどうかは、「契約その他債務の発生原因及び取引上の社会通念に照らして」（412条の2第1項）判断される。全部不能のときは、催告することなく直ちに解除できる（542条1項1号）。

ⅱ）一部不能

例えば、AがBにその所有する土地と建物を売却する契約をした場合に、建物が火事で全焼したときは、土地は引き渡すことができるが、建物は引き渡せないから、一部不能である。この場合には、債務の一部が不能であるとき、債権者は、催告することなく契約の一部を解除することができる（542条2項1号）。すなわち、Aの土地引渡債務の履行は可能だが、建物引渡債務の履行は不能であるから、Bは建物について契約を解除することができる。しかし、土地を引き渡してもらっただけでは「契約をした目的を達することができないとき」は、催告することなく契約全部を解除できる（542条1項3号）。いずれの場合も、催告は不要である。

b．履行拒絶

債務者が債務の履行を拒絶する意思を明確に表示したときは、債権者は催告をせずに、契約を解除することができる。すなわち、①全部の履行を拒絶するときは、契約全部を解除でき（542条1項2号）、②一部の履行を拒絶するときは、契約の一部を解除することができ（同条2項2号）、さらに③一部の履行拒絶があって、残存部分のみでは契約をした目的を達することができない場合は、契約全部を解除できる（同条1項3号）。履行拒絶の意思が表示されたのが履行期の前か後かは問題とならない。拒絶の意思が明確に表示されているとは、単に拒絶の意思が表示されているのではなく、拒絶の意思が明

確であって、そのことが表示されていることである、とされる。この場合には、催告なしに解除することができる。

c．定期行為

「契約の性質又は当事者の意思表示により、特定の日時又は一定の期間内に履行しなければ契約をした目的を達することができない場合」当事者の一方が履行せずにその時期を経過したときは、相手方は、催告をせずに直ちに解除することができる（542条1項4号）。これを定期行為といい、契約の性質によるものを絶対的定期行為、当事者の意思表示によるものを相対的定期行為という。例えば、バースデーパーティーのために特別なケーキを注文した場合には、契約の性質上、パーティー前に引き渡されないと契約の目的が達成されないから、絶対的定期行為である。

d．催告しても履行される見込みがないことが明らかなとき

催告は、債務不履行になっている債務者に履行をする機会を与えるためのものであるから、催告しても履行される見込みがないことが明らかなときは、無催告で解除することができる（542条1項5号）。

e．債務者の帰責事由

改正前民法では、債務不履行について債務者に責めに帰することのできる事由（帰責事由）がなければ解除できないと解されてきたが、改正法では解除の要件として債務者の帰責事由を要求しないこととした。債務不履行による解除は、債権者を契約による拘束から解放するための制度と理解するからである。

f．債権者の帰責事由による不履行

債務不履行について債権者に責めに帰すべき事由（帰責事由）があるときは、解除を認めるべきではない。このような場合にまで解除を認めて、債権者を契約の拘束から解放し、債務者の契約に対する利益を剥奪することは公平に反し、債権者の不当な行動を誘発することになるからである。債務者の

42　Lecture 3　契約の解除

帰責事由を解除の要件とする場合には、債権者の帰責事由による債務不履行は、解除できないことになるから、明文の規定は不要であった。これに対して、改正法では、債務者の帰責事由を解除の要件としなかったので、債務不履行が債権者の帰責事由によるものであるときは、債権者は、解除することができないことを明文で定めた (543条)。

Ⅳ　解除権の行使

1．解除権行使の方法

解除は、相手方に対する意思表示によって行われる (540条1項)。540条1項の趣旨は、契約当事者でなければ、解除できないということである。

Case 1
　AがBにクラシックカーを代金3000万円で売却する契約をした。Aは、その後、この3000万円の代金債権をCに譲渡した。Aが車をBに引き渡したのに、Bは代金をCに支払わない場合に、Cはこの売買契約を解除できるか。

Cは代金債権を譲り受けているが、クラシックカーの売主たる地位までは引き受けていない、すなわち契約当事者たる地位がCに移転しているわけではないから、なおAが売主たる地位にあり、解除権を有するのは、Aということになる。したがって、解除できるのは、Aである。ただし、判例は、解除によってCの代金債権が消滅するから、Aが解除をするときはCの同意を得なければならないとする (大判昭3・2・28民集7巻107頁)。

　解除の意思表示は、相手方に到達すれば効力が生じ (97条1項)、一方的意思表示で効力が生じる形成権である。解除の意思表示には、原則として条件や期限を付けることができない。契約の効力を失効させる解除に条件を付けるのは、条件が成就したか否かにより解除の効力の発生が左右され、相手方を不当に不利な地位に陥れるからであり、また遡及効のある解除に期限を付けることは無意味だからである。ただし、例えば売買契約で売主が5月1日

に「5月10日までに代金を支払え、支払わない場合には、契約は当然に解除される。」と催告したときは、停止条件付の解除の意思表示になるが、この場合には相手方（買主）の地位を不安定にしないから、有効であって、催告期間を徒過した場合には、契約は当然に解除されたことになる。

　いったんした解除の意思表示は撤回できない（540条2項）。撤回は、「取消し」と異なって遡及的に契約の効力を消滅させるのではなく、将来に向かってのみ意思表示の効力を失わせることである。もっとも、解除者が、制限行為能力者であったり、詐欺・強迫をされて解除をした場合には、解除を取り消すことができる（5条2項、9条、13条4項、17条4項、96条1項等）。

2．解除権の不可分性

　契約の一方または双方の当事者が複数いる場合には、解除は全員から、または全員に対して行うことが必要である（544条1項）。また、複数いる当事者のうちの一人について解除権が消滅した場合には、他の者の解除権も消滅する（544条2項）。例えば、AからB・C・Dが自動車を共同で購入し、代金の支払いが遅滞している場合に、AがBにだけ解除の意思表示をしても解除の効力は生じない。また、Aの自動車の引渡しが遅滞していたが、その後Bの解除権が消滅時効にかかって消滅したときは、C・Dの解除権も消滅する。

　これを解除権の不可分性という。法律関係を複雑にしないためである。

□　V　法定解除の効果　□

　例えば、AはBに自動車を代金300万円で売却する契約を締結し、自動車を引き渡したが、Bが代金を支払ってこないので、Aは契約を解除した場合には、その効果としてまずBは受け取っていた自動車をAに返還しなければならないことになる。また、Bがまだ支払っていない300万円の代金債務は消滅する。さらに、Bは、Aに損害を賠償しなければならない。あるいは、Bが自動車を第三者に転売していた場合には、この第三者とAとの権利関係が問題となる。

44 Lecture 3 契約の解除

1．原状回復義務

契約を解除すると、各当事者はその相手方を原状に復させなければならない（545条1項）。原状回復義務の法的性質については、学説は激しく議論をしている。

①直接効果説　解除によって契約は遡及的に消滅し、最初から存在しなかったことになる。したがって、未履行債務は消滅する。また、既に履行済みの債務は法律上の原因を失い、受領者は不当利得をしたことになるから、原状回復義務は不当利得返還義務であるとされる。ただし、返還義務の範囲は、現存利益の返還（703条）ではなく、原状回復（全面返還）まで拡大されている。

②間接効果説　解除によって契約自体が消滅するのではなく、契約の作用が阻止されるだけである。未履行の債務については履行拒絶権が生じる。既履行債務については新たな返還請求権として原状回復請求権が発生する。そして、原状回復義務が履行されることによって契約関係が消滅する。

③折衷説　②説を基礎にするが、未履行債務について②説では契約関係の最終的消滅を説明できないので、未履行債務は将来に向かって消滅し（遡及するとする説もある）、既履行債務は消滅せずに、新たな返還請求権に転換するとする。

判例は直接効果説を採用して、特定物売買契約の解除において「契約の解除は当事者間に契約なかりしと同一の効果を生ぜしめ、換言すれば当事者間に成立したる権利関係を消滅せしむるものなるが故に、売買契約解除の当然の効果として買主は所有権を取得したることなきものと看做さるべく、所有権は当然売主に帰属するに至るものと解すべきものとす」として（大判大6・12・27民録23輯2262頁）、解除によって債務関係が消滅するだけではなく、有因的構成から物権変動についても影響を与え、元々所有権も移転しなかったことになるとするのである。しかし、直接効果説をとっても、物権変動について無因的構成をとれば、解除は物権変動に影響しないから、物権は当然には解除権者に復帰せず、物権関係を原状に復する必要が出てくる。原状回復義務を不当利得返還義務と解するならば（大判大6・10・27民録23輯1867頁）、

V 法定解除の効果　*45*

無因的構成のほうが直接効果説における原状回復義務を説明しやすいであろう。

　さらに、判例は、「売買契約が解除された場合に、目的物の引渡を受けた買主は、原状回復義務の内容として、解除までの間目的物を使用したことによる利益を売主に返還すべき義務を負う」として（最判昭51・2・13民集30巻1号1頁）、使用利益の返還も認める。

　学説は、理論的に原状回復と不当利得返還とは異なると解する。すなわち、不当利得返還は原因なくして得た利得を返還するのであるから、利得が残っていなければならないが、原状回復は相手方を契約がなかったならば、あったであろう状態に回復するものであって、利得を返還するものではないから、利得が残っているか否かは問わないはずである。このような原状回復義務は、間接効果説から説明されるであろうが、未履行債務について履行拒絶の抗弁権で説明するのは技巧的に過ぎるので、折衷説によるのが妥当な説明であろう。

2．原状回復の範囲

Case 2

　Aがその所有する自動車をBに売却する契約をし、Bに引き渡したが、その後、Aは同自動車をCにも売却する契約をし、Cに登録名義を移転した。そこで、BはAとの売買契約を解除した。この場合、AとBは、どのような義務を負うであろうか。

---

a．全部返還

　原状回復とは契約締結前の状態を回復することであるから、契約によって取得した物および価値は全部返還しなければならない。しかし、解除後に自動車がBの帰責事由によって滅失して返還が不能になった場合には、原則として解除時における価格をAに返還すべきである。Bに帰責事由がないのに滅失した場合にも、自動車の客観的価値を返還すべきとする説と、原状回復も当該契約規範に基づく以上危険負担の規定を類推適用する、という考え方もある。

46   Lecture 3　契約の解除

金銭の返還の場合は、受領の時からの利息を付けて返還しなければならない（545条2項）。すなわち、AはBから受領した代金に受領時からの利息を付してBに返還しなければならない。

b．使用利益の返還

Bが引き渡された自動車を使用した場合には、目的物を使用したことによる利益をAに返還しなければならない。契約が成立しなければ、その利益はAに帰属していたはずのものだからである（前掲最判昭和51・2・13）。ただし、Aが代金を受け取っていた場合には、Bの使用利益とAの払うべき利息とは対等額で相殺することができる（575条2項の類推）。

c．果実の返還

金銭以外の物を返還するときは、その受領の時以後に生じた果実も返還しなければならない（545条3項）。例えば、犬を5匹買ったが、その後子犬が2匹生まれた。その売買契約が解除された場合には、買主は2匹の子犬も一緒に返還しなければならない。また、借家人がいるアパートを買い受けて、以後、賃料を受け取っていた場合には、その売買契約が解除されれば、アパートと一緒に受け取った賃料も返還しなければならない。

d．原状回復関係の同時履行性

契約当事者は、互いに受領した物を原状回復として返還する義務を負うが、その返還義務の履行についても同時履行の抗弁権に関する規定（533条）が準用される（546条）。Aも代金を受け取っていた場合には、Bの自動車の返還とAの代金返還が同時履行の関係に立つことになる。

3．第三者の保護

契約が解除されると、契約関係は解消されたことになるから、契約が有効であることを前提として関与し、法律関係を形成した第三者を保護する必要がある。民法は、「第三者の権利を害することができない」と定める（545条1項ただし書）。

V 法定解除の効果 *47*

> **Case 3**
> 　ＡがＢに甲土地を売却する契約をし、甲土地をＢに引き渡し、登記
> 名義もＢに移転した。その後、Ｂは甲土地をＣに転売する契約をし、
> 甲土地をＣに引き渡した。Ａは、Ｂが売買代金の支払いを遅滞してい
> るのでＢとの売買契約を解除した場合に、Ａは、Ｃに甲土地の返還を
> 請求できるであろうか。

　545条1項ただし書の規定をそのまま読むと、ＡはＣに返還請求をするこ
とができないと解されるが、それではＣを保護しすぎているとも考えられ
る。この問題も、解除の法的構成によって学説は分かれる。

a．第三者保護の理論構成

　①直接効果説（有因的構成）　　有因的構成をとると、物権変動の原因行為
である債権行為の効力が物権変動にも直接影響を及ぼすから、解除によって
契約の債権的効力は遡及的に消滅するが、物権の移転などの物権的行為の効
果も遡及的に失われる。したがって、ＡからＢに甲土地所有権は移転して
いなかったことになるから、Ｂは甲土地について無権利者であり、無権利者
のＢからＣは所有権を取得できないはずである。しかし、解除されるまで
は、Ｂは所有権を有していたのであり、Ｃも所有権を得ていたはずである
が、Ａが解除をした結果、Ｃは遡及的に所有権を失う可能性がある。このよ
うな解除の遡及効によって影響を受ける第三者を保護するために遡及効を制
限したものと解する（取消しによる遡及効の制限（96条3項）と同様に解するのであ
る）。したがって、ここでの第三者とは、解除前にＢと利害関係を有するこ
とになった第三者である。すなわち、Ａが解除をする前にＢがＣに甲土地
を転売していた場合には、545条1項ただし書によってＣは保護される。た
だし、この規定の保護を受けるためには、Ｃは対抗要件を具備していなけれ
ばならないとされる（最判昭33・6・14民集12巻9号1449頁）。学説は、ここでの
登記は対抗要件ではなく、545条1項ただし書の保護を受けるため要件（保護
資格要件）と解すべきだとする。

　これに対して、ＡがＡＢ間の売買契約を解除後にＢがＣに転売したとき
は、既にＡＢ間の売買契約は解除されているから、Ｃは解除によって影響さ

48 Lecture 3 契約の解除

れる立場にはない。したがって、545条ただし書に定める第三者には当たらない。この場合には、「売買契約の解除に因り所有権が売主に復帰する」から、AがCに所有権の復帰を対抗するには、登記が必要であるとされる（大判昭14・7・7民集18巻748頁、最判昭35・11・29民集14巻13号2869頁）。すなわち、Aが解除したときにB→Aの所有権移転、すなわち復帰的物権変動があり、その後、Bが土地をCに転売したときにB→Cの所有権移転があったことになり、いわゆる二重譲渡があったのと同じ法律状態が生じると考えるのである。

②直接効果説（無因的構成）・間接効果説・折衷説　　無因的構成をとると、解除による債権関係の遡及的消滅の効果は物権変動に影響を及ぼさないから、解除の遡及効によって所有権はBに移転しなかったことにはならず、いったんBに移転し、その所有権をBからAに復帰させる物権行為が必要となる。また、間接効果説や折衷説によると解除によって既履行債務について返還請求権が発生するから、やはりBにいったん所有権は移転し、移転した所有権を復帰させる債務がBに発生するから、解除によって土地所有権はB→Aと復帰的に変動することになり、解除の前後を問わず、B→AとB→Cの二重の物権変動があったことになり、AとCの関係は解除の前後を問わず対抗問題で処理されることになる。すなわち、登記を先に備えた者が勝つことになる。したがって、545条ただし書は、注意規定に過ぎないことになる。

b．悪意の第三者を保護すべきか

いずれの説によっても、解除後に現れた第三者に対する関係では対抗問題で処理するから、少なくとも背信的悪意者は保護されないことになる。さらに、公信力説など177条の第三者に悪意者を含めない、悪意者排除説によれば、悪意者または善意有過失者も保護されなくなる。

これに対して、解除前については分かれる。①説によれば、545条1項ただし書は保護のために第三者の善意を要求していないので、悪意の第三者も保護されることになる。②説は、対抗問題で処理するから、解除の前後で異なることはない。

c. 第三者の範囲

545条1項ただし書にいう第三者とは「特別なる原因に基づき双務契約の一方の債権者より其の受けたる給付に付き或る権利を取得した者」である（大判明42・5・14民録15輯490頁）。

したがって、解除された契約から生じる債権を差し押さえた者やこの債権の譲受人は、給付それ自体について権利を取得しているわけではないから、第三者ではない。例えば、Aが土地の代金債権をDに譲渡し、その通知をBにしたが、BがAの債務不履行を理由に解除した場合に、Dは債権譲渡の対抗要件を備えていても、保護されない。すなわち、Bが契約解除したことによって、売買契約は解消されるから、DはBに売買契約から生じる代金を請求できないことになる。

4. 損害賠償請求

解除権の行使は、「損害賠償の請求を妨げない」と規定されている（545条4項）。ところで、この損害賠償請求権は、債務不履行による損害賠償請求権であろうか、あるいは解除独自のものであろうか。

直接効果説によれば、解除によって債権関係は遡及的に消滅するのであるから、契約に基づく給付義務関係は消滅することになる。債務不履行による損害賠償（415条）は、給付義務の遅滞に伴うものまたは給付義務を塡補するものであるから、解除によってこの損害賠償請求権も消滅することになる。したがって、545条4項の損害賠償は、債務不履行による損害賠償ではなく、解除に基づく独自の損害賠償ということになる。そうすると、損害賠償は、債務不履行によるのではないから、論理的には契約が履行されたならば債権者が取得したであろう利益、すなわち履行利益（積極的損害）の賠償は認められず、契約が解除されることを知らなかったために失った利益、すなわち信頼利益（消極的損害）の賠償であるということになる。直接効果説の論理を貫徹すると、このような結論になるであろう。

しかし、解除において損害賠償を認めた545条4項の趣旨は、解除によって本来の給付の請求をあきらめた債権者に契約が履行されたと同様の償いを得させようとするものであるから、履行利益の賠償とするのが妥当であろ

50 Lecture 3 契約の解除

う。そこで、直接効果説を採る判例は、債権者を保護するために政策的に（大判大6・10・27民録23輯1867頁）、または債務不履行は存続するものとして（大判昭8・6・13民集12巻1437頁）、債権者は「履行に代わる損害賠償」を請求することができることになり、損害賠償の額は、原則として、解除時の目的物の時価を標準として定める（最判昭28・12・18民集7巻12号1446頁）とする。

　これに対して、間接効果説や折衷説では、既履行給付については解除によっても消滅せず、新たな返還義務＝原状回復義務（545条1項本文）を生じさせるのであるから、債務不履行による損害賠償を存続させ、したがって545条4項に定める損害賠償を履行利益の賠償であると説明することが論理的にも可能であるといえる。

5．解除権の消滅

a．相手方の催告による消滅

　解除権の行使について期間を定めないときは、相手方は、解除権を有する者に対して、相当の期間を定め、解除するかどうかをその期間内に確答すべき旨を催告することができる。もし、その期間内に解除の通知が到達しなかったときは、解除権は消滅する（547条）。相手方は解除されるかどうか不安定な状態にあるので、これを保護するために認めたものである。

b．解除権者の目的物の滅失・損傷による消滅

　解除権を有する者が、故意または過失によって、著しく目的物を損傷し、もしくはこれを返還することができなくなったとき、または加工もしくは改造によって他の種類の物に変えたときは、解除権は消滅する（548条本文）。

　ただし、解除権を有する者が、解除権を有することを知らなかったときは、なお解除することができる（548条ただし書）。

c．解除権の消滅時効

　解除権は、取消権と同様に形成権であるが、取消権と異なり、消滅時効についての規定がない。解除権の消滅時効は、債権に準じて取り扱われ（大判大6・11・14民録23輯1965頁）、解除による原状回復義務の消滅時効も債権と同

様とされる（大判大 7・4・13民録24輯669頁）。

解除権は債務不履行時から 5 年で時効によって消滅することになるが、5 年内に解除がされると原状回復請求権および損害賠償請求権は、その解除時から 5 年経過すると時効消滅する（166条 1 項 1 号）。

▢ Ⅵ 約定解除 ▢

約定解除とは、契約によって契約当事者の一方または双方があらかじめ解除権を留保して、その解除権の行使によって契約を解除することである。この場合、解除は一方的な意思表示によって行われる。契約の履行に着手する前にだけ解除できるとする解約手付（557条）や契約の履行後に解除できるとする買戻し（579条以下）は約定解除である。

約定解除は、法定解除と発生原因を異にするだけで、一方的意思表示による解除という点で同一であるから、法定解除の規定が類推適用される。契約の解除自体を目的とする解除契約（合意解除）と異なるところである。

1．約定解除権の行使

約定解除権の行使は、相手方に対する意思表示によってなされ、撤回は許されない（540条 2 項類推）。解除権の不可分性も認められる（544条類推）。

2．約定解除の効果

解除によって原状回復義務が発生する。効果の法的構成については、法定解除と同様に解してよい。しかし、約定解除は債務不履行を原因とせずに発生するものであるから、損害賠償請求権は、発生しない。

3．約定解除権の消滅

民法が定める法定解除権の消滅原因（相手方の催告および目的物の損傷等、547条）は、約定解除権の消滅にも類推適用される。約定解除権の消滅時効も債権の消滅時効と同様である。

Ⅶ　解除契約（合意解除）

　解除契約とは、既存の契約を解消して契約がなかったのと同一の状態を作ろうとする契約である。

　解除契約の効果を遡及させるか否かは、当事者の合意によって定まる。合意のない場合には、契約は遡及的に消滅すると解されている。法定解除に関する規定は原則として適用しないから、不当利得の規定によって原状回復がなされる。ただし、第三者の権利を害することはできないから、545条1項ただし書は類推適用される。

【Exercise】
1．AがBに宝石を代金200万円で売却する契約を締結し、AはBに2月1日に宝石を引渡し、BはAに代金を3月15日に支払うことで合意した。ところが、Bは3月15日に代金の支払いをしなかった。Aがこの売買契約を解除するには、どのような手順を踏むべきであろうか。
2．Bは事業のためにAから自動車を代金200万円で買い受ける契約を締結し、Aから自動車の引渡しを受けたが、その当時、Bの資金繰りが悪く、代金の支払いは引渡しから3ヵ月後に猶予してもらった。しかし、Bは3ヵ月後にも代金を支払うことができなかった。Aがこの売買契約を解除した場合には、Bに対してどのような請求をすることができるであろうか。
3．AがBに甲土地を代金3000万円で売却し、登記もBに移転した。Bは、甲土地をCに転売し、引渡しも終えたが、登記はまだB名義のままだった。AはCが甲土地上の建物を建てて居住していることを知っていたが、Bが代金を500万円しか支払わなかったので、催告したうえでA・B間の売買契約を解除した。AはCに対して甲土地上の建物を取り壊して、甲土地を明け渡すように請求できるか。

Lecture 4　贈与・売買（1）

Resume
Ⅰ　贈与
　1．贈与の意義および法的性質
　　a．贈与の意義
　　b．贈与の法的性質
　2．贈与の効力
　　a．贈与者の財産権移転義務
　　b．贈与者の引渡義務
　　c．他人の財産の贈与
　　d．書面によらない贈与
　3．特殊の贈与
　　a．負担付贈与
　　b．定期贈与
　　c．死因贈与
Ⅱ　売買（1）
　1．売買とは
　2．売買の成立
　　a．売買成立の要件
　　b．売買の予約
　　c．手付
　　　ⅰ）手付の種類
　　　　①証約手付
　　　　②解約手付
　　　　③違約手付
　　　ⅱ）内金
　　　ⅲ）手付の性質をめぐる問題
　　　ⅳ）履行の着手による解除権の制限
　　　　㋐履行の着手とは
　　　　㋑履行に着手した者からの解除
　　　　㋒買主の手付放棄および売主の手付倍返しによる解除
　　d．売買の費用
　3．売買の効力
　　a．売主の義務
　　　ⅰ）財産権移転義務
　　　ⅱ）果実の引渡し
　　b．他人物の売買
　　　ⅰ）序説
　　　ⅱ）他人物の売主の責任
　　　ⅲ）他人物売買と相続

□ Ⅰ 贈 与 □

1．贈与の意義および法的性質

a．贈与の意義

贈与とは、贈与者がある財産を無償で相手方に与える意思を表示し、相手方が受諾することによって成立する諾成契約である（549条）。目的物が贈与者の所有に属さない物であっても、贈与契約は有効である（最判昭44・1・31判時552号50頁）。

b．贈与の法的性質

贈与契約は、諾成契約であるから、契約締結時に目的物を交付する必要もないし、書面で契約をする必要もない。贈与は、贈与者が相手方に財産を与え、相手方はそれに対する対価を給付する必要がない契約であるから、無償契約・片務契約である。

2．贈与の効力

a．贈与者の財産権移転義務

贈与者は、贈与契約によって負担した債務を履行する義務を負う。したがって、財産権の移転が目的である場合には、引渡し・登記等の対抗要件（177条・178条）を具備させなければならない。また、目的物が特定物であるときは、引渡しをするまで、契約および取引上の社会通念に照らして定まる善良な管理者の注意をもって、その物を保存しなければならない（400条）。

b．贈与者の引渡義務

民法は、贈与契約が無償であることを考慮して、贈与者の財産移転義務を軽減している。すなわち、贈与者は、贈与の目的である物または権利を、贈与の目的として特定した時の状態で引渡し、または、移転することを約したものと推定される（551条1項）。したがって、目的物を特定時の状態で引き

渡されたが、それの一部が損傷していても、受贈者が契約不適合（562条以下）だとして追完（修補、代替物の給付等）や損害賠償を請求するためには、贈与者が損傷していない状態で給付すべき義務を負っていたことを証明して551条1項による推定を覆さなければならない。

c．他人の財産の贈与

他人に属する財産を贈与するのも有効である。改正前の549条では「自己の財産」と定めていたので、他人の財産を贈与することができないように思われたが、判例（最判昭44・1・31判時552号50頁）も学説も他人の財産の贈与を有効と認めていた。改正549条は、「ある財産」と定めてこのことを明確にした。ただし、贈与者は所有者から目的物を取得して受贈者に移転する義務はないと解されている。

d．書面によらない贈与

贈与契約を書面によらずに締結しても諾成契約だから有効に成立するが、各当事者はこれを解除することができる（550条）。このように、書面によらない贈与はいつでも解除することができるとすることは、実質的には贈与契約に書面を要求していることになるが、それは、贈与者が軽率に契約をしないようにいましめ、贈与者の意思を明確にして後日紛争が生じることを回避することを目的とする。

> **Case 1**
> 　BはAから買い受けた土地をCに贈与する契約をし、Bに依頼された司法書士がAに「BがAから買い受けた土地をCに贈与したから、所有権移転登記手続はCになされたい」旨の内容証明郵便を出したが、Bは移転登記前にCに対してこの贈与契約を撤回するといいだした。Cは、この贈与契約は書面でされているから、解除することができないと主張できるか。

贈与契約と同時に書面を作成する必要はなく、後日書面を作成すれば、その時から取り消すことができなくなるとする判例がある（大判大5・9・22民録22輯1732頁、平成16年までは「取消」と規定していた。）。また、贈与の意思表示自

体が書面によっていることは必要なく、書面が贈与当事者間で作成されたことや、無償の趣旨の文言が記載されていることも必要とせず、「書面に贈与されたことを確実に看取しうる程度の記載があれば足りる」とされる（最判昭60・11・29民集39巻7号1719頁）。したがって、Case 1における内容証明郵便も、贈与の履行を目的とし、BがCにAから中間省略で直接移転登記することについて同意し、指図した書面であり、贈与の意思を看取できる書面であると解される。

　書面によらない贈与も、履行が終わった部分については解除することができない（550条ただし書）。履行が終わったとは、動産では引渡しである。不動産では、所有権移転登記（最判昭40・3・26民集19巻2号526頁）、引渡し等がこれに当たるとされている。引渡しは、現実の引渡しだけではなく、占有改定（最判昭31・1・27民集10巻1号1頁〔不動産の事例〕）や簡易の引渡し（最判昭39・5・26民集18巻4号667頁〔不動産の事例〕）でもよい。

3．特殊の贈与

a．負担付贈与

　負担付贈与とは、受贈者に一定の給付をなす債務を課す贈与契約である（553条）。この負担は、給付の制限であって、対価ではないから、贈与の無償行為としての性質を変えるものではない。しかし、負担の限度内で有償契約的性質を帯びてくるから、その負担の限度で、双務契約に関する規定が準用され（553条）、負担付贈与の贈与者は、受贈者が負担を履行しないときは、541条により贈与契約を解除することができる（最判昭53・2・17判タ360号143頁）。また、負担の範囲内で贈与者は、売主と同様の担保責任（契約不適合責任）を負う（551条1項）。

b．定期贈与

　定期贈与とは、一定の時期ごとに無償で財産を与える贈与（例えば、法科大学院在学中、毎月10万円ずつ贈るという契約）である。定期贈与は、贈与者または受贈者が死亡したときに、その効力を失う（552条）。

c．死因贈与

死因贈与は、贈与者の死亡によって効力が生じる贈与契約である。本人の死亡によって効力が生じる点は「遺贈」と同一であるが、遺贈が単独行為であるのに対して、死因贈与は当事者の意思の合致によって成立する契約である点が異なる。民法は、死因贈与は、その性質に反しない限り、遺贈の規定に従うと定める（554条）。しかし、準用されるのは効力に関する規定であって、方式については準用されない（最判昭32・5・21民集11巻5号732頁）。

□ Ⅱ 売 買（1）□

1．売買とは

売買は、当事者がある財産権を相手方に移転することを約し、相手方がこれに代金を支払うことを約することによって、その効力を生じる契約である（555条）。

したがって、売買契約は、諾成・不要式の契約であって、売主は財産権移転債務を、買主は代金支払債務をそれぞれ負担する双務契約であり、それぞれの給付は対価的意義を有するから有償契約である。売買契約は、有償契約の典型とされ、売買に関する規定は他の有償契約に準用される（559条）。

2．売買の成立

a．売買成立の要件

売主が財産権を移転する意思を表示し、買主が反対給付として代金を支払う意思を表示し、双方の意思が合致することが売買契約の成立要件である。もっとも、不動産売買においては、裁判実務上、契約書の作成と手付金等の金銭の授受がないと、契約が成立したとする事実認定がされないと指摘されている。

売買は債権契約であり、売主は財産権の移転債務、買主は代金支払債務を負う。

この意思表示は、黙示でもよい。自動販売機から品物を買う場合などがこ

れに当たる。

反対給付は、金銭でなければならない。金銭でない場合には、交換（586条）となる。

b．売買の予約

予約とは、当事者間に、本契約を将来締結することを予約（確保）するものであり、それについて拘束（債務）を生じさせる契約である。予約は法律的には二つの方法が考えられる。

①当事者が本契約を欲して申込みをした場合に、承諾をすべき義務を相手方に負わせる方法である（承諾義務型）。この場合には、この申込権を一方だけが有する「片務予約」と双方が有する「双務予約」がある。

②予約完結権を有する者が本契約を成立させる意思表示（予約完結の意思表示）をすれば、相手方の承諾を要せずに本契約が成立する方法である（予約完結型）。当事者の一方が予約完結の意思表示をする権利（予約完結権）を有するのを「一方の予約」、両方が有するのを「双方の予約」という。

民法は、売買の予約につき一方の予約を定めた（556条）。

予約完結権は、形成権であるから予約完結権者が相手方に対して本契約にする旨の一方的意思表示をすれば、その時から売買の効力は生じる（556条1項）。予約完結権の行使期間は通常、契約で定められるであろうが、その定めがなかった場合には、相手方は、相当の期間を定めて売買が完結するか否かを確答すべき旨を予約権者に催告することができ、その期間内に予約権者からの確答がなかったときは、予約は効力を失う（556条2項）。

c．手　付

手付とは、契約締結に際して当事者の一方から相手方に対して交付される金銭その他の有価物である。

ⅰ）手付の種類

①証約手付　　契約が成立したことを証する効力を有する手付である。手付の交付があれば、契約が成立したことの証拠になる。次の2つの手付も同時に証約手付たる性質を兼ねている。手付の最小限度の効果といわれる。

②解約手付　　両当事者が解除権を留保する意味を有する手付である。解除契約の一種である。民法は、解約手付を原則とした（557条）。

③違約手付　　違約手付には、2種類ある。その一つは、(ア)契約上の債務を履行しなかった場合における「違約罰」として没収されるものである。この場合には、手付と別に債務不履行による損害賠償を請求することができるが、この種の手付の例は少ない。もう一つは、(イ)「損害賠償の予定」としての手付である。当事者の一方が債務を履行しない場合には、損害賠償として手付を交付した者はそれを没収され、手付を収受した者はその倍額を償還すると定めるものである。この違約金は損害賠償額の予定と推定されるから（420条3項）、違約金の性質のある手付が交付された場合には、損害賠償の予定としての手付と解すべきである。

ⅱ）内　金

内金は、手付に似ているが、全く性質の異なるものであって、代金の一部前払いとして交付されるものである。手付も、契約が解除されなければ、代金に充当されるが、内金は、買主から明確に代金の一部として交付されるものである。もっとも、内金か手付かは、使用されている文言からではなく、契約全体の趣旨を考慮して判断すべきである。

ⅲ）手付の性質をめぐる問題

Case 2

　BはAから2000万円で土地を買うことにし、手付として200万円をAに交付した。その際、「Aがその義務に違反した場合には、手付の倍額を違約金としてBに償還し、Bがその義務に違反したときは、Aはこの手付金を違約金として没収できる。」と特約した。ところが、その後、Bより「Cから1500万円で土地を買うことができることになったので、200万円の手付を放棄して売買契約を解除したい」と言ってきた。Aは、違約手付なのだから、解除できないと主張する。Bは解除することができないか。

手付の性質が不明である場合については、557条1項により解約手付と推定される（最判昭29・1・21民集8巻1号64頁）。したがって、解約手付以外の手付だと主張する者がそのことを立証しなければならない。

60 Lecture 4 贈与・売買（1）

　さて、Case 2 のように違約手付の特約をした場合に、解約手付の推定は排除されるのであろうか。判例は、557条の適用を排除する意思表示がなければ、違約手付の特約があっても解約手付としての性質も両立するとしてる（最判昭24・10・4民集3巻10号437頁）。Case 2 の場合も、この判例が当てはまり、解約手付と推定される。解約手付の推定を排除するには、より明確な排除の意思表示が必要とされる。したがって、Bは手付を放棄して解除することができる。

　なお、宅地建物取引業法39条2項では、宅地建物取引業者が売主になる場合には、解約手付とみなしている。この規定は、買主保護のための規定であるから、買主に不利な特約は無効とされる（同条3項）。同条1項は代金の10分の2を超える手付を禁止している。

iv）履行の着手による解除権の制限

　買主は手付を放棄して（手付流し）、また売主は手付の倍額を償還して（手付倍返し）、売買契約を解除することができる。ただし、当事者の一方が履行に着手すると解除することができなくなる（557条1項）。

(ア) 履行の着手とは

　「履行の着手とは、債務の内容たる給付の実行に着手すること、すなわち、客観的に外部から認識し得るような形で履行行為の一部をなし又は履行の提供をするために欠くことのできない前提行為をした場合を指す」（最大判昭40・11・24民集19巻8号2019頁）のであり、単なる履行の準備では足りないとされる。履行の着手に当たるか否かは、当該行為の態様、債務の内容、履行期が定められた趣旨・目的等の諸事情を総合的に考慮して判断しなければならない（最判平5・3・16民集47巻4号3005頁）。

Case 3

　BはAからC所有の土地を代金2000万円で買い受ける契約を締結し、手付金200万円を交付した。AはBに所有権を移転する前提として、Cから土地所有権を取得し、登記もAに移転した。その後、Bは手付を放棄してこの売買契約を解除するとAに言ってきた。これに対して、Aは既に履行に着手しているから、解除することができないと主張することができるか。

売主が移転登記に応じれば、いつでも残代金を支払えるように買主が残代金の準備をしていた場合（最判昭33・6・5民集12巻9号1359頁）やCase 3におけるAの所有権取得は準備行為を超えていると解されるから（前掲最大判昭40・11・24）、着手に当たる。したがって、Bは契約を解除することができないことになる。

(イ) 履行に着手した者からの解除

履行に着手したAは、手付倍返しをして解除することができないであろうか。そもそも、履行着手後の解除を禁止するのは、履行に着手した当事者が契約の履行に多大の期待を寄せており、この段階で解除を認めると不測の損害を被るからである。したがって、履行に着手したAは、履行に着手していないBに対して自由に解除権を行使することができる（前掲最大判昭40・11・24）。すなわち、Aは、Bに対して手付倍返しをして解除することができることになる。

(ウ) 買主の手付放棄および売主の手付倍返しによる解除

買主は、手付の返還請求権の放棄の意思表示をして契約を解除することができる。これに対して、売主は、受領した手付の2倍額の金銭を買主に現実に提供して、解除の意思表示をしなければ、解除の効果は発生しない（557条1項本文、最判平6・3・22民集48巻3号859頁）。

d．売買の費用

売買の目的である土地の測量費用や契約書に貼付する印紙代、目的物の鑑定費用のような売買に関する費用は、売主と買主が平等に分けて負担する（558条）。運送費や登記料などは、売主の債務弁済費用として、原則として、売主が負担する（485条本文）。

3．売買の効力

a．売主の義務

i）財産権移転義務

売主は、売買の目的たる財産権を買主に移転すべき義務を負う（555条）。財産権は、売主に帰属している必要はないが、売主は、財産権を完全に享受

できる状態で買主に移転しなければならない。したがって、他人の所有物を売買の目的としたときは、他人から所有権を取得して、買主に移転する義務を負う（561条）。また、対抗要件を具備させる義務がある（560条）。賃借地上の建物を売却した場合には、土地賃借権もこの売買に伴って買主に移転するから、売主には、賃借権譲渡の対抗要件である賃借権譲渡の承諾（612条）を土地の賃貸人から得る義務も生じる（最判昭47・3・9民集26巻2号213頁）。

ⅱ）果実の引渡し

　売買の目的物をまだ買主に引き渡していない間に、目的物から生じた果実は、売主に帰属する（575条1項）。果実は、元物から分離するときに収取権を有する者が取得するのであるから（89条）、物権的な支配権は、引渡しまで買主には移転しないと解することができる。すなわち、果実収取権のない所有権は考えられないから、売買契約の締結だけでは、債権的効力しか発生せず、引渡しによって所有権が買主に移転することを575条は定めていると解することができるからである。176条の解釈に際して考慮すべき重要な条文である。

　買主は目的物の引渡しを受けた日より代金に利息を付けて支払わなければならない（575条2項）。この規定は、果実と代金の利息を相殺的に処理するものであるから、売主は、目的物の引渡しを遅滞しても、代金が未払いである限り、果実を取得でき（大連判大13・9・24民集3巻440頁）、また、買主は代金を支払ったときは、引渡しがなくても、果実収取権は買主に移転する（大判昭7・3・3民集11巻274頁）。

b．他人物の売買

ⅰ）序説

　売主は、先に述べたように、財産権を買主に移転する義務を負っているから、他人が所有する物を売ったときは、売主は、所有者から物の所有権を取得して買主に移転する義務を負う（561条）。したがって、買主は、売主が所有権を取得していないときでも、他人の所有物を売った売主に物の所有権を取得して移転するように請求することができる。それでも、売主が所有権を取得することができなかった場合は、売主は買主に対してどのような責任を

Ⅱ　売　買（1）　*63*

負うであろうか。

ⅱ）他人物の売主の責任

> **Case 4**
>
> 　Ａが、ＣからＣ所有の甲土地を売ってもらう約束をしていたので、自己の住宅を建てる土地を探していたＢに甲土地を売却する契約をした。しかし、その後、ＣはＡに甲土地を譲渡するのをやめたといってきた。Ａは、Ｂに甲土地の所有権を移転することができなくなった。Ｂは、Ａに対してどのような主張をすることができるであろうか。

　売主Ａは、他人物である甲土地の所有権をＢに移転する義務を負っているから、Ｃから甲土地所有権を取得できない以上は、債務不履行になる。したがって、Ｂは債務不履行を理由にＡに対して損害賠償を請求することができる（415条1項本文）。この場合には、Ａに取引上の社会通念に照らして責めに帰すべき事由がないときは、損害賠償請求をすることができない（同項ただし書）。例えば、Ａは、境界線が不明であったために甲土地を自己の所有物と誤信していた場合には、帰責事由はないといえる場合もある。

　さらに、Ａに帰責事由があるか否かを問わず、Ｂは債務の履行が全部不能であるから契約を解除することもできる（542条1項1号）。

　Case 4 の場合には、Ｂは売主Ａに甲土地の引渡しを請求できなくなっており、Ａの引渡債務は履行不能の状態になっているが、Ａには帰責事由がないから、ＢはＡに損害賠償を請求することはできない。しかし、甲土地を取得する可能性がないのであるから、Ｂには売買契約関係を維持している必要はない、したがって、Ｂは甲土地の売買契約を解除して、売買関係から離脱することができる。

　なお、目的物の一部が他人の所有に属する場合も、売主はその一部の所有者から所有権を取得して買主に移転する義務を負うが（561条）、この場合は移転した権利の内容が契約内容に適合しない場合であるから（565条）、売主は契約不適合の責任を負う（後述）。

ⅲ）他人物売買と相続

> **Case 5**
>
> 　Ｃの唯一の子Ａが、Ｃ所有の甲土地をＣに無断で住宅を建てる土地

を探していたBに売却する契約をした。Aの所行に怒ったCは、Aには絶対に甲土地所有権を譲渡しないと言っていたために、Aは、Bに甲土地の所有権を移転することができなくなった。Cの配偶者は既に死亡している。Aには、配偶者も他に子もいない。
　　① Aが死亡して、CがAを相続した場合に、BはAに対して、Aは売主の地位を相続しているから、Bに所有権は移転しているとして、移転登記を請求することができるか。
　　② Cが死亡して、AがCを単独相続した場合、Bは甲土地の所有権をAは相続によって取得している。その結果、甲土地の所有権はBに移転しているから、登記をBに移転せよと主張できるか。

　Case 5 の①の場合のように、所有者CがA他人物の売主Aを相続した場合には、CはAの売主たる地位を承継し、その権利・義務を包括的に承継するが、そのためにC自身が売買契約を締結したことになるものでない。また、これによって売買の目的とされた権利が当然にBに移転するものと解すべき根拠もない。Cは、「権利者としてその権利の移転につき諾否の自由を保有しているのであって、それが相続による売主の義務の承継という偶然の事由によって左右されるべき理由はな」い、「信義則に反すると認められるような特別の事情のないかぎり」Cは、「売主としての履行義務を拒否することができる」、と解される（最大判昭49・9・4民集28巻6号1169頁）。
　権利の移転を拒否したCは、それでも、Aの他人物の売主としての地位を承継しているから、売主としてのなお所有権をBに移転する義務を負い（561条）、債務不履行に基づく損害賠償責任は負わなければならない。もっとも、Cがなお売主として甲土地所有権をBに移転するというのは、Cに所有権移転の拒否を認めていることと矛盾することになるから、Cは移転義務を負わないと解すべきであると考える。
　Case 5 の②の場合のように、他人物の売主Aが所有者Cを相続した場合には、Aは甲土地の所有権を取得しているのであり、Bに所有権を移転することができるし、相続の時に所有権はAからBに移転したと解することができる。しかし、Aは所有者たるCの地位も承継しているから、Cとして所有権の移転を拒否できる自由もあるのではないか、といえるであろうか。Aは、もともと、Bに甲土地を売り、売主として所有権移転義務を負ってい

たのであるから、相続という偶然的事由によって所有者たる地位を承継した
ことを理由に所有権移転を拒否するのは信義則に反するのであって、所有権
移転を拒否できないとされている（無権代理人が本人を相続した場合に関する最判
昭37・4・20民集16巻4号955頁参照）。

【Exercise】
1. 贈与契約を書面でしなかったときは、贈与契約は成立しないか。成立するとした場
  合に、書面で契約した場合とどのように相違するかを説明しなさい。
2. 負担付贈与は、負担の付かない贈与とどのように相違するかを説明しなさい。
3. 贈与した物に瑕疵があった場合に、贈与者に受贈者は瑕疵担保責任を問うことがで
  きるか。
4. 手付の種類について整理して説明しなさい。
5. 契約書に「違約手付」として手付金が売主に交付される旨の記載があった場合に
  は、両当事者は、「手付倍返し」・「手付流し」の方法で売買契約を解除することは
  できないか。
6. 解約手付が交付された場合に、履行に着手した買主が、「手付流し」をして売買契
  約を解除することは、履行に着手しているのだから、不可能だというべきであろう
  か。
7. 買主が代金を支払ったが、目的物はまだ買主に引き渡されていないときは、売主が
  それから生じる果実を収取することができるか。

Lecture 5 売 買（2）

Resume

Ⅰ 売主の契約不適合責任
 1．売主の目的物契約適合性確保義務
 2．売買目的物の種類・品質・数量に関する契約不適合
 3．契約不適合の意味
  ａ．種類・品質の契約不適合
  ｂ．数量の契約不適合
 4．追完請求権
  ａ．追完請求権の意義
  ｂ．追完の方法
 5．代金減額請求権
  ａ．代金減額請求権の意義
  ｂ．代金減額請求の要件
   ⅰ）追完が期待できる場合―追完の催告期間を経過していること
   ⅱ）追完が期待できない場合―催告不要
   ⅲ）代金減額請求が認められない場合
   ⅳ）「売主の責めに帰すべき事由」は要件ではない
   ⅴ）数量が超過している場合
 6．損害賠償請求権
 7．契約解除
  ａ．催告解除
  ｂ．無催告解除
 8．権利に関する契約不適合
  ａ．売主が買主に移転した権利が契約の内容に適合しないものである場合
  ｂ．売主が買主に権利の一部を移転しない場合
  ｃ．買主の追完請求権・代金減額請求権・損害賠償請求権・解除権
 9．契約不適合責任の期間制限
 10．契約不適合責任と錯誤の関係
 11．競売の場合の特則
 12．債権の売主の担保責任
 13．担保権実行の際の費用償還
 14．契約不適合責任免除特約

□ Ⅰ 売主の契約不適合責任 □

1．売主の目的物契約適合性確保義務

　民法は、売主の目的物契約適合性確保義務を売買の目的物に関するもの（562条〜564条）と権利に関するもの（565条）に分けて規律している。すなわち、①売主は、目的物が種類、品質または数量に関して契約の内容に適合している物を買主に引き渡す義務を負っており（562条）、また、②売主は契約の内容に適合した権利を買主に移転する義務を負っている（565条）とするのである。

2．売買目的物の種類・品質・数量に関する契約不適合性

　買主に引き渡された目的物が種類、品質または数量に関して契約の内容に適合していない場合、あるいは、契約で合意した内容に適合した権利が買主に引き渡されなかった場合には、売主は契約の内容に適合する状態の目的物や権利を買主に供与すべき義務があるから、買主は売主に対して債務不履行による責任を追及することができることになる。

　すなわち、買主は売主に対して、追完を請求し（562条、565条）、損害賠償を請求し（564条、415条、565条）、または契約を解除できる（564条、541条以下、565条）。さらに、買主の特別の救済のために代金の減額を請求することもできる（563条、565条）。

3．契約不適合の意味

　契約不適合とは、「種類、品質又は数量に関して契約の内容に適合しない」ことである。契約不適合の判断においては、契約当事者の合意内容を基礎に置くとともに、社会通念に従った合意の解釈がなされるべきである。

a．種類・品質の契約不適合
　契約で目的物の品質について合意がされている場合、例えば、マンション

の売買においてその建物が他よりも高性能な免震装置を備えていることを契約の内容にして、売買価格も高い場合には、免震装置の偽装で性能が悪かったときは、契約不適合とされるであろう。

さて、それでは、契約には品質に関する合意がなかった場合は、どうであろうか。目的物の使用目的が売主に告げられているときは、その使用目的に適合しないと、不適合とされる。

契約で目的物の性質や用途が想定されていなかった場合には、この場合は一般に通常の品質を売買の目的物が有することが合意されていると解される。例えば、マンションの一室を購入したが、日照が阻害されていた場合（環境瑕疵）やかつてその部屋で居住者が自殺していた場合（心理的瑕疵）も契約不適合とされる。また、住宅建築の目的で土地を購入したところ、その土地の8割が都市計画街路の境界内に存するため、早晩、建物を撤去しなければならない場合のような行政法規による土地利用制限がある場合も、契約不適合となる（最判昭41・4・14民集20巻4号649頁）。

もっとも、賃借地上の建物を賃借権とともに購入した買主は、土地の擁壁に欠陥があって台風による大雨で擁壁に亀裂が生じ、建物自体も取り壊さなければならなくなった場合について、賃借権の買主はその売主に対して契約不適合の責任を追及することができず、土地賃貸人に修繕義務（606条）を追及すべきだとされる（最判平3・4・2民集45巻4号349頁）。

b．数量の契約不適合

目的物の数量が契約で定められていたよりも少なかった場合には、全てが契約不適合とされるわけではないと説かれる。

改正前565条（数量指示売買）に関して判例は、「売買契約において目的たる土地を登記簿記載の坪数をもつて表示したとしても、これでもつて直ちに売主がその坪数のあることを表示したものというべきではない。」とし、「当事者において目的物の実際に有する数量を確保するため、その一定の面積、容積、重量、員数または尺度あることを売主が契約において表示し、かつ、この数量を基礎として代金額が定められた売買」が数量指示売買であるとしていた（最判昭43・8・20民集22巻8号1692頁）。すなわち、1 m²の土地の値段を10

万円として土地の面積が100m²あるものとして代金1,000万円で売買契約が締結されたが、実際に引き渡された土地の面積は20m²不足していた場合は、数量不足の売買であるとされた。単に登記記録に100m²と記載されているから、それを契約書に転記して100m²の土地の売買とした場合は数量指示売買ではないから、改正前565条の適用はないというのである。

　数量の契約不適合についてもこの判例が判断基準となるとするかは、見解が分かれる。肯定する説もあるが、むしろ、本質は売主が買主に対して目的物の実際に有する数量を確保する義務を負っているかであり、それは契約解釈によって決まると解すべきであろう。

4．追完請求権

a．追完請求権の意義

　売主は、買主に対して種類・品質・数量に関して契約の内容に適合した物を引き渡すべき義務を負っているから、買主は、契約不適合な目的物を引き渡した売主に対して、履行の追完を請求することができる（562条1項本文）。もっとも、契約不適合が買主の責めに帰すべき事由（帰責事由）によるものであるときは、買主は、追完請求をすることができない（562条2項）。したがって、売主に契約不適合について帰責事由がない場合でも、買主に帰責事由がない限り、買主は売主に追完請求をすることができることになる。

b．追完の方法

> **Case 1**
> 　Bは、A電器店から洗濯機を1台15万円で購入し、使用していたが、しばらく使っていると、脱水機能がうまく作動しなくなった。BはAに対してどのような請求をすることができるであろうか。

　買主は、引き渡された目的物に契約不適合があった場合には、①目的物の修補、②代替物の引渡し、または、③不足分の引渡しによる履行の追完を売主に請求することができる（562条1項本文）。買主は、これらの追完を選択して（修補するか、取り替えてもらうか）請求することができる。すなわち、Bは

Ａに対して、洗濯機の修繕もしくは新しい同種の洗濯機への取り替えを請求することができることになる。もっとも、Ａにとってはがいったん使用した洗濯機を引き取ってももはや新品として取引をすることはできないので、損失を被るおそれがある。そこで、売主は、買主に不相当な負担を課するものではないときは、買主が請求する方法と異なる方法によって、履行を追完することができる（562条1項ただし書）。したがって、Ｂが洗濯機の取り替えを請求してきても、Ａは、Ｂに不相当な負担を課さないときは、例えば、すぐに修繕できるような場合には、洗濯機の修繕によって追完することができる。

契約不適合を理由に買主が売主に追完請求をした場合に、それによって生じた費用は売主が負担すべきである。すなわち、売主は、契約に適合した物を引き渡すべき義務を負っていたのであるから、不適合によって生じた追完のための費用は、売主の負担に属するのである。

5．代金減額請求権

a．代金減額請求権の意義

引き渡された目的物の種類・品質・数量に関して契約の内容に適合しない場合には、買主は、後述「b.」において述べる要件が満たされた場合には、代金の減額を請求できる（563条1項、2項）。

代金減額請求権は形成権である。

売買契約は双務有償契約の典型であり、目的物の引渡しと代金の支払いは等価関係に立つから、引き渡された目的物が契約不適合であった場合には、買主の救済手段として減額請求権が認められることになる。代金減額請求は売買契約の一部解除と同様の機能を営むものと把握する。すなわち、代金減額請求の実質は契約不適合部分に相当する部分の解除に等しいと考えるのである。したがって、要件を解除の場合と同様に、催告を要する場合と催告を要しない場合に分けて定めている。

| 売主の契約不適合責任　*71*

b．代金減額請求の要件
ⅰ）追完が期待できる場合─追完の催告期間を経過していること

Case 2
　Bは、A酒店に1本1万円のワインを30本注文したが、25本しか引き渡されなかった。Bは、Aに5日以内に残り5本を調達して引き渡せと催告したが、Aは5日経過しても引き渡してこなかった。

　引き渡された目的物に契約不適合がある場合には、買主は、売主に対して相当の期間を定めて追完の催告をし、その期間内に追完がないときは、代金減額請求をすることができる（563条1項）。したがって、Bは、不足する5本分のワイン代金5万円の減額を請求できる。

ⅱ）追完が期待できない場合─催告不要
　以下のいずれかに該当する場合には、買主は、催告せずに代金減額請求をすることができる（563条2項）。
　①　履行の追完が不能であるとき（563条2項1号）
　②　売主が履行の追完を拒絶する意思を明確に表示したとき（同2号）
　③　契約の性質または当事者の意思表示により、特定の日時または一定の期間内に履行をしなければ契約をした目的を達することができない場合において、売主が履行の追完をしないでその時期を経過したとき（同3号）
　④　①〜③までに掲げる場合のほか、買主が相当の期間を定めて追完を催告しても、履行の追完を受ける見込みがないことが明らかであるとき（同4号）

ⅲ）代金減額請求が認められない場合
　追完請求権と同様に、目的物の契約不適合が買主の責めに帰すべき事由によるものであるときは、買主は代金の減額を請求できない（563条3項）。

ⅳ）「売主の責めに帰すべき事由」は要件ではない
　買主の代金減額請求権は、契約不適合が売主の責めに帰すべき事由によるものではなくても、目的物に契約不適合があれば、発生する。563条による代金減額請求権は、先に述べたように契約の一部解除権であって、損害賠償

請求権（415条1項参照）ではないからである。

ⅴ）数量が超過している場合

数量が不足している場合は、買主は、減額請求をすることができるが、引き渡した目的物の数量が売買契約において合意した数量を超過している場合に、売主は代金の増額を請求することができるであろうか。

改正前の判例は、「数量指示売買において数量が超過する場合，買主において超過部分の代金を追加して支払うとの趣旨の合意を認め得るときに売主が追加代金を請求し得ることはいうまでもない」が、改正前565条を類推して代金の増額を請求することはできない、としている（最判平13・11・27民集55巻6号1380頁）。この判例は、改正法下でも妥当すると解されている。したがって、売主は、563条を類推して代金の増額を請求することはできない。

6．損害賠償請求権

> **Case 3**
> Bは、Aから建物を建築する目的で甲土地を購入する契約をしたが、甲土地の地下から埋設廃棄物が見つかった。Bは、Aに対してどのような請求をすることができるであろうか。
> また、Bが甲土地を他に転売するつもりであり、甲土地は都心に存していたので、周辺の土地の価格は値上がりをしていたが、埋設廃棄物のために値段が下がった場合に、BはAにどのような請求をすることができるか。

引き渡された目的物の種類・品質・数量が契約内容に適合しない場合には、買主は、売主に対して債務不履行に基づく損害賠償を請求することができる（564条、415条）。

Case 3においては、BがAに修補請求をしたときは（562条1項）、Aは埋設廃棄物を甲土地から除去しなければならず、除去費用もAが負担しなければならない。しかし、埋設廃棄物を除去する間、Bは、甲土地を利用することができないから、建物の完成時期が遅れた場合に生じた損害の賠償をAに請求することができる（564条、415条）。また、Bが転売する予定で甲土地を購入しており、周辺土地が値上がりしており、甲土地も埋設廃棄物がな

ければ高い値段で転売できたが、埋設廃棄物があったために値下がりした場合には、値上がりした状態で転売できたならば得られたであろう利益を失っているから、契約に適合した履行が行われれば得られたであろう利益の賠償を請求することができる。すなわち、改正前の売主の担保責任では、信頼利益の賠償であったものが、改正によって、売主の契約不適合責任に変更されて、債務不履行責任（564条、415条）となったから、損害賠償の内容も履行に代わる利益（履行利益）の賠償になるのである。

　損害賠償は、債務不履行責任であるから、目的物の契約不適合を理由に損害賠償請求を受けた売主は、抗弁として「契約その他の債務の発生原因及び取引上の社会通念に照らして債務者〔売主〕の責めに帰することができない事由によるものである」ことを主張立証することによって損害賠償義務を免れることができる（415条1項ただし書）。

7. 契約解除

　引き渡された目的物が種類・品質・数量に関して契約内容に適合しない場合には、買主は、売主の債務不履行を理由として売買契約を解除することができる（564条、541条以下）。

　売買契約を解除する場合に、目的物の契約不適合について売主の責めに帰すべき事由の要件は不要とされる。ここでの解除も債務不履行による解除であり、541条及び542条による解除については債務者の帰責事由を不要としているからである。

a. 催告解除

　引き渡された目的物の種類・品質・数量について契約不適合がある場合には、買主は、売主に対して相当な期間を定めて追完を催告し、売主がその期間内に追完をしなければ、契約を解除することができる。ただし、契約不適合が契約及び取引上の社会通念に照らして軽微であるときは、契約を解除することができない（564条、541条）。

b．無催告解除

以下のいずれかに該当する場合は、買主は、催告なしに解除することができる（564条、542条）。

ⅰ）　債務の追完が不能な場合（542条1項1号）

ⅱ）　売主が債務の追完を拒絶する意思を明確に表示しており、契約不適合があるために契約の目的を達することができないとき（同2号・3号）

ⅲ）　契約の性質または当事者の意思表示により、特定の日時または一定の期間内に履行しなければ契約をした目的を達することができない場合において、売主が追完をしないでその時期を経過したとき（定期行為、同4号）

ⅳ）　ⅰ）からⅲ）に掲げる場合のほか、売主が追完せず、買主が追完の催告をしても契約をした目的を達することができる追完がされる見込みがないことが明らかであるとき（同5号）

なお、目的物の一部に契約不適合があって、その追完が不能である場合、または、売主が追完を拒絶する意思を明確に表示したときは、買主は契約に適合しない部分の解除をすることができる（564条、542条2項3号）。先に述べたように、代金減額請求は一部解除の実質を有するから、一部解除は代金減額請求をすることと大差はないこととなる。

契約不適合に基づく解除を買主がすることができるのは、契約不適合が買主の責めに帰すべき事由がないときである（543条）。これに対して、契約不適合について売主に責めに帰すべき事由がない場合でも、買主は、解除をすることができる。

8．権利に関する契約不適合

改正法では、契約内容に適合した権利を売主は買主に移転すべき義務を負い、この義務に反して契約に適合しない権利を買主に移転した売主は契約不適合責任を負うことになる（565条）。この義務違反も、債務不履行責任である。

権利に関する契約不適合が認められるのは、(a)売主が買主に移転した権利が契約の内容に適合しないものである場合、または、(b)売主が買主に権利の一部を移転しない場合である。権利に関する契約不適合が、契約締結時に既

に存在していた場合も契約締結後に生じた場合も、いずれの場合にも、売主は、権利に関する契約不適合責任を負わなければならない。

a．売主が買主に移転した権利が契約の内容に適合しないものである場合

売主が買主に移転した権利が契約の内容に適合しないものである場合とは、売買目的物の利用が制限されている場合をいう。例えば、①宅地として買い受けた土地に他人の地上権が設定されていて、買主が建物を建てることができない場合、②建物を買い受けたが、その建物のために存在するはずの借地権（地上権もしくは賃借権）が存在していなかったので、土地所有者から建物の収去を請求されそうな場合等である。

b．売主が買主に権利の一部を移転しない場合

売主が買主に権利の一部を移転しない場合とは、権利の一部が他人に属する場合をいう。例えば、購入した土地の一部が売主以外の他人の所有に属していた場合である。

c．買主の追完請求権・代金減額請求権・損害賠償請求権・解除権

権利に関する契約不適合についても562条が準用されるから、売主は追完義務を負い、買主は、売主に追完を請求することができる（565条、562条）。例えば、(a)宅地として購入した土地の一部に地上権が設定されていた場合には、買主は、売主に対して地上権の除去を請求することができる。また、(b)購入した土地の一部が他人の所有に属している場合には、買主は、売主に対して、その他人から土地所有権を取得して買主に移転するように請求することができる。

売主が追完をすることができない場合には、563条を準用して、買主は代金の減額を請求することができる（565条、563条）。

さらに、損害賠償の請求をすることもでき（565条、564条）、また契約を解除することもできる（565条、564条）。

以上の、買主の権利が認められるための要件は、売買の目的物の契約不適合の場合と同様であるから、既に説明したところを参照せよ。

9．契約不適合責任の期間制限

　売主が種類または品質に関して契約の内容に適合しない目的物を買主に引き渡した場合に、買主は、その契約不適合を知ってから1年以内にその旨を売主に通知しないと、買主は契約不適合を理由とする履行の追完請求、代金減額請求、損害賠償請求および解除をすることができなくなる（566条本文）。この期間限定の規定は、目的物を引き渡すと売主は履行が終了したと期待するから、この期待を保護する必要があることと、物の種類・品質に関する不適合の有無は物の使用や時間の経過による劣化等によって判断が困難になるから、短期の期間制限を設けて法律関係を早期に安定化する必要があるという考慮に基づくものである。

　買主の追完請求権・代金減額請求権・損害賠償請求権および解除権は、買主がこれらの権利を行使することができることを知った時から5年経過（166条1項1号）、または、これらの権利を行使することができる時から10年経過（166条1項2号）すると時効によって消滅する。権利を行使することができる時は、引渡時であると解される（危険の移転時である（567条）。改正前の判例、最判平13・11・27民集55巻6号1311頁を参照）。

　ただし、売主が引渡しの時にその不適合を知り、または知らなかったことについて重過失があるときは、買主は契約不適合を知ってから1年経過後であってもなお契約不適合を理由に各権利を行使できる（566条ただし書）。

　なお、数量の不適合は、それが明確であるため、また、売主も比較的容易にその判断をすることができるから、数量に関する契約不適合の場合には、566条に基づく通知をしなくても、買主は権利行使をすることができる。さらに、権利に関する契約不適合の場合にも566条は適用されず、買主は通知をしないで権利行使をすることができる。この場合には、売主が契約に適合した権利を移転したという期待を抱くことは想定しがたく、短期間で契約不適合の判断が困難となるともいえないからである。したがって、数量に関する契約不適合および権利に関する契約不適合の場合には、債権の消滅時効に関する一般規定（166条1項）が適用されるから、買主が契約不適合を知った時から5年もしくは買主が各権利を行使できるようになった時から10年で消

滅時効にかかる。

10. 契約不適合責任と錯誤の関係

Case 4

Ｂは、Ａから10階建てのマンションを建築する目的で甲土地を購入したが、甲土地上には都市計画道路が予定されており、建築制限がかかっているため、Ｂが計画するマンションを建てることができないことが判明した。この場合に、ＢはＡに対してどのような主張をすることができるか。

　行政法規によって建築制限がかかっている土地を購入した場合にも、契約不適合に該当することは、先に述べた通りである（最判昭41・4・14民集20巻4号649頁参照）。したがって、Case 4 においては契約不適合を理由にＢはＡに対して、代金減額請求（563条2項1号）、損害賠償請求（564条、415条）もしくは契約解除（564条、542条）をすることができる（履行の追完は不能であろうから）。

　また、Ｂがマンション建築のために甲土地を購入すると動機を表示しており、それが法律行為の内容となっている。この錯誤は、法律行為にとって重要なものであるから、動機錯誤として取消しをすることもできる（95条1項2号、2項）。

　Ｂは、契約不適合責任と動機錯誤を選択的に主張できるか、それともいずれか一方のみしか主張できないかが問題となる。

　改正前の判例には、錯誤の規定が優先的に適用されるとするものもあった（最判昭33・6・14民集12巻9号1492頁）。しかし、学説は、改正前の瑕疵担保の規定（改正前570条）は錯誤の特則であるとして、瑕疵担保優先説が有力に主張されていた。特に、瑕疵担保の主張期間の制限が法律関係の早期安定に資することが理由であった。近時は、錯誤と瑕疵担保は要件も効果も異なるから、それぞれの要件を満たせば、錯誤を主張しても、瑕疵担保を主張してもよいと解する学説（選択可能説）が有力になってきていた。

　改正によって、錯誤の効果が取消しとなって、錯誤の主張者が制限され

78 Lecture 5 売 買（2）

（120条 2 項）、追認が可能となり（124条、125条）、期間制限（126条）もあるから、契約不適合責任と錯誤の責任との差が小さくなったので、選択可能説の妥当性が増したといわれる。もっとも、錯誤には566条に定める買主の通知義務の規定がないから、不均衡が生じるので錯誤の主張をする場合にも、566条の類推がされるべきだとする見解もある。

11. 競売の場合の特則

民事執行法その他法律に基づいて債務者の財産が競売された場合、当該財産を買い受けた買受人と債務者の間では売買契約を締結したのと同様の扱いがなされる。すなわち、債務者の財産が民事執行法その他の法律の規定に基づいて競売によって買い受けて物に数量や移転された権利について不適合が存在する場合には、買受人は、541条・542条・563条により、債務者に対して契約を解除し、または代金の減額を請求することができる（568条 1 項）。もっとも、買受人は債務者に対して不適合の追完を請求することはできない。

売主の地位にある債務者は、強制執行を申し立てられる者であるから、資力が十分ではない場合がある。そこで、買受人は、債務者が無資力のときは、代金の配当を受けた債権者に対しその代金の全部または一部の返還を請求することができると定め、これによって解除または代金減額の効果を受けることができるようにしている（568条 2 項）。

さらに、債務者が物もしくは権利の不存在を知りながら申し出なかったとき、または債権者がこれを知りながら競売を請求したときは、買受人は、これらの者に対して損害賠償の請求をすることができる（568条 3 項）。

他方、競売によって買い受けた物に種類または品質に関して不適合があった場合には、買受人は債務者に対し、不適合を理由に契約の解除をしたり、代金の減額を請求することができない（568条 4 項）。競売手続では、ある程度の損傷があることを織り込んで買い受けが行われていると考えられること、不適合責任を競売にまで拡げると執行裁判所は目的物の入念な調査をしなければならず、競売手続の迅速かつ円滑な進行が妨げられるおそれがあるからである。

12. 債権の売主の担保責任

　債権が売買された場合、売買された債権の価値は債務者の資力によって決まる。例えば、100万円の債権を買い受けたとしても、債務者の資力が10万円しかなければ、債権の買主は10万円しか弁済を受けられない。結局、買主が得る経済的価値は10万円でしかないことになる。このように、債務者の資力が不十分であったり、全く無資力であったりする場合に、売主（債権の譲渡人）は買主（債権の譲受人）に対して何らかの責任を負わなければならないかが問題となる。

　民法は、債権が売買された場合に、債権の売主が債務者の資力について担保特約をしていなければ責任を負わないものとしている。そして、資力の担保特約がある場合に、①債権の売主が債務者の資力を担保したときは、契約時すなわち売買契約をした時の債務者の資力を担保したものと推定される（569条1項）。弁済期が到来する前に売主が債務者の将来の資力を担保したときは、弁済期（弁済をすべき時）の資力を担保したものと推定される（同条2項）。ここでの資力担保責任とは、債務者に資力がなかったことにより買主が弁済を受けることができなかった損害の賠償責任である。すなわち、100万円の債権の買主が債務者から10万円しか弁済を受けなかった場合には、売主は残り90万円を買主に弁済しなければならない。

13. 担保権実行の際の費用償還

　買い受けた不動産に契約内容に適合しない先取特権、質権または抵当権が存する場合において、これらの担保権が実行されたときは、買主は、その所有権を喪失するおそれがある。このような事態に備えて、買主が担保権の実行前に、債権者に被担保債務を弁済して担保権を消滅させて、目的不動産の所有権を保存することができる。このような場合に、買主は、売主に対してその費用の償還を請求することができる（570条）。

14. 契約不適合責任免除特約

　契約不適合責任に関する規定は、任意規定であるから、これと異なる合

意、例えば売主の責任を免除する特約や責任を制限する特約を原則としてすることができる。

ただし、売主が、562条本文によるまたは565条による契約不適合責任を負わない旨の特約をした場合でも、売主が知って告げなかった事実、および、売主自ら第三者のために設定し、または第三者に譲渡した権利については、それによる契約不適合責任を免れることができない（572条）。

消費者契約法では、事業者の消費者に対する物の種類または品質に関する契約不適合責任としての損害賠償責任を免除または制限する特約は、不当条項として、無効とされる場合がある（同法8条1項5号、2項）。宅地建物取引業法は、宅地建物取引業者が自ら売主となる宅地建物の売買における物の種類または品質に関する契約不適合責任の期間を2年未満とする特約は無効とする（同法40条）。

【Exercise】
1．Aが甲土地をBに売却する契約を締結した。ところが、甲土地の所有者は、Cであった。AがCから甲土地所有権を取得することができず、結局、Bには所有権が移転してこなかった場合には、BはAに対してどのような責任を追及できるだろうか。
2．BがAから土地を買い受けたが、その土地の一部は、Cの所有地であった。AがCから土地所有権を取得できなかった場合に、BはAに対してどのような責任を追及できるだろうか。
3．BがAから土地を買い受けたが、売買契約書には、土地の面積が300m²であると記載されていたが、実際に測量してみると、200m²しかなかった。Bは、面積が不足していることを契約時には知らなかった。300m²としたのは登記上の記載を転記しただけであった場合に、Bは数量不足を理由に契約不適合責任をAに追求できるか。
4．Bは自宅を建築するために、Aから土地を買い受けたが、その土地はAからCが賃借し、土地賃借権を登記して、土地上に建物を建てて居住してる。BはAに対して、契約解除、さらには損害賠償の請求をすることができるであろうか。
5．BはAから新車を買い受け、引渡しを受けて、乗り回していたが、その後ブレーキ部分に欠陥が発見された。そこで、Bは数度にわたりAに修繕をしてもらい、部品を取り替えたが、ブレーキの欠陥は直らなかった。Bは、契約を解除し、新車をAに返還して、代金を返して欲しいと主張できるか。

Lecture 6　売買（3）・交換

Resume

Ⅰ　危険の移転
  1．引渡し後の目的物の滅失・損傷
  2．売主の提供した物が受領されなかった場合
Ⅱ　買主の義務
  1．代金支払義務
    a．代金の合意
    b．代金の支払時期・支払場所
    c．果実
    d．同時履行の抗弁権
  2．目的物引取義務
Ⅲ　買戻し
  1．買戻しの意義
  2．買戻しと再売買の予約の有効要件
    a．目的物
    b．特約の時期
    c．返還額
    d．権利の行使期間
  3．対抗要件
  4．買戻権
  5．買戻権と予約完結権の行使
  6．買戻しの効果
Ⅳ　交換
  1．交換の意義
  2．効力

I 危険の移転

Case 1
　ＢがＡから土地と建物を買い受けたが、台風による大雨と土石流で建物が全壊してしまった場合にも、ＢはＡに建物の代金を支払わなければならないか。

1．引渡し後の目的物の滅失・損傷

　売買契約締結後、特定した目的物の引渡し前に、それが当事者双方の責めに帰すことのできない事由によって滅失・損傷したときは、売主が買主に代金の支払いを請求しても、買主は支払を拒絶することができる（536条1項）。すなわち、引渡しまでは、Ａが危険を負担することになり、Ｂは代金の支払いを拒絶でき、さらに建物の売買を解除できる（542条）。

　これに対して、特定物もしくは種類物でも目的物が特定されている場合に、目的物が買主に引き渡された後、当事者双方の責めに帰すことができない事由によって滅失・損傷したときは、買主は滅失・損傷を理由として履行の追完請求、代金の減額請求、損害賠償請求および契約解除をすることができない（567条1項前段）。また、買主は代金の支払いを拒むことができない（同項後段）。すなわち、引渡しによって危険が買主に移転するから、引渡し後は、Ｂは代金を支払わなければならない。

　ただし、売主の責めに帰すべき事由によって目的物が滅失・損傷した場合（例えば、売主が売買の目的である機械の操作方法を誤って伝えたために、機械が壊れた場合）は、買主は、履行の追完請求、代金の減額請求、損害賠償請求および契約解除をすることができる。

2．売主の提供した物が受領されなかった場合

Case 2
　日本に1本しか存在しないワインをBはAから100万円で購入する契約をしたが、AがBの所にワインを持って行ったところ、Bはその受領を拒んだ。仕方がないので、Aは、ワインを持ち帰ったところ、翌日大地震があってワインの瓶が破損しワインは飲めなくなった場合に、Aは、Bに代金100万円を請求できるか。

　売主が契約内容に適合した目的物を買主に引渡しの債務の提供をしたにもかかわらず、買主がその履行を受けることを拒み、または、受け取ることができない場合には、その履行の提供があった時以後の当事者双方の責めに帰すことができない事由による目的物が滅失・損傷したときは、買主は履行の追完請求、代金の減額請求、損害賠償請求および契約解除をすることができない（567条2項）。すなわち、BはAに代金100万円を支払わなければならないのである。売主としては、なすべきことを全てしているのだから、買主が受領遅滞（413条）に陥っているときは、危険は買主に移転するべきだと考えられるからである。Bは、履行期にAが引渡債務の履行をしていないこと、すなわち、債務不履行だといってAに損害賠償を請求することはできない。

□　II　買主の義務　□

1．代金支払義務

a．代金の合意
　買主は、合意した代金を支払う義務を負う（555条）。代金額は、原則として、当事者間で自由に定めることができる。

b．代金の支払時期・支払場所
　代金の支払時期や支払場所は、契約で定められたり、慣習（92条）によっ

84　Lecture 6　売買（３）・交換

て定まる（支払時期について大判大10・6・2民録27輯1038頁）のが通例である。代金の支払期限は定められていないが、目的物の引渡しに期限が定められているときは、代金の支払いについても同一の期限が付されているものと推定される（573条）。

　代金の支払場所について定めがない場合でも、目的物の引渡しと同時に代金を支払うべきときは、引渡し場所において支払わなければならない（574条）。その他の場合には、例えば、引渡しが終っている場合は、債権者、すなわち売主の現時の住所で支払うべきである（484条、大判昭2・12・27民集6巻743頁）。

c . 果　実

　目的物から生じる果実は、目的物の引渡しまでは売主に属する（575条1項）。これに対応して、買主は引渡しを受けるまでは利息を払う義務を負わず、また代金支払期限が引渡期限よりも遅く定められている場合には、引渡しを受けてもその期限が到来するまで利息を支払うことを要しない（575条2項）。

　すなわち、売主が目的物の引渡しを遅滞している場合でも、引渡しまでは目的物を使用して果実を収取することができると同時に、買主は代金支払が遅滞にあるときでも、目的物の引渡しを受けるまでは、代金の利息を支払う必要がない（大連判大13・9・24民集3巻440頁）。

d . 同時履行の抗弁権

　買主は、売主が履行の提供をするまで代金の支払いを拒むことができる（533条）。

Case 3

　BがAからA所有の甲土地を買い受ける契約を締結し、登記の移転を受けたが、引渡しを受けていない場合に、Bは引渡しと引換えに代金を支払うと主張できるか。

　判例は、Bは登記があれば第三者に処分することができるから、原則として甲土地の引渡しがされていないとして代金の支払いを拒むことができない

とする（大判大7・8・14民録24輯1650頁）。

　これに対して、Bが引渡しを受けているが、登記の移転はまだであったときは、Aが二重に第三者に処分する場合があり得るから、Bは登記の移転があるまでは代金の支払いを拒絶できると解される。

　目的物につき権利を主張する者があって買主が買い受けた権利の全部または一部を取得できず、または失うおそれがあるときは、買主はその危険の限度に応じて代金の全部または一部の支払いを拒むことができる（576条本文）。ただし、売主が相当な担保を供した場合には、この限りではない（同条ただし書）。また、買い受けた不動産につき契約に適合しない抵当権の登記がある場合には、買主は抵当権消滅請求の手続が終わるまでは、代金の支払いを拒むことができる（577条1項本文）。ただし、売主は、買主に遅滞なく抵当権消滅請求を行うように請求することができる（同条1項ただし書）。この規定は、契約適合しない先取特権、質権がある場合にも準用される（同条2項）。

　いずれの場合にも、売主は、買主に対して代金を供託するように請求することができる（578条）。

2．目的物引取義務

　買主に引取義務があるかは、受領遅滞（413条）をめぐって争いがある。ドイツ民法では、買主に引取義務（Abnahmepflicht）があることを明記している（ドイツ民法433条2項）。わが国の学説も、債権者の一般的な受領義務（Annahmepflicht）と区別して、目的物の引取義務を認める説が有力であり、判例も、売主の採掘した鉱石を継続的に供給する契約において買主は信義則上引取義務があるとした（最判昭46・12・16民集25巻9号1472頁）。

□ Ⅲ 買戻し □

1．買戻しの意義

　売買契約と同時に、その売買を解除して一度売却した不動産を取り戻す旨の特約をすること買戻しという（579条）。買戻しは、実際には担保制度の一

種であって、融資額を代金に見立て、担保物の所有権を売買の方式で買主
（債権者）に移転し、売主（債務者）は債務を返済できれば、契約を解除して
担保物を取り戻すことができ、返済できなければ所有権は、確定的に買主に
帰属するものである。判例は、買戻特約付売買であっても、不動産の占有の
移転を伴わない契約は、特段の事情がない限り、債権担保の目的で締結され
たものと推認し、譲渡担保の性質を有するとする（最判平18・2・7民集60巻2
号480頁）。

　民法は、不動産の買戻しについて日本に慣習が存在したこともあって、詳
細な規定を置いた。しかし、要件が厳しいために現実には使いにくいものと
なっている。

　同様の担保目的は再売買の予約という方法で達することができる。再売買
の予約とは、売主（債務者）の不動産を担保目的でいったん買主（債権者）に
売却し（ここは買戻と同じ）、売主が債務を返済したときは、再度買主から売
主に目的物を売却するという予約をするものである。売主が返済し、再売買
の予約を完結させると、売主は不動産の所有権を取り戻すことができるので
ある。

2．買戻しと再売買の予約の有効要件

a．目的物
買戻しの目的物は不動産に限られる（579条本文）。
再売買の予約の目的物は、不動産・動産を問わない。

b．特約の時期
買戻しの特約は契約と同時にしなければならない（579条本文）。
再売買の予約には、このような制限はない。

c．返還額

Case 4
　BはAから1000万円の融資を受けた。この場合に、Bはその所有す
る土地（時価1億円）を担保としてAに売却し、債務の返済をしたと

きに、契約を解除するという買戻しの特約をした場合と債務の返済をしたときに、Bが再売買の予約完結権を有するとする特約をした場合とでは、返済額はどのように異なるであろうか。

買戻しのために売主が返還すべき金額は、原則として代金と契約費用であるが、別段の合意があれば、その合意をした額である（579条前段）。利息と不動産の果実は、別段の合意がない限り、相殺したものとみなされ、利息を支払う必要がない（579条後段）。代金に利息を付する特約は有効であるが、売主は利息を提供しなくても買戻しをすることができる（583条1項）。

これに対して、再売買の予約では、再売買に際して元の売主が買主に支払うべき金額に制限はない。そのため、再売買の予約の場合には、A・B間の合意で再売買の代金を2000万円とすることも認められそうであるが、その実体が債権担保であることを考慮すると、再売買代金は元の売買代金1000万円に利息制限法所定の制限利息を加えたものを超えることができないと解すべきである。例えば、融資を受けてから1年後に予約を完結して、Bが代金2000万円を支払って、再売買をした場合には、制限利率（年15％）に従うと、Bは元金と利息の合計1150万円（元金1000万円＋利息150万円＝計1150万円）を支払えばよく、制限超過部分（850万円）の不当利得返還を請求することができると解すべきである。

d．権利の行使期間

買戻しの期間は10年を超えることができない。10年より長い期間を定めたとしても、10年に短縮される（580条1項）。期間を定めた場合には、後にその期間を伸長することができない（同条2項）。買戻し期間を定めなかったときは、5年内に買い戻さなければならない（同条3項）。

再売買の予約については、予約完結権を30年間行使できるとする特約を有効とする判例もある（大判昭13・4・22民集17巻770頁）。しかし、多数説は買戻しと同様に10年を限度とすべきだとする。予約完結権の行使期間を定めなかったときは、権利を行使できることを知った時から5年、できる時から10年の消滅時効にかかる（166条1項1号、2号、大判大10・3・5民録27輯493頁）。

3．対抗要件

> **Case 5**
> 　BはAから融資を受け、その担保として甲土地をAに買戻特約付で売却する契約をした。その後、Aは甲土地をCに転売し、登記名義もCに移転した。Bは、誰に対して解除権を行使すればよいであろうか。

　買戻しの特約は、売買契約と同時に登記しなければ第三者に対抗することができない（581条1項）。特約の登記は買主の権利取得登記に付記することによってなされる（不登96条）。登記をすると目的不動産が第三者Cに譲渡されても、Bは、その第三者Cに対して買戻権を行使することができる。

　再売買の予約である場合は、仮登記（不登105条2号）によって予約完結によって生じる所有権移転登記請求権の順位を保全するすることができる。この場合も、目的不動産が第三者Cに譲渡されても、予約完結権を行使した場合には、仮登記があれば、売主（再売買の買主）Bは、第三者Cに優先する。

4．買　戻　権

　買戻権は、売主が契約を解除して目的物を取り戻す権利である。買戻権は、譲渡可能であり、譲渡しても買主の不利益が生じないから、買主の承諾を要しない。対抗要件は登記されている場合には、移転の付記登記であり、未登記のときは買主に対する通知・買主の承諾である（467条）。

5．買戻権と予約完結権の行使

　買戻権の行使は、売主が相手方に対して行う意思表示により行う（540条1項）。買戻権行使の相手方は、通常、買主であるが、目的物が譲渡されたときは転得者である（最判昭36・5・30民集15巻5号1459頁）。買戻しは、買戻期間内に売主が代金および契約費用を相手方に提供してしなければならない（583条1項）。

　再売買の予約の場合は、売主が予約完結権を行使して、取り戻すが、目的物が譲渡されていても予約完結の意思表示は当初の予約義務者である買主に

対してすべきである（大判昭13・4・22民集17巻770頁）。買戻しと異なり、代金の提供を必要としない。

売主の債権者が売主の買戻権を代位行使しようとするときは、買主は、裁判所において選定した鑑定人の評価に従い、不動産の現時の価額より売主に返還すべき金額を控除した残額に達するまで売主の債務を弁済し、なお残余があるときは、それを売主に返還して買戻権を消滅させることができる（582条）。

6．買戻しの効果

買戻しは、契約を解除することによって行われるが、その効果も解除の場合と同様である。したがって、当事者は原状回復義務を負い、売主は代金と契約費用の返還義務を、また買主は目的物返還と登記移転義務を負う。買戻しにおいて、買主または転得者が不動産について費用を出していたときは、売主は196条の規定に従いこれを償還しなければならない（583条2項本文）。ただし、有益費については、売主の請求により裁判所は相当の期限を許与することができる（同項ただし書）。また、共有持分の買戻しについて特別規定が置かれている（584条、585条）。

買主が目的不動産を第三者に賃貸していたときは、対抗要件を備えている賃借人は、売主を害する目的を有しないときは、残期1年間に限り売主に賃借権を対抗することができる（581条2項）。

□　Ⅳ　交　換　□

1．交換の意義

交換とは、当事者間で互いに金銭の所有権以外の財産権を移転する契約である（586条）。有償・双務・諾成契約である。貨幣経済が浸透した現在では、交換契約はあまり利用されていないが、農地改良や土地収用等において関係者の利害調整の手段として交換が用いられている。

2. 効 力

> **Case 6**
>
> 　Aはその所有するバイクとBのスクーターと交換する契約をしたが、スクーターに契約に適合しない欠陥があった。AはBに契約不適合責任などを追及することができるであろうか。

　外国の立法では、売買の規定が交換に準用されることが明記されている（例えば、ドイツ民480条）ことがあるが、わが民法の交換の節にはこのような規定がない。しかし、双務契約に関する規定（533条以下）や有償契約に関する規定（559条参照）が準用ないし適用されるから、Aは、Bに対して契約不適合責任を追及できることになる。

　交換の目的物に価格差があり、それを補うために当事者の一方が金銭（補足金）を支払う約束をしたときは、売買代金に関する規定が準用される（586条2項）。

【Exercise】
1. BはAから土地を買い受け、引渡しを受けたが、移転登記はまだしていなかった。Aが既に自己の債務は履行したからとして、移転登記の準備をせずに、代金の支払いを請求してきた。Bは同時履行を主張して、移転登記と引換えでなければ、代金を支払わないと主張できるか。
2. AがBに自動車を売却した。AがBに引き渡そうとしたところ、Bは受け取りを拒絶する。仕方がないので、Aは自動車を持ち帰ったが、駐車場の利用料を余計に払わなければならなくなった。AはBにこの駐車料金を請求できるであろうか。
3. 買戻しと再売買の予約との相違点を挙げなさい。

Lecture 7　消費貸借・使用貸借

Resume

Ⅰ　消費貸借
　1．消費貸借の意義
　2．消費貸借の法的性質
　　a．要物契約原則
　　b．例外としての諾成的消費貸借
　　　ⅰ）書面でする消費貸借
　　　ⅱ）金銭等の受取り前の借主の解除権
　　　ⅲ）金銭等の受取り前の当事者の破産
　3．利息
　4．消費貸借の効力
　　a．貸主の責任
　　b．借主の義務
　5．消費貸借の終了
　　a．返還時期の定めがある場合
　　b．返還時期の定めがない場合
　6．準消費貸借
　　a．準消費貸借の意義
　　b．準消費貸借の成立
　　c．効果
Ⅱ　使用貸借
　1．使用貸借の意義・性質
　2．使用貸借の効力
　　a．貸主の義務・責任
　　b．借主の権利・義務
　　　ⅰ）使用収益
　　　ⅱ）目的物の保管義務と費用償還請求
　　c．使用貸借の第三者との関係
　3．使用貸借の終了
　　a．期間の満了または目的に従った使用収益の終了
　　b．借主の死亡
　　c．使用貸借の解除
　　　ⅰ）借主の義務違反による解除
　　　ⅱ）使用収益をするのに足りる期間の経過による解除
　　　ⅲ）使用貸借の期間並びに使用収益の目的が定められていない場合
　　　ⅳ）借主による解除
　4．使用貸借終了における貸主・借主の権利義務
　　a．借主の収去権・収去義務
　　b．借主の原状回復義務

▢ I 消費貸借 ▢

1. 消費貸借の意義

　消費貸借は、金銭その他の代替物を借り受けて、消費し、それと同種・同品質・同量の物を返還する契約である（587条）。貨幣経済を中心とする現代社会では、企業が銀行から資金を調達する場合だけでなく、一般市民も住宅ローン、自動車ローンなど金銭の消費貸借を極めて頻繁に行っている。

2. 消費貸借の法的性質

a. 要物契約の原則

　例えば、AはBに将来100万円を貸すという約束をしたが、実際にはBが貸してほしいと意思表示したときには貸してくれなかった。BはAに対して100万円を貸してくれるように請求できるであろうか。消費貸借は、金銭その他の物を「受け取る取ることによって効力を生」じるのが原則（587条）であるから、要物契約であり、借主のみが返還義務を負う片務契約である。Aの金銭を貸すという意思とBの借りる意思が合致しただけでは契約は成立せず、現実にBが100万円を受け取ったときに契約は成立する。消費貸借の要物性はローマ法に由来するのであるが、しかしそれは元来無利息の消費貸借であった。無利息で貸す貸主の約束を盾にとって借主が履行を請求しても裁判所はこれに力を貸さないという趣旨であったとされる。したがって、多くの金銭消費貸借が利息付で行われる現代とは合わないといえる。

　わが国でも現実の取引では、金銭を交付する前に公正証書を作成し、抵当権設定登記がなされる。この場合に、要物性を厳格に解するならば、消費貸借は成立していないから、債務の存在を前提とする公正証書や抵当権設定登記も有効とはならないことになる。判例は、公正証書作成のときから2ヵ月半後に金銭の授受がなされた事案について、要物性を緩和せずに、消費貸借は合意の時に始まり目的物授受の時に完成し、公正証書は完成した消費貸借による具体的債務を表示するものとした（大判昭11・6・16民集15巻1125頁）。

さらに、現実には金銭の授受はなく借主に銀行預金通帳と印鑑を交付した場合について、現実に金銭の授受があったのと同一の経済上の利益を得させているから、消費貸借が成立するとする（大判大11・10・25民集1巻621頁、最判昭39・7・7民集18巻6号1049頁は金銭貸与の方法として振り出した約束手形を借主が他で割り引いて額面額に満たない現金を入手した場合にも額面額につき消費貸借が成立すると判示する。）。

b．例外としての諾成的消費貸借

ⅰ）書面でする消費貸借

消費貸借は、目的物を借主が受け取ることによってその効力を生じるのが原則である（587条）。しかし、消費貸借契約が書面によってされた場合には、貸主が金銭その他の目的物を引き渡すことを約し、借主が受け取った物と同一の種類・品質・数量の物を返還することを約することによって効力を生じる（587条の2第1項）。すなわち、消費貸借契約が書面でされた場合（電磁的記録によってされた場合を含む（同条4項））には、目的物の引渡しがなくても消費貸借は効力を生じるから、貸主に貸す義務が発生し、借主には借りる権利（金銭等の引渡請求権）が発生する諾成契約となる。

なお、消費貸借が成立するといっても、借主に借りる義務が生じるわけではない、と解する見解がある。この説によると、消費貸借契約を書面ですることによって、貸主に対する借主の金銭等の引渡請求権が発生し、貸主が金銭等を借主に引き渡すことによって借主の貸主に対する返還義務（貸主の返還請求権）が発生する、とされる。他方、諾成的消費貸借は、書面による合意によって成立するから、借主に借りる義務が発生するという見解もある。もっとも、金銭等の受領義務があるといっても、受領を強制する権利が貸主に生じるわけではない、とされる。

諾成的消費貸借の効力要件として書面を要求するのは、①当事者の合意が要物契約の前提としての合意ではなく、直ちに債権債務が発生する契約を明確にすることと、②軽率な契約を防止することを目的としているからである。

ⅱ）金銭等の受取り前の借主の解除権

諾成的消費貸借では、借主は、金銭等を受け取るまでは、契約を解除する

ことができる（587条の2第2項前段）。この規定から、借主に受領義務がない
ことを意味していると解する見解が生じるのである。

　金銭等の受取り前の解除によって貸主に損害が生じたときは、貸主は、借
主に対して損害賠償を請求することができる。（587条の2第2項後段）。

iii）金銭等の受取り前の当事者の破産

　書面でする消費貸借契約が成立し、効力が生じた後、借主が金銭等を受け
取る前に当事者の一方が破産手続開始の決定を受けたときは、契約の効力は
失われる（587条の2第3項）。すなわち、①借主が破産手続開始決定を受けた
場合には、弁済資力がないとされた借主に貸す債務を貸主に負わせるのは不
公平であり、②貸主が破産手続開始決定を受けたときは、借主は破産債権者
として配当を受ける権利を有するにとどまり、借主が配当を受けるとすれ
ば、借主に対する返還請求権が破産財団を構成することとなって、手続が煩
雑となるからである。

3．利　息

　消費貸借において、貸主は、特約がなければ、借主に対して利息を請求す
ることができない（589条1項）。すなわち、消費貸借は無利息を原則とする
のである。

　利息の特約があるときは、貸主は借主に対して、借主が金銭等を受け取っ
た日以後の利息を請求することができる（589条2項）。したがって、書面で
金銭の消費貸借契約をした場合にも、契約の成立時からではなく、金銭を借
主が受け取った時以降しか利息が発生しないことになる。利息発生時期を金
銭の受け取り時より後にする特約は妨げられない。

　利息の特約をした場合には、消費貸借契約は、有償契約となる。

4．消費貸借の効力

a．貸主の責任

　例えば、隣家から米を借りたが、魚沼産コシヒカリと合意していたのに、
異なる種類の米が引き渡された場合のように、その米に契約不適合があった
場合に、貸主はどのような責任を負うであろうか。

利息付の消費貸借であった場合には、有償契約であって、売買の規定が準用される（559条）から、これによって借主は、追完請求（代替物引渡請求）、追完に代わる損害賠償、対価（利息）の減額請求、契約解除をすることができる。

無利息の消費貸借であった場合には、贈与者の引渡義務に関する規定（551条）が準用される（590条1項）。

b．借主の義務

借主は、契約が終了すると、借りた物と同種・同品質・同量の物を返還しなければならない（587条）。利息付の消費貸借の場合には、利息の支払義務を負うが、利息支払義務は特約によって生じるものであって消費貸借固有の義務ではない。ただし、商人間では特約がなくても利息付になる（商513条1項）。

利息の特約があるかを問わず、貸主が引き渡した物が、種類または品質に関して契約内容に適合しないものであるときは、借主は、契約不適合物と同種・同品質の物を返還するのに代えて、その物の価額を返還することができる（590条2項）。

同種・同品質・同量の物が市場からなくなってしまい、借主が返還することが不能となった場合には、不能時における目的物の価額を償還しなければならない（592条本文）。ただし、金銭消費貸借で特種通貨の交付を受け、同じ通貨で返還するとの契約で、その通貨の強制通用力が失われたときは、他の通貨をもって返還しなければならない（同条ただし書、402条2項）。

5．消費貸借の終了

消費貸借は、一種の継続的契約関係であるから、終了の時期が問題となる。終了の時期は、借り受けた物の返還時である。

a．返還時期の定めがある場合

確定した返還時期が定められている場合には、その時期に貸主は返還しなければならない。しかし、その期限の前であっても、借主は任意に期限前に

返還することができるが（591条2項）、これによって貸主が損害を受けたときは、借主に対してその賠償を請求できる（591条3項）。

なお、返還時期が確定した時期であるときはその時期を徒過した時に、または不確定な時期であるときは、その時期到来後に返還請求を受けた時またはその時期の到来したことを知った時から、履行遅滞の責任を負うことになる（412条1項・2項）。

b．返還時期の定めがない場合

返還時期を定めなかった場合には、貸主は相当の期間を定めて返還を催告することができる（591条1項）。判例は、返還時期の定めがないときは、貸主の催告があった時に直ちに借主は遅滞に陥るが（412条3項）、借主が催告がなかった旨の抗弁権を行使したときは、相当の期間満了時に返還すればよいとする（大判昭5・6・4民集9巻595頁）。なお、借主は返還時期の定めの有無にかかわらず、いつでも返還することができる（591条2項）。

6．準消費貸借

a．準消費貸借の意義

準消費貸借とは、金銭その他の物を給付する義務を負う者がある場合に、当事者がその物をもって消費貸借の目的とすることを約したときは、これによって消費貸借が成立したものとみなされることである（588条）。

Case 1

AはBに100万円のオパールを売却したが、Bは6ヵ月経過しても代金を支払うことができない。この代金債務については、Cが保証人となっていた。その後、AはBにこの代金100万円を元本として利率を年4％とする貸金債務に改めようと申し入れ、Bもこれを承諾した。しかしBはなお返済期日になっても利息も元本も支払わないので、AはCにその支払いを請求した。Cはこの請求を拒絶できるか。

Case 1 では、消費貸借の要物性を貫くと、改めてAからBに100万円を交付しなければならないはずだが、他の100万円の債務が既に存在することを前提とするから、意思表示のみで準消費貸借は成立するとしており、書面

で契約することを成立要件としてはいない。

b．準消費貸借の成立

　準消費貸借は、他の法律関係の債務を消費貸借に変更することであり、その目的は弁済期にある他の法律関係上の債務を弁済期の遅い消費貸借上の債務に切り替えて、新たな信用を供与することにある。したがって実質的には旧債務の弁済期の延長であるから、消費貸借によるものでも準消費貸借の目的とすることができる（大判大 2・1・24民録19輯11頁）。準消費貸借の基となった旧債務が無効であるときは、準消費貸借も成立しない。また、準消費貸借が無効である場合には、旧債務は消滅しない。

　旧債務の存否については、旧債務の不存在を理由に準消費貸借の効力を争う者に立証責任がある（最判昭43・2・16民集22巻 2 号217頁）。

c．効　　果

　準消費貸借も、貸主・借主間では消費貸借と同様の法律関係が生じる。原則として、新債務の成立によって旧債務は消滅する。むしろ、旧債務をもとにして準消費貸借が成立するので、旧債務と準消費貸借による新債務との関連が問題となる。

　旧債務に付着していた同時履行の抗弁権が存続するかについては、判例は当事者の意思を探求して決すべきであるとしつつ、原則としては新債務にも旧債務に付いていた同時履行の抗弁権は及ぶとしている（大判昭 8・2・24民集12巻265頁）。

　旧債務について設定されていた担保は、旧債務が消滅するから、付従性によって消滅する。準消費貸借によって新たに生じた債務を担保するためには、あらためて担保権を設定する必要がある。保証についても同様に解釈することができるから、Case 1 における保証人 C は、B の売買代金債務を保証しているのであり、準消費貸借が成立したときは、売買代金債務は消滅し、原則として、保証の付従性から C の保証債務も消滅するということができるから、C は A の請求を拒むことができる。もっとも、C が準消費貸借上の債務も保証する意思があると保証契約の解釈から認められる場合もあ

るであろう。

☐ Ⅱ 使用貸借 ☐

1．使用貸借の意義・性質

　使用貸借とは、当事者の一方（貸主）がある物を引渡すことを約し、相手方（借主）がその引渡しを受けた物を無償で使用収益をした後に貸主に返還することを約束することによって成立する契約である（593条）。使用貸借は、対価を支払わずに他人の物を使用収益する無償契約であり、この点で賃貸借と区別されるが、諾成契約である。もっとも、貸主は、借主が借用物を受け取るまでは、使用貸借契約を解除できる（593条の2本文）。ただし、使用貸借が書面よる場合は、解除することができない（同条ただし書）。使用貸借は、無償契約であるから、消費貸借と共通するものもあるが、借りた物自体を返還する点で、同種・同品質・同量の物を返還する消費貸借と区別される。

　使用貸借は無償契約であるから、借主が一定の費用を支払っている場合には、賃貸借か、使用貸借かの判定が困難である。建物を妻の伯父に貸与し、相場の20分の1の費用しか受け取っていなかった場合には、それは対価ではなく謝礼であるとして使用貸借と認めた判例（最判昭35・4・12民集14巻5号817頁）や遺産である建物を共同相続人の1人が相続開始前より被相続人と同居してきたときは、特段の事情がない限り、遺産分割で建物の所有関係が確定するまでは、使用貸借関係は存続する旨の判例もある（最判平8・12・17民集50巻10号2778頁）。土地に関しては、無償の地上権との区別も困難である。

　使用貸借か、賃貸借かの区別は、不動産の貸借について重要である。賃貸借であれば借地借家法の適用があり、賃借権が保護されるからである。

2．使用貸借の効力

a．貸主の義務・責任

　貸主は目的物を引き渡す義務を負う（593条）。また、貸主は借主が行う目的物の使用収益を妨げない消極的義務を負うが、修繕義務などの積極的義務

を負わない。例えば、Aは、Bに無償で自動車を貸したが、この自動車のブレーキに欠陥があったとしても、Bは修繕をAに請求することはできない。

貸主は、目的物の引渡義務を負うから（593条）、その不履行責任が問題となりうる。引き渡す目的物の状態については、貸主は、贈与者と同様の引渡義務を負う（596条・551条1項）。すなわち、貸主は、目的物が目的物として特定した時の状態で引き渡すことを約したものと推定される。使用貸借も贈与と同様に無償契約だからである。また、負担付使用貸借の場合には、その負担の限度で、貸主は、売主と同じ担保責任を負う（596条・551条2項）。

b．借主の権利・義務
ⅰ）使用収益

借主は、契約で定められた用法に従って借用物の使用収益をする権利を有し、義務を負う。用法について特段の定めがない場合には、借用物の性質によって定められた用法に従った使用収益をしなければならない（用法遵守義務）（594条1項）。また、貸主の承諾なしに、借用物を第三者に使用収益させることはできない（同条2項）。用法遵守義務に反する使用収益をしたり、借主が無断で第三者に使用収益をさせた場合には、貸主は催告することなく契約を解除できる（同条3項）。借主が用法遵守義務に反する使用をしたときは、貸主は、目的物の返還を受けた時から1年以内に損害賠償の請求をしなければならず（600条1項）、この損害賠償請求権については、貸主が返還を受けた時から1年を経過するまでは時効は完成しない（同条2項）。

ⅱ）目的物の保管義務と費用償還請求

借主は、借用物を返還するまでは、善良なる管理者の注意をもってそれを保管する義務を負う（400条）。

借主は借用物の保管上「通常の必要費」（例えば、自動車を借りた場合の修繕費用）を負担しなければならない（595条1項）。賃貸借と異なる点である（608条1項参照）。したがって、例えば、Aから自動車を無償で借りたBが、旅行にこの自動車を使用し、その間にオイル交換をし、老朽化した発電機を取り換えた場合に、これらの費用は、通常の必要費、すなわち現状維持的な保存

に必要な費用であるから、BはAに償還請求をすることはできないといわざるをえない。

これに対して、老朽化したマンションを借り受けて借主がバスルームを近代的に改造したような場合の有益費は、増価が現存する限り、貸主の選択に従って、支出額または増価額の償還を請求できる（595条2項・583条2項）。ただし、これらの費用償還請求権を、借主は、貸主が返還を受けた時から1年以内に行使しなければならない（600条1項）。

c. 使用貸借の第三者との関係

借用物が第三者に譲渡された場合に使用貸借では賃貸借のように対抗要件（605条）を備える方法がないから（借地借家法は土地の地上権・賃貸借および建物賃貸借に適用されるものであるから（借地借家1条）、借用した土地上の建物を登記しても、借用した建物の引渡しを受けても、使用貸借の対抗要件は備わらない）、借主は使用借権を第三者に対抗できない。

> **Case 2**
> 　AがBに無償でその所有するマンションを貸していた。その後、AはこのマンションをCに譲渡した。CがBに明渡しを請求してきた場合に、Bはこれを拒絶できるか。

BはCの明渡し請求に応じなければならない。ただし、CとBが親密な関係にあり、CがBとの交渉において誠意ある態度を示していないという事案において、Cの明渡請求は権利濫用であって認められないとした下級審判決もある（宮崎地裁都城支部判昭和60・2・15判時1169号131頁）。

3. 使用貸借の終了

a. 期間の満了または目的に従った使用収益の終了

使用貸借は継続的な契約関係であるから、契約で定めた存続期間の満了により終了する（597条1項）。

しかし、存続期間を定めなかった場合には、契約に定めた目的に従った使用収益が終わった時に終了する（597条2項）。

II 使用貸借 _101_

b．借主の死亡

使用貸借は、借主が死亡したときは、賃貸借や地上権と異なり相続されることなく、終了する（597条3項）。使用貸借は、貸主と借主の個人的信頼関係に密接に関連してなされることを考慮しているのである。

Case 3

Bは、自宅を建てて居住するために、Aから土地を無償で期間を定めずに借りた。その後、7年経過したところで、Bは死亡して、その子Cが単独で相続をした。Aは、Bが死亡したから土地の使用貸借関係は終了したとして、Cに土地の明渡しを請求してきた。Cはこの請求に応じなければならないであろうか。

たしかに、使用貸借は借主の死亡によって終了すると定められているが、建物を建てるために土地を使用貸借した場合には、終了するといえるであろうか。家族と同居するために建物を建てたのに、借主が死亡すると使用貸借が終了するというのは家族にとって酷である。また、借主側とすれば、目的に従った使用・収益が終了していない（597条2項）。したがって、判例も学説も借主の死亡によって直ちに使用貸借は終了せず、借主の相続人に使用収益を継続させようとしている。すなわち、判例は、使用貸借は借主Bの死亡によって終了せず、目的に従った土地利用の終了までは使用貸借を継続させるという黙示の合意があると解して、任意規定である改正前599条の適用は排除されるとしていた（大阪高判昭55・1・30判タ414号95頁、東京地判平5・9・14判タ870号208頁）。

c．使用貸借の解除

i）借主の義務違反による解除

先にも述べたように、借主が用法を遵守した使用収益をしなかった場合には、貸主は、使用貸借を解除することができる（594条3項）。この場合には、解除の効果は将来に向かってのみ効力を生じると解される（620条の類推）。

ii）使用収益をするのに足りる期間経過による解除

当事者が使用貸借の期間を定めなかったが、使用収益の目的を定めていた場合には、使用収益の終了前であっても、使用収益をするのに足りる期間を

102　Lecture 7　消費貸借・使用貸借

経過したときは、貸主は、いつでも契約を解除することができる（598条1項）。

　例えば、他の適当な家屋に移転するまでしばらくの間の一時的に家屋を使用する使用貸借では、実際には適当な家屋が見つかっていなくても、家屋を見つけるのに必要と思われる期間が経過したときは、改正前597条2項但書（改正後598条1項）によって貸主は解約告知（改正後は、「解除」）することができる、とする判決がある（最判昭34・8・18裁判所時報287号2頁）。

　また、土地や建物が居住のために使用貸借されている場合には、使用収益の終了の時点もしくは使用収益するのに足りる期間の経過の判断は難しい。

　例えば、父母所有の土地について借主を子として期間の定めない使用貸借がされた場合に、使用の目的は建物所有をして会社の経営をし、あわせてこの経営から生じる収益より老父母を扶養する等の内容のものであるときにおいて、借主がさしたる理由もなく父母の扶養をやめ、兄弟とも往来を断ち、使用貸借当事者間における信頼関係は地を掃うに至った場合には、改正前597条2項但書（改正後598条1項）の類推適用によって使用貸借を解約できる、とする判例がある（最判昭42・11・24民集21巻9号2460頁）。

iii）使用貸借の期間並びに使用収益の目的が定められていない場合

　当事者間で、使用貸借の期間も、使用収益の目的も定めていなかった場合には、貸主は、いつでも契約を解除することができる（598条2項）。

iv）借主による解除

　借主は、いつでも契約を解除することができる（598条3項）。

4．使用貸借終了における貸主・借主の権利義務

a．借主の収去権・収去義務

　使用貸借が終了した場合には、借主は、目的物を貸主に返還しなければならず（593条）、また、原状回復義務も負う。すなわち、借主が目的物を受け取った後に、これに附属させた物があるときは、これを収去しなければならない（収去義務、599条1項本文）。この収去義務は、原状回復義務（599条3項）の一態様である。ただし、目的物から分離することができない物または分離するのに過分の費用を要する物については、借主は、収去義務を負わない

（599条1項ただし書）。したがって、貸主も収去を請求することができない。この場合には、貸主と借主の利益調整は、費用償還請求に関する規定（595条2項）によって行われる。

また、借主は、目的物を原状に回復させるために、目的物を受け取った後に附属させた物を収去することができる（収去権、599条2項）。例えば、借りた部屋にエアコンを設置した場合には、使用貸借が終了したときに、借主はこれを収去することができる。ただし、エアコン設置のためにあけた壁の穴は、借主の費用負担で補修しなければならない。借主の収去権は、原状回復義務の前提だからである。

b．借主の原状回復義務

借主は、目的物を受け取った後にこれに生じた損傷がある場合には、使用貸借が終了したときに、その損傷を原状に復する義務を負う（599条3項）。なお、目的物の通常の使用によって生じた損耗（通常損耗、例えば、借用している部屋の畳表の損耗）および目的物が経年劣化した（例えば、壁紙が日光に当たった結果の変色）場合については、賃貸借の場合（621条）と異なり、原状回復の対象外であることを明文で規定していない。賃貸借の場合には、通常損耗等のリスクを織り込んで対価（賃料）を決定しているのが通常であるのに対し、対価の支払われない使用貸借では、通常損耗等の回復を原状回復の内容に含めるかは、それぞれの契約の趣旨によって決せられるべきものとされるのである。契約の趣旨によっては、無償で借りているのだから借主のほうで通常損耗等も原状回復すべきだという場合もあるであろうし、また、貸主は無償で貸しても通常損耗等の原状回復まで借主に要求しないという場合もあるであろう。改正法は、通常損耗等を原状回復の内容に含めるかについて、明文を設けず、個々の使用貸借契約の解釈にゆだねている。

なお、目的物の損傷が借主の責めに帰すことのできない事由によるものであるときは、借主は、この損傷を原状に回復する義務を負わない（599条3項ただし書）。

【Exercise】
1．お米の消費貸借をしたが、借りたお米が一部が変質していた場合に、借主は、その

104　Lecture 7　消費貸借・使用貸借

取り替えや損害賠償を請求できるか。
2. 消費貸借契約において、返還時期を定めていなかった場合には、貸主が返済の請求をした時から借主は債務不履行になるか、それとも催告後相当の期間を経過した後に債務不履行に陥るか。
3. 準消費貸借とは何か、説明しなさい。
4. 使用貸借と賃貸借の相違点を指摘して、説明しなさい。
5. BがAから無償で借りた自動車が故障した場合に、BはAにその修繕を請求することができるか。
6. BがAから建物を無償で借りていたが、Bはこの建物の屋根にソーラーシステムによる発電装置を取り付けた場合に、この取付費用をAに請求することができるか。

Lecture 8　賃貸借（1）

Resume

Ⅰ　賃貸借の意義・性質
Ⅱ　民法上の賃貸借と賃貸借特別法
Ⅲ　賃貸借の成立
　1．賃貸借の目的物
　2．賃貸借の成立
　3．短期賃貸借
Ⅳ　賃貸借の効力
　1．賃貸人の義務
　　a．妨害排除義務
　　b．賃貸人の担保責任
　　c．修繕義務
　　d．修繕特約
　　e．費用償還義務
　　f．保護義務
　2．賃借人の義務
　　a．賃料支払義務
　　b．賃料の支払時期
　　c．権利金・保証金・礼金・敷金
　　　ⅰ）権利金
　　　ⅱ）保証金
　　　ⅲ）礼金
　　　ⅳ）敷金
　　　　㋐敷金とは
　　　　㋑敷金が担保する範囲
　　d．用法遵守・保管義務
　　e．返還義務

Ⅰ 賃貸借の意義・性質

　賃貸借は、アパートやマンションの1室を借りたり、貸本屋から書籍を借りたり、レンタカー会社からレンタカーを借りるように、賃貸人が賃借人に物の使用収益をさせることを約し、賃借人がこれに対価（賃料）の支払うことおよび引渡しを受けた物を契約が終了したときに返還することを約する契約である（601条）。賃貸借は、諾成・双務・有償の契約である。また、一般には不要式の契約であるが、例外的に、定期借地権等設定契約（借地借家22条・23条）や定期建物賃貸借（借地借家38条・39条）には公正証書等の書面を要する。

　目的物は、動産・不動産を問わない。動産の賃貸借は、現在、多様である。例えば、衣装、布団、書籍、自転車、自動車、家具、事務機器、パソコン、建設機械、工作機械、コンピュータ、クーラー、医療器具、鉄道器機等極めて広範に行われている。貸主は、事業として行っているものが多い。

Ⅱ 民法上の賃貸借と賃貸借特別法

　賃貸借で社会生活に重要な影響を及ぼすのが、不動産の賃貸借、特に、建物を建てるために土地を賃借する借地、建物を賃借する借家、および農地の賃貸借である。不動産の利用権としては、物権である地上権・永小作権と債権である賃借権があるが、賃借権は後に別表で示すように物権に比べて弱い権利である。例えば、改正前は賃借権の存続期間は20年を超えることができなかった（改正前604条、改正後は、50年）。これに対して、地上権は、長期が予定されていて、期間を定めなかったときは、裁判所は20年以上50年以下の範囲で存続期間を定めることができることになっている（268条2項）。また、地上権に関しては最長期の制限はない。したがって、住宅を建てるために土地を借りるときは、地上権を用いるであろうと民法の起草者は予想していた。ところがその予想に反して、地主と借地人との力関係も反映して、もっぱら賃貸借が用いられてきた。

日露戦争後、わが国の資本主義経済が発展し、それに伴って地価が上昇した。地主層は、上昇した地価を現実化するために地代の値上げを借地人に迫ることになる。その際に用いられたのが、地代値上げを目的とした土地の売買である。すなわち、地代の値上げに借地人が応じなかった場合には、地主は土地を第三者に譲渡し、土地所有権を譲り受けた者が借地人に対して土地を明け渡すように請求する。借地人は借地権の対抗要件を備えていない場合には、建物を取り壊して、土地を明け渡さざるを得なくなり、しかも、605条によって賃貸借の登記をするには、地主の承諾が必要であり、事実上、土地賃借人が借地権に対抗要件を備えるのは無理であった。このような土地賃借人を立ち退かせることを目的とする貸し地の売買を「地震売買」という。さらに、地主は、土地賃借人は値上げに応じなければ、貸し地を売却すると土地賃借人を脅して、地代の値上げを迫った。土地賃借人としては、建物取壊し・土地の明渡しをしなければならなくなるので、地主の要求に応じるほかなかったのである。そこで、この地震売買を封じるために立法されたのが明治42年の「建物保護ニ関スル法律」（建物保護法）であった。

この法律によって、借地上の建物登記という簡易な方法で借地権に対抗要件を備えることができ、地震売買は封ぜられた。しかし、今度は、地主は借地権の存続期間を短期にすることによって、期間満了時に土地の明渡しを請求し、契約の更新をしたいのであれば、それと引替えに地代の値上げに応じるように迫った。そこで、大正10年に借地法が制定され、借地権の一定の期間の存続を保護するとともに、借地人の投下資本の回収を保障するために建物買取請求権の制度が設けられた。同時に、借家法が制定され、借家における地震売買を封じるために、借家権については建物の引渡しで対抗力が備わるようにし、また借家人の投下資本の回収を保障するために造作買取請求権を定めた。

さらに、昭和16年の借地法・借家法改正では「正当事由」制度を導入して、借地権・借家権の存続保護（更新の保障・解約権の制限）を強化した。そして、昭和41年の借地法・借家法の改正によって借地非訟事件手続による裁判所の代諾許可制度と内縁配偶者等の居住用借家権の承継制度が新設された。

以上の借地・借家関係の立法は、住宅難を背景として、賃借権を強化して

用益物権との差異を小さくするいわゆる「賃借権の物権化」を図るものであった。

　戦後40年以上を経て住宅事情が変容した。住宅はむしろ供給過剰になり、賃貸住宅の形態も住宅供給方式も多様化した。このように住宅事情の変容を受けて借地借家法の改正が企図され、その結果、平成3年に「借地借家法」（平成4年8月1日施行）が制定された。この改正では、借地・住宅供給方式の多様化に相応して、3種類の定期借地権と2種類の期限付建物賃貸借の制度が新設された。この改正によって借地借家法の目的は、賃借権の物権化から賃借権の多様化に変化していったと評価される。

　さらに、平成11年には借地借家法の一部が改正され（平成12年3月1日施行）、期限付建物賃貸借が定期建物賃貸借制度に改正された。定期建物賃貸借制度は、住宅政策の側面より住宅産業に対する景気対策の側面が強い制度であり、経済的弱者を切り捨てる制度の側面もあって、極めて問題のある立法である。

地上権と賃借権の民法の規定上の差異

	対抗力	存続期間	投下資本の回収	譲渡性
地上権	あり（登記を要するが地主に登記協力義務がある）	①期間について制限はない。②約定がないときは20年以上50年以下に定める。	地上権者の収去権と地主の買取権（269条）	地上権を譲渡し、抵当権を設定することもできる（369条2項）
賃借権	事実上なし（登記をすれば対抗力を生じるが（605条）、地主に登記協力義務はない。）	①50年を超えることができない（604条）。②約定がないときは何時でも解約することができる（617条）。	費用償還請求権（608条）と収去権（622条・599条）	賃借権は原則として譲渡または転貸することができない（612条）。

> **Case 1**
>
> BはAから住宅を建てるために土地を賃借した。その際、Aが借地の期間は3年としたいというので、Bは3年では短すぎると思ったが、渋々それに応じた。
>
> ①　Aがこの土地をCに譲渡し、移転登記をした後、CはBに建物収去・土地明渡しを請求してきた。BがCのこの請求を拒絶する手段はないであろうか。
>
> ②　Aが3年の期間が満了したときに、契約は終了したとしてBに土地の明渡しを請求してきた。Bは、住宅ローンも未だ残っており、さらに引っ越し先も容易に見つからないが、この請求に応じなければならないか。

　Case 1の①については、Bが土地賃貸借の登記をしていなくても、借地上の建物の登記をしていれば、BはCに借地権を対抗することができる（借地借家10条）から、Cの明渡しに応じなくてもよい。以後は、B・C間で土地の賃貸借関係が存続する。

　Case 1の②については、借地借家法3条では、借地期間は30年以上の期間で約定しなければならず、これより短い期間を定めたときは、期間を30年にすると定めている（借地借家3条）。この規定と異なる借地権者に不利な特約は無効となる（借地借家9条）。すなわち、3年という期間の定めは無効であり、自動的に期間30年の借地契約がなされたことになるのである。

□　Ⅲ　賃貸借の成立　□

1．賃貸借の目的物

　賃貸借の目的物は、物であるから、動産・不動産を問わないが（85条参照）、権利や営業は賃貸借の目的となり得ない。しかし、特別法に規定がない場合には、対価を得て権利や営業を貸借する契約は、賃貸借に類似する無名契約として賃貸借の規定を類推適用することが可能であろう。

2．賃貸借の成立

賃貸借は、当事者間の合意によって成立する諾成契約である（601条）。一般には特別の方式も要求されないが、特別法によって公正証書や書面によることが要求されている場合がある（借地借家22条・23条・38条・39条）。また、賃貸借は、有償契約であるから、その予約も可能である（559条による556条の準用）。

法律の規定によって賃貸借が成立する場合もある（仮登記担保における法定借地権（仮登記担保10条））。

さらに、他人の土地などを継続的に用益しているという外形的事実が存在し、かつそれが賃借の意思に基づくことが客観的に表現されているときは、賃借権の時効取得が認められる（163条、最判昭43・10・8民集22巻10号2145頁、最判昭45・12・15民集24巻13号2051頁、最判昭62・6・5判時1260号7頁）。

3．短期賃貸借

賃貸借は処分行為ではないが、賃貸借が長期にわたるときは、実質的に処分行為に近い効果が生じる。そこで、民法は、処分権限を有しない者（不在者の財産管理人、権限の定めのない代理人等）は、短期賃貸借のみをすることができるとした（602条）。なお、抵当権設定後に締結された不動産の賃貸借は短期賃貸借である限り、抵当権に対抗できるとする制度（旧395条）は、平成15年の民法改正によって廃止された。

短期賃貸借の期間は、樹木の栽植・伐採を目的とする山林については10年（602条1号）、その他の土地については5年（同条2号）、建物は3年（同条3号）、動産は6ヵ月である（同条4号）。この期間を超える約定は、処分権限に関する規定によってその効力が否定される。短期賃貸借は、更新することができる（603条）。

□ Ⅳ 賃貸借の効力 □

1．賃貸人の義務

　賃貸人の義務の最も主要なものは、目的物を賃借人に使用・収益をさせることである（601条）。したがって、賃貸人は、目的物を賃借人に引き渡すべき義務を負う。

a．妨害排除義務
　使用貸借と異なり、賃貸借では賃貸人は賃借人に使用収益をさせるべき積極的義務を負う。したがって、第三者が賃貸物件を占有するのを賃貸人が黙認していた場合には、賃借人は、第三者のみならず賃貸人に対しても義務違反として損害賠償を請求することができる（大判昭5・7・26民集9巻704頁）。

b．賃貸人の担保責任
　他人の物を賃貸した場合は債権契約としては有効であるが、しかし賃借人に目的物を引き渡すことができない場合には、賃貸人は賃借人に使用収益させるべき義務の債務不履行責任を負うことになる（415条1項）。

> **Case 2**
> 　AはBに建物を賃貸する契約をした。この賃貸建物は、Cの所有物であって、AはCから所有権を取得できなかった。Bが入居して3ヵ月ほど経ったときに、CがBの所に来て建物の明渡しを請求したので、Bは明渡しをした。Bは、賃貸借契約を解除し、それまで支払った賃料の返還と損害賠償をAに対して請求することができるか。また、Cは、Bに3ヵ月分の賃料を請求できるか。

　A・B間では有効に賃貸借契約は成立しているから、BがAに支払った3ヵ月分の賃料は、賃料債権が存在するから有効な弁済となり、Bは不当利得をしていない。したがって、BはAに返還請求をすることができない（大判昭9・6・27民集13巻1745頁）。もっとも、BはAにCから明渡請求を受けてい

ることを遅滞なく通知しなければならず（615条）、またＢは賃料の支払いを拒絶できる（559条、576条）。しかし、ＢがＣから明渡請求を受け、それに応じたことによって履行不能となっているから、Ｂは、建物の使用収益をさせる義務の不履行を理由にＡに対して損害賠償を請求でき（415条1項）、また賃貸借契約を催告することなく解除することができる（542条1項1号）。ＢはＡに賃料を支払っているので3カ月間建物を利用したことによる利得はないので、不当利得にならない。しかし、Ａが権限もなくＢに建物を賃貸して賃料を得ていたのは不当利得となりうる。Ａが、自分に賃貸権限がないことを知らなかった（善意）ときは、Ａは善意占有者であるから、賃貸物から生じる果実（法定果実・賃料）を取得できるので（189条1項）、ＡはＢから受け取った賃料をＣに返還する必要はないことになる。

　これに対して、Ａが賃貸権限を有していないことを知っていた（悪意）の場合には、Ａは、悪意占有者であるから、Ｂから受け取った賃料をＣに返還すべき義務を負う（190条1項）。

c．修繕義務

　賃貸人は賃借人に使用収益をさせるべき義務、すなわち使用収益に適した状態を保つ義務を負うから、賃貸人は、賃貸物の使用収益に必要な修繕をする義務を負う（606条1項本文）。ただし、賃借人の責めに帰すべき事由によって修繕が必要となったときは、賃貸人は修繕義務を負わない（同条同項ただし書）。

　賃貸人はその帰責事由がない場合であっても、修繕義務を負うから、賃貸人は修繕義務を免れず、賃借人の修繕請求を拒絶できない。これに対して、物権である地上権・永小作権では、設定者は利用権者の利用を認容するという消極的義務しか負わないから、設定者には修繕義務がないことになる。

　賃貸人の修繕義務の範囲は、目的物の用法に従った使用収益に必要な通常の修繕にとどまる（大判昭5・9・30新聞3195号14頁）。多額の費用を要する大修繕について、判例は、建物の改築にも等しい大修繕をしなければならない場合には、賃貸人に修繕義務はないとする（最判昭35・4・26民集14巻6号1091頁）。しかし、単純に大修繕を理由に修繕義務を否定すべきではなく、破損

等の原因（修繕が必要となった原因を含む）、賃料額、大修繕と賃貸人側の採算との関係、賃貸借成立の事情等を総合的に考慮して決すべきである（東京地判平 2・11・13判時1395号78頁）。

> **Case 3**
> 　AはBに建物を賃貸する契約をした。Bがこの建物に入居したときに、屋根に瑕疵があって雨漏りがした。Aはその瑕疵の発生について帰責事由がないとして瑕疵の修補を拒絶できるか。あるいは、修繕をしてくれない間の賃料の支払をBは拒絶できるか。

　Aは、Bの責めに帰すべき事由によって修繕が必要となったとき以外は、それが不可抗力によるものであっても、Aは修繕義務を負うから、屋根の雨漏りの修繕をしなければならない（606条1項）。

　Aが、修繕を行わない場合には、Bは雨漏りによって使用収益できなくなった建物部分に割合に応じて賃料が減額されるから（611条1項）、Bは、その相応する分の賃料の支払いを拒絶することができることになる（もっとも、雨漏りがBの責めに帰すべき事由によるときは、賃料は、減額されない（同条同項））。したがって、賃貸人Aの修繕義務の不履行によって、Bが建物を全く使用することができないときは、建物が滅失していない場合であっても、賃料の支払義務を免れることができる。

　さらに、Bが、雨漏りのために建物の使用収益をすることができなくなった場合において、残存する部分のみではBが賃借した目的を達することができないときは、Bは、賃貸借契約を解除することができる（611条2項）。この場合には、Bに責めに帰すべき事由があっても、Bは解除することができる。

　賃貸借の目的物の修繕は、賃貸人にとっても自己の所有物を保存する点で利益があるから、目的物が修繕を要する状態にあるときは、賃貸人がそのことを知っている場合を除き、賃借人は遅滞なく賃貸人に通知しなければならない（615条本文）。さらに、賃貸人は保存に必要な修繕を行う権利も有する（606条2項）。賃貸物件の保存行為を賃貸人が賃借人の意思に反して行い、それによって賃借した目的を達することができなくなったときは、賃借人は契約を解除することができる（607条）。

賃借物の修繕が必要であるのに、賃貸人が修繕を行わない場合に、賃借人自ら修繕をすることができる場合がある（607条の2）。

①賃借人が賃貸人に修繕が必要である旨を通知し、または賃貸人がそのことを知ったにもかかわらず、賃貸人が相当な期間内に必要な修繕をしないとき（607条の2第1号）

②急迫の事情があるとき（607条の2第2号）

賃借人が賃借物を修繕することは、他人の所有権への干渉となるので、民法は、修繕できる場合を明文で規定したのである。

d. 修繕特約

606条は任意規定であるから、判例は、修繕義務を一定の範囲（例えば、営業に必要な範囲）で賃借人の義務として約することは差し支えないとする（最判昭29・6・25民集8巻6号1224頁）。しかし、「入居後大小修繕は賃借人がする」という特約は、賃貸人が修繕義務を負わないというに過ぎず、賃借人が修繕義務を負うという趣旨ではないとする判例もある（最判昭43・1・25判時513号33頁）。賃借人の利益のためにのみ修繕をする場合は、賃貸人に対する義務とは言い難いからである。賃借人の修繕義務特約は、小修繕ないし通常生ずべき破損の修繕の範囲に限られる。水害による甚大な被害は賃借人に負担させる趣旨ではないとされる（大判大10・9・26民録27輯1627頁）。

> **Case 4**
> AがBに建物を賃貸して、Bがこの建物に居住している。この賃貸借契約では、建物の修繕はBが行うと定めていた。台風によって、大部分の屋根瓦が飛んでしまったときも、Bはその修繕を行わなければならないか。それとも修繕費をAに償還請求することができるか。

台風による大修繕までの修繕義務を、Bは、負わないと解される。Bが修繕を行ったときは、Aにその費用の償還を請求することができる（608条1項）。

さらに、賃貸人が事業者であるときは、賃借人に修繕義務を負わせる特約が不当に過大である場合には、消費者契約法10条により無効とされるであろう。

e．費用償還義務

賃借人が賃貸人の負担に属すべき必要費（例えば、畳換え、屋根修繕、レンタカーの修繕費、公租公課等）を支出したときは、賃借人は賃貸人に直ちに償還を請求することができ（必要費償還請求権）、賃貸人は償還義務を負う（608条1項）。必要費には修繕費用も含まれるから、賃借人Bが自ら修繕をしたときは（607条の2）、Bは、賃貸人Aに修繕費の償還を請求することができる。賃貸借終了に際して、なお償還を受けていない場合には、Bは留置権を主張して、建物の返還を拒むことができる（大判昭14・4・28民集18巻484頁）。

賃借人が有益費（例えば、低い借地の土盛り工事費、セントラルヒーティング設置工事費等）を支出したときは、賃貸人は、目的物の価格の増加が現存する限り、賃貸借終了の時に196条2項に従って、支出額または増価額のいずれかを選択して償還しなければならない。ただし、裁判所は、賃貸人の請求により相当の期限を許与することができる（608条2項ただし書）。期限が許与された場合には、賃借人は、賃借目的物の返還と有益費の償還の同時履行を主張できなくなる。

費用償還請求権の除斥期間は、賃貸人が返還を受けた時から1年である（622条・600条1項）。ただし、必要費償還請求権は支出の時から請求することができるから、その時から10年（166条1項2号）または賃借人が必要費償還請求をすることができることを知った時から5年（同条同項1号）経過すると必要費償還請求権は時効によって消滅する。また、有益費償還請求権については、契約終了時から請求できるから、その時から起算して10年経過した時（166条1項2号）または有益費償還請求をすることを賃借人が知った日から起算して5年経過した時（同条同項1号）に消滅時効にかかる。

f．保護義務

Case 5

BはAから2階建て建物の1階部分を賃借し、そこで洋服店を営業し、Aは2階部分に家族とともに居住していた。Aの過失で2階の居住部分から出火して、建物は全焼してしまい、Bの店舗の商品および事務用品はすべて焼失してしまった。Bは、Aに対して損害賠償を請

116 Lecture 8 賃貸借（1）

> 求することができるか。

　BがAに不法行為を理由として損害賠償を請求した場合には、失火責任法が適用されるから、Aの過失が軽過失であったときは、責任を問うことができない。しかし、賃貸借契約上の債務不履行であるとすれば、軽過失であっても、BはAに対して損害賠償を請求することができる。判例は、「賃貸人として信義則上債務不履行による損害賠償義務を負う」とする（最判平3・10・17判時1404号74頁）。これを賃貸人が賃借人に対して負う保護義務、すなわち、賃借物の使用収益に伴い賃借物から生じる侵害の危険から賃借人の生命・身体・健康・財産を保護するために適切な措置をとる義務違反による債務不履行と構成できる。

2．賃借人の義務

a．賃料支払義務

　賃借人は賃借物の使用収益の対価としての賃料支払債務を負う（601条）。賃料は、原則として、金銭その他の代替物でよい。

　賃料の額は、民法上何らの規制がなく当事者の契約自由に委ねられている。かつては地代家賃統制令があったが、昭和61年に廃止されている。

　民法は、一定の場合に賃借人が賃料の変更を請求することができる場合を認めている。この権利は、形成権である。まず第1は、農地の賃貸借について、不可抗力によって賃料より少ない収益しか得られなかったときは、収益額まで減額を請求できる（609条）。この状態が2年連続したときは、賃借人は契約を解除することができる（610条）。この規定は、小作人にとって苛酷な規定であり、また民法制定当時から小作慣習の実際を無視したものであるとして現実には行われてこなかった。

　農地法では、賃料の額が農産物の価格もしくは生産費の上昇もしくは低下その他の経済事情の変動によりまたは近傍類似の農地の賃料の額と比較して、不相当になったときは、契約条件にかかわらず、当事者は、賃料の増減額を請求することができる、と定められている（農地20条1項）。

　賃借物の一部が滅失またはその他の事由によって使用収益をすることがで

きなくなった場合において、それが賃借人の責めに帰することができない事由によるものであるときは、賃料は、その使用収益をすることができなくなった部分の割合に応じて、減額される（611条1項）。さらに、賃借人は、賃貸人に帰責事由があるときは、使用収益をさせる義務の不履行を理由に、賃貸人に損害賠償を請求することもできる（415条1項）。

　賃借物の一部滅失またはその他の事由によって使用収益をすることができなくなった場合において、残存する部分のみでは賃借人が賃借した目的を達することができないときは、賃借人は、契約を解除することができる（611条2項）。賃借人は、賃借人に責めに帰することができる事由があっても、この解除権を行使することができる。賃貸借契約の目的を達成することができなくなった以上、それが賃借人の帰責事由によるものであるか否かにかかわりなく、賃貸借契約から解放されるべきである、と考えられたからである。賃借人に帰責事由がある場合には、賃貸人は、損害賠償を請求することができる（415条1項）。

　なお、借地および借家には、地代や賃料の増減請求に関する特別規定が設けられている（借地借家11条・32条）。

b．賃料の支払時期

　賃料の支払時期は、契約や慣習によるのが通常である。必ずしも定期に支払わなければならないわけではない。特約がない場合には、後払いとされ、動産、建物および宅地については毎月末に、その他の土地については毎年末に支払うべきであり、ただし収穫季節あるものはその季節後遅滞なく支払わなければならない（614条）。現在では、家賃については前払いの特約がなされるのが通例であるが、民法制定当時は、後払いが慣行であったようである。

c．権利金・保証金・礼金・敷金

　土地や建物の賃貸借にあっては、賃料以外に権利金・敷金など一定のまとまった金銭が賃借人から賃貸人に支払われることが多い。これらの金銭について民法上の規定は存在しない。判例と慣行が解釈の基準とされる。

ⅰ）権利金

権利金と称して賃貸人に交付される金銭の性格は、多種多様であって一概に定義することができない。一般には、①営業上の利益の対価、②賃料の一部一括前払い、③借地権・借家権そのものの対価、④場所的利益に対する対価、⑤賃借権に譲渡性を付与したことに対する対価などとされる。いずれにも共通することは、敷金と異なり、原則として、賃貸借終了時に、賃借人は、返還請求をすることができないことである。

ⅱ）保証金

保証金は、事業用ビルやショッピングストアなどの賃貸借において賃借人から賃貸人に交付される金銭であるが、この性格も一様ではない。すなわち、①敷金の性格を有するもの、②貸金の性格を有するもの、③建設協力金の性格を有するものなど多様である。

また、近時、定期借地権の設定に際して、借地権者（賃借人）より借地権設定者（賃貸人）に保証金が交付される例が多い。この場合の保証金は、①賃貸借期間中における借地権者の賃料債務その他一切の債務を担保する敷金的性格を有するもの、②借地権設定者に対する貸金的性格を有するもの、および③定期借地権設定契約終了時における建物収去債務の担保としての性格を有するもの、あるいは④定期借地権そのものの設定の対価としての権利金的性格を有するものなどこれも多様である。保証金は、多くの場合に、賃貸借終了後に返還される点が、権利金と相違するところである。

ⅲ）礼　金

礼金は、終戦直後の住宅難の時代に、借家人が建物を賃貸してくれた「お礼」に賃貸人に交付した金銭であり、住宅難が解消された現在では、合理性を有しない金銭の給付である。現在では、借家契約において慣行化して、対価として当然に賃貸人が請求できる金銭のように思われるが、合理性はないのであるから、契約締結後礼金を支払わなかったとしても、債務不履行にはならないであろう。文字通り「お礼金」なのであるから、賃貸人から請求できる性質のものではないとすべきである。それでは、礼金を交付したときは、賃借人から賃貸人に贈与があったとみるべきであろうか。しかし、借家を借りるためにやむを得ず支払っているのであるから、合意があったとみる

IV 賃貸借の効力 *119*

べきかどうかは、疑わしい。

iv）**敷　金**

㋐ 敷金とは

敷金は、いかなる名目によるかを問わず滞納賃料や目的物破損損害金など賃貸借中に生じる賃借人が賃貸人に対して負う金銭給付を目的とする債務を担保するために賃借人から賃貸人に交付される金銭であり、賃貸人は、賃貸借が終了し、かつ、賃貸物の返還を受けたとき、または、賃借人が適法に賃借権を譲渡したときは、賃借人に債務不履行があればその賠償額を控除してその残額を、債務不履行がなければ全額を返還しなければならない（622条の2第1項）。敷金の法的構成を、通説は停止条件付金銭所有権移転と説明する。したがって、敷金返還に際して、それに利息は付かない。なぜならば賃貸人は敷金の運用利益まで見込んで賃料を決めるからであると、される。

Case 6

　BはAから建物を家賃月15万円で賃借し、建物の引渡しを受けて、敷金30万円をAに交付した。賃貸借が終了したときに、敷金が返還されることになった。BはAに定期預金の利息に相当する金額をプラスして返還するように請求できるか。

上記通説によれば、Bは利息を請求することができないことになる。しかし、ドイツ民法では住居賃貸借については、敷金は賃貸人の財産と区別して銀行の特別口座に預けられ、利息は、賃借人に属すると定める（ドイツ民法551条）。近時、わが国でも、賃貸人の抵当権者による物上代位は敷金に及ばないとする判例が出され（最判平14・3・28民集56巻3号662頁）、敷金は賃貸人の財産とは別個の存在であることを認める方向に進んでいる。

㋑ 敷金が担保する範囲

賃貸借期間中に賃料の滞納があった場合に、賃借人は敷金の中から賃料に充当するように請求することができない（622条の2第2項後段）。敷金は賃貸借終了時まで賃料その他の債務を担保すべきだからである。もっとも、「目的物の返還時に残存する賃料債権等は敷金が存在する限度において敷金の充当により当然に消滅する」（最判平14・3・28民集56巻3号662頁）。

判例によると、敷金は賃借物の明渡しの時までの債務を担保するとされる

120 Lecture 8 賃貸借（1）

（最判昭48・2・2民集27巻1号80頁）。したがって、賃借人の敷金返還請求権は、賃借物を賃貸人へ明け渡した時に発生するから（622条の2第1項1号）、敷金の返還と賃借物の返還は同時履行の関係に立たないことになる（最判昭49・9・2民集28巻6号1152頁）。

Case 7

BはAから建物を家賃月15万円で賃借し、建物の引渡しを受けて、敷金30万円をAに交付した。賃貸借が終了したので、AはBに建物の明渡しを請求してきた。これに対して、Bは敷金の返還と引換に建物を明け渡すと主張できるか。

賃借人の明渡債務が先履行となるのであるから、Bが建物をAに明け渡した後に敷金が返還されることになり、Bは同時履行の抗弁権や留置権を主張することはできないことになる。

Case 8

BはAから建物を賃借し、建物の引渡しを受けて、敷金30万円をAに交付した。Aが建物をCに譲渡した後に賃貸借が終了したとき、BはA・Cどちらに敷金の返還を請求したらよいのだろうか。

賃貸借期間中に目的物が譲渡された場合には、Bが賃借権の対抗要件を備えている限り（Case 8では建物の引渡しで、対抗要件は具備される（借地借家31条））、AからCに賃貸人の地位は移転するから（605条の2第1項）、敷金の返還債務も建物の譲受人Cに承継される（同条4項）。したがって、BはCに敷金の返還を請求することになる。ただし、Aに対する賃料のうち未払分があれば、当然未払分に相当する額が敷金から充当され、残額がCに移転する（最判昭44・7・17民集23巻8号1610頁）。

それでは、BがAの承諾を得てDに建物賃借権を譲渡した場合には、DはBの有していた敷金返還請求権も承継するであろうか。賃借人の敷金返還債権は、賃借人が適法に、すなわち賃貸人の承諾を得て賃借権の譲渡をした場合にも、発生するから（622条の2第1項2号）、BがAの承諾を得てDに賃借権を譲渡したときは、AはBに敷金を返還しなければならず、DはあらためてAに敷金を交付しなければならないことになる。

近時、建物賃貸借において、通常の使用に伴って生じた建物の損耗分の修繕費（例えば、畳表の取替えや壁紙の張替えの費用）を敷金から差し引いて敷金を返還する旨の特約をする例が多く、問題となっている。原則として、賃借人は通常の使用および収益によって生じた賃借物の損傷・経年変化（例えば、畳表の擦り切れ、冷蔵庫が置かれていたための床のへこみ、壁紙の変色等）を原状に復する義務はない（621条）。したがって、これらの損傷・劣化（「通常損耗」という）を原状に復させるのは賃貸人の義務である。なぜならば、「賃貸借契約は、賃借人による賃借物件の使用とその対価としての賃料の支払を内容とするものであり、賃借物件の損耗の発生は、賃貸借という契約の本質上当然に予定されているものである。それゆえ、建物の賃貸借においては、賃借人が社会通念上通常の使用をした場合に生ずる賃借物件の劣化又は価値の減少を意味する通常損耗に係る投下資本の減価の回収は、通常、減価償却費や修繕費等の必要経費分を賃料の中に含ませてその支払を受けることにより行われている」からである。したがって、敷金から通常損耗分の原状回復費用を差し引くのは、賃借人に新たな負担を課すことになるから、賃貸借契約においてその旨の特約をしなければならない。すなわち、「賃借人が賃貸借契約終了により負担する賃借物件の原状回復義務には、特約のない限り、通常損耗に係るものは含まれず、その補修費用は、賃貸人が負担すべきであるが賃借人に同義務が認められるためには、少なくとも、賃借人が補修費用を負担することになる通常損耗の範囲が賃貸借契約書の条項自体に具体的に明記されているか、仮に賃貸借契約書では明らかでない場合には、賃貸人が口頭により説明し、賃借人がその旨を明確に認識し、それを合意の内容としたものと認められるなど、その旨の特約（以下「通常損耗補修特約」という。）が明確に合意されていることが必要である」（最判平17・12・16判時1921号61頁）。

d．用法遵守・保管義務

賃借人は、契約終了後、土地・建物等の特定物を賃貸人に返還する義務を負うから、善管保存義務も負う（400条）。賃借人は賃借物が修繕を要し、または賃借物について権利を主張する者があるときは、遅滞なく賃貸人に通知しなければならない（615条本文）。

122 Lecture 8 賃貸借（1）

　また、契約または賃借物の性質によって定まった用法に従った使用収益を
する義務がある（616条・594条1項）。農地の賃借人が農地に建物を建てたり、
宅地の賃借人が工場を建てたり、借家人が無断増改築をする場合、あるいは
借家人が建物を乱暴に使用し、荒れるに任せていた場合、借家人が建物のを
無断で模様替えをした場合などは用法違反である。

　賃借人が用法遵守義務に違反した場合に、賃貸人は契約を解除できるが、
その根拠をどこに求めるべきか。616条は594条1項のみ準用するので、解除
の根拠を解除の一般規定である541条に求めることになるであろうか。しか
し、このように解すると、賃借人が軽微な用法違反をした場合でも、契約解
除が認められ、著しい用法違反があっても相当の期間を付けた催告をしなけ
ればならず、結果的に妥当ではない。そこで用法違反による場合は、それが
信頼関係を破壊すると認められない場合には解除することができないとする
信頼関係理論による解除論が唱えられている（詳細は、Lectur 9. III. 3 解除（138
頁）を参照）。この説によれば、用法違反があってもそれが信頼関係を破壊し
ない程に軽微である場合には、解除できない（最判昭41・4・21民集20巻4号720
頁）。

　これに対して、契約関係の継続を著しく困難する程に信頼関係破壊が甚だ
しいときは、催告を要せず解除でき（最判昭和27・4・25民集6巻4号451頁、最
判昭和31・6・26民集10巻6号730頁）、信頼関係の破壊がそれ程ではない場合に
は、用法違反行為の停止を催告し、賃借人がそれに応じないときに、解除で
きる。

e. 返還義務

　賃貸借期間が満了して契約が更新されない場合や債務不履行等によって契
約が解除されて賃貸借が終了した場合には、賃借人は、受け取った後に生じ
た賃借物の損傷を原状に復して返還する義務負う（621条）。もっとも、賃貸
家屋を工場に改造して使用することが賃貸借契約の内容であるときは、賃借
人は、原状回復義務を負わない（最判昭29・2・2民集8巻2号321頁）。また、
既にc.において述べたように、賃借物の通常損耗に・経年劣化による損傷
ついては、原則として、原状回復義務を負わない（621条本文括弧書）。また、

賃借物の損傷が賃借人の責めに帰すことができない事由によって生じたとき
は、賃借人はその損傷を原状に復する義務を負わない（同条ただし書）。

【Exercise】
1. BがAから建物を賃借したが、実はこの建物の所有者はCであった。A・B・Cの
　間の法律関係を整理しなさい。
2. 建物の賃貸借契約で、賃借人が建物の修繕を行う旨の特約をした場合には、賃貸人
　は全く修繕義務を免れるか。
3. 必要費を償還する場合と有益費を償還する場合とを比較して、その相違点を指摘し
　なさい。
4. 賃借人が賃借物件の通常損耗分の修繕費を負担する特約は、有効か。

Lecture 9　賃貸借（2）

Resume

Ⅰ　賃借権の対外的効力
　1．賃借権の対抗力
　2．賃貸人の地位の移転
　　a．賃借権の対抗要件が備わっている場合
　　b．不動産賃貸人の地位を譲渡人に留保する特約をした場合
　　c．合意による賃貸人の地位の移転
　　d．敷金返還債務の移転
　3．賃借権に基づく妨害排除請求権
Ⅱ　賃借権の譲渡・賃借物の転貸
　1．賃借権の譲渡・賃借物の転貸とは
　2．賃借権の無断譲渡・賃借物の無断転貸
　　a．無断譲渡・転貸の効力
　　b．解除権の制限
　3．適法になされた賃借権の譲渡・賃借物の転貸
　　a．賃借権の譲渡の効力
　　b．賃借物の転貸の効力
　　　ⅰ）A・B間の賃貸借が合意解除された場合
　　　ⅱ）A・B間の賃貸借がBの債務不履行によって解除された場合
Ⅲ　賃貸借の終了
　1．存続期間の満了
　2．解約の申入れ
　3．解除
　　a．賃貸借の解除原因
　　b．541条適用問題
　4．履行不能
　5．混同

□ I 賃借権の対外的効力 □

1. 賃借権の対抗力

　賃借権は債権であるから、純理論的にいえば、相対的効力しか有せず、賃借人は契約当事者である賃貸人以外には賃借権を主張することができないことになる（「売買は賃貸借を破る。Kauf bricht Miete」の原則）。

Case 1
　ＡがＢに甲土地を賃貸し、Ｂは甲土地上に建物を建てて居住していたが、賃貸借の登記はしていなかった。その後、ＡはＣに甲土地を譲渡し、Ｃに登記も移転した。ＣはＢに建物の収去と土地の明渡しを請求してきた。Ｂはこの請求に応じなければならないか。

　賃貸人Ａが第三者Ｃに土地を譲渡した場合には、賃貸借の登記をしていない賃借人Ｂは、賃借権をＣに対抗できず（605条）、明渡請求に応じなければならないことになる。しかし、このような結果はＢの住宅という生活基盤を奪うことになる。したがって、欧米諸国の立法はこのような原則をほとんど採用していない。わが国でも、不動産賃貸借は登記をしたときは、その後その不動産につき物権を取得した者その他の第三者に対してもその賃貸借を対抗することができるとされている（605条）。ところが、判例は、不動産の賃借人に登記請求権を認めない（大判大10・7・11民録27輯1378頁）から、多くの場合、賃貸借の登記はされていない。もっとも、近時の多数説は、登記請求権を認めている。

Case 2
　ＢはＡから期間30年で土地を賃借し、その上に住宅を建て、建物の保存登記をして居住しているが、土地賃貸借の登記はしていなかった。それから15年経過したときに、地価が上昇したのでＡはＢに賃料の値上げを申し入れたが、Ｂはこれを拒絶した。Ａはこの土地を高額でＣに売却した。ＣもＢに契約のやり直しを申込み、高額の賃料を要求したところ、Ｂはこれを拒絶したので、Ｂに対して土地の明渡しを請求してきた。ＢはＣに土地の賃借権を対抗できるであろうか。

Case 2 のような A と C の売買を「地震売買」という。建物の存立の基礎
である土地利用権がゆさぶられて建物が壊れるからである。この問題を解決
するために、1909（明治42）年に建物保護法が制定され、土地賃貸借自体の登
記がなくても、借地権者が借地上の建物を登記することによって、その借地
権（地上権・土地賃借権）はその後その土地につき物権を取得した者に対抗で
きるとした（旧建物保護1条、借地借家10条）。したがって、B は、住宅の保存
登記をしているのであるから、C に賃借権を対抗できることになる。また、
建物賃貸借・農地賃貸借について、登記に代えて目的物の引渡しを対抗要件
とすることとなった（借地借家31条、農地16条）。

2．賃貸人の地位の移転

a．賃借権の対抗要件が備わっている場合

賃貸借の登記（605条）、借地上の建物の登記（借地借家10条）もしくは賃借
建物の引渡し（借地借家31条）があって不動産の賃借権に対抗力が備わった場
合において、賃貸不動産の譲渡があったときは、不動産の賃貸人たる地位も
譲受人に移転する（605条の2第1項）。すなわち、A・B 間に存在した賃貸借
関係がそのまま B・C 間に移行し、B は自己が賃借人であること（C の明渡請
求を拒絶できる）だけではなく、その賃貸借の内容（賃料の額、存続期間、賃料の
支払時期、賃料の前払、敷金）について A と約定したものを C に主張すること
ができることを意味する。

> **Case 3**
>   A が B に甲土地を賃貸し、甲土地を B に引き渡した後に、さらに、
> A は甲土地を D に賃貸し、D との賃貸借の登記をした。D が自分が土
> 地を賃借しているので、土地を明け渡すように B に請求してきた場合
> に、B はこれに応じなければならないか。

同一不動産が二重に賃貸された場合には、民法605条または特別法に定め
る対抗要件を先に備えたほうが優先する（最判昭28・12・18民集7巻12号1515
頁）。すなわち、Case 3 では D が優先することになる。民法605条は、この
ことを定めた規定である。

以下は、Case 2 を前提として説明する。賃貸人の地位の移転は、契約上

の地位の移転であるから、原則としてＡ・Ｃ間の契約にＢが承諾をしなければ、賃貸人の地位はＣに移転しないとも思われる（539条の2参照）が、賃貸人の地位の移転については、賃貸借について対抗要件が備わっている場合には、賃借人Ｂの承諾がなくても譲受人Ｃに賃貸人の地位が移転すると定められる（605条の2第1項）。

また、賃貸人Ａが賃貸している土地を第三者Ｃに譲渡し、それと同時に賃貸人たる地位もＣに移転する合意をするときも、賃借人Ｂの承諾を必要とはしない（605条の3）。

譲受人Ｃが賃貸人の地位の移転をＢに対抗するためには、賃貸不動産について所有権移転登記をしていなければならない（605条の2第3項）。

b．不動産賃貸人の地位を譲渡人に留保する特約をした場合

Case 4
　Ａは、商業用ビルを建築し、これが完成した後、テナントＢにこれを賃貸することにしたが、しかし、自己資金が足りないので、ビル建築にかかった費用を回収するためにこのビルの所有権をＣに譲渡した。しかし、Ｃは、ビルの賃貸管理のノウハウを有していないので、ビルの所有権を譲り受けた後も、Ａにビルの賃貸管理をしてもらうために、賃貸人の地位をＡに留保させる特約をした場合、法律関係はどのようになるか。

既に述べたように、民法は、賃貸不動産の所有権の移転に伴ってその不動産の賃貸人の地位も譲受人に移転すると定めている（605条の2第1項）。しかし、①賃貸不動産を譲渡するに際して、その譲渡人Ａと譲受人Ｃが不動産賃貸人の地位をＡに留保する旨の合意をし、および、②譲受人Ｃがその不動産をＡに賃貸することを合意したときは、賃貸人たる地位はＣには移転しない（605条の2第2項前段）。これによって、Case 4においては、Ｃ・Ａ間に商業用ビルの賃貸借関係が成立し、Ａ・Ｂ間ではＡが賃借している商業用ビルの転貸借関係が成立したことになる。

ＡとＣの間、もしくはＣの承継人との間の賃貸借が終了した場合には、Ａに留保されていた賃貸人の地位は、ＣもしくはＣの承継人に移転する

128 Lecture 9 賃貸借（2）

（605条の2第2項後段）。すなわち、民法の原則に従うと、契約解除等によって
A・C間の賃貸借が終了すると、AはBに対して賃貸する債務を履行するこ
とができなくなって、A・B間の転貸借も終了することになる。しかし、賃
貸人の地位をAに留保する特約をした場合について、605条の2第2項後段
は、A・C間の賃貸借が終了したときは、Aの賃貸人たる地位がCに移転す
るとし、以後はCとBとの間に転貸借関係が移行することを定めたのであ
る。したがって、AとCとの間の賃貸借が債務不履行で解除された場合で
も、Cは、A・B間の転貸借の基礎であるA・C間の賃貸借が終了したこと
を理由にビルの明渡請求をすることができなくなる。

c．合意による賃貸人の地位の移転

> **Case 5**
> 　Aは、Bに甲土地を賃貸し、Bは甲土地上に乙建物を建てて居住し
> ているが、乙建物は未登記であった。その後、AはCに甲土地をCに
> 譲渡する契約を締結し、同時に賃貸人の地位もCに移転する合意をし
> た。CがBに賃料の請求をしたところ、Bは、A・C間の賃貸人の地
> 位の移転の契約を承諾していないから、Cの請求に応じられないと主
> 張できるか。

　a.においてもすでに述べているが、賃貸不動産の譲渡人Aと譲受人Bと
の間で賃貸人の地位の移転を合意したときは、賃借人Bの承諾がなくても、
賃貸人の地位は譲受人Cに移転する（605条の3前段）。「新所有者にその義務
の承継を認めることがむしろ賃借人にとつて有利である」からである（最判
昭46・4・23民集25巻3号388頁）。

　賃貸人たる地位の移転の合意がされると、賃借人が賃貸借について対抗要
件を備えていなくても、その効力は生じていることになる（原則は、賃貸借に
対抗要件が備わっていなければならない（605条の2第1項））。したがって、Case 5
では、Bは乙物について登記をしていないが、Cに賃貸人の地位は移転す
る。もっとも、Cが賃貸人の地位の移転をBに対抗するためには、譲り受
けた不動産について所有権の移転登記をしなければならない（605条の3後
段・605条の2第3項）。

d．敷金返還債務の移転

605条の2第1項または605条の3前段の規定によって、賃貸不動産の譲受人が賃貸人たる地位を承継した場合には、敷金返還債務と必要費・有益費償還債務も譲受人が承継することになる（605条の2第4項・605条の3後段）。

3．賃借権に基づく妨害排除請求権

Case 6

　Bは、Aから土地を賃借し、その土地上に住宅を建て、登記をして居住していたが、大震災にあって住宅が滅失したので、他所に避難していた。1年後に同所に戻ってきたところ、Cが無権限でBの借地の上に建物を建てて住んでいた。BがCに土地の明渡しを請求したところ、Bは土地賃借権の対抗要件を備えていないのだから、明渡請求はできないはずだというCの主張は正当か。

　CはBの賃借権を侵害しているので、不法行為となり、BはCに損害賠償を請求することができる（709条、大判大10・2・17民録27輯321頁）。それでは、物権ではない賃借権にも物権と同様に妨害排除請求権は認められるべきか。問題となるのは、多くの借地が土地の賃貸借でされていることである。債権としての性格を強調すると債権は債務者に対する請求権であって、債権には排他性がないから、物権的請求権である妨害排除請求権は認められないことになる。しかし、他人の土地を継続的に使用収益するという点では、債権である賃貸借も物権である地上権も異なるところがない。したがって、賃借物の使用収益を妨害された場合には、賃借人もその排除を請求できると考えるべきであろう。

　民法は、賃貸借の登記（605条）、借地上の建物の登記（借地借家10条）もしくは賃借建物の引渡し（借地借家31条）によって不動産賃借権に対抗要件が備わっている場合には、賃借人は、

　①賃借不動産の占有を第三者が妨害しているときには、その第三者に対して妨害の停止を請求することができ（605条の4第1号）、

　②賃借不動産を第三者が占有をしているときは、その第三者に対して返還を請求することができる（同条2号）、と定めている。

130 Lecture 9 賃貸借（2）

　しかし、Case 6 のように、第三者Ｃが無権限で賃借土地を占有している
場合には、605条の4に定める要件を満たしていないが、賃借人Ｂは対抗要
件を備えていなくても土地の返還を請求できる、と解すべきである。無権限
で占有するＣには、Ｂが対抗要件を備えていないと主張する正当な利益を
有しないからである。判例は、さらに賃貸人Ａが有する所有権に基づく妨
害排除請求権をＢが債権者代位権（423条）に基づいて行使することができる
とする（債権代位権の転用）（最判昭29・9・24民集8巻9号1658頁）。改正民法で
は、423条の7において、登記請求権・登録請求権についてのみ債権者代位
権の転用を認める規定を置いているが、本条の趣旨は債権者代位権の転用を
これだけに限定する趣旨ではないと解すことができるので、この判例は、な
お維持されるべきである。

▣ Ⅱ 賃借権の譲渡・賃借物の転貸 ▣

1．賃借権の譲渡・賃借物の転貸とは

> **Case 7**
> 　① Ｂは、Ａから甲土地を賃借して、甲土地上に乙建物を建てて居
> 住してきたが、転居することになり、乙建物をＣに売却した。この場
> 合に、Ｃは甲土地を使用しなければ、乙建物を所有することは不可能
> であるから、ＢはＣに甲土地の賃借権を譲渡した
> 　② Ｂは、Ａから土地を甲賃借して、甲土地上に乙建物を建てて居
> 住してきたが、転居することになり、乙建物をＤに売却した。この場
> 合に、Ｄは甲土地を使用しなければ、乙建物を所有することは不可能
> であるから、ＢはＤと甲土地の転貸借契約を締結した。
> 　①と②の場合では、どのような相違があるであろうか。

　賃借権の譲渡とは、賃借人ＢがＡとの賃貸借関係から離脱して、賃借権
の譲渡人Ｃがその賃貸借関係を承継する、すなわち、賃借人としての地位
をＢがＣに譲渡することをいう。したがって、譲渡が有効になされた後は、
ＡとＣとの間で賃貸借関係は存続することになる。

これに対して賃借物の転貸とは、A・B間の賃貸借関係はそのまま存続し、賃借人・転貸人Bと転借人Dとの間で新たに賃貸借関係を形成する、すなわちB・D間に転貸借契約を締結することである。有効に転貸借がなされた場合には、基本的にはAとDとの間に契約関係は存在しないことになる。

2．賃借権の無断譲渡・賃借物の無断転貸

a．無断譲渡・転貸の効力

賃借人は、賃貸人の承諾を得なければ、第三者に賃借権を譲渡し、または賃借物の転貸をすることができない（612条1項）。賃借人がこれに違反して、賃貸人に無断で第三者に賃借物を使用収益させた場合には、賃貸人は、賃貸借契約を解除することができる（同条2項）。

賃借権の譲渡・賃借物の転貸について賃貸人の承諾を得なかった場合には、譲渡・転貸自体の効力が生じないのではなく、効力は生じているが（大判昭2・4・25民集6巻182頁）、賃貸人に対抗できないだけである。したがって、BはAの承諾を得るように努力をすべきであるが、承諾がなくても、BはCに譲渡の対価や賃料を請求することができる。

Aが無断譲渡・転貸を理由としてA・B間の賃貸借を解除するためには、CやDが賃借物を独立して使用収益するものとしての地位を獲得する程度に至っていなければならない。例えば、AがBに甲土地を賃貸したが、Bが甲土地の賃借権をCに譲渡して、Cが甲土地上に建物を建てて居住している場合は、賃借権の譲受人Cは土地を独立して土地を使用収益する地位を取得したものといえる。これに対して、Case 7におけるBがEから融資を受けてEのために乙建物に譲渡担保を設定した場合に、その後もBが引き続き乙建物を利用しているときは、612条にいう譲渡・転貸には当たらない（最判昭40・12・17民集19巻9号2159頁）が、Eが乙建物の引渡しを受けて使用収益をするときは、譲渡・転貸がされたものとされる（最判平9・7・17民集51巻6号2882頁）。

しかし、Bが甲土地上に建てた建物をFに賃貸したときは、建物賃借人Eはこのような地位を取得したものとはいえない。すなわち、Bは建物所有

のために自ら土地の使用をしているから、Ｆが建物の利用上合理的な範囲で敷地を使用したとしても、借地を転貸したことにはならないのである（大判昭8・12・11裁判例7巻民277頁）。

　Ｂ・Ｃの無断譲渡またはＢ・Ｄ間の転貸の効力をＡに対抗することができないから、Ａは、Ｂとの間の賃貸借を解除することなく、Ｃ・Ｄに対して直接所有権に基づいて返還請求することができ、さらに不法行為による損害賠償も請求することができる（最判昭41・10・21民集20巻8号1640頁）。

b．解除権の制限

　612条の趣旨は、民法制定当時における賃貸借の大部分を占めていた小作（農地の賃貸借）を念頭に置いて、賃借人が交代すると賃借物の使用収益方法に差異が生じるから、目的物を使用収益する者が交代する場合には、賃貸人の承諾が必要だとされた。確かに、建物の賃貸借でも賃借人が誰であるかによって差異が生じるであろうことは否定できないが、建物所有を目的とする借地の場合にはその差はいうに足りないものであろう。さらに、借地については立法者は地上権が設定されるであろうと予測していたのであるから、借地に関しては譲渡性（土地利用権の譲渡・転貸の自由）を付与することを予定していたといえる。さらに、借地の場合には、借地権者がその土地に投下した資本の回収を保護するのが近代法の在り方であるという学説が有力に主張されるようになった（昭和41年の借地法改正によって、借地権の譲渡・転貸について賃貸人の承諾に代わる許可の裁判の制度が導入された（借地9条ノ2、借地借家19条））。他方、戦後期の著しい住宅難の時代に借家の間貸しが多く行われるようになった。これは転貸に当たるとしても、住宅難の解決のためには借家の転貸を認める必要もあった。

　そこで判例は、賃借人が賃貸人の承諾を得ないで第三者に賃借物の使用収益をさせた場合には、賃貸人に対する背信行為と認めるに足らない特段の事情があるときは、解除権は発生しないと判示するに至った（最判昭28・9・25民集7巻9号979頁）。

　これを学説は、賃借人の無断譲渡・転貸行為が賃貸人に対する信頼関係を破壊しない限り契約を解除できないとする「信頼関係破壊」の法理として理

論化した。信頼関係の破壊の有無に関する判断基準については大きく即物的信頼関係説と総合事情判断説とに分かれる。①即物的信頼関係説は、信頼関係を即物的（sachlich）な信頼関係と人的（persönlich）な信頼関係とに区分し、前者を近代的信頼関係、後者を前近代的信頼関係と理解し、原則として前者の信頼関係の破壊があるか否かを基準とすべきであると主張する。人的信頼関係とは義理・人情・親分子分的な関係における信頼関係をいい、即物的信頼関係とはそのような封建的心情を除外して、事物に即した状態での信頼関係をいうとされる。

これに対して②総合事情判断説は、無断譲渡・転貸行為を中心としつつ諸般の事情を考慮して、信頼関係の破壊があるか否かを判断すべきであるとされる。したがって、人的信頼関係も考慮に入れられることになる。例えば、賃借人が売春婦に転貸し、売春婦が借家の中で売春行為を行っている場合にも、即物的信頼関係論によれば、賃料をきちんと支払っていれば賃貸人の経済的利益は侵害されていないのであるから、解除できないという結論になるが、これは社会通念から見て妥当ではないであろう。したがって総合事情判断説では信頼関係破壊があると認めるのが妥当であるとする。

判例の実際では、信頼関係破壊がないとされる範囲は、意外と狭い。おおよそ以下の場合に信頼関係の破壊がないとされる。①借家人が個人経営の事業に借家を使用し、その後、経営組織を法人にあらため、その法人に賃借権の譲渡・転貸をしたが、その事業の実態は変わっていない場合、②賃借人と賃借権の譲受人・転借人が親族ないし知人という特殊な関係にあり、営利性がない場合、③義務違反が軽微であり、営利性が弱い場合である。

背信行為と認めるに足りない特段の事情の存在は、賃借人において主張・立証すべきである（最判昭41・1・27民集20巻1号136頁）。

3. 適法になされた賃借権の譲渡・賃借物の転貸

賃借権の譲渡・賃借物の転貸に対する承諾は、賃借人または賃借権の譲受人・転借人のいずれに対して行ってもよい。

a．賃借権の譲渡の効力

　賃借権の譲渡は、通常、賃借人＝譲渡人と譲受人との間で契約してなされる。しかし、賃借権の譲渡契約をしていなくても、賃借地上の建物の売買契約が締結された場合には、特別の事情がない限り、建物所有権とともに敷地の賃借権も譲渡したものと推定される（最判昭47・3・9民集26巻2号213頁）。

Case 8

　ＢはＡから宅地を賃借してその上に建物を建て、居住していたが、その後転勤のためにこの建物をＣに売却し、以後Ｃがこの建物に居住していた。Ａは3年程Ｃから賃料を受け取っていながら、突然、ＡがＣは借地権を譲り受けていないから、無権利者だとして土地の明渡しを求めてきた。Ｃはどのような主張ができるであろうか。

　Ａが譲渡されていないという反証をあげない限り、借地権は譲渡されたものと推定され、また3年も賃料を受け取り続けているから、承諾をしたものと認められるであろう。

　賃借権の譲渡契約の効力は、譲渡契約の当事者間では契約締結時に生じているが、対賃貸人との関係では、賃貸人の承諾があってはじめて賃貸人に対して譲渡の効力は生じることとなる（612条1項）。

　賃借権の譲渡契約が賃貸人に対抗できるようになると、賃借人＝譲渡人は賃貸借関係から離脱し、賃貸借関係は賃貸人と譲受人との間で存続することになる。

b．賃借物の転貸の効力

Case 9

　ＢはＡから賃借した建物をＣに転貸し、Ａの承諾を得た。Ｂが賃料を滞納したので、ＡはＢに支払いを催告し、その後Ｂとの賃貸借を解除をした。ＡはＣに対して建物の明渡しを請求するが、Ｃはこれを拒絶できるか。

　転貸借は、いわばＡ（賃貸人）・Ｂ（賃借人）間の賃貸借の上にＢ（転貸人）・Ｃ（転借人）間の転貸借が成立することである。したがって、ＡとＣの間には直接法律関係が生じないのが原則である。しかし、613条1項前段は、Ｃ

はAに直接に義務を負うと規定する。転借人が直接義務を負うのは、目的物の保管義務、返還義務、賃料支払義務等である。したがって、Aは直接Cに賃料の支払いを請求することができる。CがAに対して直接負う義務の範囲は、CがBに対して負う義務の範囲によって限定されるばかりでなく、BがAに対して負う義務の範囲にも限定される（613条1項前段）。例えば、AがBに月5万円の賃料で賃貸し、BがCに8万円で転貸している場合には、AはCに5万円しか請求できない。また、AがBに月5万円で賃貸し、BがCに月3万円で転貸している場合には、AはCに3万円しか請求できない。もっとも、この場合にAがBに賃料を請求することは妨げられない（613条2項）。AがCに対して賃料の支払いを求めても、既にCがBに賃料を支払っていたときは、Cは既に賃料債務を履行しているのであるから、Aに対する賃料支払債務は免れることになる。そこで、毎月月末に賃料を支払う借家契約であるにもかかわらず、BとCが通謀して、CがBに向こう2年分の賃料を支払ってしまうと、AはCに賃料の請求をすることができなくなるので、これを防ぐために、転借人Cは賃料の前払いをもって賃貸人Aに対抗できないと定めた（613条1項後段）。前払いとは、B・C間の転貸借契約において定められた賃料支払い期を基準として、それよりも前に支払うことである（大判昭7・10・8民集11巻1901頁）。

i）A・B間の賃貸借が合意解除された場合

A・B間の賃貸借が合意解除されても、これをC（転借人）に対抗することができない（613条3項本文、大判昭9・3・7民集13巻278頁）。合意解除は、Bの賃借権の放棄であって、権利放棄によって正当に成立した他人の権利（転借権）を害することは許されないからである。AはCにA・B間の賃貸借の消滅を主張できないのであるから、Cから見るとA・B間の賃貸借は、B・C間の転貸借を存続させるために必要な範囲でなお存続しているものすることができる、と解される。

しかし、A・B間では、Bの賃借権は消滅しており、賃借人たる地位から離脱する意思を持っていたのであるから、Cに対する関係で修繕義務等の転貸人の債務の履行を十分に行うか、疑問が生じる。そこで、605条の2第2項後段を類推して、A・B間で賃貸借の合意解約をしたときは、Bの転貸人

たる地位はAに移転して、A・C間の賃貸借になると解することができないであろうか。

さらに、転貸の事例ではないが、Bが借地上の建物をDに賃貸している場合に、A・B間の合意で土地賃貸借が解除されても、この合意解除をAはDに対抗できない、とされている（最判昭38・2・21民集17巻1号219頁）。

A・B間の賃貸借が終了しても、それとは別個の契約であるB・C間の転貸借が自動的に終了するわけではない。しかし、転貸借の基礎である賃貸借が終了しているのであるから、それが転貸借に影響を及ぼす場合もある。

ⅱ）A・B間の賃貸借がBの債務不履行によって解除された場合

しかし、Bが賃料延滞などの債務不履行で賃貸借が解除された場合について判例は、CはAに転貸借を対抗できなくなり（最判昭36・12・21民集15巻12号3243頁）、転貸借は原則としてAがCに目的物の返還を請求した時に、BのCに対する債務の履行不能により終了するとされている（最判平9・2・25民集51巻2号398頁）。また、Bが賃料を延滞していることを理由に賃貸借を解除する場合には、AはBに催告すれば足り、Cに対して催告しその支払いの機会まで与える必要はないとしている（最判昭37・3・29民集16巻3号662頁）。

しかし、CはAに直接履行する義務を負っており、第三者弁済として賃料を支払うことができるのであるから、Aは信義則上Cにも催告をしてBに代わって履行する機会を与えるべきであろう。Cは、AがBとの賃貸借の解除によって転借権を喪失する立場にあるから、最小限の防御手段をとる機会を与えるべきである。

□ Ⅲ 賃貸借の終了 □

賃貸借は、存続期間の満了や解約申入れによって終了する。また、一般の契約と同様に解除、さらには債権の消滅原因である履行不能、混同によっても終了する。

1．存続期間の満了

民法では、賃貸借の存続期間を50年に限っており、50年を超える期間を定

めても、50年に短縮される（604条1項）。この期間は、更新することができるが、その期間も50年を超えることはできない（604条2項）。このように民法では、賃貸借の最長期の制限はあるが、最短期の制限はない。

　建物所有のための土地利用には物権である地上権が設定されるであろうと、民法の立法者は予測したことは既述したが、実際には、ほとんどの場合に賃貸借がなされ、その期間も3年または5年と短期であった。そこで、明治40年以降の裁判所では、このような短期の期間の約定について当事者が拘束される意思を有しない「例文」としたり、「地代据置期間」と解して、期間の定めに関する約定の契約上の拘束力を否定していた。その後、大正10年の借地法において借地権に長期の存続期間を保障する規定が置かれることとなった。また、平成11年の借地借家法改正によって建物賃貸借には604条が適用されなくなった（借地借家29条1項）。したがって、建物賃貸借について最長期の制限はなくなった。

　存続期間の定めのある賃貸借は、更新がない場合には、期間の満了によって終了する。

　更新については当事者間で自由に合意することができる（604条2項本文）。しかし、更新の合意がない場合でも、期間満了後も賃借人が賃借物の使用収益を継続しており、賃貸人がこれを知りながら異議を述べないときは、前契約と同一の条件で更に賃貸借をしたものと推定される（619条1項本文）。ただし、存続期間の定めないものとされ、617条にしたがって解約申入れをすることができる（同条同項ただし書）。前賃貸借について供された担保は、敷金を除いて、期間満了によって消滅する（同条2項）。ただし、賃借人のための根保証契約は、特段の事情がない限り、賃貸借の更新後に賃貸借から生じる賃借人の債務を保証の責めを負う趣旨の契約であるとされる（最判平9・11・13判時1633号81頁）。

2．解約の申入れ

　存続期間の定めがない場合には、各当事者はいつでも解約の申入れをすることができ、解約の申入れから一定の期間（土地については1年、建物については3ヵ月、貸席・動産については1日）が経過すると賃貸借は終了する（617条1項）。

138　Lecture 9　賃貸借（2）

　ただし、建物所有を目的とする土地の賃貸借については、期間の定めのない賃貸借は成立しない。期間を定めなかったときは、法律上30年の賃貸借になる（借地借家3条）。

　建物賃貸借における解約申入れについては、賃貸人に正当な事由がなければ、効力を生じない（借地借家27条・28条）。

　収穫の季節がある土地の賃貸借については、その季節の後次の耕作に着手する前に、解約申入れをしなければならない（617条2項）。

　期間の定めがある賃貸借でも、当事者の一方または双方が解約申入権を留保したときは、解約申入れ後617条1項に定める期間経過によって賃貸借は終了する（618条）。

3．解　除

a．賃貸借の解除原因

　契約解除も賃貸借の終了原因の一つであるが、通常の解除の効果と異なり、その効果は将来に向かってのみ効力を生る（620条前段）。

　賃貸借の当事者は、契約の一般原則による契約解除権が認められているほかに、民法は、賃借人に607条、610条、611条2項において解除権を認め、また賃貸人について612条2項で解除権を認めている。

b．541条適用問題

　賃貸借の解除に541条を適用すべきかは、先にも触れたように大きな問題である。特に、土地・建物の賃貸借で賃借人の軽微な債務不履行・義務違反があった場合にも、541条を適用して解除を認めるべきかという問題である。

Case 10
　BはAから建物を賃借し、1ヵ月でも家賃の支払いが延滞したら、催告をせずに解除できるという特約を付していた。その後、Bは、1回だけ家賃の支払いを延滞したところ、特約通りにAは直ちに解除すると通知して来た。Bは解除が認められると、たちまちホームレスになるが、しかしBはそれまではきちんと支払っていたという事情がある場合において、Aによる解除は認められるか。

Ⅲ　賃貸借の終了　*139*

　541条を直接適用すると、Ｂが賃料の支払いを１回だけ延滞した場合でも、Ａは催告をして契約が解除できることになる。しかし、541条の形式的適用は、特に借地借家において、賃借人の生活の基盤である居住が容易に脅かされるという結果を導くことになる。

　したがって、541条は、売買契約等の一回的給付を目的とする一時的契約関係に適用されるのであって、賃貸借のような継続的契約関係には適用されるべきではない。賃貸借と同様、継続的契約関係である雇用・寄託・組合等の規定が「やむを得ない事由」ある場合にのみ解除を認めている趣旨を類推して、契約に内在する信頼関係の破壊がある場合にのみ解除（告知Kündigung）を認めるべきだとする学説が主張される（告知説＝541条非適用説）。この説によれば、債務不履行があっても信頼関係の破壊がないと認められる場合には、解除できず、信頼関係の破壊の程度が軽微な場合には、義務違反行為の差し止めを催告して、それでも義務違反行為が継続するときに、解除することができる。さらに、重大な義務違反があって著しい信頼関係の破壊があると認められる場合には、催告を要せず即時に告知をすることができる（信頼関係破壊の有無の判断基準については、「賃借権の譲渡・賃借物の転貸Ⅱ.2.b」の解説参照）。

　判例は、基本的に、541条適用説に立ちながらも、賃借人の債務不履行や義務違反の程度や事情を検討して、それがいまだ賃貸人との信頼関係を破壊するに至っていない場合には、解除を認めないとし、他方、借家を乱暴に使用して著しく毀損し、賃貸借の継続が期待できない程著しい信頼関係の破壊があったときは、催告を要せずに直ちに解除できるとしている（最判昭31・6・26民集10巻６号730頁）。したがって、結果的には541条適用説と非適用説の間には大きな相違はないといえる。

　アパートの賃貸借契約などでは、１ヵ月でも家賃の滞納があったときは催告を要せずに解除できるとする特約がなされる場合がある。この特約は、信頼関係が破壊されて無催告解除をすることが不合理ではない事情が存する場合に、無催告解除ができる旨を定めたものと解される（最判昭43・11・21民集22巻12号2741頁）。したがって、Case 10 ではＡは相当の期間を定めて賃料の支払いを催告し、それから解除すべきである。また、その間に支払いがあれ

140 Lecture 9 賃貸借（2）

ば解除権は発生しない。

4．賃借目的物の使用収益不能

建物賃貸借において建物が火事で滅失したり、朽廃したりして賃貸借の目的物を使用収益をすることができなくなった場合には、賃貸借は終了する（616条の2）。なお、履行不能が賃貸人の帰責事由によって生じた場合や賃借人の保管義務・用法遵守義務違反による場合には、それぞれ債務不履行として賃貸人や賃借人は相手方に対して損害賠償義務を負う（415条）。

5．混　同

賃借人が賃借物の所有権を取得するなどとして、賃借人の地位と賃貸人の地位が同一人に帰属した場合には、賃借権は混同の原則によって消滅する（520条、賃貸借に対抗要件が具備されているときは、179条が類推適用される（最判昭46・10・14民集25巻7号933頁）。ただし、「自己借地権」（借地借家15条）の例外がある）。

【Exercise】
1．不動産賃借権に基づく妨害排除請求権について説明しなさい。特に、妨害排除請求をするのに賃貸借に対抗要件が具備されていなければならないかを論じなさい。
2．地震売買と賃貸借の対抗の問題を論じなさい。
3．賃借権の譲渡と賃借物の転貸の法律構成の相違を説明しなさい。
4．AがBに甲建物を賃貸したところ、BはAの承諾を得ずにCに甲建物を転貸した。Aは、直ちにBとの間の甲建物賃貸借契約を解除できるか。
5．AがBに甲建物を賃料月7万円で賃貸し、BはAの承諾を得て甲建物を転料10万円でCに転貸した。
①Aは、Bが賃料を支払わない場合には、Cに対して賃料の支払いを請求できるか。またその額はいくらか。
②Bが賃料を支払わないので、Aは、Bとの賃貸借契約を解除し、Cの甲建物の明渡しを請求するが、Cが、AはCに対しても賃料の請求をしなければ、契約は解除できないはずだと主張するが、この主張は認められるか。
6．AがBに甲建物を4月1日に賃貸し、賃貸借契約書には「1度でも賃料の支払が遅滞した場合には、賃貸人は賃料の催告をせずに契約を解除できる」旨の特約が付されていた。ところが、Bは、8月分の賃料の支払いを遅滞したので、Aは、直ちに賃貸借契約を解除するとBに通知した。A・B間の甲建物賃貸借契約は、Aの解除の意思表示によって終了したものと認められるか。

Lecture **10** 賃貸借（3）

Resume
Ⅰ 宅地・建物・農地の賃貸借特別法
　1．不動産賃貸借特別法の成立と展開
　　a．不動産賃貸借特別法制定の背景
　　b．借地借家関係特別法の沿革と現行法
　　　ⅰ）建物保護法（明治42年法40号）
　　　ⅱ）借地法（大正10年法49号）・借家法（大正10年法50号）
　　　ⅲ）昭和16年の借地法改正（法55号）・借家法改正（法56号）
　　　ⅳ）昭和41年の借地法改正（法93号）・借家法改正（法93号）
　　　ⅴ）平成3年の借地借家法改正（法90号）
　　　ⅵ）平成11年の借地借家法一部改正（法153号）
Ⅱ 借地借家法における借地関係
　1．借地権の種類
　2．借地権の存続期間
　　a．当初の存続期間
　　b．更新後の存続期間
　　c．借地契約の更新
　　d．建物滅失・再築の場合の存続期間
　　　ⅰ）当初の存続期間中における建物滅失と再築
　　　ⅱ）更新後の期間中における建物滅失と再築
　3．借地権の対抗力
　　a．借地権の対抗要件としての建物の登記
　　b．建物の滅失と借地権の対抗力
　4．地代等の増減額請求権
　5．建物買取請求権
　　a．存続期間が満了した場合の建物買取請求権
　　b．借地上の建物の取得者の建物買取請求権
　6．自己借地権
　7．借地条件の変更等
　　a．借地条件の変更の許可
　　b．土地賃借権の譲渡・転貸の許可
　8．定期借地権等
　　a．定期借地権
　　b．事業用定期借地権等
　　c．建物譲渡特約付借地権
　9．一時使用目的の借地権
　10．平成4年8月1日前に設定された借地関係
　　a．借地権の存続期間
　　b．借地権の更新

□ I 宅地・建物賃貸借特別法 □

1. 不動産賃貸借特別法の成立と展開

a. 不動産賃貸借特別法制定の背景

先に述べたように、土地を長期間利用する法律関係として、民法の立法者は、存続期間の長い用益物権（地上権・永小作権）が設定されるであろうと予測していた。しかし、実際には土地所有者と土地利用者との力関係と土地と建物を別個独立の不動産とするわが国独特の法律制度から、地主にとって都合のよい、すなわち物権に比べて弱い権利である賃貸借を用いて借地契約をすることが多かった。

賃借権の弱さは、基本的にはつぎの点にある。第1に、存続期間が短かった（改正前は最長期が20年であった。改正によって、50年に伸長された（604条））。建物賃貸借（借家権）の場合はともかく、建物所有のための土地賃貸借（借地権）および農地賃貸借にとっては民法上の存続期間の最長期の制限は存続期間の短期化を導き、土地利用権者の生活や事業の存続を脅かすものとなってきた。

第2に、対抗力の具備が困難である。605条による賃貸借の登記には、判例は、登記請求権を認めていないから（大判大10・7・11民録27輯1378頁）、賃貸借の登記は605条があるにもかかわらず事実上困難である。このために、地価の上昇期には地震売買が横行し、賃借人は容易に賃借物から追い出されることになった。

第3に、賃借人の投下資本の回収および活用の途が民法上十分に認められていない。すなわち、①投下資本の回収の最大の手段である賃借権の譲渡・賃借物の転貸が原則として禁止されている（612条）。②抵当権の目的が不動産のほかに地上権・永小作権に限定され（369条）、不動産賃借権が除外されているために、土地賃借権の担保化が認められていない。このために、借地権者の投下資本活用が妨げられている。大都市圏における住宅用地で6〜7割、業務用地で7〜9割といわれる借地権価格が現在では慣行化している

が、これを借地権者は金融面で有効に活用することができない状態にある。

b．借地借家関係特別法の沿革と現行法

ⅰ）建物保護法（明治42年法40号）

日露戦争後に大都市の地価が暴騰し、地主層がキャピタルゲインの獲得のためにいわゆる「地震売買」を行った。これを防止するために、借地権（建物所有を目的とする地上権または土地賃借権）に対抗力の具備を容易にするために制定された法律である。賃借権の物権化立法の端緒となった法律でもある。

ⅱ）借地法（大正10年法49号）・借家法（大正10年法50号）

第1次世界大戦によって日本の資本主義経済は著しく発展したが、これに伴って大都市に人口が集中し、住宅難が深刻化した。この問題の解決のために、大正10年に借地法・借家法が制定された。借地法は長期の存続期間の保障を中心として、投下資本回収手段としての建物買取請求権、賃料増減額請求権の制度を設けた。借家法は地震売買対策としての借家権の対抗力や告知期間の伸長、投下資本回収手段としての造作買取請求権、賃料増減額請求権の制度を設けた。

ⅲ）昭和16年の借地法改正（法55号）・借家法改正（法56号）

昭和12年からの日中戦争の激化に伴って軍需工場が大都市周辺に建設され、労働者がそこに集中し、さらに住宅事情が悪化した。そのため、借地・借家の明渡し紛争が頻発するようになったので、借地法・借家法を改正して、地主・家主は正当事由が備わらなければ、契約更新の拒絶や解約の申入れをすることができないとする存続保護（Bestandsschutz）の制度を導入した。この制度は、賃借権の物権化というよりは賃借権の社会法化という理念に支持されたものであったといわれる。

ⅳ）昭和41年の借地法改正（法93号）・借家法改正（法93号）

戦後の昭和31年から賃借権の物権化の徹底を図る借地法・借家法改正作業が開始され、昭和35年に「借地借家法改正要綱案」として公表されたが、物権化に反対する勢力も強く、法案化に至らなかった。結局、昭和41年に手直しの必要な部分だけに限った緊急の借地法・借家法改正が実現した。借地法における借地非訟事件手続の創設、借家法における居住用建物賃借権の内縁

配偶者等の承継、借地法・借家法における賃料増減額請求権の効力の制限が
その主要な内容である。

ⅴ）平成 3 年の借地借家法改正（法90号）

高度経済成長後、絶対的住宅不足は解消され、むしろ住宅は供給過剰にな
ったといわれる。しかし、高地価のもとでは住宅はなお高価・狭小であり、
低価格で住宅を供給するはずの借地による住宅供給は閉塞していた。これ
は、従来の借地法・借家法による規制が硬直化した結果だと考えられるよう
になった。その間に中高層賃貸マンションが出現したり、借地方式・信託方
式・等価交換方式など多様な住宅供給方式が現れて、住宅事情は著しく多様
化した。そこで、借地・借家に対する多様な需要に対応して設定できる借地
権・借家権の種類を増やして、また当事者間の権利義務関係を合理化する改
正が行われることになった。この改正は、平成 3 年に「借地借家法」として
実現し、平成 4 年 8 月 1 日より施行されている。建物保護法・借地法・借家
法の 3 法を廃止して（借地借家附則 2 条）、これらの法律の規定を借地借家法
1 本に若干の修正のうえで吸収し、さらに新しいタイプの借地権（3種の定
期借地権）と借家権（2種の期限付建物賃貸借）を創設した。なお、建物保護
法・借地法・借家法は廃止されたから、原則として平成 4 年 8 月 1 日前に設
定された借地権・借家権にも借地借家法が適用されることになる（借地借家
附則 4 条本文）。しかし、既に成立している契約関係に大きな変化を与えるこ
とは望ましくないから、存続期間・契約更新・解約申入れなどの借地権・借
家権の存続にかかわる部分については「なお従前の例による」として、借地
法・借家法下での法律関係と同一の取り扱いをするものとされている（借地
借家附則 6 条、7 条、12条）。

ⅵ）平成11年の借地借家法一部改正（法153号）

1990年代後半に行われてきた規制緩和の一環として、借地借家法における
借家権の存続保護も緩和されるべきだとの主張が主として経済学者からなさ
れ、正当事由制度の適用を受けない新たな借家のタイプとして「定期建物賃
貸借」が導入された（借地借家38条）。その結果、期限付建物賃貸借のうち
「賃貸人不在期間の建物賃貸借」は、廃止された。

□ Ⅱ 借地借家法における借地関係 □

　建物建築のために土地を借りようとした場合には、地上権設定または賃貸借契約のいずれでもすることができる。この建物所有を目的とする地上権または土地賃借権のいずれにも借地借家法の適用があり、これらの権利を「借地権」と総称している（借地借家2条1号）。しかし、実際に借地借家法の保護を必要とするのは賃借権である。また、借地借家法では、転借地権は「建物所有を目的とする土地の賃借権で借地権者が設定しているものをいう」（借地借家2条4号）と定め、転借地権は賃借権であることを予定し、地上権を予定していない。

　建物所有を目的とするのが借地権であるから、例えば、青空駐車場として使用する目的で他人の土地を賃借したり、土地をゴルフ練習場の目的で賃借し、その上に建物を築造することが従たる目的に過ぎないときは借地借家法の適用はない（最判昭42・12・5民集21巻10号2545頁）。バッティングセンターのために土地を賃借して、管理人事務所を建てた場合も同様に借地借家法の適用はない（最判昭50・10・2判時797号103頁）。

1．借地権の種類

　借地権は、更新の保障のある「借地権」（借地借家3条、定期借地権と区別するために「普通借地権」と呼ぶ場合もある）と、更新が保障されない3つの新しいタイプの借地権（総称して、定期借地権という）、すなわち「定期借地権」（借地借家22条）・「事業用定期借地権・事業用借地権」（借地借家23条）・「建物譲渡特約付借地権」（借地借家24条）がある。もっとも、定期借地権は、存続期間と更新に関する強行規定を排除する特約を一定の条件のもとで許容することによって、契約当初に定めた時点で借地関係が確実に終了するものであって、（普通）借地権と全く別個の借地制度ではない。したがって、定期借地権は存続期間、更新および更新がなかった場合における建物買取請求権に関しては普通借地権と相違するが、他の点では普通借地権と共通するものである。

2．借地権の存続期間

当事者が定期借地権を設定する意思を有し、その要件を満たす契約を締結しない限りは、建物所有を目的とする地上権・土地賃借権は（普通）借地権である。

a．当初の存続期間

借地契約において借地権の存続期間が定められていない場合には、借地上に建てられる建物の種類（例えば、鉄筋コンクリート造か、木造か）を問わず、存続期間は30年となり、これより長い期間を契約で定めた場合にはその期間となる（借地借家3条）。また、5年というような短い期間を約定した場合には、借地権者に不利な特約として無効になるから（借地借家9条）、期間の定めはないことになり、期間は30年となる。

旧借地法では建物の種類が堅固なものであるか、非堅固であるかによって、存続期間が異なっていた。すなわち、①期間の定めがない場合には、堅固建物所有を目的とするときは60年、非堅固建物のときは30年と法定され、ただしこの期間満了前に建物が朽廃したときはその時点で借地権は消滅するとされた（借地2条1項）。また、②期間を契約で定める場合には、堅固建物所有を目的とするときは30年以上、非堅固建物のときは20年以上とされていた（借地2条2項）。

b．更新後の存続期間

最初（第1回目）の更新のときは、存続期間を20年とし、2回目以降の更新のときは10年とする。合意でそれより長い期間を定めたときは、合意した期間になる（借地借家4条）。これより短い期間を定めた場合には、借権者に不利な特約となるから、無効であり（借地借家9条）、1回目の更新では20年、2回目以降は10年となる。旧借地法では、堅固建物については30年、非堅固建物については20年であった（借地5条）。

c．借地契約の更新

存続期間が満了した場合において、民法の私的自治の原則からすれば、借地権設定者は原則として自由に契約の更新を拒絶できることになる。しかし、借地権者の居住の保護という社会法的理念と地域に定住する権利ないしコミュニティに居住し続ける権利という理念から、借地借家法は借地権設定者の更新拒絶を制限している。

借地契約の更新には、①合意による更新、②借地権者からの更新請求による更新（借地借家5条1項）、③借地権者の土地使用継続による更新（法定更新）（借地借家5条2項）がある。

合意による更新は、当事者の契約による更新であるから、借地上に建物が存在しないときでも可能である。しかし、更新請求による更新および法定更新は、法律の規定による更新であり、建物が存在しない場合には認められない（借地借家5条1項・2項）。さらに、建物が存在する場合でも、借地権設定者（地主）が「正当の事由」がある異議を遅滞なく借地権者に対して述べた場合には、更新が拒絶される（借地借家5条1項ただし書・2項、6条）。

正当事由については、旧借地法は、その有無の判断基準として土地所有者が自ら土地を使用することを必要とする場合のみを定めているだけであった（借地4条1項ただし書）。借地権者の利益が考慮されていなかったのであるが、判例は土地所有者の自己使用の必要性と借地権者の必要性を比較衡量のうえ正当事由の存否を決するべきであるとして（最大判昭37・6・6民集16巻7号1265頁）、「利益比較の原則」を確立した。借地借家法は、このような判例の動向を参考にして、正当事由判断の基準をより明らかにした。すなわち、(a)借地権設定者と借地権者とが土地の使用を必要とする事情を比較するほか、(b)借地に関する従前の経過、(c)土地の利用状況および(d)借地権設定者が申し出た財産上の給付（例えば、立退料、代替地の提供等）を考慮して正当事由の有無を判断すべきだと定められたのである（借地借家6条）。すなわち、借地借家法6条は、判例で確立された「利益比較の原則」(a)を判断基準の基本的要素としつつ、その他の事由も総合的に考慮して決すべきだとしたのである。

148 Lecture 10 賃貸借（3）

Case 1

　BはAから住宅を建てるために期間30年で甲土地を賃借した。Bは甲土地上に2階建て木造モルタル塗りの建物を建てた。Bはこの建物をCに賃貸し、B自身は他所に居住している。30年経過したときに、Aが退職したので、社宅を出て甲土地に自宅を建築したいから、明け渡してほしいという。しかし、Cは高齢で、収入も年金だけであり、他に引っ越すことは困難である。このような場合に、Aに正当事由は認められるか。

　借地権設定者Aに自己使用の必要があり、借地権者Bには使用の必要がないから、(a)の規準からすると、Aの正当事由が認められそうである。しかし、建物賃借人Cの使用の必要性も極めて強い。ところが、判例は借地契約が当初から建物賃借人の存在を容認しているとか、建物賃借人と借地権者を実質的に同一視できるなどの特段の事情がない限り、正当事由の有無の判断に当たって、借地権者側の事情として建物賃借人の事情を斟酌することは許されないとされる（最判昭58・1・20民集37巻1号1頁）。したがって、原則として、Cの事情は借地契約の更新について考慮されないこととなる。Cの救済は、借地契約終了後における建物賃貸借（借家契約）の問題として取り扱うべきことになろう（借地借家35条参照）。

　(b)の従前の経過としては借地権成立の事情、権利金等の支払いの有無およびその額、両当事者の契約履行の状況などが問題となる。(c)の土地の利用状況としては、近隣地域が高度利用されてきたのに応じた土地の高度利用の必要性等は考慮に入らず、当該土地の実際の利用状況だけが考慮されるべきである。なぜならば、借地借家法改正要綱試案では「土地の存する地域の状況」が挙げられていたが、借地借家法6条では抜け落ちたからである。

Case 2

　Aは賃貸をしてから30年が経過したときに、かつては低層住宅地域であった周辺地域が中高層の建物が建つ地域に変更されたのでBに賃貸した土地にも、Aは、事業用の賃貸用としての中高層ビルディングを建てたいので、土地の明渡しの訴えを提起した。Bは自宅として借地上の建物を利用しているが、Aは他に自宅を有している。正当事由

> が認めれそうにないので、Aは訴訟提起後、さらに、立退料として5000
> 万円を提供するといってきた場合には、明渡請求は正当化されるか。

　原則として、Bの土地使用の必要性のほうが重いから、Aには正当事由は認められないことになる。(d)の財産上の給付では、多くの場合に立退料が問題となる。立退料は正当事由の補完として認められてきたものである。したがって、正当事由として考慮される事情が全く存しないときに、立退料を提供することによって正当事由が認められることはない（最判昭46・11・25民集25巻8号1343頁）。土地の自己使用が必要であるが、種々のファクターを考慮しても正当事由を認めるには足りない場合に、立退料提供の申し出を加味して正当事由があるか否かを判断すべきである。立退料の申し出は、口頭弁論終結時までになされればよいとされている（最判平6・10・25民集48巻7号1303頁）。したがって、Aに自己使用の必要がなく、他のファクターを考慮しても正当事由ありとはいえないときは、多額の立退料を提供するといっても、正当事由は認められないことになる（4億5,000万円の立退料の申出があっても正当事由が認められない例もあった（東京高判平4・6・24判タ807号239頁))。

d. 建物滅失・再築の場合の存続期間

ⅰ）当初の存続期間中における建物滅失と再築

　当初の存続期間中に建物が滅失した場合において、借地権者が残存期間を超えて存続する建物を再築するときは、借地権設定者の承諾があったときに限り、借地権は承諾のあった日または建物築造の日のいずれか早い日から20年延長される（借地借家7条1項本文）。ただし、残存期間がこれより長いとき、または当事者がこれより長い期間を合意したときは、その期間による（同条同項ただし書）。借地権者からの再築の通知に対して、借地権設定者が2ヵ月以内に異議を述べなかったときは、承諾したものとみなされる（同条2項）。なお、借地権者が借地権設定者の承諾を得ないで再築をした場合には、期間の延長はなく、当初の存続期間満了時に更新の可否が判断されることになる。

150 Lecture 10 賃貸借（3）

> **Case 3**
> 　ＢはＡから土地を期間30年で賃借し、借地上に建物を建築して居住
> していた。Ｂは15年経ったときに火事で建物が滅失したので、Ａの承
> 諾を得ずに建物を再築したが、Ａは無断であることを理由に契約を解
> 除するというが認められるか。

　Ａは借地契約を解除することはできず、残存期間（15年）が満了したとき
に、更新を拒絶することになる。借地の場合には、土地の利用を一定期間借
地権者に委ねるのであるから、本来、借地権者は再築を自由にできるはずだ
からである。

　なお、借地権設定者の承諾を得られない場合には、残存期間の地代の負担
を考えると、借地権者からの解約権が認められるべきであった。とりわけ、
残存期間が短い時期に建物が滅失した場合に、その必要性は大きい。

　転借地権者が再築をする場合には、借地権者が行う再築とみなして借地権
者と借地権設定者との間について借地借家法7条1項が適用される（借地借
家7条3項）。

ⅱ）更新後の期間中における建物滅失と再築

　更新後に建物が滅失して借地権者が残存期間を超えて存続すべき建物を再
築するには、借地権設定者の承諾を要する（借地借家8条2項）。したがって、
上に述べたように本来自由であるはずの建物の再築が、当初の存続期間中の
滅失とは異なり、著しく困難になっている。そこで、再築を断念した借地権
者のために解約権が認められ、解約申入れ後3ヵ月経過した時に借地契約は
終了する（借地借家8条1項・3項）。

　借地権者が再築をしようとする場合には、借地権設定者の承諾が必要であ
る。承諾を得た場合には、当初存続期間中の滅失・再築の場合と同様に、借
地権は承諾のあった日または建物築造の日のいずれか早い日から20年延長さ
れる（借地借家7条1項本文）。承諾を得ずに、借地権者が残存期間を超えて存
続すべき建物を再築した場合には、借地権設定者は借地契約を解約すること
ができ、解約申入れ後3ヵ月経過した時に終了する（借地借家8条2項・3
項）。解約申入れには、正当事由が具備されていることを要しない。また、

借地権設定者が解約申入れをしなかった場合には、借地権は残存期間存続することになる。

> **Case 4**
> 　ＢはＡから土地を期間30年で賃借し、借地上に建物を建築して居住していた。Ｂは30年の期間満了後、契約を更新したが、その後、大きな台風のために建物が崩壊したので、再築しようとしてＡと交渉したが不調におわり、結局、Ａの承諾を得ず建物を新築した。Ａは無断で新築したことを理由に契約を解除するというが認められるか。

　Ａは、ＢがＡの承諾を得ずに残存期間を超えて存続すべき建物を再築したときは解約することができるが、しかし、大災害で建物が滅失したような場合には、借地権者にやむを得ない事情があるにもかかわらず借地権設定者が承諾をしないで、解約をすることによって借地権者から借地権が奪われるのは妥当ではない。そこで、借地借家法は裁判所による借地権設定者の承諾に代わる許可の裁判の制度も設けられている。すなわち、残存期間を超えて存続すべき建物を再築しようとする借地権者は、やむを得ない事情があるにもかかわらず、借地権設定者が承諾をしない場合には、裁判所に対して借地権設定者の承諾に代わる許可の裁判を申し立てることができる（借地借家18条１項前段）。裁判所は、建物の状況、借地に関する従前の経過、借地権設定者・借地権者が土地を必要とする事情その他一切の事情を考慮して許可の裁判をしなければならない（同条２項）。この際、裁判所は、当事者の衡平をはかるために、期間を20年より短縮したり、借地条件を変更したり、承諾料の支払いを借地権者に命じたりすることができる（同条１項後段）。

　借地権者の解約権を制限する特約は、借地権設定者の解約権を制限する特約がある場合に限って、認められる（借地借家８条４項）。また、７条・８条に反する特約で借地権者に不利なものは無効である（借地借家９条）。

3．借地権の対抗力

a．借地権の対抗要件としての建物の登記

　借地権の対抗要件は、地上権の場合には177条による登記であり、賃借権の場合には605条による登記であるが、地上権は特別な場合以外は設定され

ないうえ、実際上605条も機能をはたさなかったため、現実には借地権は対抗力を有しないこととなり、地震売買の途が開かれていたのであった。明治42年の建物保護法は、借地権の対抗要件を借地上に登記をした建物を所有することでよいと規定した（建物保護１条）。建物は、借地権者の所有物であるから、賃貸人の協力を要する民法605条の登記と異なって、借地権者が単独で登記でき、容易に借地権に対抗力が備わることになった。

　177条による対抗力を備えるためには、権利の登記がされなければならないから、表示の登記では、177条の対抗要件とならないが、借地法10条の建物の登記は、保存登記や移転登記という権利の登記だけでなく、表示の登記でもよい（最判昭50・２・13民集29巻２号83頁）。借地権の登記は、「借地権者の土地利用の保護の要請と、第三者の取引安全の保護の要請との調和を」図っているものであり、登記の記載から、土地所有者以外の者が土地を使用していることがわかればよいからである。

　借地の実体と建物登記の内容とが相違する場合は問題である。

Case 5

　ＢはＡから土地を賃借して、その上に建物を建てた。Ｂの建物は79番地にあるのに、Ｂは間違って80番地で登記した。その後、Ａは土地をＣに売却し、登記もＣに移転した。Ｃは建物は79番地に存するのだから、80番地で登記したとしてもＢの借地権に対抗はないとして、Ｂに土地の明渡しを求めてきた。

　番地が異なっていた場合については、建物の番地が実際と多少相違していたとしても、建物の同一性を認識できれば建物保護法の適用を受けるとされているから（最大判昭40・３・17民集19巻２号453頁）、Case 5 でも建物の同一性が確認しうるならば、Ｂの借地権に対抗力があり、ＣはＡの賃貸人たる地位を承継するから（605条の２第１項）、Ｃの明渡請求は認められない。

Case 6

　ＢはＡから土地を賃借して、その上に建物を建てた。Ｂは、同居している妻Ｄの名義で保存登記をした。その後、Ａは土地をＣに売却し、移転登記もすませた。ＣはＢ名義の建物登記でなければ、借地権に対抗力は備わらないとして、Ｂに土地の明渡しを求めてきた。

建物の登記名義人が借地権者と異なる場合について、判例は、借地権の対抗力を否定する（最大判昭41・4・27民集20巻4号870頁、最判昭47・6・22民集26巻5号1051頁）。他人の名義の建物登記によっては、建物所有権さえ第三者に対抗できないのであり、建物保護法1条（現行借地借家10条）は対抗力ある建物登記を前提として借地権の登記に代える趣旨に照らして、他人名義の建物保存登記に借地権の対抗力を認めることはできないとするのである。判例に従えば、Case 6 における B は C の明渡請求を拒むことはできないことになる。

しかし、登記簿をみれば土地所有者と土地利用者とが異なることがわかるのであるから、当該土地に借地権が設定されていることは容易に推知できるのであり、上述したように表示の登記にも借地権の対抗力は認められ、また借地借家法10条2項で「掲示」による対抗力保存の制度が新設されて土地取引における現地検分を重視するようになってきているのであるから、判例の態度は変更されるべきである。

Case 7

B は A から土地を賃借して、その上に建物を建てた。B が建物を D に売却し、借地を転貸することにし、A の承諾を得たが、建物の登記名義は B のままであった。その後、A は土地を C に売却した。C は D に土地の明渡しを求めることができるであろうか。

Case 7 の場合も、登記が他人名義の場合であるが、賃借地を適法に転借している転借地権者 D は賃借人・転貸人である B の賃借権の対抗力を援用して、B の賃借権が対抗できる第三者に対しては、すなわち C に対して D の転借地権を対抗できる（最判昭39・11・20民集18巻9号1914頁）。

Case 8

B は A から土地を賃借して、その上に建物を建てた。B は A から50番地と51番地の2筆の土地を賃借していて、そのうちの50番地に登記した建物を所有している。その後、A は51番地の土地を C に売却し、移転登記もすませた。C はこの土地には対抗力が備わっていないとして B に土地の明渡しを求めることができるか。

建物登記による借地権の対抗力の及ぶ物理的範囲をどこまで認めるべき

か。判例は、原則として建物の敷地および建物を所有かつ利用するに必要な範囲において借地権は対抗力を有するとしている（大判大14・4・23新聞2418号15頁）。2筆の土地を賃借している場合には、登記のある建物の存しない他の土地には借地権の対抗力は及ばないとされる（最判昭40・6・29民集19巻4号1027頁）。したがって、判例によればCase 8 では、Cは、Bに対して51番地の土地の明渡しを請求できることになろう。

しかし、Cは現地を検分すれば容易にBが50番地と51番地の土地を使用していることは分かるのであるから、判例のように形式的に判断するのは妥当ではない。

他方、従来登記され建物が存する土地が、後に数筆に分筆され、登記された建物のない土地が生じても、その土地に対する借地権の対抗力は消滅しないとされる（最判昭30・9・23民集9巻10号1350頁）。

> **Case 9**
> BはAから土地を賃借して、その土地上に建物を建てた。Bは建物の保存登記をしなかった。その後、Bが土地を賃借していることを知っている隣地の所有者CにAは土地を売却し、移転登記もすませた。CはBに土地の明渡しを請求できるであろうか。

建物の登記が全くない場合には、対抗力は、認められないであろうか。譲受人が譲渡人の実子であったり、同族会社であった場合や借地権者のいることを知って著しく低廉な価格で買い受けながら、明渡請求をした場合について、明渡請求を権利濫用としている（最判昭38・5・24民集17巻5号639頁、最判昭43・9・3民集22巻9号1817頁）。したがって、Case 9 におけるCの明渡請求も権利濫用として認められないであろう。

b．建物の滅失と借地権の対抗力

借地借家法10条1項は、借地権者が借地上に「登記されている建物を所有するときは」と定めるから、建物が滅失すると登記の実体がなくなり、対抗力も失われることになる。しかし、建物が借地権者に帰責事由がないのにもかかわらず建物が滅失し、そのために対抗力が失われるのは借地権者にとって酷である。

Ⅱ　借地借家法における借地関係　*155*

Case 10

　ＢがＡから土地を賃借して、その上に建物を建て、保存登記をして住んでいた。火災によってこの建物は全焼した。その後、Ｂが建物を再築しない間に、Ａは土地をＣに売却し、移転登記をすませた。ＣはＢに土地の明渡しを請求してきたが、Ｂはこれを拒絶することができるか。

　借地借家法10条２項は、登記された建物が滅失した場合には、建物を特定するために必要な事項（表示の登記に記載される事項）を記載した看板を借地の見やすい場所に掲示するときは、滅失の日から２年間対抗力を付与すると定めた。Ｂは建物の保存登記をしてあったので、この掲示をしておけば、Ｃに対して借地権の対抗力を保存できる。ただし、Ｂは２年が経過するまでに建物を再築し、再築建物の登記をしなければ、Ｃに対抗することができなくなる（借地借家10条２項ただし書）。

４．地代等の増減額請求権

　地代（地上権の対価を「地代」といい、賃借権の対価を「賃料」（借地借家法では「借賃」という）というが、借地借家法11条はこれらを「地代等」と総称するので、ここでは「地代」ということにする）について、借地借家法は、当初の地代の決定方法に関しては何らの規定も置いておらず、継続地代の改定方法についてのみ規定がある。この規定は、借地法12条の規定をほぼそのまま受け継いでいる。すなわち、土地の租税・公課の増減、地価の上昇・低下、その他の経済的事情変動により、または近傍類似の土地の地代と比較して当該借地の地代が不相当となったときは、契約条件にかかわらず、当事者は将来に向かって地代の増減額を請求することができる（借地借家11条１項）。地代増減額請求制度は、事情変更の原則を立法化したものであるといわれる。

Case 11

　ＢはＡから土地を月５万円の地代で賃借し、建物を建て住んでいた。Ａは地代を10万円に値上げしたいといってきたが、Ｂは７万円が妥当な額だが、10万円は高すぎると考えた。Ｂはどのような対処をすればよいか。

地代増減額請求権は、形成権である。Case 11 に即して説明すると、借地権設定者 A の地代増額の意思表示が借地権者に到達すると適正額への増額の効力が生じることになる。したがって、B は適正額を A に提供するなり、供託をするなりしないと A から債務不履行として契約を解除される。しかし、B が適正額を判定するのは困難であり、また増額を正当とする裁判までは時間がかかる。B が相当と認める額 7 万円を供託していても、裁判所が 8 万円が相当と認めたときは、結局、B は債務不履行をしていたことになり、解除されてしまうことになる。この結果は、借地権者に酷であり、借地権設定者には地代値上げの有力な武器になってしまう。そこで、法は、さしあたり B が相当と認める額（例えば、7 万円）を支払えば足りるとし（借地借家11条 2 項本文）、ただし、A が10万円の支払いを求めて訴訟を提起し、裁判所が 8 万円が相当であると認めた場合には、B は既に支払った地代月 7 万円に不足する額 1 万円ずつに年 1 割の割合による利息を付して支払わなければならないとしている（借地借家11条 2 項ただし書）。

逆に、近時の地価の下落に相応して多くみられるようになった、地代の減額請求を B がした場合には、A は減額を正当とする裁判が確定するまでは相当と認める額の地代の支払いを請求できるが、受領した地代額が正当とされる減額地代の額を超えるときは、その超過額に年 1 割の割合による受領の時からの利息を付して返還しなければならない（借地借家11条 3 項）。

地代・家賃の改定については、対象となる金額が僅少なために、通常の民事訴訟によると経費も時間もかかり適切ではない。迅速な解決に対する要求が強かった。そこで、平成 3 年の借地借家法の改正に併せて、民事調停法も改正されて、地代増減額を請求する場合には、まず調停の申し立てをしなければならないこととなった（調停前置主義〔民調24条の 2〕）。

一定期間地代を増額しない旨の特約があるときは、それに従う（借地借家11条 1 項ただし書）。問題となるのは地代等の自動改定特約（例えば、3 年ごとに地代を10%値上げする、という特約）の効力である。判例は、「地代等自動改定特約は、その地代等改定基準が借地借家法11条 1 項の規定する経済事情の変動等を示す指標に基づく相当なものである場合には、その効力を認めることができる。」とする（最判平15・6・12民集57巻 6 号595頁）。すなわち、特約による

地代改定規準が不相当であるときは、借地借家法11条は強行法規であるから（最判昭56・4・20民集35巻3号656頁）、特約の適用を争う当事者は地代増減額請求権を行使することができる（最判平15・6・12民集57巻6号595頁）。

借地権設定者は、弁済期の到来した最後の2年分の地代について、借地権者が借地上に所有する建物の上に先取特権を有する（借地借家12条）。

5．建物買取請求権

a．存続期間が満了した場合の建物買取請求権

借地権の存続期間が満了して更新されなかったときは、借地権者は土地の使用権原を失うから、建物を取り壊して土地を明け渡さなければならないはずである。しかし、このような原則の適用は借地権者の投下資本の回収の観点からも建物の取壊しによって生じる社会的経済的損失という意味においても不利益が生じるから、借地権者に建物買取請求権が認められている。

Case 12

BはAから土地を30年の期間で賃借し、期間満了で更新されなかった。AはBに建物を取り壊して、更地にして土地を明け渡してほしいというが、建物は適切な修繕や改築をしているのでまだまだ利用可能である。Bがとりうる何らかの手段はないであろうか。

期間満了によって借地権が消滅し、契約の更新がないときは、Bは、Aに対して建物の買取りを請求することができるのである（借地借家13条）。

建物買取請求権は、形成権であるから、借地権者が建物買取請求権を行使すると、借地権設定者との間で建物売買契約が締結されたのと同様の効果が生じる。したがって、Aが建物の代金を支払うまでは、Bは同時履行の抗弁権や留置権を主張して敷地の明渡しを拒むことができるが、ただし、Bは、明渡しまでの土地の使用は不当利得として地代相当額の返還をしなければならない（最判昭35・9・20民集14巻11号2227頁）。

30年の存続期間満了前に建物が滅失し、BがAの承諾を得ないで建物を再築したときは、Aは裁判所に代金支払いについて相当の期限を許与するように請求することができる（借地借家13条2項）。期限が許与されたときは、Bは同時履行の抗弁権や留置権を行使することができなくなる。

158 Lecture 10 賃貸借（3）

建物買取価格の「時価」とは、建物を取り壊した動産としての価格ではなく、建物の現存するままの状態における価格であって、借地権は消滅しているから借地権価格を加算しないが、交通の至便な場所であるというような場所的環境を参酌して決定すべきである（最判昭35・12・20民集14巻14号3130頁）。

なお、建物買取請求権排除特約は、借地権者に不利な特約であるから、原則として、無効である（借地借家16条、定期借地権については建物買取請求権排除特約も可である（借地借家22条前段））。

b．借地上の建物の取得者の建物買取請求権

借地権者が借地上の建物を第三者に譲渡するときは、この第三者に借地権の譲渡もしくは転貸もしなければならない。借地権が賃借権であるときは、借地権設定者の承諾がなければ、借地権の譲渡・転貸を借地権設定者に対抗することができず、賃貸借契約が解除され（612条）、建物の譲受人は建物収去と土地明渡しを請求されるおそれがある。そこで、借地権設定者が借地権の譲渡・転貸を承諾しない場合は、第三者（建物譲受人）は、借地権設定者に対して建物とその付属物を時価で買取るように請求する権利を有するものとした（借地借家14条）。

6．自己借地権

土地所有者が借地権付の分譲マンションを建築し、分譲しようとする場合には、混同の原則（179条、520条）からすると、土地所有者が同時に借地権者になることができず、次の Case 13 のような困難な問題が生じる。

Case 13

Aは自己の土地上にマンションを建築して、借地権付マンションとして分譲したい。分譲後、個別の購入者と借地権設定契約をすると借地権の消滅時期がバラバラになるので、最初に自分を借地権者にして一括して借地権設定をし、その後その借地権を付けてマンションを分譲すると、終了時期が同一になって都合がよいと考えたが、このような借地権は混同の原則に反しないか。

所有者Aが自己のために借地権に設定して、借地権設定者も借地権者も

Aとする借地制度を自己借地権という。

　Case 13では、土地所有者Aが自己のために自己の土地上に地上権もしくは賃貸借した場合には、地上権のときは土地所有権と地上権が同一人に帰属するから、混同によって地上権が消滅し（179条1項）、賃貸借のときは賃貸借上の債権債務が同一人に帰属することになるから、賃貸借は消滅する（対抗要件を備えていないときは520条によって、対抗要件を備えているときは、179条1項の類推によって（最判昭46・10・14民集25巻7号933頁））。したがって、Aは自己のために、借地権を設定することはできないのが、原則である。しかし、Case 13で述べるように、Aのために自己借地権を設定する需要はある。

　このような問題を解決するために、借地借家法は、借地権を設定する場合に、他の者と借地権をともに有することとなるときに限り、借地権設定者（土地所有者）も自らの土地上に借地権を有することができるとした（借地借家15条1項）。したがって、Aは、購入者Bと共同で借地権設定契約を結び、以後Aの有するマンションの区分所有権と借地権の準共有持分を逐次分譲することができることとなる。また、分譲後に、マンションの一部を土地所有者が買戻したときも、借地権と土地所有権の混同が生じるはずであるが、この場合も、自己借地権の成立が認められ、借地権は消滅しない。（借地借家15条2項）。

7．借地条件の変更等

　借地条件の変更、土地賃借権の譲渡・転貸および借地契約更新後の存続期間中における滅失建物の再築について非訟事件手続によって紛争を解決する制度がある。裁判所は、鑑定委員会の意見を聞いて裁判をするが、必ずしも鑑定委員会の意見に拘束されるわけではなく、裁判所の裁量によって処分を下すことができる。

a．借地条件の変更の許可

　法令による土地利用の変更（例えば、防火地域の指定、都市計画上の用途地域の変更、建蔽率・容積率のアップ等）や付近の土地の利用状況の変化（例えば、近隣建物の高層化）等によって当初の借地契約で定めた建物の種類・構造・規模・

160 Lecture 10 賃貸借（3）

用途に関する契約条件を変更するのが相当でありながら、借地条件変更の協議が当事者間で調わなかった場合には、裁判所は、当事者の申立てによって借地条件の変更をすることができる（借地借家17条1項）。建物の増改築制限特約があって借地の通常の利用上相当な増改築について、当事者間で協議が調わない場合も、同様である（同条2項）。裁判所は、これらの裁判をする場合に、他の借地条件を変更し、財産上の給付（承諾料の支払い等）を命じることができる（同条3項）。適法な転借地人もこの申立てをすることができる（同条5項）。

b. 土地賃借権の譲渡・転貸の許可

　土地の利用、すなわち土地に対する資本投下を借地権者に委ねる借地制度においては、本来、借地権者の投下資本回収を保障しなければならない。投下資本回収の最たる手段は借地権の譲渡・転貸である。借地権の譲渡性は保障されるべきだったのであるが、民法612条は原則として賃借権の譲渡性を認めていない。判例は、信頼関係が破壊されていない場合には、賃貸人の解除権行使を認めないとしているが、信頼関係の破壊がないとされる場合は、意外と広くはない。そこで、借地借家法は借地権者が借地上の建物を譲渡しようとする場合に、それと同時に賃借権の譲渡・転貸をしても借地権設定者に不利となるおそれがないにもかかわらず、借地権設定者が承諾をしないときは、裁判所は、借地権者の申立てにより、借地権設定者の承諾に代わる許可を与えることができるとする制度を設けた（借地借家19条1項前段）。

　なお、借地権設定者は、自分が建物の譲渡および賃借権の譲渡・転貸を受けたいと裁判所に申し立てることができる（同条3項）。

Case 14

　BはAから土地を賃借して、その上に建物を建てた。BがD銀行から融資を受けて、建物に抵当権を設定したが、結局、債務の返済ができず、抵当権が実行されて、Eが買い受けたが、AはEへの賃借権の移転に承諾しない。Eには何か法律上の手段はないか。

　競売または公売によるときは、競売・公売によって建物を取得する者が上記許可の裁判を申し立てることになる（借地借家20条1項前段）。適法な転借権

が設定されている場合も同様である（同条5項）。この許可を与えるに際して、裁判所は、財産上の給付を命じることができる（借地借家19条1項後段・20条1項後段）。

8．定期借地権等

　借地借家法は、借地による戸建て住宅供給の閉塞状況および宅地供給方式の多様化という時代的要請に応えて、借地権による住宅供給のメニューを多様化するために、平成3年の改正で一定の期間で終了し、更新のない3タイプの定期借地権を導入した。

a．定期借地権

　借地権の存続期間を50年以上として設定する場合に、①契約を更新しない旨の特約、および②建物の滅失・再築による期間延長に関する規定の適用を排除する特約、並びに③期間満了時に建物買取請求権を行使しない旨の特約（建物買取請求権排除特約）をすることができる。これらの特約をする場合には、片面的強行規定である旨を規定する借地借家法9条・16条は適用されない（借地借家22条前段）。このタイプの借地権を「定期借地権」と称する（もっとも、後述のb、cに記すタイプも含めて定期借地権と呼ぶことが多く、借地借家法22条の定期借地権を俗に「一般定期借地権」と呼ぶ場合もある）。建物買取請求権排除特約のない定期借地権も認められるかについては争いがある。

　定期借地権設定契約は、公正証書等の書面でしなければならない（借地借家22条後段）。公正証書は例示であって、書面であれば、必ずしも公正証書であることを必要とはしない。借地権が定期借地権であることを、借地権設定者が第三者（特に、定期賃借権の譲受人）に対抗するためには、上記特約を土地登記に登記しなければならない（不登法78条3号・81条8号）。

b．事業用定期借地権等

　事業用定期借地権は、①専ら事業用建物（居住の用に供する建物を除く）の所有を目的とし、②存続期間を10年以上50年未満とし、③公正証書で借地権設定契約をしたときに成立する（借地借家23条）。事業用定期借地権は、定期借

地権より期間が短く、契約の更新もなく、さらに建物再築による期間の延長もない（借地借家3条〜8条・18条の適用を排除できもしくは適用がない）から、期間の満了によって確定的に消滅する。また、期間満了時における建物買取請求権をないこととする特約も有効である（借地借家13条の適用を排除でき、もしくは適用がない）。

c. 建物譲渡特約付借地権

　普通借地権や定期借地権設定契約とともに借地権を消滅させるために、その設定後30年以上経過した日に借地上の建物を借地権設定者に相当の対価で譲渡するという特約をすることができる（借地借家24条1項）。定期借地権では終了時に建物を取り壊さなければならないが、建物譲渡特約付借地権では建物が存続したまま借地権が終了する。建物譲渡の日は、契約後30年以上経過した特定の日とすることもできるが、30年経過後借地権設定者が請求する日ともすることができる。前者では特定の日が到来した時に、また後者では借地権設定者が請求した時に、建物譲渡特約の効力が発生し、建物所有権とともに借地権が借地権設定者に移転し、混同によって借地権は消滅する。

　借地権設定契約と同時に建物譲渡特約をしなければ、建物譲渡特約付借地権とは認められない。契約の締結は、定期借地権と異なり特別の方式を要しない。建物譲渡特約は、通常売買で行われるであろうが、借地権者に相当な対価が提供される限り、代物弁済や交換でもよい。建物譲渡特約付借地権それ自体の登記をすることはできないから、借地権設定者は、借地権設定と同時に建物所有権移転請求権の保全の仮登記（不登法105条2号）をしておかなければ、その後に建物に関する権利を取得した者に優先することができなくなる場合があり得る。

　建物譲渡特約が効力を生じると、建物所有権は借地権設定者に移転するが、この建物に居住している借地権者や、借地権設定者が仮登記をした後に居住した借家人は、前者においては権原を失うため、また後者においては借地権設定者に借家権を対抗することができないために、借地権設定者から明渡請求を受けるおそれがある。そこで、借地借家法は、これらの建物に居住している借地権者・借家人が請求したときは、借地権設定者との間で期間の

定めのない建物賃貸借（法定借家権）が成立するものとみなしている（借地借家24条2項前段）。ただし、借地権者が請求した場合には、借地権の残存期間があるときは、借家権の期間はその残存期間とされる（借地借家24条2項前段における括弧書き）。法定借家権の賃料は、当事者間に合意が成立しないときは、裁判所が定める（借地借家24条2項後段）。ただし、借地権者または借家人と借地権設定者が定期建物賃貸借契約（借地借家38条）をした場合には、法定借家権は成立しない（借地借家24条3項）。

9. 一時使用目的の借地権

臨時設備その他一時使用のために借地権を設定したことが明らかな場合には、一時使用目的の借地権として、普通借地権に認められる存続保護に関する規定（借地借家3条～8条・18条）、期間満了時における建物買取請求権の規定（借地借家13条）および借地条件の変更の許可に関する規定（借地借家17条）の適用がなく、さらに定期借地権に関する規定（借地借家22条～24条）の適用もない（借地借家25条）。しかし、その他の規定、特に借地権の対抗力に関する規定（借地借家10条）、借地権の譲渡・転貸に関する規定（借地借家19条・20条）の適用はある。ただし、借地借家法14条の建物買取請求権はない（最判昭29・7・20民集8巻7号1415頁）。一時使用を目的とすると認めるためには、土地の利用目的、建物の種類、設備、構造、賃貸借期間等諸般の事情を考慮し、当事者間に短期に限り借地関係を存続させるという合意が成立したと認められる客観的合理的理由が存しなければならない（最判昭43・3・28民集22巻3号692頁）。

10. 平成4年8月1日前に設定された借地関係

平成4年8月1日前に設定された借地権についても原則として借地借家法が適用されるが、特に、存続保護に関する部分について借地借家法を適用すると借地権者の利益を損なう可能性があるので「なお従前の例による」として、旧借地法の規定が適用されたのと同様の取り扱いをすべきこととなった（借地借家附則4条以下）。したがって、借地法に関する判例の趣旨に沿って裁判がなされるべきである。また、更新に当たって当事者間で借地法よりも借

地権者に不利な借地借家法の規定の適用があるとする合意は、無効と解される（借地11条）。

「なお従前の例による」とされたもののうち主要なものは次のようである。

a．借地権の存続期間

借地権の存続期間が定められていなかった場合には、存続期間は堅固建物の所有を目的とするときは60年、非堅固建物のときは30年となり、この期間の中途で建物が朽廃したときは、借地権が消滅する（借地2条）。存続期間を10年というように短期に定めていた場合には、借地権者に不利な特約として無効と解され、存続期間の定めがないものとされ借地法2条1項が適用される（最大判昭44・11・26民集23巻11号2221頁）。

b．借地権の更新

契約を更新後の期間は、堅固建物について30年、非堅固建物について20年となり（借地5条）、当事者はこれより長い期間を合意することができる（借地5条）。

【Exercise】
1．地震売買について説明しなさい。
2．借地権者が、借地上に所有する建物を自己以外の者の名義で登記していた場合には、借地権の対抗力は備わらないか。
3．借地権者が、借地上に所有する建物を登記していなかった場合に、借地権者と建物の存在を熟知する者がその借地を買い受け、登記の移転を得た場合に、借地権者に対して建物収去・土地明渡しを請求することができるか。
4．借地権者が借地上に所有する建物について表示の登記しかしていなかったときは、借地権の対抗力は備わらないか。
5．自己借地権について説明しなさい。
6．建物買取請求権を行使した場合における建物の「時価」について説明しなさい。
7．地代自動改定特約の効力について論じなさい。
8．3種類の定期借地権について、整理して説明しなさい。

Lecture 11 　賃貸借（4）

Resume

Ｉ　借地借家法における借家関係
 1．借家権の対抗力
 2．借家権の存続期間と借家契約の更新
　 a．存続期間
　 b．借家契約の更新
　 c．正当事由
 3．定期建物賃貸借等
　 a．定期建物賃貸借（定期借家）
　　 (ｱ) 定期建物賃貸借制度の概要
　　 (ｲ) 定期建物賃貸借の意義
　 b．取壊し予定の建物賃貸借
 4．賃料増減額請求権
 5．サブリース問題
 6．造作買取請求権
 7．建物転借人の保護
 8．借地上の建物の賃借人保護
 9．居住用建物賃借権の承継

□ I 借地借家法における借家関係 □

　民法の賃貸借の規定は、主として農地賃貸借を念頭に置いて定められたものであり、民法典制定当時の地主と小作人との力関係を反映して、賃貸人に有利な規定となっていた。その規定が建物賃貸借にも適用されたのであるから、住宅難の時代には賃借人に不利な規定として働き、したがって、既に述べたように借家人保護のために借家法の制定が必要となったのである。平成3年の借地借家法は、第3章「借家」において「借家法」の規定を受け継いで、借家人の保護をはかっている。なお、平成3年の改正では存続の保護のない2つのタイプの期限付建物賃貸借を新設したが、さらに平成11年には「賃貸人不在期間の建物賃貸借」を廃止して「定期建物賃貸借」を導入した。

1. 借家権の対抗力

　借家人は建物の引渡しを受けると、賃貸借の登記していなくても、事後、建物について物権を取得した者に対して借家権（建物賃借権）を対抗することができる（借地借家31条）。

> **Case 1**
> 　BはAから建物を賃借し、引渡しを受けて居住していたが、その後、AはCにこの建物を売却した。CがBの建物賃貸借の登記がないとして明渡請求をしてきた場合に、Bはこの請求を拒絶できるか。

　Bは建物の引渡しを受けているから、Cに借家権を対抗できるので（借地借家31条）、明渡請求に応じる必要はないことになる。その結果として、CはA・B間の賃貸借関係を承継し、賃貸人たる地位を引き受けることになるから（605条の2第1項）、BがAに交付した敷金の返還義務も承継することになる（同条4項）。

　この規定に反する借家人に不利な特約は無効である（片面的強行規定、借地借家37条）。

2．借家権の存続期間と借家契約の更新

a．存続期間

借家については、借地のように存続期間の最短期を制限する規定はない。ただし、1年未満の期間を定めた場合には、期間の定めがないものとみなされる（借地借家29条1項）。期間の定めがないから、当事者はいつでも解約の申入れをすることができる（617条1項）。借家人から解約の申入れをしたときは、3ヵ月経過後に賃貸借は終了するが（617条1項2号）、他方、賃貸人が解約の申入れをしたときは、6ヵ月経過後に終了する（借地借家27条1項）。したがって、借家権の存続期間は、最短6ヵ月が実質的に保障されることになる。

なお、賃貸人が解約申入れをするには、正当事由が備わっていなければならない（借地借家28条）。解約申入れ後6ヵ月が経過しても、借家人（適法な転貸借がされているときは、転借人（借地借家27条2項・26条3項））が建物の使用を継続している場合には、賃貸人が遅滞なく異議を述べなければ、終了しない（借地借家27条2項・26条2項）。

建物賃貸借には民法604条の適用がないので（借地借家29条2項）、最長期については制限がないことになる。

b．借家契約の更新

期間が定められているときは、当事者の合意によって更新することができる。合意がない場合には、当事者が期間満了の1年前から6ヵ月前までの間に相手方に対し更新拒絶の通知または条件を変更しなければ更新しない旨の通知しなかったときは、借家関係は従前と同一の条件で更新されたものとみなされるが、更新後は期間の定めはないものとされる（法定更新、借地借家26条1項）。賃貸人が更新の拒絶をするには正当事由が備わっていなければならない（借地借家28条）。上記期間内に更新拒絶をした場合であっても、期間満了後も借家人（転借人も同様）がなお使用を継続するときは、賃貸人が遅滞なく異議を述べないと、更新したものとみなされる（借地借家26条2項・3項）。

c．正当事由

賃貸人が更新拒絶もしくは解約申入れは、正当事由が備わっていなければすることができない。正当事由存否の判断は、賃貸人と賃借人双方の建物の使用を必要とする事情の比較を基本として、さらに借家に関する従前の経過、建物の利用状況および建物の現況ならびに賃貸人が申し出た財産上の給付（いわゆる「立退料」）を考慮してなされる（借地借家28条）（正当事由の判断については Lecture 10・Ⅱ・2・c を参照）。

以上の諸規定に反する借家人に不利な特約は無効である（借地借家30条）。

3．定期建物賃貸借等

a．定期建物賃貸借（定期借家）

(ア) 定期建物賃貸借制度の概要

定期建物賃貸借（借地借家38条）は、平成11年改正によって借地借家法に導入された借家権の存続保護のない新たな借家のタイプである。改正前の借地借家法38条の「賃貸人不在期間の建物賃貸借」と異なり、契約締結に要する事由、すなわち実質的要件について制限がなくなった。しかし、形式的要件として次の要件が定められている。

①契約の更新がない旨を定めた建物賃貸借契約は公正証書等書面でしなければならない（借地借家38条1項）。

②契約締結前に、賃貸人は、あらかじめ賃借人に対し、契約の更新がなく、期間満了によって建物賃貸借が終了する旨を記載した書面を交付して説明しなければならない（同条2項）。説明のための書面は、契約書とは別個独立の書面でなければならない（最判平24・9・13民集66巻9号3263頁）。

③賃貸人が説明をしなかった場合には、契約の更新がないとする特約は無効となる（同条3項）。ただし、建物賃貸借契約全体が無効になるわけではなく、正当事由による存続保護のある普通借家となる。

期間が1年未満の場合には、期間満了によって定期建物賃貸借は終了するが、期間が1年以上である場合には、賃貸人は、期間満了の1年前から6ヵ月前までに賃借人に賃貸借が終了する旨を通知をしなければ、その終了を賃借人に対抗することができない（借地借家38条4項本文）。ただし、上の通知期

間を経過した後に、通知した場合には、通知の日から6ヵ月経過後に終了を対抗することができる（同条4項ただし書）。

定期賃貸借の期間満了後においてもこの通知をなせば、その通知から6ヵ月経過後に賃貸借は終了すると解する見解がある。しかし、通知期間徒過後の通知は期間満了までにすべきである。このように解さなければ、何時までも不定期の賃貸借が継続することになり、定期に終了するとする定期建物賃貸借の趣旨に反するからである。期間満了後も賃借人が使用を継続している場合には、619条により再賃貸借をしたものと推定され、以後は普通借家として賃貸借関係が継続することになる。

また、床面積200m²未満の居住用建物の定期建物賃貸借では、転勤、療養、親族の介護その他やむを得ない事情により、賃借人が建物を自己の生活の本拠として使用することが困難となったときは、賃借人は、期間の中途であっても賃貸借の解約を申し入れることができる（借地借家38条5項前段）。解約の申入れがあると、申入れの日から1ヵ月が経過したときに、賃貸借は終了する。

契約の終了および中途解約に関する上記借地借家法38条4項・5項の規定に反する特約で賃借人に不利なものは無効である（借地借家38条6項）。したがって、営業用建物や200m²以上の居住用建物の定期賃貸借については、借家人からの中途解約を認めない特約も有効である。

さらに、賃料増減額に関する特約を自由にすることができる（借地借家38条7項）。したがって、例えば、2年ごとに賃料を10％値上げする特約がされれば、近傍同種の建物賃料が値下りしていても、借地借家法32条によって減額請求することはできない。

(イ) 定期建物賃貸借の意義

定期借家制度の真の狙いはどこにあるか。2つ考えられる。その1つは、都市再開発のために建物を取り壊す予定がある場合に、定期建物賃貸借契約を締結して建物の明渡しを確実にすることである。この場合に、退去を求められた借家人に再開発建物へ再入居する法的な保障はなく、また老齢者や貧困層は公営住宅に入居することによって救済されるというが、公営住宅の建設は地方公共団体の財政難から停滞しており、現実的な解決策ではない。し

たがって、退去を求められた老齢者・貧困層がホームレス化する恐れがある（東京地判平27・3・27 LEX/DB 25525277を見よ）。もう1つの狙いは、不動産の証券化のために、長期の賃貸借契約を結び、収益を確実にするために賃料の自動増額特約を結ぶことである。いずれも、景気対策のために居住の利益という生活利益を犠牲するものであって、極めて大きな問題のある制度である。

b．取壊し予定の建物賃貸借
　法令または契約により一定期間経過後に建物を取り壊すことが明らかな場合には、建物を取り壊すこととなる時に賃貸借が終了する旨の特約をすることができる（借地借家39条1項）。この賃貸借契約は、建物を取り壊すべき事由を記載した書面でしなければならない（同条2項）。ただし、定期建物賃貸借とは異なり、この賃貸借では建物を取り壊すこととなる時までは、契約の更新がなされる。

4．賃料増減額請求権

　借家における賃料の増減額については、借地関係における地代増減額請求権（Lecture 10・Ⅱ・4参照）と同様に、賃料増減額請求権に関する規定がある（借地借家32条）。賃料を増額しない特約があるときは、その定めに従うとされるが（借地借家32条1項ただし書）、賃料自動増額特約がある場合でも、賃借人は減額請求をすることができることになる（借地借家32条1項ただし書の反対解釈 最判平15・10・21民集57巻9号1213頁）。すなわち、借地借家法32条は強行規定と解されるのである（最判昭31・5・15民集10巻5号496頁）。

　ただし、定期建物賃貸借では、借地借家法32条にかかわらず、賃料の増減に関する特約を自由にすることができる。

5．サブリース問題

　近時、サブリースが借地借家法では大きな問題となっている。サブリースとは、英語では転貸借を意味する。わが国では、建物賃貸を業とする者が専ら転貸する目的でビル等を一括して賃借して、このビルを個々のテナント

（転借人）に転貸して収益を上げる賃貸事業をいうのである。転貸をすることについてはあらかじめ賃貸人は包括的に承諾をしている。

Case 2

　Aは、不動産会社Bの勧めに従ってその所有する土地に賃貸用ビルを建築し、Bがそのビルを転貸の承諾付きで一括賃借し、テナントを募集して、賃貸した。A・B間の賃貸借契約では、3年ごとに賃料を10％値上げするとする特約（賃料自動増額特約）を結んだが、賃料水準が下がり、また景気も悪化してBは思うようにテナント料からの収益を上げることができなくなり、Bは賃料自動増額特約にあるにもかかわらずAに対して賃料の減額を請求してきた。この請求権は認められるか。

　サブリース契約において賃料自動増額特約がなされていても、この契約自体は、借地借家法の適用のある賃貸借契約であると解することができるとすると、BはAに対して賃料の減額を請求することができることになる。しかし、借地借家法32条が強行規定とされるのは、賃貸人に比して賃借人の立場が弱く、賃料自動増額特約を押しつけられた場合に、弱者たる賃借人を保護する趣旨であると解することができる。サブリースの場合のように、賃借人Bが不動産に関する大企業である場合には、自由な意思で特約しているはずであるから、賃借人B自らの意思で決定した賃料自動増額特約によって生じるリスクを負担すべきであると解すべきである。

　しかし、判例は、「借地借家法32条1項の規定は、強行法規であって、本件賃料自動増額特約によってもその適用を排除することができないものであるから、…本件契約の当事者は、本件賃料自動増額特約が存するとしても、そのことにより直ちに上記規定に基づく賃料増減額請求権の行使が妨げられるものではない。」（前掲最判平15・10・21）として、Bの減額請求を認めている。

6．造作買取請求権

　借地借家法は、期間満了もしくは解約申入れによって賃貸借が終了するときに、賃借人が賃貸人の同意を得て建物に付加した畳・建具その他の造作を

172 Lecture 11 賃貸借（4）

賃貸人に時価で買い取るように請求できることとした（借地借家33条1項）。賃借人が建物に投下した資本の回収を保障しようとする規定である。造作とは、建物に客観的な便益を与えるもので建物に付加したものでなければならない（最判昭29・3・11民集8巻3号672頁）。

Case 3

BがAからレストラン用建物を賃借し、Aの同意を得てその建物内に自己の費用で調理台、レンジ、食器棚を固定して据え付け、また業務用の大型冷蔵庫も据え付けたが、冷蔵庫は固定していなかった。レストランは繁盛していたが、Bは事情によってレストラン営業を止めなければならなくなったので、建物賃貸借を終了することにした。Aは上記の厨房設備を含めて新たにこの建物を賃貸することができるのだから、Aに買い取ってもらいたいと考えたが、法律上請求する手段はあるだろうか。

調理台、レンジ、食器棚はレストラン用建物に客観的便益を与えるものであり、固定されて、建物に付加されているから、造作に当たり、BはAに対して買取りを請求できる。しかし、冷蔵庫は付加されているとはいえないから、買取請求の目的とはならない。

なお、判例は債務不履行によって解除されて、賃貸借が終了したときは、造作買取請求権は発生しないとしている（最判昭31・4・6民集10巻4号356頁）。

また、BがAの承諾を得てCに転貸し、Cがこれらの設備を付加していたときは、Cが直接Aに買取りを請求することができる（借地借家33条2項）。

造作買取請求権は、形成権であるから、BがAに買取請求すると造作の売買が成立したのと同様の効果が生じる。造作の引渡しと代金の支払いは同時履行の関係に立つが、しかし、Aが建物の明渡しを請求してきたときは、Bは同時履行の抗弁権や留置権を主張して建物の明渡しを拒むことができないとされている（同時履行の抗弁権について最判昭29・7・22民集8巻7号1425頁、留置権について最判昭29・1・14民集8巻1号16頁）。

平成3年の改正前は、造作買取請求権の規定を強行規定としていたために、賃貸人が造作の付加に同意しない例が多く、かえって賃借人にとって不利益となる場合が生じたので、改正によって任意規定とされた（借地借家37条

参照）。したがって、賃貸人Aは造作の付加には同意するが、造作を買取らない旨の特約をすることができる。

7．建物転借人の保護

Case 4
　AはBに期間を定めずに建物を賃貸し、その建物をBはCに転貸し、現在はCが居住している。その後Aに正当事由が備わったので、AはBとの賃貸借を解約した。Aは直ちにCに明渡しを請求してきたが、Cは突然のことで引っ越し先も見つからず、困惑している。一定の期間明渡しを猶予してもらいたいが、可能であろうか。

　B・C間の転貸借関係は、A・B間の賃貸借関係を基礎として成立しているのであるから、A・B間の賃貸借関係が終了するとB・C間の転貸借関係も終了することになる。しかし、Case 4 におけるように突然賃貸借関係が終了したから、明け渡してくれといわれても、Cは途方に暮れるだけである。そこで、借地借家法は、AがCに終了する旨を通知しなければ、終了をCに対抗できないとし（借地借家34条1項）、また通知のあったときは、通知がCに到達した日から6ヵ月が経過すると終了するとした（同条2項）。したがって、AがCに明渡しを求めるためには、終了の通知をし、その到達後6ヵ月経過することを要する。

8．借地上の建物の賃借人保護

Case 5
　BはAから土地を賃借したが、その際定期借地権を設定し、存続期間を50年とした。Bはこの借地上に建物を建て、Cに賃貸していた。50年が経過して、定期借地権が終了したので、AがCに建物からの退去と土地明渡しを請求してきた。Cは建物が定期借地上に建っているとは知らなかったので、困惑した。引っ越し先が容易に見つからないのでAに明渡しを猶予してくれということができるであろうか。

　借地上の建物を賃借している者Cは、その建物の利用に必要な範囲内で敷地を利用することができるが、その権原は土地賃借人である建物賃貸人Bの

174 Lecture 11 賃貸借（4）

賃借権に基づくものであるから、Bの借地権が消滅するとCも敷地を利用することができなくなる。したがって、借地権設定者Aは、Cに対して建物退去・土地明渡しを請求することができることになる。しかし、通常、借家人はその借家が借地上に建っているかを調査して賃借することはないから、Aからの請求はCにとって全くの不意打ちとなる。そこで、借地借家法は、借地権が期間満了によってCが土地を明け渡すべきときは、Cが借地権の存続期間満了を1年前までに知らなかったときに限り、Cはそのことを知った日から1年を超えない範囲内で土地の明渡しについて相当の期限を許与するように裁判所に請求することができるとした（借地借家35条1項）。裁判所が期限を許与したときは、建物賃貸借は、その期限の到来によって終了する（同条2項）。この規定では、借地権の種類について限定していないので、Case 5におけるような定期借地権の場合のみならず、普通借地権の存続期間が満了する場合にも適用がある。

9．居住用建物賃借権の承継

民法の原則からすると、借家人に相続人がいる場合には、借家権も相続人に帰属することになる。しかし、内縁の配偶者や事実上の養子は相続権を有しないから、借家権も承継していない。それでは、賃貸人や借家権の相続人は、借家人と同居していた内縁配偶者に対して建物に居住する権限はないとして借家の明渡しを請求することができるのであろうか。

Case 6

BはAから建物を賃借して内縁の妻Cと同居して暮らしていたが、その後Bが死亡してしまった。CはBの借家権を相続していないから、建物を明け渡すべきだとAが請求してきた場合に、Cは建物を明け渡さなければならないか。

このCase 6については、2つの場合に分けて考えなければならない。まず、Bの相続人Dが存在する場合である。この場合には、借家権はDに相続されるが、Cは、Dが相続した借家権を援用して賃借建物に居住する権利を有するとされるから（事実上の養子について最判昭37・12・25民集16巻12号2455頁、内縁の配偶者について最判昭42・2・21民集21巻1号155頁）、CはAの明渡し請

求に応じなくてもよいことになる。ただし、CはDと共同賃借人になるわけではないので賃料債務はDが負担することになる（前掲最判昭42・2・21）。

次に、Bに相続人が全くいない場合はどうであろうか。この場合には、Bが死亡した後1ヵ月以内に反対の意思を表示しない限り、同居していた内縁の配偶者や事実上の養子が借家権を承継し、賃料債務も承継する（借地借家36条）から、この場合もCは明渡し請求に応じる必要はないことになる。

Case 7

　Bは、Aから建物を賃借して内縁の妻Cと同居して暮らしていたが、その後Bが死亡してしまった。Bには実子Dがいた。Dが借家権は自分が相続したので、Cにこの建物に住み続ける権利はないとして、明渡しを請求してきた場合に、Cは建物を明け渡さなければならないか。

Bの相続人Dが建物明渡しを請求してきた場合はどうであろうか。このような場合について、相続人の明渡請求は権利濫用として許されないと解される（最判昭39・10・13民集18巻8号1578頁）。

【Exercise】
1．「売買は賃貸借を破らず」とはどのようなことをいうのか、説明しなさい。
2．サブリース契約に賃料自動増額特約がなされていた場合におけるこの特約の効力について論じなさい。
3．定期建物賃貸借制度について説明しなさい。
4．借家人の同居する事実上の養子は、借家人が死亡したときに、借家権を承継することができるか。借家人に相続人がいる場合といない場合とに分けて説明しなさい。
5．借地上に建っている建物を賃借した者は、借地契約が終了したことによって建物賃貸借も終了することになった場合に、どのような保護を受けることができるか、説明しなさい。

Lecture 12　雇用・委任

Resume

I　雇用
1．雇用の意義と成立
　a．意義
　b．成立
2．効力
　a．労働者の義務
　　i）労働従事義務
　　ii）付随的義務
　b．使用者の義務
　　i）報酬支払義務
　　ii）付随的義務
3　雇用の終了
　a．期間の満了
　b．雇用期間の定めがない場合に
　　おける解約申入れ
　c．やむを得ない事由による解除
　d．使用者についての破産手続開
　　始
II　委任
1．委任の意義
2．委任の成立
3．委任の効力
　a．受任者の義務
　　i）善管注意義務
　　ii）自ら事務処理を行う義務
　　iii）付随的義務

　　㋐報告義務
　　㋑受取物等引渡義務
　　㋒金銭消費の責任
　b．委任者の義務
　　i）報酬支払義務
　　　㋐原則として報酬支払義務
　　　は無い
　　　㋑報酬支払時期
　　ii）付随的義務
　　　㋐費用前払い義務
　　　㋑立替費用および利息の償
　　　還義務
　　　㋒債務弁済義務
　　　㋓損害賠償義務
4．委任の終了
　a．当事者による任意解除
　b．その他委任に特有の終了事由
　　i）当事者の死亡
　　ii）当事者が破産手続開始決定
　　を受けた場合
　　iii）受任者が後見開始の審判を
　　受けた場合
　c．委任終了後の措置
　　i）受任者の応急処分義務
　　ii）委任終了の通知義務

□ I 雇 用 □

1. 雇用の意義と成立

a. 意 義

雇用契約は、当事者の一方が相手方（使用者）に対して労働に従事することを約し、相手方がこれに報酬を与えることを約する契約である（623条）。有償・双務・諾成の契約である。また、請負・委任・寄託と並んで他人の労務を利用するための契約、すなわち労務供給契約の一つである。

雇用では、労働者が使用者の指揮・命令に従って労働力の提供をしたことに対して使用者は報酬を支払う。請負では請負人の労務提供の成果としての仕事の完成に主眼があるが、雇用では労働者が労務に服すること自体に主眼がある点が相違である。また、委任では受任者の自主的判断によって事務を処理するが、雇用では使用者の指揮・監督に服するという点に相違がある。

現在の社会では、大部分の者が労働者として賃金を得て生活を支え、企業は多くの労働者を雇用し、その労働力を用いて、生産・販売等の経済活動を行っているのであるから、雇用は売買・消費貸借・賃貸借と並んで経済社会的に最も重要な契約の一つである。

民法上の雇用契約は契約自由の原則が適用されることを前提に規定されている。しかし、使用者と労働者との間には経済的社会的な力関係から、契約内容は使用者に有利な内容になる傾向がある。特に、失業者が増加する不況時には使用者に有利な内容が労働者に一方的に押しつけられ、これに対して、労働者は団結し、労働条件の改善を求めて労働争議に発展してゆくことになる。このような労働運動は、民法から独自の法体系としての労働法を分化させた。すなわち、労働法は、労働者が従属的地位におかれているという社会的事実の認識の下に、労働者の生存権を保障するために制定され、労働条件を規制するものである。したがって、民法における契約自由の原則は労働法において制限される。

わが国では、労働法として労働基準法、労働組合法、労働関係調整法の労

178 Lecture 12 雇用・委任

働三法を中心に多くの法律が制定され、2008年（平成20年）3月から施行されている労働契約法は、①労働契約の原則（労契3条）、②安全への配慮（労契5条）、③労働契約の成立（労契6条）、④労働契約と就業規則の関係、⑤出向（労契14条）、⑤解雇（労契16条）等の労働契約をめぐる民事のルールを定めている。これらの法律は純然たる私法とは別個に労働法という領域が構成され、労働法学も民法学から独立するに至っている。

　民法の雇用の規定はこれら労働法に規定されていない事項について一般法として適用されるに過ぎない。民法の規定の働く余地はほとんどないといってよい。したがって、雇用関係に関する詳しい検討は労働法学に委ね、ここでは基本的事項について述べるにとどめる。

b．成　立

　雇用契約は、労働者と使用者との合意で成立する諾成契約である（623条）。

　民法上は、①未成年者本人が雇用契約を締結するときは、法定代理人の同意を得て（4条1項）、あるいは②親権者または未成年者後見人が未成年者を代理して雇用契約を締結することが可能である（824条、859条）。ただし、親権者が未成年者に代理してお手伝いさんになるような契約を締結し、その契約によって未成年者自身の行為を目的とする債務を生ずべき場合には、未成年者本人の同意を得なければならない（824条ただし書）。

　これに対して、労働基準法は、児童が満15歳に達した日以後の最初の3月31日が終了するまで、使用者はこれを使用することを原則として禁じている（労基56条1項、2項が例外を規定している）。また、同法は、親権者・後見人が未成年者に代わって労働契約を締結することおよび未成年者に代わって賃金を受け取ることを禁じている（労基58条1項、59条）。これらに違反して締結された労働契約は無効である。

2．効　力

a．労働者の義務
ⅰ）労働従事義務

　労働者は、労働に従事しなければならない（623条）。労働は、各人によっ

て質が異なるから、労働者が、自己に代わって第三者を労働に従事させるには、使用者の承諾を要する（625条2項）。これに反した場合には、使用者は契約を解除することができる（同条3項）。使用者も労働者に就労を請求する権利を有するが、労働者の承諾なしに、この権利を譲渡することができない（同条1項）。これに反した譲渡は無効である（出向については、労契14条参照）。

ii）付随的義務

労働者は、労働従事に際して、就業規則を遵守する義務、労働従事過程で知り得た事項の守秘義務、虚偽の事実を公表して使用者の信用を毀損しないようにする義務を負う。

労働者がこれらに義務に違反した場合には、使用者は、就業規則に従って懲戒することができる。労働者の行為の性質および態様その他の事情に照らして、客観的に合理的な理由があり、社会通念上相当であると認められる場合でなければ、権利濫用として、懲戒は、無効となる（労契15条）。

b．使用者の義務
i）報酬支払義務

使用者は労務の対価として報酬を支払わなければならない（623条）。報酬の支払時期は、特約がなければ、労働の終わった後である（624条1項）。ただし、週給・月給のように期間をもって定めた報酬は、労働が終っていなくても、その期間が経過した後に請求することができる（同条2項）。労働基準法によると、原則として、賃金は毎月1回以上、一定期日に、通貨で直接労働者に対してその全額を支払わなければならない（労基24条）。

報酬の支払時期にかかわらず、労働者は、次の2つの場合には、既に履行した割合に応じて報酬を請求することができる（624条の2）。

第一は、①使用者の責めに帰すことができない事由によって労働に従事することができなくなったとき（同条1号）である。①の場合は、当事者双方に帰責事由がなく履行不能となった場合および労働者の帰責事由によって履行不能となった場合である。

第二は、②雇用が履行の中途で終了したときである（同条2号）。②の場合は、契約期間の満了および契約で定められた労務が終了した場合を除く原因

180 Lecture 12 雇用・委任

によって雇用が終了した場合である。②の場合は、雇用が解除された場合や労働者が死亡して雇用が終了した場合である。

Case 1

　使用者Ａの工場が火事で焼失して、労働者Ｂが労務を提供することができなくなった場合には、ＢはＡに賃金を支払うように請求できるであろうか。

　Case 1 の火事が、Ｂの帰責事由によるものであれば、Ｂは既に履行した労務の割合に応じて報酬を請求できる（624条の2第1項）。ただし、Ｂに帰責事由があるから、ＢはＡに対して不法（709条）行為または債務不履行（415条）による損害賠償責任を負う。

　火事がＡの責に帰すべき事由による場合には、Ａは報酬の支払いを拒むことができない（536条2項前段）。労働基準法は、Ａは、休業期間中、Ｂに平均賃金の100分の60以上の休業補償を支払わなければならないとする（労基26条）。

　工場が近所からの出火による類焼であったように、ＡにもＢにも帰責事由がない場合には、労働者は、既に履行した割合に応じて報酬を請求することができる（624条の2第1号）。

ⅱ）付随的義務

　使用者は、労働の場所、労働従事の施設・器具等の設置・管理、また、労働の管理に当たって労働者を生命・健康に対する危険から保護するように配慮する安全配慮義務を負っている（最判昭50・2・25民集29巻2号143頁）。労働契約法は、使用者が労働者の安全へ配慮すべき旨を定めた（労契5条）。

　この義務に違反すると使用者は債務不履行による損害賠償責任を負う。

3　雇用の終了

a．期間の満了

　雇用期間の定めがある場合において、雇用の期間が5年を超え、またはその終期が不確定であるときは、当事者の一方は、5年を経過した後であれば、いつでも契約を解除することができる（626条1項）。契約を解除しよう

とするときは、使用者は3ヵ月前に、労働者は2週間前にその予告をしなければならない（同条2項）。雇用契約は継続的契約であるから、契約の解除は将来に向かって効力を生じる（630条・620条）。

　期間満了後、労働者が引き続きその労働に従事する場合には、使用者がこれを知って異議を述べないときは、前契約と同一の条件で雇用契約を締結したものと推定される（629条1項）。この場合には、期間の定めのない雇用となるから、各当事者はいつでも解約申入れをすることができる（627条1項）。従前の雇用について当事者が担保を提供しているときは、その担保は、身元保証金を除き、期間満了によって消滅する（629条2項）。

b．雇用期間の定めがない場合における解約申入れ

　雇用期間の定めがない場合には、各当事者は、いつでも解約の申入れをすることができ、解約申入れから2週間経過した時に終了する（627条1項）。

　期間をもって報酬を定めた場合には、使用者からの解約申入れは、次期以後に対してすることができる。ただし、その申入れは当期の前半においてしなければならない（627条2項）。6ヵ月以上の期間をもって報酬を定めた場合には、その申入れは3ヵ月前にしなければならない（同条3項）。

c．やむを得ない事由による解除

　当事者が雇用期間を定めていた場合であっても、やむを得ない事由があるときは、各当事者は直ちに契約を解除することができる。その事由が当事者の一方の過失によって生じたときは相手方に対して損害賠償をしなければならない（628条）。

d．使用者についての破産手続開始

　使用者が破産手続開始決定を受けた場合には、雇用期間の定めがあるときでも、労働者または破産管財人は、627条の規定に従って、解約の申入れをすることができる。この場合において、各当事者は、相手方に対して、解約によって生じた損害賠償を請求することができない（631条）。

□ Ⅱ 委 任 □

1．委任の意義

　委任とは、当事者の一方（委任者）が法律行為をすることを相手方（受任者）に委託し、相手方が承諾することによって効力を生ずる契約である（643条）。例えば、マンションを所有している者がそのマンションを賃貸するために不動産業者に賃貸借契約締結という法律行為を委託した場合は、委任である。これに対して、例えば、不動産業者に賃貸しているマンションの管理という法律行為ではない事務を委託した場合を「準委任」とし、これには委任の規定が準用される（656条）。したがって、委任と準委任の相違は、委託する事務が法律行為か否かによる相違に過ぎず、適用条文や構造が異なるわけではない。結局、委任は広く事務処理一般を対象とするとされる。医師・弁護士・不動産鑑定士・司法書士・税理士等に仕事の処理を依頼することも準委任となる。

　委任は、報酬の支払いが要件とされていないから、原則として、無償・片務・諾成の契約である。しかし、報酬の支払いを約束をすることもでき（648条）、この場合には、有償・双務契約になる。

2．委任の成立

　委任は、委任者と受任者との間において一定の事務処理を委託することを約することによって効力を生ずる諾成契約である（643条）。委任に当たって委任者から受任者に委任状が交付される場合が多いが、これは受託権限の証明書であって、委任契約の成立要件ではない。

3．委任の効力

a．受任者の義務
ⅰ）善管注意義務
受任者は委任の本旨に従って善良な管理者の注意をもって事務を処理する

義務を負う（644条）。

善管注意義務とは、その事務の受任者として通常なすべき注意をする義務である。弁護士の注意義務について、判例は、債務整理に関する事務を受任した弁護士は依頼者に債務整理に伴う不利益やリスクを説明するとともに、他の選択肢があることも説明すべき義務があるとしている（最判平25・4・16民集67巻4号1049頁）。

受任者の個人的資質や能力が通常より低いからといって、注意義務の基準が下がるわけではない。また、無償の委任であっても、受任者は善管注意義務を負う。寄託の場合には、有償のときは善管注意義務を負い（400条）、無償のときは注意義務が「自己の財産に対するのと同一の注意をもって」保管する義務（659条）に軽減されるが、委任の場合にはそのような区別はない。委任は、当事者の信頼関係を基礎とするから、報酬の有無に左右されないのである。

ⅱ）自ら事務処理を行う義務

委任は、当事者間の信頼関係を基礎とするのであるから、受任者は事務処理を他人に代行させることはできず、自ら行わなければならない。このことを前提として、民法は、例外的に、受任者は委任者の許諾を得たとき、または、やむを得ない事由があるときでなければ、復受任者を選任することができない（復委任）、と定めている（644条の2第1項）

受任者と復受任者の関係については、「代理権を付与する委任において、受任者が代理権を有する復受任者を選任したときは、復受任者は、委任者に対して、その権限の範囲内において、受任者と同一の権利を有し、義務を負う。」と定められている（644条の2第2項）。すなわち、復受任者にも受任者と同一範囲の代理権が授与されたことになるのである。

ⅲ）付随的義務

（ア）報告義務

受任者は、事務処理の過程で委任者の請求があった場合には、いつでもその処理の状況を報告し、また、委任が終了した後は、遅滞なくその経過および結果を報告しなければならない（645条）。

184　Lecture 12　雇用・委任

(イ) 受取物等引渡し義務

受任者は、委任事務を処理するに当たって受け取った金銭その他の物および収取した果実を委任者に引き渡さなければならない（646条1項）。また、受任者が自己の名で取得した権利は、受任者に帰属するから、この権利を委任者に移転しなければならない（同条2項）。

いずれの場合も引渡しまたは移転すべき時期は、委任の終了時である。ただし、土地の買受けを委任した場合に、委任者が受任者に買受代金を交付していたときは、土地の取得と同時に土地の所有権を委任者に移転する合意があらかじめあったものと推定すべきである（大判大4・10・16民録21輯1705頁）。

(ウ) 金銭消費の責任

委任者に引き渡すべき金銭、または委任者の利益のために用いるべき金銭を、受任者が、自己のために消費したときは、その消費した日以後の利息を支払わなければならない。なお、それ以上の損害が生じたときは、その損害も賠償しなければならない（647条）。受任者は事務処理をするにあたって金銭を取得した場合には、銀行等に預けて安全かつ有利に保管しなければならず、そうしないで委任者に損害を及ぼしたときは、善管注意義務に違反したことになり、損害賠償責任を負うことになる。

b. 委任者の義務

i）報酬支払義務

(ア) 原則として報酬支払義務は無い

委任は、民法では無償が原則であるから、特約がなければ、委任者は報酬支払義務を負わない（648条1項）。ローマ法では、知能的な高級労務は対価と結びつくに適しないとされていたという沿革的理由に基づくのであるが、しかし現実に行われている委任はほとんどが有償である。商事委任では、特約がなくても有償が原則とされている（商512条）。

(イ) 報酬支払時期

報酬の支払時期は、特約がない限り、委任の終了後である（後払い、648条2項本文）。期間をもって報酬を定めた場合には、受任者はその期間の経過後に報酬の支払いを請求することができる（648条2項ただし書・624条2項）。

委任がその履行の中途において終了したときにおける報酬については、次のように規律される。

①委任者の責めに帰することのできない事由によって委任事務の履行ができなくなったときは、受任者は、既にした履行の割合に応じて報酬を請求することができる（648条3項1号）。「委任者の責めに帰することのできない事由」とは、委任者・受任者双方に責めに帰すべき事由がないことおよび受任者の責めに帰すことができる事由である。後者の場合は、受任者の債務不履行責任が生じる。

改正法では報酬の支払いについて成果報酬型委任を認めた。これは、弁護士に訴訟を委任した場合における「成功報酬」のように、委任の報酬が事務処理という役務自体にではなく、事務処理の結果としての成果に対して対価を支払う報酬支払方式の委任である。

成果報酬型委任において、委任者の責めに帰すことができない事由によって成果を得ることができなくなった場合には、受任者が既にした委任事務の処理による結果のうち可分な給付によって委任者が利益を受けるときは、その部分を得られた成果とみなし、受任者は、委任者が受ける利益の割合に応じて、報酬を請求することができる（648条の2第2項・634条1号）。

不動産の買受けについて宅建業者に仲介を依頼した買受人が、売買契約の成立を停止条件として一定額の報酬を支払うことを約していたのに、業者の仲介によって間もなく売買契約が成立しそうになった段階で、そのことを熟知している買受人が業者を排除して、売主と直接売買契約を締結した場合には、停止条件が成就したものとみなして、買受人に約定した報酬を請求できるとされる（最判昭45・10・22民集24巻11号1599頁）。

②委任が、解除されたり（651条1項）、履行の中途で終了事由が生じて（653条）、履行の中途で終了した場合も、既にした履行の割合に応じて報酬を請求することができる（648条3項2号）。成果報酬型委任において、成果が得られる前に委任が解除された場合も、同様である（648条の2第3項・634条2号）。

③委任者の責めに帰すべき事由によって委任事務処理を履行することができなくなったときは、委任者は報酬の支払い拒むことができない（536条2項

前段)。

ⅱ）付随的義務

(ア) 費用前払い義務

委任事務の処理に要する費用を、委任者は、受任者の請求により前払いしなければならない（649条)。

(イ) 立替費用および利息の償還義務

受任者が、委任事務処理に必要と認められる費用を立て替えた場合には、委任者に対してその費用および支出の日以後の利息の償還を請求することができる（650条1項)。

(ウ) 債務弁済義務

受任者が、委任事務を処理するために必要と認められる債務を負担したときは、その債務を自己に代って委任者に弁済させ（代弁済)、または債務の弁済期が到来していないときは、委任者に相当の担保を提供させることができる（650条2項)。受任者から代弁済の請求があったとき、委任者は、受任者に対する債権を有していても、この債権をもって相殺することはできない（最判昭47・12・22民集26巻10号1991頁)。

(エ) 損害賠償義務

受任者が、委任事務を処理するために、自己に過失なく損害を受けたときは、その損害の賠償を委任者に請求することができる（650条3項)。委任は、委任者の事務を処理するものであり、そこから生じた損害を受任者に負担させるのは妥当ではないからである。

4．委任の終了

委任は、委任事務の終了や債務不履行による契約解除など契約一般の終了原因によって終了するほかに、民法は委任に特有の終了原因を定めている。

a．当事者による任意解除

各当事者は、いつでも委任を解除することができる（651条1項)。委任は当事者間の個人的信任関係を基礎とするから、相手方に対する信頼がなくなったときは、委任者・受任者双方とも、特別な理由がなくても、いつでも解

除できるという趣旨である。なお、委任契約の解除は、将来に向かってのみ
その効力を生じる（652条・620条）から、いわゆる告知である。

651条は公益に関する規定ではないから当事者間の合意によって、解除権
を排除することができる。

Case 2

　ＡがＢから1000万円の融資を受けたが、返済するめどが立たないの
で、Ａが賃貸しているアパートの賃料月50万円の取立てをＢに委託
し、そこからＢに対する債務の弁済に充てることにした。しかし、Ａ
は５ヵ月後に651条に基づいて契約を解除するといってきた。Ｂはまだ
債権の全部の弁済を受けていないので、解除を拒絶したいが可能であ
ろうか。

委任は、委任者の利益のために事務処理をする契約であるが、受任者の利
益を目的とする委任もある。判例は、委任が受任者の利益にもなっている場
合には、原則として651条による解除は認められないとする（大判大９・４・
24民録26輯562頁）。したがって、原則として、Ａの委任契約解除は認められな
い。いつでも解除できるとすると、受任者の利益が著しく害されるからであ
る。しかし、受任者が著しく不誠実な行動に出る等やむを得ない事由がある
とき（最判昭43・９・20判時536号51頁）やこのような事情がない場合でも、委任
者が解除権自体を放棄したものとは認められない事情があるときは、解除を
することができ、受任者がそれによって不利益を受ける場合には、損害賠償
によってその不利益を填補されるとする（最判昭56・１・19民集35巻１号１頁）。

判例は、いったんは651条による解除の自由を制限したが、その後、解除
は自由とし、金銭による調整で問題を解決する方向に転じているといえる。
そこで、改正法では、判例法理を基礎として、委任の解除は自由を原則とす
るが、委任を解除した者は、①相手方に不利な時期に委任を解除したとき
（651条２項１号）および②委任者が受任者の利益（専ら報酬を得ることを目的とす
る委任を除く）を目的とする委任を解除したときは（651条２項２号）、相手方に
損害の賠償をしなければならない、と規律した（651条２項）。ただし、やむ
を得ない事由があったときは、この限りではないから（同条同項ただし書）、
損害賠償をしなくてもよいことになる。

b．その他委任に特有の終了事由
i）当事者の死亡

委任は、委任者または受任者の死亡によって終了する（653条1号）。委任は、当事者相互間の個人的信任関係を基礎とするから、相続人に承継されるものではないとしたのである。したがって、当事者が死亡しても契約内容が変わらない場合は、当事者の死亡によっても委任は終了しない。例えば、委任者が司法書士に登記申請を委託した後に死亡し、受任者である司法書士が登記申請を行い、なされた登記は有効である（最判昭29・12・17民集8巻12号2182頁）。また、委任者の死亡後も委任は終了しないとする特約も有効である（最判平4・9・22金法1358号55頁）。

ii）当事者が破産手続開始決定を受けた場合

委任は当事者が破産手続開始決定を受けたときも、終了する（653条2号）。委任は当事者間の個人的信任関係を基礎とするから、破産手続開始決定を受けたことによって信任関係が破壊されることになる。委任者が破産手続開始決定を受けたときは、受任者の権限と破産管財人の権限が抵触することになるので、この場合には委任が終了しないとする特約の効力は認められない。

iii）受任者が後見開始の審判を受けた場合

受任者が後見開始の審判を受けたときにも、委任は終了する（653条3号）。しかし、これと異なる特約の効力は認められる。

c．委任終了後の措置

委任が終了したときに、相手方が不測の損害を被らないように、特別な措置が定められている。

i）受任者の応急処分義務

委任終了の場合に、急迫の事情があるときは、受任者、その相続人または法定代理人は、委任者、その相続人または法定代理人が委任事務を処理することができるようになるまで、必要な処分、すなわち応急の措置をしなければならない（654条）。例えば、時効の更新の措置をとることなどである。

ii）委任終了の通知義務

委任者、受任者を問わず、当事者の一方に委任終了事由が発生したとき

は、これを相手方に通知しなければならず、通知をしなかったときは、相手方が終了事由を知るまで終了を対抗できない（655条）。したがって、相手方が知るまでは、受任者は委任の義務を負い続けることになる。

【Exercise】
1. 労働者の仕事場である工場が、放火によって全焼し、日給の形式で報酬を受け取っているパートの労働者がその工場で働くことができなくなった。この労働者は、使用者に働くことができなかった分の日給を請求できるか。火事が、使用者の過失で発生した場合には、日給の支払いを請求できるか。
2. 委任契約において報酬の支払いが約束されていない場合にも、受任者は事務処理を行うについて善管注意義務を負うか。
3. 委任契約において報酬の支払いが約束されている場合にも、委任者は、委任契約をいつでも自由に解除できると考えるべきか。

Lecture 13 請 負

Resume

Ⅰ　請負の意義

Ⅱ　請負の成立

Ⅲ　請負の効力

　1．請負人の義務

　2．目的物の所有権の帰属

　3．仕事の滅失・損傷

　　a．仕事完成前の滅失・損傷

　　　ⅰ）仕事の完成が可能な場合

　　　ⅱ）仕事の完成が不能となった場合

　　b．仕事完成後引渡し前に滅失・損傷があった場合

　4．請負人の担保責任（契約不適合責任）

　　a．要件

　　b．請負人の担保責任の内容

　　　ⅰ）追完

　　　ⅱ）報酬減額

　　　ⅲ）損害賠償

　　　ⅳ）契約解除

　　c．注文者の権利の期間制限

　5．注文者の義務

　　a．報酬支払義務

　　b．注文者が受ける利益の割合に応じた報酬

　　c．協力義務

　　d．目的物引取義務

Ⅳ　請負の終了

　1．仕事完成前における注文者の解除権

　2．注文者の破産

□ Ⅰ 請負の意義 □

　請負とは、注文者Ａが仕事（例えば、建物の建築）をＢに依頼し、請負人Ｂがその仕事（建物の建築）の完成を約し、Ａがその仕事の結果に対して報酬を与えることを約することによって成立する契約である（632条）。有償・双務・諾成の契約である。請負では、請負人は建築という有形労務であろうと、運送という無形労務であろうと、労務を提供して仕事をし、その仕事が完成してはじめて報酬が支払われる点で、雇用や委任等の他の労務供給契約と異なる。

□ Ⅱ 請負の成立 □

　請負は諾成契約であるから、当事者間の合意のみによって成立し（632条）、書面等の方式は要しない。

□ Ⅲ 請負の効力 □

1．請負人の義務

　請負人は、仕事を完成する義務を負う（632条）。仕事の完成期限が定められているときは、適切な時期に仕事に着手し、期限までに仕事を完成させる義務がある。

　請負人は、仕事の完成という結果を生じさせればよいのであって、請負人Ｂはその仕事を第三者Ｃに請け負わすこともできる（下請負）。ＡとＣは直接的法律関係はなく、ＣはＢの履行補助者となるから（最判平5・10・19民集47巻8号5061頁）、Ｃが期限までに仕事を完成することができなかった場合には、Ｂも履行遅滞となり、注文者Ａに損害を与えたときは、Ｂも損害賠償責任を負う。

　建物の建築のように有形的なもののときは、完成した物を注文者に引き渡

192 Lecture 13 請 負

す義務も生じるから、Bの目的物引渡義務とAの報酬支払義務は同時履行の関係に立つ（633条、大判大5・11・27民録22輯2120頁）。

2．目的物の所有権の帰属

Case 1
　Aは、工務店Bと建物の建築の請負契約を締結した。請負人Bは、建物を建築し、完成させたが、Aが建築代金を支払わないので、建物の鍵をAに引き渡さず、Aは完成した建物に入居することができなかった。Aは、建物の所有権は自分にあるから、Bが鍵を引き渡さないのは、不当だと主張する。しかし、Bは、請負代金を受け取るまでは、建物の所有権は自分に属すると主張する。

　建物が完成した場合に、その所有権はまず誰に帰属するかという問題である。この問題は、請負人Bに所有権が帰属するとされたときは、Bは報酬請求権（請負代金債権）の担保を得ることになり、また、注文者Aに帰属するとされたときは、Bの債権者Cの建物差押えに対してAは異議を述べることができることになるというように、B・Cの債権に関連して大きな問題となる。

　判例は、次のように材料の提供主体を基準として判断する。

　①注文者が材料の全部または主要部分を提供した場合には、特約がない限り、建物の所有権は原始的に注文者に帰属する（大判昭7・5・9民集11巻824頁）。加工の規定（246条1項ただし書・2項）の適用はない。

　②請負人が材料の全部または主要部分を提供した場合には、所有権は請負人に帰属する（大判大3・12・26民録20輯1208頁）。

　なお、いずれの場合にも、特約によって相手方に所有権を原始的に帰属させることは可能である。Bが材料の主要部分を提供した場合であっても、Aが代金の全額または大部分を支払っているときは、仕事の完成と同時にAの所有とするとの黙示の合意がされたものと推認される（大判昭18・7・20民集22巻660頁、最判昭46・3・5判時628号48頁）。

　このような判例理論に賛成する学説もあるが、近時の有力説は、材料の全部または主要部分を請負人が提供した場合でも、所有権は原始的に注文者に

帰属するとする。Bが建物所有権を取得するとしても、Bには敷地利用権が
ないために建物を収去せざるを得ないこと、また、Bの所有権取得を認める
のは請負代金回収の確保のためであるが、そのためには所有権取得を認めな
くても、留置権（295条）、先取特権（325条以下）、同時履行の抗弁権（533条）
があるから十分であるとする。

　建築請負契約において、注文者と請負人の間で、契約が中途で解約された
際に出来形部分の所有権は注文者に帰属する旨の特約がある場合には、下請
負人が材料を提供したときでも、出来形部分の所有権は注文者に帰属する。
下請負人は、注文者との関係では、元請負人の履行補助者に過ぎないからで
ある（最判平5・10・19民集47巻8号5061頁）。

3．仕事の滅失・損傷

　請負人Bが完成した建物を注文者Aに引き渡す前に建物が焼失したよう
な場合に、その損失は誰が負担すべきであろうか。すなわち、Bはなお完成
義務を負うのか、あるいは報酬請求権はあるかという問題である。

a．仕事完成前の滅失・損傷
ⅰ）仕事の完成が可能な場合

Case 2
　AがB工務店に建物の建築を請け負わせ、それに対する報酬として
2000万円を支払うこととした。建物の完成前に近所の出火から未完成
の建物が焼失した場合に、Aは新たにBに建物を完成させるように請
求することができるか。また、Aが建物建築を見回りに来たときのA
のタバコの不始末で出火し、建物が焼失した場合にも、Bはなお建物
を完成させるべき義務を負うであろうか。

　Bがなお建築工事を再開して完成することができる場合には、Bの仕事完
成義務は存続する。しかし、Aに帰責事由があるときは、Bは増価費用を損
害賠償としてAに請求することができる。

　これに対し、Bに帰責事由があり、完成が遅延したときは、Bは増価費用
は請求できず、履行遅滞による損害賠償責任を負う（415条1項）。

194　Lecture 13　請　負

　A・B両者に帰責事由がない場合には、Bの仕事完成義務はなお存続し、仕事が完成してはじめて請負代金をAに請求することができるから、Bが予定外に多くの費用を支出した場合でも、請負代金の増額を請求することはできない。Bは、債務不履行責任を負わない（415条1項）。

ⅱ）仕事の完成が不能となった場合

Case 3

　AがB工務店に建物の建築を請け負わせ、それに対する報酬として2000万円を支払うこととした。建物の完成前に近所の出火から未完成の建物が焼失した場合に、この建物の材料として指定された素材が特殊な物で、製造中止になっていてもはや入手できず、建物を完成させることができなくなった。

　建物の完成が不能となった場合には、Bの仕事完成義務は不能により消滅する。それでは、Bの報酬請求権まで消滅するであろうか。

　滅失・損傷についてAに帰責事由があるときは、Bは報酬請求権を失わない（536条2項前段）。ただし、工事中止によってBが得た利益はAに償還しなければならない（同条同項後段、最判昭52・2・22民集31巻1号79頁）。

　Bに帰責事由があるときは、報酬請求権を失い、さらに履行不能による損害賠償責任を負う。材料をAが提供していた場合には、Bはその材料を滅失させたことに対する損害賠償責任も負う。

　A・B両者に帰責事由がない場合には、危険負担の原則に従って、Aは報酬の支払いを拒絶することができる（536条1項）。

b．仕事完成後引渡し前に滅失・損傷があった場合

　建物が完成した後、その引渡し前に建物が火事で焼失したような場合である。この場合も、仕事の完成が不能となった場合とみて、上記a．ⅱ）の各場合に準じて解釈することとなる。

4．請負人の担保責任（契約不適合責任）

　請負人の担保責任については、改正前は請負人の担保責任に関する特別規定があった（改正前634条）。改正後は、「請負人の担保責任」（この見出しは残っ

た。636条の見出し参照）は、請負契約が有償契約であることから、仕事の目的物の種類・品質が契約内容に適合しないときは、売買契約における目的物の種類・品質に関する契約内容不適合に関する規定が準用される（559条・562条・563条・564条）。

a ．要 件

請負人の担保責任の要件は、①請負人が目的物を注文者に引き渡さなければならない場合には、種類または品質に関して契約の内容に適合しない仕事の目的物を引き渡したことである。また、②仕事の目的物の引渡しを要しない場合には、仕事が終了した時に仕事の目的物が種類または品質に関して契約の内容に適合しないことである。種類または品質が、契約の内容に適合しないときは、請負人は担保責任を負うことになる。例えば、建物の建築請負契約で約定された鉄骨よりも細い鉄骨が使用された場合には、使用された鉄骨でも建物の安全性に問題がなくても契約内容に適合しないことになる（最判平15・10・10判時1840号18頁は、改正前634条の「瑕疵」があるとする）。

しかし、注文者は、注文者の供した材料の性質または注文者の与えた指図によって生じた不適合を理由として、履行の追完の請求、報酬の減額の請求、損害概賠償請求および契約解除をすることができない（636条本文）。ただし、請負人がその材料または指図が不適当であることを知りながら告げなかったときは、請負人は担保責任を免れることができない（同条ただし書）。

b ．請負人の担保責任の内容

i ）追 完

仕事の目的物の修補、工事のやり直し等が追完の内容である（562条の準用）。改正前は、瑕疵が重要ではないが、修補に過分の費用を要するときは、注文者は修補請求をすることができないとしていたが（改正前634条1項ただし書）、改正法ではこの規定を削除した。現在では、建築技術の進歩により高額の費用をかければ修補が可能な場面が想定され、契約内容不適合が重要である場合には、修補に過分の費用を要するとしても、改正前の規定によれば請負人は修補義務を免れることができず、その負担が過大すぎると考えられ

196 Lecture 13 請 負

たからである。改正法では、過分の費用を要するときは、修補は取引上の社会通念に照らして不能であると扱い、注文者は修補を請求することができず（412条の2第1項）、損害賠償を請求することになる（415条1項）。

ⅱ）報酬減額

注文者が請負の報酬を減額請求できるのは、まず相当の期間を定めて契約内容不適合の修補を催告し、その後、その期間内に修補がないときである。減額は、不適合の程度に応じて請求することができる（563条の準用）。

注文者の責めに帰すべき事由によって契約内容不適合が生じたときは、報酬減額請求をすることはできない（563条3項の準用）。さらに、請負人は、自己の責めに帰することのできない事由によって契約内容不適合が生じたことを主張して、報酬減額請求を免れることはできない。

ⅲ）損害賠償

仕事の目的物が契約の内容に適合しない場合には、請負人の仕事完成義務が不履行となっているから、契約内容不適合の修補に代えて、または修補とともに損害賠償を請求することできる（564条の準用）。請負人は、契約および取引上の社会通念に照らして自己の責めに帰することができない事由による契約内容不適合であると主張して、注文者からの損害賠償請求を免れることができる（415条1項ただし書）。

修補に代わる損害賠償を注文者が請求するには、損害賠償請求の前に、修補請求をする必要があるかが問題となる。

①先に修補請求をしたうえで、その後修補がされなかったときに損害賠償請求をすべきとする見解がある（追完請求権の優位性を主張する。415条2項の適用）。これに対して、②修補等の追完に代わる損害賠償を請求する場合には、415条2項の適用はなく、415条1項によって、修補請求をすることなく、損害賠償請求することができるとする、見解もある。②の見解によると、この問題は415条2項の射程の外にあるとされる。

契約内容不適合な仕事をした請負人に修補を頼みたくないというのが、注文者の一般社会通念であろうから、他の工務店に修補を依頼して、請負人に対しては修補請求をすることなく、直ちに修補に代わる損害賠償を請求することができる②説を支持すべきである。判例は、改正前634条について、瑕

疵候補が可能であっても、修補請求することなく直ちに候補に代る損害賠償を請求することができるとしている（最判昭54・3・20判時927号184頁）。この判例は、改正後も維持されるべきである。

iv）契約解除

請負契約の解除についても、541条以下の契約解除に関する規定が適用される（559条・564条）。

したがって、①仕事の目的物が契約内容に適合しないために、契約をした目的を達することができない場合には、注文者は、催告することなく直ちに契約を解除することができる（542条3号〜5号）。

また、②仕事の目的物が契約内容に適合せず、かつ、その程度が軽微ではないときは、注文者が、請負人に修補を相当な期間を定めて催告したが、その期間内に修補を履行しないときは、請負契約を解除することができる（541条）。

なお、目的物の契約内容不適合が注文者の責めに帰すべき事由によるものであるときは、注文者は解除をすることができない（543条）。

改正前においては、仕事の目的物に瑕疵があり、そのために契約の目的を達成できない場合でも、注文者は、建物その他の土地工作物については、契約解除をすることができないと定められていた（改正前635条）。土地工作物が除去されることによる社会経済的損失が大きいこと、解除によって土地工作物の除去義務を請負人が負うのは苛酷であるというのが理由であった。しかし、契約の目的を達成できないような重大な瑕疵のある工作物を維持しても、注文者が、これを利用して社会経済的利益の増進を図るとは考えるとは限られないこと、判例が、建替え費用に相当する額の損害賠償を認めた結果（最判平14・9・24判時1801号77頁）、実質的には解除を認めたのと異ならなくなった。そのため、改正前635条を維持する合理性が失われ、改正によって削除された。

c．注文者の権利の期間制限

請負人が種類・品質に関して契約内容に適合しない仕事の目的物を注文者に引き渡したとき（引渡しを要しない場合にあっては、仕事が終了した時に目的物が

種類・品質に関して契約内容に適合しないとき）において、注文者がその不適合を知った時から1年以内に契約内容に適合していない旨を請負人に通知しなければ、その不適合を理由とする修補等の追完の請求、報酬の減額請求、損害賠償の請求および契約の解除をすることができなくなる（637条1項）。この規定は、目的物の引渡し等によって履行を終了したという期待が請負人に生じ、また不適合の有無が目的物の使用や時間の経過による劣化によって判断が困難になるから、短期の期間制限を設けて法律関係を早期に安定させようとする考慮から出たものである。

なお、請負人が仕事の目的物を注文者に引き渡した時（引渡しを要しない場合には、仕事が終了した時）に仕事の目的物が契約内容に適合しないことを知り、または重過失によって知らなかったときは、637条1項の規定は適用されないから、1年内に通知されなかったとしても、注文者は、修補等の追完、報酬減額もしくは損害賠償の請求をすることができ、また、契約を解除することができる（637条2項）。

5．注文者の義務

a．報酬支払義務

注文者は、請負人に対して報酬を支払うべき義務を負う（632条）。報酬の支払時期は、特約がない限り、仕事の目的物引渡しと同時であり、引渡しを要しないときは、仕事の終了時である（633条・624条）。目的物の引渡しを要する場合には、同時履行の関係にあるが、引渡しを要しない場合には、仕事の完成が先履行となる。

b．注文者が受ける利益の割合に応じた報酬

①注文者に帰責事由がなく、仕事の完成が不能となった場合（634条1号）、または、②仕事の完成前に請負が解除された場合（同条2号）には、既にした仕事の結果のうち可分な給付によって注文者が利益を受けるときは、その部分について仕事の完成があったものとみなされ、請負人は注文者が受ける利益の割合に応じて報酬を請求することができる（割合的報酬請求権、同条柱書）。割合的な報酬請求をする請負人は、注文者に帰責事由がないことを主

張・立証する必要はない。

仕事の完成が不能となったことにつき注文者に帰責事由があるときは、危険負担の規定（536条2項）によって、請負人は、注文者に報酬全額を請求することができる。

c．協力義務

注文者は、必要に応じて、材料を提供したり、指図を与えるなど請負人の仕事の遂行に協力する義務を負う。

d．目的物引取義務

受領遅滞に関する議論の中で注文者に目的物引取義務を認めるべきであるとする見解も有力となっているが、判例は、請負について引取義務を否定している（最判昭40・12・3民集19巻9号2090頁）。

□ Ⅳ　請負の終了 □

請負は、仕事の目的物の引渡しや完成という目的の達成によって終了したり、債務不履行による契約解除、担保責任による契約解除等によって終了する。しかし、さらに以下の特別な解除原因が定められている。

1．仕事完成前における注文者の解除権

注文者は、仕事が完成する前は、いつでも請負人に損害を賠償して契約を解除できる（641条）。注文者が必要としなくなった仕事を完成させることは、注文者にとっても社会にとっても無意味だからである。他方、請負人は、十分な損害賠償を得られれば、不利益はないからでもある。

解除をした注文者は、請負人に損害賠償をしなければならない。賠償額は、①仕事が完成すれば得られたであろう報酬（費用相当分は除く）、②解除時までに支出した費用、③解除によって生じた追加費用から、④解除によって請負人が受けた利益（例えば、建築請負人がその建築のために購入した資材を他に売却して得た利益）を控除したものである。

2. 注文者の破産

注文者が破産手続開始の決定を受けたときは、請負人または破産管財人は、契約を解除することができる。ただし、請負人は、仕事の完成前に解除しなければならない（642条1項）。この場合には、請負人は、既にした仕事の報酬およびその報酬中に含まれない費用について破産財団に配当加入することができる（642条2項）。さらに、請負人には、破産管財人が契約解除をした場合における請負人に限り、契約解除によって生じた損害の賠償を請求することができる（同条3項前段）。この場合には、請負人は、損害賠償について破産財団の配当に加入できる（同条3項後段）。

【Exercise】
1. 労務供給契約としての請負契約、雇用契約および委任契約のそれぞれの相違を整理しなさい。
2. 建物請負契約において、請負人が材料を調達して建物を完成させた場合には、完成した建物の所有権は、請負人・注文者のいずれに帰属するか。
3. Aは自動車の修繕をBに請け負わせたが、修繕が不完全でAのもとに戻ってきた自動車には不具合があった。AはBに対して修補を請求した場合には、損害賠償は請求できないか。
4. AがB工務店に建物を建築させたが、完成した建物には重大な瑕疵があり、契約目的を達することができない場合、Aは契約を解除できるか、損害賠償請求しかできないか。

Lecture 14　組　合

Resume
Ⅰ　組合の意義
　1．組合と組合契約
　2．組合と社団
　3．組合と区別されるべき団体
　　a．特別法上の組合
　　b．合名会社
　　c．匿名組合
　　d．講
　4．組合契約の法的性質
Ⅱ　組合の成立
　1．組合契約による組合の成立
　2．組合契約の瑕疵
Ⅲ　組合の業務執行
　1．組合の内部的業務執行
　　a．各組合員が業務を執行する場合
　　b．委任を受けた業務執行者がいる場合
　2．対外的業務（組合代理）
　　a．業務執行者を定めていない場合
　　b．業務執行者を定めた場合
　　c．顕名主義
　　d．訴訟行為
Ⅳ　組合の財産関係
　1．組合財産の法的性質
　2．組合財産に対する組合員の物権的権利
　3．組合の債権
　4．組合の債務
　5．損益分配
Ⅴ　組合員の変動
　1．組合員の変動と組合の同一性
　2．組合員の脱退
　　a．任意脱退
　　b．非任意脱退
　　c．脱退の効果
　3．組合員の加入・組合員の地位の譲渡
　　a．組合員の加入
　　b．組合員の地位の譲渡
Ⅵ　組合の解散と清算
　1．組合の解散
　2．組合の清算

☐ I 組合の意義 ☐

1. 組合と組合契約

組合契約は、数人の当事者が出資をして共同事業を営むことを約することによって成立する（667条）。この契約によって複数の構成員からなる共同事業のための団体が構成され、この団体を組合と呼ぶ。

2. 組合と社団

組合は、共同の事業を行うための人の集団であるが、このような団体としては、民法は「社団法人」も規定している（33条以下）。社団法人では、社団それ自身が権利の主体となり、構成員個々の人格は前面に出てこない。これに対して、組合では、組合自体は権利能力を有しないから、構成員が権利主体となっている人の集団となる。

このように、人の集団である団体には、団体の中に構成員の人格が埋没する社団型の団体と構成員の個性が強く現れる組合型の団体がある。

3. 組合と区別されるべき団体

組合は、各当事者が出資して共同事業を営む団体であるから、以下の団体は組合ではない。

a. 特別法上の組合

例えば、農業協同組合・労働組合・生活協同組合等は、公益も営利も目的としない中間的性格の団体であって、特別法によって法人とされる団体である。「組合」という名称を用いているが、民法上の組合ではない。

b. 合名会社

合名会社の社員は会社の債務について無限責任を負うので、組合の構成員の責任と類似するが、法人であることと、社員は会社財産をもって債務の完

済ができないときにはじめて責任を負う（補充責任）（会社580条1項1号）点でも異なる。

c．匿名組合

組合では組合員は共同の事業を営むために出資するのであるが、匿名組合では、ある者の営業のため組合員が出資するのであるから、その出資は組合員の共有財産にはならず、相手方の財産となり、組合員はその営業より生じる利益の配分を受けるのみである（商535条）。

d．講

地方によっては今なお残っている無尽講や頼母子講のような「講」は、構成員が一定の出資をし、順番でその利益を受けるのであるが、これは共済的、すなわち相互扶助的性格が強く、共同事業を営むものとはいえない。

4．組合契約の法的性質

組合契約の法的性質については双務契約説と合同行為説がある。この性質を決定するには、契約の総則的規定が適用されるか否かが検討されるべきである。

> **Case 1**
> A・B・Cは共同で事業を営むことにし、組合契約でAは建物を、Bは商標権を、Cは労務を提供することにした。

①同時履行の抗弁権　　Bは商標権を提供した後に、Aが建物を提供しないので、BがAにこれを請求したところ、Cもまだ労務を提供していないとして同時履行の抗弁権を主張してAは建物の提供を拒絶できるであろうか。Bは既に履行をしているのであるから、同時履行の抗弁権を認めることは、公平に合致しないであろう（667条の2第1項）。

②危険負担　　Aが提供する予定であった建物が、Aに帰責事由のない火事で類焼してしまった場合に、Aは給付義務を免れるが、B・Cは危険負担の原則によって給付を拒むことができるわけではない（667条の2第1項）。

204 Lecture 14 組 合

出資義務を負担しない者Ａは、組合員になることができないだけである。

　③担保責任　　Ａが提供した建物の一部が他の者の区分所有に属していた場合に、売買の規定を準用して（559条）、Ｂ・ＣはＡに責任を追及して解除や損害賠償を請求することができるであろうか。売買契約のような有償契約の本質である当事者の対価的出捐とは、当事者が相手方の出捐を自己の利益として収めることを意味するから、各当事者が共通の利益のために出捐することを含まないというべきである。したがって、組合の団体的性格からすると、Ｂ・ＣがＡに損害賠償を請求することは妥当ではなく、むしろＡ・Ｂ・Ｃの共有持分が減少するとするのが合理的な解決である。また、組合の存立が危うい程の重大な欠陥の場合には組合契約の解除ではなく、667条の「出資をして」という要件が満たされなかったものとして、組合契約は不成立と解すべきであるとする説もある。

　以上のような検討をすると、組合契約は契約総則の規定にはなじまず、単純な双務契約と解するよりも、組合という団体形成に向けられた意思表示とする合同行為説が妥当であろう。

Ⅱ　組合の成立

1．組合契約による組合の成立

　組合契約は、２人以上の当事者が出資して共同の事業を営むこと約することによって成立する（667条１項）。したがって、諾成・不要式の契約である。出資は、労務でもよい（667条２項）。金銭を出資する者がその出資を怠ったときは、その利息を支払うほか、損害賠償をしなければならない（669条）。

　なお、鉱業法では、共同鉱業権者間では組合契約をしたものとみなされ（鉱業44条５項）、船舶の共有者間（商693条）や会社設立の発起人間（大判大7・7・10民録24輯1480頁）でも一種の組合関係が成立するものと解される。

　事業は、継続的なものではなく、一時的なものでもよい。利益を配分する場合には、組合員全員が利益を受けるものでなければならない。特定の組合員のみが利益を受ける（いわゆる「獅子組合 societas leonina」）は、組合ではな

い。

2．組合契約の瑕疵

例えば、A・B・Cは共同で事業を営むことにし、組合契約を締結したが、Aが制限行為能力者である場合には、組合契約に取消原因となるような瑕疵があるかという問題である。Aとの組合契約が取り消された場合に、組合契約全体が無効になってしまうのであろうか。しかし、第三者が組合が有効に成立したことを前提に組合と取引を開始したようなときは、第三者に不測の損失を及ぼすことが考えられる。

改正法では、組合員の1人について意思表示の無効または取り消しの原因があっても、他の組合員の間においては、組合契約の効力は、妨げられない、と定められた(667条の3)。すなわち、Aが制限行為能力者であることを理由に契約を取り消したときは、Aとの関係においては取消しの効力は生じるが、B・C間では組合契約の効力は妨げられていないから、B・Cを組合員とする組合は有効に成立することになる。Aとの関係では取消しの効果が生じているから、Aが出資をした財産がある場合には、原状回復としてその返還を受けることになる(121条の2)。BとCだけでは組合を存続させることができないときは、組合を解散することになる(682条1号または4号)。

☐ Ⅲ 組合の業務執行 ☐

1．組合の内部的業務執行

各組合員が業務執行の権利義務を有することを組合の本質とする。社団と異なり各組合員の個性が重要視されるからである。したがって、一部の組合員にこの権利義務を委任することも可能であるが、この委任には総組合員の同意を要する。

a．各組合員が業務を執行する場合

　組合契約で業務を委任された者がいないために、各組合員が業務執行に当たる場合には、組合の意思決定は組合員の過半数で決する（670条1項）。組合の常務（日常的な軽微な業務）は各組合員の自主的な判断で行うことができるが、業務完了前に他の組合員が異議を述べたときは、全員の過半数によって決せられる（670条5項）。

b．委任を受けた業務執行者がいる場合

　組合契約により業務の執行を一部の組合員や第三者に委任することができる（670条2項、業務執行者）。受任者が複数いる場合には、意思決定はその過半数をもって行われ、各業務執行者がこれを行う（670条3項）。業務執行者ではない組合員は業務決定権・業務執行権を有しない。組合の常務については委任を受けた各業務執行者が専行することができる（670条5項本文）。ただし、他の業務執行者が異議を述べた場合には、業務執行者全員の過半数で意思決定をしなければならない（670条5項ただし書）。もっとも、組合の業務の執行を業務執行者に委任した場合でも、総組合員の同意によって組合の業務を決定し、または総組合員が執行することは妨げられない（670条4項）。

　業務執行を委任された組合員には委任に関する規定（644条〜650条）が準用される（671条）。

　事業の決定または執行を委任された組合員は、正当な事由がなければ辞任することもできず、解任されることもない（672条1項）。正当な事由を理由に解任するには、さらに、他の組合員の一致がなければならない（同条2項）。

　業務執行者ではない組合員は業務決定権または執行権はないが、業務および組合財産の状況を検査することができる（673条）。

2．対外的業務（組合代理）

　組合は、権利能力を有しないのであるから、対外的な法律行為は全組合員が共同して行わなければならない。しかし、それは大変に手間がかかり、現実的ではない。

III 組合の業務執行 *207*

Case 2

Ａ・Ｂ・Ｃが共同出資して、甲組合を設立し、生花の販売店を営むことにした。そのための店舗建設用地を取得することにしたが、Ｂ・Ｃが多忙なので、Ａが単独で土地を買い受ける契約をＤとすることになった。

　Ａが、Ｂ・Ｃを代理して第三者と法律行為をすることになる。この場合に、厳密にいうと、Ａは自分固有の立場とＢ・Ｃの代理人としての立場と二足のわらじを履いて法律行為をすることになる。そして、法律効果はＡ・Ｂ・Ｃに帰属することになるのである。

a．業務執行者を定めていない場合

　各組合員は、常務に関する事項については他の組合員を代理する権限がある（670条5項）が、常務に属さない事項はどうであろうか。業務執行者を定めていない場合には、各組合員は、組合員の過半数の同意を得たときは、他の組合員を代理することができる（670条の2第1項）。

b．業務執行者を定めた場合

　Ａを業務執行者と定めた場合には、当然Ａは、Ｂ・Ｃを代理する権限を有する（670条の2第2項前段）。業務執行者が複数いる場合は、各業務執行者は、業務執行者の過半数の同意を得たときに限り、組合員を代理することができる（同条第2項後段）。

　ＡとＢが業務執行者と定められたときは、ＡもＢも常務に関する事項は単独で他の組合員を代理する権限を有する（670条の2第3項）。Ａが常務以外について単独で法律行為を行った場合には、無権代理になり、110条によって善意無過失の第三者は保護されると解すべきであろう。なお、組合の規約で業務執行者の代理権を制限しても、その制限は善意無過失の第三者には対抗できないとされる（最判昭38・5・31民集17巻4号600頁）。

c．顕名主義

　組合代理も代理であるから、顕名主義が適用されることになる。しかし、

208 Lecture 14 組 合

全組合員の名前を示して代理行為をするのは煩雑であるから、判例は「甲組合理事 A」など組合名は肩書を付した代表名の表示によって組合代理が明確であれば十分であるとしている（最判昭36・7・31民集15巻7号1982頁）。

d．訴訟行為

訴訟行為は、原則として、組合員全員が訴訟当事者になる。しかし、代表者の定めがある組合の場合には、組合に訴訟当事者能力があると解されている（最判昭37・12・18民集16巻12号2422頁）。

Ⅳ 組合の財産関係

1．組合財産の法的性質

組合員が出資した組合財産は、組合自体には権利能力がないのであるから、総組合員の共有に属する（668条）。しかし、共有であるからといって物権法に規定するように各組合員が自由に共有持分の譲渡や分割請求をすることができるとすると、組合の共同事業の運営上支障が生じるであろう。したがって、組合存続中は、組合財産を独立した存在とし、組合財産に対する各組合員の権利は団体的拘束を受けることになる（大判昭11・2・25民集15巻281頁）。このような拘束を受ける共有は、共同の目的によって制限された共有、すなわち合有と解すべきであるとされる。しかし、判例は、組合財産は組合員の共有に属し、持分についてのみ民法の定める制限がある合有だとして、667条以下に特別規定がない限り、249条以下の共有の規定が適用されるとする（最判昭33・7・22民集12巻12号1805頁）。

2．組合財産に対する組合員の物権的権利

組合財産となった物の所有権等の物権的権利は総組合員の共有に属する（668条）から、各組合員は組合財産について出資額に応じて共有持分を有する。

IV 組合の財産関係 *209*

Case 3

Ａ・Ｂ・Ｃが共同して事業を営むために、甲組合を設立し、その事業のために乙土地をＡが出資した。Ａが組合を脱退して、乙土地の返還を請求してきたが、このような請求は認められるか。

Ａが出資した乙土地はＡ・Ｂ・Ｃの共有となり、Ａの単独所有からは離れるのであるから、Ａが組合を脱退するときは、後述する清算が行われるのであって、土地の返還を請求することはできない（681条参照）。

Case 4

Ａ・Ｂ・Ｃが共同して事業を営むために、甲組合を設立し、その事業のために乙土地をＡが出資した。Ｂが乙土地の共有持分をＤに譲渡した場合に、Ｂは、それ以後は組合の事業のために乙土地を使用することができないことになるか。

組合員が、組合財産につき、その持分を処分したときは、その処分を組合および組合と取引をした第三者に対抗することができない（676条1項）。組合の目的遂行の手段である組合財産に組合員以外の者が加わることは適当ではないからである。したがって、ＢがＤに持分を譲渡した場合に、その譲渡はＢ・Ｄ間では有効であるが、対抗できない結果、Ａ・Ｃだけでなく Ｂも事業の執行のために自由に使用・収益をすることができる。

組合財産は組合の事業のための財産であるから、組合員は、組合契約終了前に分割を請求することができない（676条3項）。ただし、組合員全員の合意で分割することは可能である（大判大2・6・28民録19輯573頁）。

この土地を不法占拠する者がいる場合には、共有物に関する保存行為として各組合員は単独で妨害排除請求をすることができる（最判昭33・7・22民集12巻12号1805頁）。

3. 組合の債権

組合の債権も組合員に合有的に帰属して、組合の共同目的に拘束される。したがって、金銭債権のような可分債権であっても、各組合員に分割債権として帰属するものではない（大判昭13・2・12民集17巻132頁）。組合員は、組合財産である債権について、その持分についての権利を単独で行使できない

（676条2項）。組合全員が共同して行使することができる。各組合員が自己の持分に応じて債権を分割して行使できるものではない。

債権を行使して取り立てた利益は、組合の財産となって、組合員全員に合有的に帰属する。組合員が組合の債権について自己の持分を処分しても（例えば、3分の1の持分を有する組合員が組合の債権の持分に相当する分を第三者に債権譲渡をしても）、これをもって組合および組合と取引をした第三者に対抗することができない（676条1項）。すなわち、組合員が組合の債権の持分分を譲渡しても、譲渡したことを他の組合員に主張できず、他の組合員は譲渡がなかったとすることができるのだから、実質的には持分割合分の債権を譲渡することはできない結果になる。

組合員の債権者は、組合の財産に対して権利を行使することができない（677条）。したがって、組合員の債権者が債務者である組合員の組合財産上の持分を差し押さえたりすることはできない。また、組合に債務を負っている債務者が、組合員の1人に対して債権を有していた場合に、その債権と組合に対する債務と相殺することはできない。

4．組合の債務

組合の債務も共同の目的に拘束され、金銭債務のような可分債務であっても各組合員の損失分担割合に応じた分割債務になるわけではない。

> **Case 5**
> 　A・B・Cが共同出資して設立した甲組合が事業のためにE銀行から300万円を借りたが、組合員間の損失分担割合をA・B・Cは2対1対1と定めていた場合に、E銀行は各組合員のどのような請求をすることができるか。

E銀行は、組合員全員（A・B・C）または甲組合を相手に訴訟を提起し、勝訴判決を得て、組合財産に執行することができることとなる（675条1項）。

他方、組合員は組合の債務について無限責任を負うから、E銀行は損失分担割合に応じて、すなわちAに対して150万円、B・Cに対して各75万円を請求することもでき、またはA・B・Cに等しい割合で、つまり各100万円ずつ請求することもできる（675条2項本文）。ただし、E銀行が組合員間の損

失分担割合を知っていたときは、E銀行は損失分担割合によって請求しなければならない（同項ただし書）。債権者（E銀行）は、組合財産に対して執行することなく、直ちに組合員（A・B・C）の個人財産に執行することもできると解される。

5．損益分配

事業の遂行によって利益や損失が生じた場合には、それは組合員に分配される。損益の分担割合は組合契約で定められるものである。損失か、利益の一方について分担割合が定められているときは、その割合は両方に共通するものと推定されるが（674条2項）、全く定めがない場合には、その割合は出資の価額に応じて分配される（同条1項）。一部の組合員が利益の分配を全く受けない旨を定めることは、共同事業を営むという組合の性質に反するから、無効であるが（いわゆる「獅子組合」の否定）、これに対して、一部の組合員が損失の分担をしないと定めることは有効である（大判明44・12・26民録17輯916頁）。

□　V　組合員の変動　□

1．組合員の変動と組合の同一性

組合員の一人が組合を脱退した場合に、組合契約の当事者が変更することになるから、契約の側面を強調すると組合契約は解消されるべきこととなる。しかし、それでは組合の共同事業の遂行上不都合である。そこで、民法は団体性に着目して、組合の同一性を維持しながら組合員の脱退を認めることにした。

2．組合員の脱退

a．任意脱退

組合契約で組合の存続期間を定めなかったとき、またはある組合員の終身の間組合が存続すべきことを定めたときは、各組合員は、いつでも組合を脱

212 Lecture 14　組　合

退することができる。ただし、やむを得ない事由がある場合を除いて、組合にとって不利な時期に脱退することはできない（678条1項）。組合に不利な時期に脱退する意思を表示しても、無効である。

　組合の存続期間を定めたときであっても、各組合員にやむを得ない事由があるときは、各組合員は自己の意思で組合を脱退することができる（同条2項）。すなわち、やむを得ない事由があるときは、存続期間の定めの有無にかかわらず、組合員は自らの意思で脱退することができることになる。この678条の規定は強行規定であって、やむを得ない事由があっても任意に脱退できないとする組合契約の約定は、組合員の自由を過度に拘束するものであり、公の秩序に反し無効である（最判平11・2・23民集53巻2号193頁）。

b．非任意脱退

　組合契約は、共同事業を営むことを目的として、相互の人物・才能を信頼し合う関係に基づくものであるから、そのような関係が失われた場合には、脱退の問題が生じることになる。民法は、次に掲げる事由が生じた場合には、脱退するものとしている。

　①　組合員の死亡（679条1号）

　組合員が死亡した場合には、その地位は原則として相続されない。ただし、組合契約で相続することができると約定することは可能である。

　②　組合員が破産手続開始の決定を受けたこと（679条2号）

　③　組合員が後見開始の審判を受けたこと（679条3号）

　④　除名（679条4号）

　除名は、正当事由があり、かつ他の組合員の一致がなければ、することはできない（680条本文）。ただし、その組合員に除名した旨を通知しなければ、除名したことを対抗できない（同条ただし書）。

c．脱退の効果

　組合員が脱退する場合には、残る組合員との間で財産関係の計算が行われる（681条1項）。脱退当時における組合財産の状況に従って事業の収支がプラスであれば払戻しがなされ、マイナスであれば損失分担の割合に応じて払

い込まなければならない。払戻しは、組合員の出資の種類を問わず、金銭を
もって行うことができる（同条2項）。

Case 6

　A・B・Cが共同出資して組合を設立したが、その際に、Aは事業の
ための建物を出資した。Aは、組合を脱退するときに、出資した建物
の返還を請求することができるであろうか。

　Aは、建物の返還を請求することはできない。すなわち、組合に出資し
たことによって、建物は、A・B・Cの合有になっているのであり、脱退す
るからといって、Aの出資した物を返還しなければならないわけではない
からである。なお、脱退当時、まだ完了していない事項については、その完
了後に計算することができる（同条3項）。

　組合員は脱退すると、組合関係から離脱するが、脱退当時の組合債務につ
いては、なお損失分担割合に応じて責任を負う。この場合には、債権者が全
部の弁済を受けない間は、脱退した組合員は、組合に担保を供させ、または
組合に対して自己に免責を得させることを請求することができる（680条の2
第1項）。

　また、脱退した組合員は、脱退する前に生じた組合の債務を弁済したとき
は、組合に対して求償権を取得する（680条の2第2項）。組合員であった者が
組合脱退後に組合の債務を自己の固有の財産をもって弁済するのは、他人の
債務の弁済に当たるから、組合に対してそれを求償することができるのであ
る。

3．組合員の加入・組合員の地位の譲渡

a．組合員の加入

　組合員は、その全員の同意によって、すなわち加入希望者と従前の組合員
全員との加入契約の合意によって、または組合契約の定めるところにより組
合に加入させることができる（677条の2第1項）。ただし、出資が条件となる
（667条）。

　加入者は、加入前に生じた組合債務について自己の固有財産で弁済する責

214　Lecture 14　組　合

任を負わない（677条の2第2項）。

b．組合員の地位の譲渡

組合契約において譲渡が認められている場合、もしくは組合員全員の同意がある場合には、組合員の地位を譲渡することができる。

▣　Ⅵ　組合の解散と清算　▣

1．組合の解散

組合の解散は、組合の終了である。これによって、組合契約は解消され、組合員間の人的結合関係は消滅し、合有財産は清算されて個人財産に還元される。組合関係の解消は、組合の団体的特殊性から解散によるのであって、契約解除の規定（540条以下）は適用されない（大判昭14・6・20民集18巻666頁）。

解散事由として、民法は、①目的たる事業の成功または成功不能の確定（682条1号）、②組合契約で定めた存続期間の満了（同条2号）、③組合契約で定めた解散事由の発生（同条3号）、④総組合員の同意（同条4号）を定めている。

また、やむを得ない事由があるときは、各組合員は、組合の解散を請求することができる（683条）。

2．組合の清算

組合が解散したときは、その財産を整理し、残余財産を分配するために清算手続に入る。法人の清算におけると同様に、清算の範囲で、組合はなお存続すると解される。

清算は、組合員全員で共同して行うか、または選任された清算人が行う（685条1項）。清算人の選任は、組合員の過半数をもって決する（同条2項）。清算人が数人あるときは、その清算業務は、670条3項〜5項および670条の2第2項・第3項（業務執行の方法）に従って行う（686条）。また、組合契約をもって組合員中より清算人を選任したときは、その辞任・解任については

672条（業務執行者の辞任・解任）の規定が準用される（687条）。

　清算人の職務権限は、法人の場合と同じであり、①現務の結了、②債権の取立ておよび債務の弁済、③残余財産の引渡し（688条1項）、以上の職務を行うために必要な一切の行為をすることができる（688条2項、一般法人212条参照）。残余財産については、各組合員の出資の価額に応じて分割する（688条3項）。

【Exercise】
1．法人、権利能力なき社団と組合の相違について述べなさい。
2．組合の財産の所有関係について説明しなさい。
3．組合が債務を負担した場合における債務の帰属について説明しなさい。
4．組合債務に関する組合員個人の責任について説明しなさい。
5．組合員は任意に組合を脱退できるか。また、組合員の地位を譲渡することができるか。

Lecture 15 寄託・終身定期金・和解

Resume
Ⅰ　寄託
 1．寄託の意義
 2．寄託の成立
 3．寄託の効力
　 a．受寄者の義務
　　 ⅰ）保管義務
　　 ⅱ）保管に付随する義務
　　 ⅲ）目的物返還義務
　 b．寄託者の義務
　　 ⅰ）報酬支払義務
　　 ⅱ）損害賠償義務
　　 ⅲ）費用償還義務
 4．寄託の終了
　 a．寄託者の返還請求
　 b．受寄者からの返還
　 c．寄託物の一部滅失または損傷による損害賠償請求権および
　　 受寄者の費用償還請求権
 5．特殊な寄託
　 a．消費寄託
　 b．混合寄託
Ⅱ　終身定期金
 1．終身定期金の意義
 2．終身定期金の効力
Ⅲ　和解
 1．和解の意義と成立
　 a．和解の意義
　 b．和解と類似の制度
　　 ⅰ）裁判上の和解
　　 ⅱ）調停
　　 ⅲ）仲裁
　 c．和解の成立
　　 ⅰ）当事者間に争いが存在すること
　　 ⅱ）互いの譲歩（互譲）
　　 ⅲ）紛争を止める合意の成立
 2．和解の効力
　 a．法律関係確定の効力
　 b．和解と錯誤
　 c．不法と和解
 3．示談と後遺症

□ I 寄 託 □

1. 寄託の意義

　寄託は、当事者の一方（寄託者）がある物を保管することを相手方に委託し、相手方（受託者）がこれを承諾することによって、その効力を生じる契約である（657条）。寄託は原則として無償・片務契約であり、当事者の合意によって成立する諾成契約である。しかし、博物館の手荷物一時預け所に鞄等を預ける場合は、手数料が取られることがあるが、そのときは有償契約であり、双務契約でもある。

　寄託も労務供給契約の一種であるが、その労務の内容が物の保管という特殊なものである点で、雇用・請負・委任と区別される。対象は物であるから、不動産も寄託できるが、実際には動産がほとんどである。

　銀行預金も金銭を銀行に保管させる寄託の一種であるが、特約がない限り銀行は保管する金銭を消費することができるので、消費寄託と呼ばれ、消費貸借に関する590条、591条2項・3項および592条の規定が準用される（666条2項・3項）。

　なお、寄託における「保管」とは受寄者が自己の労務によって物の現状を維持することである。したがって、貸金庫・コインロッカー、貸駐車場等は、保管の場所を提供しているだけであるから、保管場所の賃貸借であって、寄託ではない。

2. 寄託の成立

　寄託は、その効力を生じるためには当事者の合意のみでよい、諾成契約である（657条）。

3．寄託の効力

a．受寄者の義務

ⅰ）保管義務

受寄者は、自ら受寄物を保管すべきであって、寄託者の承諾がない限りは、受寄物を使用することができない（658条1項）。また第三者をして保管させることは、寄託者の承諾があるとき、またはやむを得ない事由があるときでなければ、することができない（658条2項、再寄託）。再受寄者は、寄託者に対して、その権限の範囲内において受寄者と同一の義務を負う（658条3項）。寄託者の承諾を得て第三者に保管させた場合、または、やむを得ない事由によって寄託物を第三者に保管させた場合に、寄託内容に適合しない保管がされたときは、寄託者は、受寄者に対して債務不履行を理由とする損害賠償を請求でき、さらに契約を解除することができる。受寄者は、第三者の選任・監督について契約の趣旨に照らして合理的な注意を尽くしても免責されない。

無報酬の受寄者は、自己の財産に対すると同一の注意をもって、寄託物を保管する義務を負う（659条）。受寄者の注意義務を低減させる規定であるが、寄託者は受寄者が日頃自己の物をどのように保管しているかをみて保管を依頼するのであるから、当事者の意思にも合致し、また無償であるから注意義務を低くしてもよいと考えられる。したがって、有償寄託の場合には、善良なる管理者の注意義務が受寄者には課せられると解される（400条）。なお、受寄者が商人であるときは、無償であっても善管注意義務を負う（商595条）。また、旅店、飲食店、浴場その他の来集を目的とする場屋における取引を業とする者は、客の寄託物が滅失・損傷したときは、不可抗力の場合を除き、損害賠償責任（レセプツム責任）を負わなければならない（商596条）。

ⅱ）保管に付随する義務

寄託物について、自分が真の権利者だと主張する者が現れ、受寄者に対してその保管する物の返還請求の訴えを提起したり、または差押え・仮差押え・仮処分をしたときは、受寄者は遅滞なくその事実を寄託者に通知しなければならない（660条1項）。ただし、寄託者が既にこれを知っているときは

通知しなくてよい（同項ただし書）。寄託者が遅滞なく対抗措置をとることができるようにするためである。

受寄者は、寄託に当たって受領した金銭その他の物を寄託者に引き渡さなければならない（665条・646条）。また、受寄者が寄託者に引き渡すべき金額等を自己のために消費したときは、その消費日以後の利息を支払わなければならず、なお損害があるときはこれも賠償しなければならない（665条・647条）。

iii）目的物返還義務

契約が終了した場合には、受寄者は、契約上の義務として目的物を寄託者に返還しなければならない。寄託契約上の返還請求権が消滅時効にかかっても、寄託者は所有権に基づいて返還請求をすることができる（大判大11・8・21民集1巻493頁）。第三者が寄託物について権利を主張する場合であっても、受寄者は、寄託者の指図がない限り、寄託者に対し寄託物を返還しなければならない（660条2項本文）。したがって、受寄者は、第三者が寄託物について権利を主張して引渡しを請求してきても、これを拒絶することができることになる。この場合に、寄託者に寄託物を引き渡した受寄者は、これによって第三者に損害が発生しても、第三者に対して損害賠償責任を負わない（660条3項）。

もっとも、寄託物について権利を主張する第三者が受寄者に対して訴えを提起し、または差押え、仮差押えもしくは仮処分をし、受寄者が遅滞なくその事実を寄託者に通知したときは（660条1項本文）または寄託者が既にこれを知っているとき（同項ただし書）は、寄託物を第三者に引き渡すべきことを命じる確定判決（裁判上の和解等、確定判決と同一の効力を有するものを含む）があって、その第三者に寄託物を引き渡した場合には、受寄者は、寄託者に対して返還義務の不履行の責任を負わない（660条2項ただし書）。

返還場所は保管をすべき場所であるが、受寄者が正当な事由があって目的物の保管場所を移転した場合には、現在、寄託物がある場所で返還することができる（664条）。

ｂ．寄託者の義務
ⅰ）報酬支払義務

寄託は無償が原則であるが、有償の特約があるときは、寄託者は報酬支払義務を負う（665条・648条）。この報酬は、実質的には保管料であるが、報酬の支払いと目的物の返還義務は、同時履行の関係に立つものと解される。

ⅱ）損害賠償義務

寄託者は、寄託物の性質または瑕疵によって生じた損害を受寄者に賠償しなければならない（661条本文）。ただし、寄託者が過失なくしてその性質もしくは瑕疵を知らなかったとき、または受寄者がその性質もしくは瑕疵を知っていた場合には、賠償をしなくてもよい（同条ただし書）。

ⅲ）費用償還義務

寄託者は、寄託に要する費用を前払いし（665条・649条）、受寄者が支出した費用を償還し（665条・650条1項）、受寄者の負担した債務を弁済し、その債務が弁済期にないときは担保を提供しなければならない（665条・650条2項）。

4．寄託の終了

寄託は、契約一般に共通の終了原因のほか、特殊な原因によって終了する。

ａ．寄託者の返還請求

委任と異なり両当事者の任意解除権は認められていないが、寄託物の返還時期の定めあるときであっても、寄託者はいつでも寄託物の返還を請求でき、これによって寄託は終了する（662条1項）。寄託の必要がなくなってまでも、寄託者を拘束して預け続ける必要はないからである。受寄者は、返還時期前に返還請求を受けたことによって損害を受けたときは、受託者に対して損害賠償を請求することができる（同条2項）。寄託が有償の場合には、受寄者は返還までの保管料を請求することができる（665条・648条3項）。

b．受寄者からの返還

　受寄者は、寄託物の返還時期の定めがないときは、いつでも寄託物を返還できるが（663条1項）、返還時期の定めがあるときは、やむを得ない事由がなければ、期限前に返還することができない（同条2項）。寄託が、もっぱら寄託者のための制度であるから、受寄者からの返還については、制限が加えられている。

c．寄託物の一部滅失または損傷による損害賠償請求権および受寄者の費用償還請求権の期間制限

　返還された寄託物の一部滅失または損傷によって生じた損害の賠償は、寄託者が返還を受けた時から1年以内に請求しなければならず、同様に、受寄者が支出した費用の償還も寄託者が返還を受けた時から1年以内に請求しなければならない（664条の2第1項）。この期間は、除斥期間である。

　上記の損害賠償請求権については、寄託者が返還を受けてから1年を経過するまでの間は、時効は、完成しない（664条の2第2項）。寄託の期間が長期にわたり、寄託者が寄託物の状況を把握できないうちに消滅時効が完成してしまって、寄託物の返還を受けて損害賠償をしようとしても、請求権自体が消滅時効にかかっているという不合理な事態を回避する意図で設けられた規定である。すなわち、寄託者が返還を受けた時から1年を経過するまで時効の完成を猶予する規定である。

5．特殊な寄託

a．消費寄託

　消費寄託とは、契約によって寄託物を消費することができる寄託であって、受寄者は、寄託された物と種類、品質および数量の同じ物をもって返還しなければならない契約である（666条1項）。消費寄託も寄託の一種であるから、寄託に関する規定も適用される。さらに、寄託物の占有と処分権が受寄者に移転する点では、消費貸借とも共通するので、その限度で消費貸借の規定も準用している（666条2項）。準用されるのは、寄託者の担保責任について590条と受寄者が寄託物と種類・品質・数量の同じ物をもって返還する

ことができなくなった場合についての価額の償還に関して592条である。

　預貯金契約は、受寄者である金融機関が預かった金銭を貸出等で運用して収益を上げているから、専ら寄託者の利益のためにされる他の消費寄託とは異なる。そこで、預貯金契約については、借主（受寄者）は、返還時期の有無にかかわらずいつでも返還できる旨の規定（591条2項）および返還時期の定めがあるにもかかわらず、借主がその時期の前に返還をしたことによって損害を受けた貸主（寄託者）は、借主に損害賠償を請求することできる旨の規定（同条3項）を準用している（666条3項）。

b．混合寄託

　混合寄託とは、受寄者が複数の寄託者から同一種類・同一品質の物の保管を委託された場合に、これらを混合して保管し、後に寄託を受けた物と同一種類・品質の物を同量返還する、特殊な類型の寄託である。受寄者は、各寄託者の承諾があるときに限り、混合して保管することができる（665条の2第1項）。

　寄託者は、混合保管寄託した寄託物の中から、寄託した物と同じ数量の物の返還を請求することができる（665条の2第2項）。

　また、混合寄託物の一部が滅失したときは、寄託者は、混合して保管されている総寄託物に対するその寄託した物の割合に応じた数量の物の返還を請求することができる（同条3項前段）。混合寄託おける寄託物の一部滅失のリスクを各寄託者に按分して負担させるものである。各寄託者は、寄託物の一部の返還を受けられなくなるのであるから、受寄者に損害賠償を請求することができる（同条3項後段）。

□　Ⅱ　終身定期金　□

1．終身定期金の意義

　終身定期金契約とは、当事者の一方が、自己、相手方または第三者の死亡に至るまで、定期に金銭その他の物を相手方または第三者に給付することを

約することによって、効力が生じる契約である（689条）。この制度は、受取人（債権者）の老後の生活保障制度を目的とするものであったといわれる。しかし、国民年金制度や厚生年金制度等の生活保障関連の特別法の発展によって、現在では、民法上の終身定期金制度は、社会的に機能を果たさなくなっている。

終身定期金契約は、無償・不要式・片務契約であるが（689条）、有償・双務契約でもよい。

2．終身定期金の効力

終身定期金の給付は、相手方にする場合と第三者にする場合がある。給付先が第三者であるときは、第三者のためにする契約の規定（537条以下）が適用される。

終身定期金は、日割りをもって計算する（690条）。中途で契約が解消された場合などにおける基準である。

定期金債務者が、定期金の元本を受け取っている場合において、その定期金給付を怠り、またはその他の義務を履行しないときは、相手方は元本の返還を請求することができる。ただし、既に受け取った定期金の中からその元本の利息を控除し、その残額を債務者に返還しなければならない（691条）。この元本の返還と残額の返還とは同時履行の関係に立つ（692条・533条）。

定期金債務者の責めに帰すべき事由によって死亡が生じたときは、裁判所は、終身定期金債権者またはその相続人の請求により相当の期間、債権が存続することを宣告することができる（693条1項）。この場合には、債権者またはその相続人は、上述した元本返還請求権（691条）を行使することもできる（同条2項）。

終身定期金を遺贈した場合にも、689条〜693条の規定が準用される。

□ Ⅲ 和　解 □

1．和解の意義と成立

a．和解の意義

　和解は、当事者が互いに譲歩してその間に存する紛争を止めることを約することによって成立する契約である（695条）。和解は、諾成・不要式の契約であって、相互に譲歩（互譲）するから有償契約である。民事紛争を解決するのに、民事裁判によるといたずらに時間と費用がかかり、当事者間の人的な関係にも決定的な亀裂を生じさせるが、和解は、互いに譲歩して白黒の決着をつけずに紛争を止めるので、裁判でも、裁判外でも非常によく利用される。

b．和解と類似の制度

　和解と類似する紛争終結制度を次に掲げる。

ⅰ）裁判上の和解

　裁判官の面前でする和解であり、起訴前の和解（即決和解、民訴275条）と訴訟係属中の和解（民訴89条参照）がある。いずれも、調書に記載されれば、確定判決と同一の効力を有する（民訴267条）。

ⅱ）調　停

　調停は、調停委員が仲介して行う和解である（民事調停法、家事事件手続法、公害紛争処理法、労働関係調整法による）。調停も、調書に記載されると、確定判決と同一の効力を有する。

ⅲ）仲　裁

　仲裁は、当事者の合意で、紛争を第三者（仲裁人）の判断に委ねる契約であり、契約が成立すると、当事者は仲裁人の判断に服さなければならない。

c．和解の成立

　和解成立の要件は、①当事者間に争いが存在すること、②当事者の互譲が

あること、③争いを止める合意が成立することである。

ⅰ）当事者間に争いが存在すること

当事者間の争いを止めることを目的とするから、争いの存在が要件とされる（695条）。しかし、現在では、「争いの存在」を厳格に解せず、厳密な意味での争いが存在しないときでも、「たとえ真実と違っていても」という意思で明確な権利・義務関係を確認する合意も和解と解されている。すなわち、権利関係が不確実であることも当事者間に理解の食い違いがあるときは、争いと同視されるのである。

ⅱ）互いの譲歩（互譲）

互いに譲歩しあって、不利益を相互に忍んではじめて、たとえ真実に反しても合意に従うべき義務を認めることができるから、互譲が要件となる。したがって、一方だけが譲歩するのは、和解ではない。

ⅲ）紛争を止める合意の成立

たとえ後に真実に反すると判明しても、それによって動かされずに、この合意によって争いに決着をつける旨の意思の合致があることである。このような合意であるからこそ、和解の効果（696条）が発生する。

2．和解の効力

a．法律関係確定の効力

和解が成立した後に、合意と異なる真実の法律関係が判明しても、和解の効力は失われない。民法696条は、和解契約で、当事者の一方であるＡが争いの目的である権利を有するものと認められ、相手方Ｂがその権利を有しないものと認められた場合には、その後において、Ａが従来その権利を有しない旨の確証、またはＢがこれを有していた旨の確証がでたときは、その権利は和解によってＡに移転し、またはＢの権利は消滅したものとみなしている。

Case 1

　Ａの所有する甲土地とＢの所有する乙土地との境界線について争いが生じ、Ａは現在ブロック塀が立って境界となっている所より乙土地に2m入ったところが境界だと主張し、Ｂはブロック塀のところが

境界だと主張するが、話し合ってブロック塀よりも1mだけ乙土地に入ったところを境界とするという和解が成立した。ところが、その後、ブロック塀が立っていたところが境界線であったことが判明した。Bは、境界をもう一度確定し直すように請求できるだろうか。

Case 1 では、Bの土地所有権の一部がAに移転したことになる。

なお、本 Case における A・B 間の争いは所有権の及ぶ範囲の争いであって、境界確定の訴えとしての争いではないことに注意すべきである。判例は、相隣者の間で境界を定めた事実があっても、これによって、土地の境界自体は変動するものではないとしている（最判昭31・12・28民集10巻12号1639頁）。境界線は、行政上の措置（国土調査など）によって定められるべきものだからである。

b．和解と錯誤

和解と錯誤の問題は古くから議論されているものである。和解は、たとえ真実は違っていても、それを不問として争いを止めることを合意するのであるから、その範囲内において真実と和解の内容とが違っていても錯誤の主張はできないのである。すなわち、争いの目的たる事項に錯誤があった場合には、95条による取消しは主張できない。例えば、借地権の期間満了による建物収去土地明渡の調停において、法定更新による借地権の存続について錯誤があって借地権の消滅が合意された以上は、後に法定更新の点が判明したとしても調停における和解の効力は争うことができないとされる（最判昭36・5・26民集15巻5号1336頁）。

Case 2

　AはBに対し売掛代金債権を有しており、Bにその支払いを求めたが、Bは現金を有していなかった。そこで、Bが有する高級なブルーマウンテンコーヒー豆をもって代物弁済することとした。ところが、代物弁済として現実に引き渡されたコーヒー豆は、普通のレギュラーブレンドコーヒー豆であって、ブルーマウンテンコーヒー豆は入っていなかった。Aは錯誤を理由に和解の無効を主張できるか。

争いの目的にならなかった事項に錯誤があった場合、例えば、Case 2 の

ように争いの対象外のことで単に和解の前提とされた事実（コーヒー豆の品質）に錯誤があった場合には、改正前95条により錯誤による無効を主張することができるとされる（改正法では、取消しの主張をすることができる。最判昭33・6・14民集12巻9号1492頁）。

c．不法と和解

和解の内容が、公序良俗（90条）や強行規定（91条）に違反するときは、和解は無効となる。したがって、賭博による負け金債務を履行するために小切手の振り出しによって支払う旨の和解は、公序良俗に違反して無効な法律関係を基礎として和解が成立した場合であるから、和解は無効となる（最判昭46・4・9民集25巻3号264頁）。

3．示談と後遺症

示談は、示談金を提供する代わりに、相手方に請求権を放棄させる契約である。示談において互譲がないときは、和解ではないと解されるが、一方的に譲歩するときも、示談として和解に準じた効力が認められる。したがって、示談によって損害賠償請求権などが放棄されたときは、その後に損害が生じても、新たに賠償請求はできないことになる。しかし、示談当時予想し得なかった後遺症やその治療に基づく損害にまでは、示談の効力は及ばず、新たに損害賠償を請求することができる（最判昭43・3・15民集22巻3号587頁）。

【Exercise】
1．無償寄託と有償寄託では、受寄者の保管義務にどのような相違があるであろうか。
2．寄託契約の解約は、寄託者から解約する場合と受寄者から解約する場合では、どのような相違があるであろうか。
3．和解の成立要件について、整理しなさい。
4．和解の内容について錯誤があった場合に、和解契約は無効となるか。
5．交通事故によって生じた損害の賠償について示談をし、被害者は、以後、この損害について新たに賠償を請求しない旨の約定がなされたが、その後に後遺症が発症した場合には、被害者は、さらに損害賠償を請求することはできないか。

Lecture 16　不法行為の基礎理論

Resume

Ⅰ　不法行為の意義と機能
　1．不法行為の意義と機能
　2．民事責任と刑事責任の分化
Ⅱ　過失責任と無過失責任
　1．過失責任主義
　2．無過失責任主義
　3．危険責任主義と報償責任主義
　4．準無過失責任（中間責任）
Ⅲ　不法行為責任と債務不履行責任
　1．不法行為責任と債務不履行責任の相違
　2．請求権競合論
Ⅳ　不法行為責任と保険
　1．責任保険
　2．補償制度
　3．社会保障
Ⅴ　不法行為法の構造

□ Ⅰ 不法行為の意義と機能 □

1．不法行為の意義と機能

> **Case 1**
> 　自家用車を運転して買物に出かけたＡが、その途中、不注意で歩行
> 者Ｂを負傷させてしまった。その結果、Ｂは 1 週間、仕事を休み、
> 病院で入院治療を受けるにいたった。このような場合、Ｂは、Ａに対
> して法的にどのような請求ができるであろうか。

　不法行為とは、ある者が他人の権利または利益を違法に侵害し、その結果、他人に損害を与えた場合に、加害者に対してその損害を賠償すべき責任を負わせる制度である。設例の場合では、Ａが自らの不注意でＢを負傷させたのであるから、Ｂは、自身の身体がＡの過失によって侵害され、損害が生じたとして、不法行為を理由にＡに対して入院治療費や逸失利益（休業による収入の減少額）の損害賠償を請求することができるのである。わが民法は、このような不法行為による損害賠償について709条で規定している。

　不法行為は、私法上、特定人（被害者と加害者）間に法定の債権債務関係を生じさせる。つまり、不法行為は、事務管理や不当利得と同様、法定債権の発生原因なのである。

　他人の不法行為によって損害を被った者は加害者に対して損害賠償を請求することができるが、この損害賠償の目的は、被害者救済である。そのため、損害賠償は、その機能として損害の塡補を第一にあげるべきであるが、将来の不法行為を抑止する機能をも併有すると考えられている。

2．民事責任と刑事責任の分化

　加害者の行為が不法行為責任（民事責任）を発生させると同時に、刑事責任を生じさせることもある。民事責任は、個人（被害者）対個人（加害者）の関係で発生すべき法的サンクションであり、刑事責任は、社会（国家）対個人（行為者）の関係で発生すべき法的サンクションである。近代国家におけ

230　Lecture 16　不法行為の基礎理論

る民事と刑事の責任区分は、不法行為責任が被害者の損害の塡補として機能
し、刑事責任が行為者に対する社会的制裁として作用しているという機能分
化に接応しているのである。

▣　Ⅱ　過失責任と無過失責任　▣

1．過失責任主義

　民法709条は、不法行為責任が成立するための原則的要件として、他人に
損害を与えたことが「故意又は過失」によったものであることを定めてい
る。いわゆる過失責任主義を採用しているのである。この主義によれば、人
は自己の行為について普通に必要とされる注意を払って活動していれば、他
人に損害を与える結果が生じても、不法行為責任を負わなくてもよいことに
なる（過失なければ責任なし）。したがって、過失責任主義は、個人の活動の自
由を（契約自由の原則が正面から保障するのに対し）背後から保障するものである
といわれている。

2．無過失責任主義

　過失責任主義が個人の活動の自由を裏面から保障したことにより、わが国
の経済活動は活性化し、高度経済成長をもたらしたが、その反面、被害者の
救済が不十分なまま放置される結果を生んだ。また、現代においては、高度
の危険を伴う企業活動や重大な損害をもたらす物質が出現している。かかる
状況においては、過失責任主義がもはや被害者救済の機能を果たさなくなっ
ている法領域も少なくない。そこで、このような領域においては、故意また
は過失の有無にかかわらず、他人に与えた損害に対して賠償責任を認めよう
とする考え方が生成してきた。これを無過失責任主義という。

3．危険責任主義と報償責任主義

　無過失責任主義の論拠は、概ね危険責任主義と報償責任主義に大別され
る。危険責任主義とは、「自ら危険を作り出した者はその結果について責任

を負うべきである」とする考え方である。民法717条の工作物責任は、この主義に基づくものであると考えられている。報償責任主義とは、「利益の帰するところに損失もまた帰する」として、利益を得る過程で他人に損害を与えた者は、その利益の中から賠償をするのが公平であるという考え方である。民法715条の使用者責任は、当該主義を基礎としているといわれている。

　無過失責任主義が採用されている例として、土地工作物責任（717条）、鉱害の賠償責任（鉱業109条）、独占禁止法上の損害賠償責任（独禁25条）、原子力事故の損害賠償責任（原賠3条）、大気汚染防止法による賠償責任（大気汚染25条）、水質汚濁防止法による賠償責任（水質汚濁19条）などがあげられる。

4．準無過失責任（中間責任）

　一般的に、不法行為では、被害者が加害者の過失を立証しなければならない。しかし、政策的判断から、過失の有無にかかわらず、まず加害者に対して賠償責任を認めたうえで、加害者が無過失を立証したときには免責させようとする法技術がある。これを「立証責任の転換」という。現実に損害が発生している限り、無過失を加害者が立証することは容易ではなく、結果として免責されるケースはほとんど見受けられない。このように、原則的に過失責任主義を採用しながら、立証責任の転換によって実質的に無過失責任と同様の結果を導いているものを「準無過失責任」または「中間責任」と呼んでいる。責任無能力者の監督者責任（714条）、使用者責任（715条）、土地工作物の占有者責任（717条1項）、動物の占有者責任（718条）、自動車運行供用者責任（自賠3条）などがこれに該当する。

▨ Ⅲ　不法行為責任と債務不履行責任 ▨

1．不法行為責任と債務不履行責任の相違

　不法行為と債務不履行（契約違反）は、ともに違法な原因で他人の権利または利益を侵害することでは共通している。しかし、債務不履行は、当事者が契約という特殊な信頼関係で結ばれており、債務者がこの信頼関係上の相

232　Lecture 16　不法行為の基礎理論

手方の利益を侵害する場合であるのに対し、不法行為は、このような結合関係はなく、一般的に人として法律上保護されるべき権利または利益が侵害された場合である点に、両者の本質的相違がある。したがって、特殊な信頼関係上の利益を侵害する債務不履行の方が、一般的な他人の権利または利益を侵害する不法行為より社会的非難の程度は高いといえよう。それゆえ、次の点において債務不履行責任を追及する方が債権者（被害者）に有利であると考えられている。第1に、不法行為では被害者側が加害者に故意または過失があったことを立証しなければならないが（709条）、債務不履行では債務者が自分に故意または過失がなかったことを立証しなければ免責されない（債権者は、債務者に故意または過失があったことを立証する必要はない）。第2に、不法行為責任には3年の短期消滅時効の規定があるが（724条1号）、債務不履行責任の消滅時効は5年または10年と解されている（166条1項）。第3に、失火者の責任を軽減している「失火ノ責任ニ関スル法律」は、不法行為だけに適用されて、債務不履行には適用されない。

2．請求権競合論

> **Case 2**
> 　タクシーの運転手が走行中に誤ってガードレールに衝突し、乗客を負傷させた場合、運転手は乗客に対して、契約責任の視点から旅客運送契約における安全輸送の義務に違反したことを理由に債務不履行責任を負うことになるが、他方、自らの過ちによって他人の身体を侵害したことから不法行為責任を負うことにもなる。この場合、乗客は運転手に対して、旅客運送契約に基づいた債務不履行責任を追及すべきであるのか、それとも両責任のいずれか一方を任意に主張して損害賠償を請求できるのであろうか。

　これは、いわゆる請求権競合の問題である。判例（大連判明45・3・23民録18輯315頁等）および多数説は、後者の立場を採り、請求権の競合を認める。すなわち、不法行為責任と債務不履行責任とは別個の要件と効果を内容とする独立した制度であるから、1つの事実が両責任の各要件を充足するならば両責任は独立して発生し、したがって当事者はそのいずれを選択してもよいと

説明する（請求権競合説）。これに対し、債務不履行責任は当事者間に契約関係という特殊な結合関係がある場合に適用される規範であり、不法行為責任はそのような結合関係がない場面で適用されるべき規範であるから、契約関係がある場合には債務不履行責任が優先的に適用され、一般的な不法行為責任は排除されるとする請求権非競合説も有力である。本学説は、法律の条文が形式的に競合しているにすぎないと考えることから、法条競合説とも呼ばれている。これら両説は、各請求権が独立して存在していると解するのに対し、近時は、複数の請求権規範が存在していても、請求権自体は単一であると解する有力説（規範統合説および請求権二重構造説）も唱えられている。

Ⅳ 不法行為責任と保険

1．責任保険

　経済社会の発展と社会生活の複雑化に伴う各種事故の多様化とその増加は、市民の誰もが加害者または被害者となりうる可能性を高めてきた。例えば、交通事故は日常茶飯事のことであり、自動車の運転者側からいえば、いくら注意を払ったとしても事故は不可避的に発生する。つまり、すべての運転者は潜在的加害者として掌握されるのである。また、生活に伴う不慮の事故などを考えると、国民はすべて潜在的な加害者であり、かつ被害者であるといえよう。かかる状況において、潜在的加害者の立場からはリスクの分散と賠償資力の確保、潜在的被害者の立場からは確実で迅速な損害の賠償が望まれる。このような要請に応える制度として、責任保険がある。すなわち、事故を起こした場合に負担すべき賠償責任を保険者に肩代わりさせるかわりに、その負担の対価として保険料を支払うことによって、賠償資力を担保するとともに円滑な被害者救済を図ろうとする制度である。責任保険は、不法行為責任の成立を前提としているものの、責任保険に入っていれば加害者としても不法行為の成立を全面的に争わなくても容易に賠償に応えることができるという利点がある。特定の危険を伴う活動をする者に対して、この責任保険を強制的に加入させれば、被害書救済の効果は大きい。わが国では、自

234 Lecture 16 不法行為の基礎理論

動車損害賠償保障法（自賠法）および原子力損害賠償法が制定されている。

　不法行為法において被害者を救済するためには、2つのハードルがある。第1に、加害者の不法行為責任を立証しなければならない点であり、第2に、加害者に賠償資力がなければ救済は実現できない点である。これらをクリアする1つの手段として、前述の責任保険の利用があるが、その他にも、損害保険、傷害保険、生命保険などがある。これらの保険は、潜在的被害者が保険料として拠出した資金によって被害者を救済する制度であるが、責任保険とは異なり不法行為責任の立証は不要であるため（加害者の存在自体も不要）、被害者の自衛手段としては有益である。

2．補償制度

　さらに、被害者救済を徹底させた公的な被害者救済制度がある。不法行為による損害賠償は、不法行為責任が承認されてはじめて被害者が救済される構造となっている。そのため、加害者の過失の存否や賠償額につき争いがある場合には裁判を提起しなければならず、被害者が十分に救済されないことも少なくない。そこで、社会的に被害が深刻で国家が必要と認めた領域において、補償制度を設けたのである。この制度は、特別法が定めた対象者に生じた損失を塡補するための補償制度であって、その損失は、不法行為によるものであっても、事故や天災によるものであっても補償される。そして、不法行為の場合であっても、加害者の賠償義務の存在を前提とせずに補償され、その金額は一定の定型的基準によって支払われるため、実損額に満たないこともある。

　多くの補償制度があるが、代表的なものとして労働者災害補償保険法の定める各種補償保険給付制度が挙げられる。これは、労働災害による損害を塡補するために、使用者に保険料を負担させて国家が行う保険給付制度である。公害健康被害補償法は、公害による健康被害に対する補償給付制度を定めている。これらの公的補償制度は、被害者の損失の全部または一部を、潜在的加害者の集団または被害を生じさせた活動によって利益を受けている者の集団に負わせ、損失負担の分散を図っている。

3．社会保障

被害者にとって重要なことは、損害が発生した場合に、迅速かつ適切な損害の賠償がなされることである。被害が認定されたときには過失の有無を問うことなく速やかに賠償を受けられるという、被害者救済を貫徹させるためには、国家の一般財源から被害者を救済する社会保障制度に到達せざるをえないであろう。

ニュージーランドでは、1972年の「事故補償法（Accident Compensation Act）」の制定により、事故によって生じた身体傷害に起因する損害について民事上の不法行為訴訟による救済を廃止して、統一的な事故補償制度に統合した。この制度は、被害者救済制度の理想的なあり方を実現したものとして注目されたが、このような総合的救済システムを経済的に支える補償基金の適切な運営が可能かどうかについて疑問も呈されている。

☐ Ⅴ　不法行為法の構造 ☐

不法行為法の形式的構造は、大別して、英米法のように個別的に類型化した不法行為構成を採るものと、フランス民法のように不法行為の成立や効果に関して一般化した不法行為として構成するものとがある。日本民法は、不法行為の基本規定である709条の中に不法行為の原理・原則を集約させているので、わが国では、不法行為をすべての場合に共通する一般的不法行為として構成しているといえよう。

一般的不法行為構成によれば、絶えず変化し発展する社会生活の現実からの要請に法が即応しうるという点においては適しているが、不法行為責任を負わされる場合が拡大して、法的安定性、つまり法機能の予測可能性が阻害される点が懸念される。これに対し、個別的不法行為構成は、これとまったく逆の構図となる。したがって、一般的不法行為構成を採用するわが国の規定が妥当に適用されるためには、現実社会に発生する不法行為の類型的考察が必要不可欠となるのである。

民法709条が規定する不法行為責任は、加害者の故意または過失がなけれ

236 Lecture 16 不法行為の基礎理論

ば発生しないのが原則である。これは、過失責任主義（過失なければ責任なし）を示すものであるが、「自己」の行為に過失があることを責任の根拠としているので、自己の行為についてのみ責任を負うという「自己責任の原則」を当然その中に包含している。したがって、不法行為責任とは、自己責任であり、かつ過失責任ということなのである。そして、これらの適用が排除される例外的な不法行為の類型は、特殊な不法行為（一般的不法行為の成立要件が修正されたもの）として規定されている。すなわち、責任無能力者の監督義務者の責任（714条）、使用者責任（715条）、注文者の責任（716条）、土地工作物責任（717条）、動物占有者の責任（718条）、共同不法行為責任（719条）である。

さらに、特別な法領域における特殊な不法行為として、失火責任法、国家賠償法、自動車損害賠償保障法、製造物責任法などが制定されている。

【Exercise】
1　不法行為制度の目的について説明しなさい。
2　過失責任主義が現代社会にもたらした功罪について述べなさい。
3　無過失責任主義とは、どのような考え方か説明しなさい。
4　危険責任と報償責任について解説しなさい。
5　立証責任の転換について論じなさい。
6　不法行為責任と契約責任の相違について述べなさい。
7　請求権競合とは、どのような問題であるか説明しなさい。
8　責任保険制度の目的とその長所について述べなさい。
9　一般的不法行為構成と個別的不法行為構成の特徴について説明しなさい。

Lecture 17　故意または過失

Resume

Ⅰ　一般的不法行為の成立要件の概要
Ⅱ　過失
　1．主観的過失と客観的過失
　2．抽象的過失と具体的過失
　3．予見可能性と結果回避義務
　　a．予見可能性
　　b．結果回避義務
　　　ⅰ）信頼の原則と注意義務の配分
　　　ⅱ）取締法規違反と過失の関係
　4．軽過失と重過失
Ⅲ　故意
Ⅳ　過失の立証責任
Ⅴ　責任能力
　1．責任能力制度の意義
　2．未成年者
　3．責任弁識能力を欠く者

238　Lecture 17　故意または過失

▣　I　一般的不法行為の成立要件の概要　▣

> **Case 1**
> 　Aが、旅行先でお土産を買うために工芸品店Bで商品を見ていたところ、Aの不注意で高額な商品を壊してしまった。そこで、Bは、Aと壊れた商品の弁償について話し合ったが、高額な商品であったこともあり、折り合いがつかなかったので、裁判所に訴えることにした。Bが壊れた商品について弁償してもらうためには、どのようなことを主張し、立証しなければならないであろうか。

　このような場合に適用されるのが、民法709条である。本条は、「故意又は過失によって他人の権利又は法律上保護される利益を侵害した者は、これによって生じた損害を賠償する責任を負う。」と規定している。709条の定める不法行為を理由として、裁判所に訴えて、Bが勝つためには、以下のようなことを主張しなければならない。すなわち、第1に、Aに故意または過失があったこと、第2に、AがBの権利または法律上保護される利益を侵害したこと、第3に、Aに責任能力があること、第4に、Bに損害が発生し、Aの加害行為との間に因果関係があったこと、である。Bが、これらのことを裁判所に主張し、Aが争ってきたら、Bはそれぞれについて証拠によって立証しなければならない。

　Bが主張しなければならない4つの要件を、709条所定の法律要件構成要素といい、これに該当する事実を要件事実という。原則的に、損害賠償請求権の取得という法律効果を求める原告が、その主張および立証責任を負うと解されている。

　次に、709条の定める一般的不法行為の各要件を解説しよう。

□ II 過 失 □

1. 主観的過失と客観的過失

　過失について、かつての通説は、一定の結果が生じることを予見できたにもかかわらず、不注意のために予見しないでその行為をするという心理状態であると解してきた。この見解は、不注意（精神の緊張の欠如）に帰責の根拠を求めている。過失をこのような心理状態として理解する考え方を主観的過失論という。

　これに対して、判例は、客観的過失論を採用してきた。客観的過失とは、過失の内容を一定の心理状態と解するのではなく、社会的にやってはいけないことをしたという行為義務違反と捉えるのである。すなわち、過失とは、損害の発生が予見可能であり、それを回避すべき行為義務があったにもかかわらず、それを怠ったことであると考えるのである。最近の学説では、この客観的過失論が多数を占めるにいたっている。

　経済社会の発展に伴い、人々の様々な社会活動によって生起する損害発生の危険性が増加するにつれ、各人が自分の能力に応じて精神を緊張させているだけでは十分ではなく、一般的な通常人であるならばその程度の注意を払うにちがいないという基準によって判断される行為が要求されるようになる。つまり、たとえ当該行為者が自分の能力を基準として十分注意を払って行為をしても、通常人がなす注意を基準として不注意と判断されるならば、過失の存在を認めるというのである。このように過失の判断に客観的基準が用いられるようになり、精神の緊張の欠如として解されていた過失概念は大きく変化することとなる。このような主観的過失論から客観的過失論への流れを「過失の客観化」と呼んでいる。

　過失の客観化が定着する一方で、客観的過失論を基軸にすえ過失を行為義務違反と解したうえで、主観的過失論の不注意という心理状態を否定することもできないと考え、これらは過失概念の両面を表現したものであるとする二重構造論が主張されている。過失について不注意という心理状態よりも客

観的な行為義務違反と解したほうが、規範的であるから合理的に判断できるという側面を重視するとともに、過失から心理的要素を完全に排除することはできないという真理を掌握している点で評価に値しよう。

2. 抽象的過失と具体的過失

過失は、だれを基準とするかによって、抽象的過失と具体的過失とに区分される。具体的過失とは、当該行為者の個人的能力を基準とするものであり、抽象的過失とは、一般人ないし通常人としての注意義務を怠ったことである。例えば、「善良な管理者の注意」(400条、644条) で取り扱われる過失は、抽象的過失であり、「自己の財産に対するのと同一の注意」(659条)、「自己のためにするのと同一の注意」(827条)、「その固有財産におけるのと同一の注意」(918条) で対象となる過失は、具体的過失である。709条の「過失」は、抽象的過失を問題としている。

抽象的過失は、過失の基準を具体的個人から離れて抽象的、一般的に捉えている点において、過失を内心的な心理状態と説く主観的過失論からは説明し難い。その意味で、抽象的過失は、過失の客観化に親和的な考え方である。しかし、抽象的過失といっても、純然たる抽象的な一般人が基準となるわけではなく、当該行為者の属する職業、年齢、地位等に応じた一般人を基準とする。例えば、病気の治療について医師の注意義務の水準が一般人より高いことは、容易に理解できよう。また、同じく医師でも個人の開業医と専門医では、過失の内容は異なったものとなろう。このように、抽象的過失といっても、当該行為者の職業、年齢、地位等または事件の状況に応じて判断されるべきものであるから、相対的な抽象的過失ということになるのである。

3. 予見可能性と結果回避義務

a. 予見可能性

過失を結果回避義務違反と解した場合であっても、過失の有無は、この結果回避義務違反のみで判断されるわけではない。結果の発生について予見可能性がなければ、その状況において行うべき回避義務の内容がわからないか

ら、過失の認定を受けるためには結果発生につき予見可能性を有することが、論理的前提となっているといえる。予見が不可能な場合には、結果発生の回避を期待することもできないであろう。したがって、過失の法的構成は、結果発生の予見可能性を前提として、結果回避義務が問われることになるのである。要するに、過失とは、結果発生につき予見可能性があるにもかかわらず、適切な回避義務を行わなかったということである。換言すれば、過失とは、結果発生の予見可能性を前提とする結果回避義務違反なのである。

　つぎに、予見の対象、つまり何を予見すべきなのか、について考えよう。具体的な損害を予見すべきだと解するならば、医療過誤・薬害・公害訴訟等では、予見可能性の範囲が限定され、予見可能性が否定されることもありうるから、合理性を欠くことになる。一方、抽象的な何らかの損害を予見できればよいと解すると、社会活動のほとんどが何らかの損害を生じさせる可能性を有しているから、予見可能性の要件は機能不全に陥るであろう。そこで、予見の対象を回避義務との相関関係から導出する学説が主張されている。すなわち、行為者に課されている回避義務との関係で予見の内容が決まってくるとする説である。この見解によれば、予見の対象となるべき危険は、回避措置につながる程度の具体性をもっていなければならず、かつそれをもって足りると解し、過失の要件としてどの程度具体的な危険の可能性を要求されるかは、行われる行為の性質、危険の種類・程度、想定されうる回避措置の性質などによって異なると説明する。

　このような程度にまで具体化された危険性につき予見可能であることを要するならば、安全性が確認されないまま開発された製品や製造方法などにみられる新規の危険については予見が困難となる場合がある。そこで、安全性が確認されていないような活動をする者に対して、事前に十分に調査研究して、その行為に内在する危険を確認すべき義務を課する考え方が出現した。すなわち、危険性を予見すべき調査研究義務ないし予見義務と呼ばれるものである。この見解は、危険な活動に対する予見義務という観念を媒介として、結果的には抽象的一般的な危険に対する予見可能性があれば、過失の要件としての予見可能性を認めることを可能としているので、薬害・公害等の

242 Lecture 17　故意または過失

新規の危険に対する被害者を救済するための理論として重要な役割を果たしている。

b. 結果回避義務

　過失とは、結果発生につき予見可能性があるにもかかわらず、適切な回避義務を行わなかったこと、つまり、予見可能な結果に対する回避義務に違反したことである。そこで問題になるのは、いかなる場合に、いかなる内容の結果回避義務が認められるかということである。

　通説によれば、当該行為がなされたのと同様な具体的状況におかれた場合に、通常人（当該行為者と同じ職業・地位・立場にある者としての標準的な人）がなすであろうと考えられる行為を基準として結果回避義務の存否が判断されるという。要するに、通常人の注意が基準となり、その注意を払わなければ過失が認められるのである。そして、その注意義務（結果回避義務）の内容は、行為の結果として予見される危険の大きさ、ないしは被侵害利益の重大さによって決定されるというのである。したがって、人の生命や身体に直接に被害を与える危険性の大きい行為をする者は、そのような危険性の小さい行為をする者と比較して、より重い結果回避義務を負うことになる。

　これに対し、近時、結果回避義務を決定する要素を抽出し、それらの要素の相関関係によって判断すべきとする学説が有力である。この見解によれば、結果回避義務を決める要素として、①当該行為から生じる損害（結果）発生の蓋然性（危険性）、②被侵害利益の重大性、③結果回避義務を負わせることによって犠牲にされる利益（社会的有用性）を挙げ、これらの比較衡量によって決定されると説明する。しかし、③の要素を比較衡量に入れることについて、加害者の責任の減免においてのみ機能するという批判がある。

ⅰ）信頼の原則と注意義務の配分

Case 2
　Ａは制限速度を守って自動車を運転していたところ、信号機のある交差点にさしかかった。Ａは、信号が青であったため停止せずにそのまま直進したが、赤信号を無視した自動車が交差点に進入し、衝突してしまった。Ａは、このような事故を未然に防ぐための注意義務を負

うのであろうか。

　加害者と被害者の双方がともに自動車の運転という同種の危険を有する活動をしている場合には、同じ交通関与者として双方に標準的な注意義務を負わせる（注意義務の配分）ほうが望ましい。そこで、加害者が相手方も標準的な運転者としての注意義務を遵守しているものと信頼して自動車を運転していたのであれば、相手方に損害を与えたとしても、交通法規を守っていた加害運転者を免責させてよい場合がある。このような考え方を、「信頼の原則」という。例えば、赤信号無視の車両に対する注意義務について、最高裁は、次のように判示し、交通ルールを無視した自動車の異常な運転まで予見すべき義務はないとした。「信号機の表示する信号によって交通整理が行われている交差点を通過する車両は、互いにその信号に従わなければならないのであるから、このような交差点を直進する車両の運転者は、たとえそれが深夜であっても、特別の事情のない限り、信号を無視して交差点に進入してくる車両のありうることまでも予想して、交差点の手前で停止できるように減速し、左右の安全を確認すべき注意義務を負うものではない」（最判昭43・7・25判時530号37頁）。経済社会の複雑化および社会関係の緊密化を考慮すれば、信頼の原則に内包される注意義務の配分という考え方は、交通事故にのみ限定される必要はないと思われる。

ⅱ）取締法規違反と過失の関係

　行政上の取締法規は、行政目的を達成するため、一定の行為を命じ、あるいは禁止することを規定している。例えば、食品衛生法や薬事法によって業者に要求される安全確保義務がこれにあたる。この行政上の取締法規と不法行為とは、法規制の対象や評価の観点が異なっているので、取締法規違反があったからといって当然に不法行為法上の過失があったとは認定できない。しかし、実際には、取締法規違反があるときには結果回避義務違反もあると考えるのが普通であるから、取締法規違反があれば、一応、過失があるものと推定できよう。反対に、取締法規を遵守していても、それだけでは過失がないとはいえないとされる。それは、取締法規は、一般的・定型的に要求すべきことを定めているにすぎず、結果回避のために必要とされることをすべ

て網羅しているわけではないからである。

4．軽過失と重過失

　過失は、不注意ないし注意義務違反の程度によって、重過失と軽過失に区分される。不法行為の一般的な要件である過失は、軽過失を指している。重過失について、判例は、わずかな注意さえ払えば結果の発生を容易に予見ないし回避しえたにもかかわらず漫然と見過ごしたことと説示している（最判昭32・7・9民集11巻7号1203頁）。重過失は、注意義務を怠った程度が著しく、とくに非難に値するものであり、故意と過失（軽過失）の中間、または故意に準ずる態様として位置づけられている。

　重過失概念は、2つの機能をもっている。第1に、重過失が法律要件とされている場合は、軽過失のときは行為者に責任を問わないという責任減免の役割である。失火責任法における失火責任要件としての重過失がその典型である。第2に、故意が法律要件とされている場合は、その故意を立証できないときに重過失を認定し、故意に準じた法的効果を発生させる機能である。

□　Ⅲ　故　意　□

　故意とは、結果の発生を認識しながら、その意思をもってあえて結果を生じさせる行為である。故意には、あえて行為をするという意思（加害意思）が存在しているので、故意による不法行為の帰責の根拠はその意思にあるといえる。したがって、過失を行為義務違反と解釈すれば、過失による不法行為と故意による不法行為とは、本質的な差異があることを認識する必要がある。

　しかしながら、通説は、責任の根拠について故意と過失とを区別せず、両者を包括して過失責任主義と呼んでいるため、故意による不法行為と過失による不法行為を明確に区分していない。それにもかかわらず、実際上は、次の点において両者を区別する取り扱いがなされている。すなわち、第1に、債権の目的である給付の実現を第三者が妨害する場合のように、故意の場合に限って不法行為の成立が認められる加害行為類型が存在すること、第2

に、損害賠償の範囲が故意による不法行為と過失によるものとでは相違する場合があること、第3に、損害賠償額の算定につき、故意による不法行為のほうが過失によるものよりも多額の賠償が算定されるべきであること、第4に、過失相殺について、加害者に故意がある場合には、被害者の過失をほとんど考慮すべきではないこと、である。通説は、このような相違について、刑事責任におけるような質的な差ではなく、過失の中でも重過失と軽過失の間で非難性につき程度の差が認められるのと同様に、故意と過失の非難性の程度の差異の問題であると解している。これに対して、損害賠償の範囲につき、故意による不法行為と過失によるものとでは、それぞれ別個の基準を用いるべきであるとする学説がある。すなわち、過失による不法行為は416条1項の「通常生ずべき損害」を基準にすべきであるのに対し、故意による不法行為では加害者はその結果の違法性を認識しているのであるから、同条2項の「特別の事情によって生じた損害」を基準にすべきであるという。また、過失による不法行為では第一次的損害としての直接損害がその対象であるが、故意によるものでは第二次的損害としての間接損害も認定してよいとする。

　故意または害意をもってなされた不法行為に対しては、制裁および抑止という法的評価が必要である。この考え方に沿うのは、英米法の懲罰的損害賠償であるが、わが国では採用されていない。そこで、懲罰には被害者の精神的慰謝の側面もあるから、慰謝料（精神的損害）の制度を用いて実質的に懲罰的損害賠償と同様の効果が導出できるとする見解は、被害者救済の視点から傾聴に値しよう。

□　Ⅳ　過失の立証責任　□

　加害行為が被告の過失によってなされたことを立証する責任は、伝統的見解によれば、原告（被害者）にあると解されている。判例も、過失の立証責任は被害者である原告にあると判断している（大判明40・3・25民録13輯328頁等）。しかし、過失の立証責任を被害者に負わせると、賠償責任が否定されることが少なくない。とくに、公害、医療過誤、交通事故等の事件において

は、被害者が被告の過失を立証することは容易ではない。このような事案では、被告は専門家や事業者であることが多いのに対し、被害者である原告は、被告と比べて専門的知識や理解能力において劣っているうえに、証拠を準備する経済力においても低いと考えられるからである。そこで、一定の場合に立証責任を転換し、被告が自分に過失のなかったことを証明しない限り、賠償責任を負わなければならないとする考え方が現れた。例えば、自動車損害賠償保障法は、運転者および運行供用者が自らの無過失を立証しない限り責任を免れないと規定している（同3条）。このように特別法によって立証責任を加害者に転換している例はあまりないため、解釈上、加害者に過失の立証責任を負わせる方策が必要となる。

　このような要請をうけ、「過失の一応の推定」という法理が判例および学説によって生成された。過失の一応の推定とは、一定の状況から経験則上何らかの過失があったことが確実であるといえるような場合には、当該事案において過失による行為の具体的な内容が明らかでなくても、損害発生の状況から事実上過失の存在が推定され、その反対の蓋然性について被告の反証がなされない限り、過失が認定されるという考え方である。つまり、経験則の適用によって事実上過失が推定される場合を、過失の一応の推定というのである。この一応の推定によって、加害者は過失がなかったことを立証しない限り免責されないことになるため、立証責任が転換されたと考えられるのである。

▣　Ⅴ　責任能力　▣

1．責任能力制度の意義

　未成年者や精神障害者が自己の行為の「責任を弁識する能力」（責任弁識能力）を有しない場合には、たとえ他人に損害を与えたとしても、その損害の賠償の責任を負わなくてもよい（712条、713条）。この責任弁識能力を「責任能力」と称している。責任能力を有しない者に対して損害賠償の責任を負わせない理由には、大別して2つの考え方がある。

第1に、不法行為が過失責任主義を採用するところから、故意・過失の前提として一定の判断能力の存在が必要となると解する説である。つまり、自己の行為の結果が相手方に違法な侵害を与えることを知るべきであるのに、それを知らなかったために加害を回避できなかったと解するのであれば、その前提としてそれを認識する能力が必要となると考えるのである。第2に、責任能力制度を過失責任主義の前提とする考え方とはまったく別の視点から、責任能力を欠く者を損害賠償責任から解放することによって保護する政策的免責制度と捉える見解がある。この見解の基底には、弱者の人格の保護という基本的理念が見て取れる。すなわち、責任能力制度を支える原理は、未成熟な人格の自由な発達を保護する人格権保障の考え方であるとするのである。

なお、この責任能力については、加害者が主張・立証責任を負うといわれている。つまり、行為の当時、加害者に責任能力があったことについて被害者が立証責任を負うのではなく、加害者に責任能力がなかったことについて加害者自身が立証責任を負担するのである。

2．未成年者

未成年者が、他人に損害を与えた場合において、自己の行為の「責任を弁識するに足りる知能」（責任能力）を有しないときは、その損害の賠償責任を負わなくてもよい（712条）。この知能の程度は、個別具体的な行為者の能力を問題としているから、個人差や行為の種類・性質によっても相違する。一般的には、12歳前後が基準となると解されている。未成年が不法行為責任を負わない場合には、監督義務者の責任（714条）が発生することになる。このようなときには、資力を有する親等（監督義務者）に対して損害賠償の責任を追及することになろう。

3. 責任弁識能力を欠く者

> **Case 2**
> 　Ａは、忘年会に参加した後、同僚たちとともに２次会に飲みにいった。そこで、Ａは飲みすぎてしまい、友人Ｂを突然殴りつけ、怪我を負わせてしまったという。しかし、Ａは、そのことをまったく覚えていない。Ｂは、Ａに対して治療費などの損害の賠償を請求できるであろうか。

　精神上の障害により自己の行為の「責任を弁識する能力」を欠く状態にある間に、他人に損害を加えた者は責任能力がないとして免責される（713条本文）。本条は、旧規定の「心神喪失の間に」が民法改正に伴い削除されたため、新しい文言に置き換えられたものである。未成年者・成年者を問わず適用され、継続的ではなく、その行為をなしたときに責任能力喪失の状態であればよい。

　しかし、責任能力の喪失について、故意または過失によって自らが一時的に招いたときには、免責は認められない（同条ただし書）。このような行為態様を、刑事法では「原因において自由な行為」と呼んでいるが、それと同様に、原因行為を根拠にして責任を負わせているのである。例えば、自分が深酒すれば意識を失うことを知っていながら、深酒した結果、酩酊状態で加害行為を行ったという場合がこれにあたる。

【Exercise】
1　一般的不法行為の要件（主要な４つの要件）について説明しなさい。
2　「過失の客観化」について解説しなさい。
3　抽象的過失が「過失の客観化」と親和的である理由について述べなさい。
4　予見可能性と結果回避義務の関係性について説明しなさい。
5　通常人の注意義務について解説しなさい。
6　結果回避義務を決定する要素について説明しなさい。
7　信頼の原則とは、どのような考え方か述べなさい。
8　過失による不法行為と故意による不法行為の相違について述べなさい。
9　「過失の一応の推定」の法理について解説しなさい。
10　責任能力制度の根拠について述べなさい。

Lecture 18　権利侵害と違法性

Resume
Ⅰ　権利侵害論から違法性論への展開
　1．権利侵害論
　2．違法性論の出現と相関関係説
　3．相関関係説の問題点と要件論の混乱
Ⅱ　不法行為二分論の登場
　1．絶対権・絶対的利益と相対権・相対的利益
　2．権利侵害類型と違法侵害類型
Ⅲ　権利侵害類型———絶対権・絶対的利益とその保護
　1．絶対的人格権と相対的人格権
　2．絶対的人格権の侵害
　　a．生命、身体、健康の侵害
　　b．自由の侵害
　3．物権ないし物権的権利の侵害
　　a．所有権の侵害
　　b．占有権の侵害
　　c．用益物権の侵害
　　d．担保物権の侵害
　　e．特別法上の物権の侵害
　　f．慣習法上の物権の侵害
　　g．知的財産権の侵害
Ⅳ　違法侵害類型———相対権・相対的利益とその保護
　1．債権侵害
　2．営業上の利益侵害
　3．生活妨害（公害）
　4．相対的人格権の侵害
　　a．相対的人格権の特異性
　　b．名誉の侵害
　　c．プライバシーの侵害
　　d．氏名権の侵害
　　e．肖像権の侵害
　　f．婚姻関係の侵害
　　g．その他の人格権の侵害
Ⅴ　被侵害利益の要保護性の程度
　①　絶対的人格権（生命、身体、健康）
　②　絶対権・絶対的利益
　③　相対的人格権
　④　相対権・相対的利益
Ⅵ　違法性阻却事由
　1．正当防衛
　2．緊急避難
　3．社会的に妥当な行為
　　a．正当業務行為
　　b．スポーツ中の加害
　　c．幼年者の加害
　4．被害者の承諾
　5．自力救済

I 権利侵害論から違法性論への展開

1. 権利侵害論

　かつての民法709条は、不法行為の要件として他人の「権利ヲ侵害」することを要求していた。しかし、平成16年の現代語化のための民法改正により、「権利又は法律上保護される利益を侵害」することに改められた。判例および学説によって確立された解釈を条文に盛り込むという改正の趣旨に基づき、「権利の侵害」要件は「法律上保護される利益の侵害」を含むものとして、両者が併記されたのである。まずは、この改正に関する権利侵害をめぐる議論の推移を追うことからはじめよう。

　民法典の起草者が権利侵害の要件を設けた理由は、社会生活において他人に損害を与えることは少なくないが、そのすべての損害を賠償しなければならないと解すると不法行為の成立範囲が広範になりすぎるので、権利侵害を要件に加えることで不法行為の成立範囲を制限したことにある。

　しかしながら、この権利侵害の要件を厳格に解釈することは、被害者の救済範囲を狭めることになる。この問題点を顕在化させたのが、雲右衛門事件判決（大判大3・7・4刑録20輯1360頁）である。本件は、当時の人気浪曲師の浪曲をレコードに吹き込んで製造販売する権利を有していたXが、その許諾なしにレコードを製作し販売したYに対し、著作権侵害を理由に不法行為による損害賠償を請求したものである。大審院は、浪曲のような瞬間創作は著作権法の保護する著作権の目的とはならないので、浪曲レコードの無断複製販売は権利侵害とはいえないとして、不法行為の成立を否定した。大審院は、確固たる権利が成立しているときにのみ権利侵害による不法行為が成立すると考えていたのである。この権利性についての判断は、つぎに取り上げる大学湯事件判決（大判大14・11・28民集4巻670頁）によって変更されることになる。

　大学湯事件は、「大学湯」という名前で風呂屋を営業していたY₁がその老舗をXに売却し、風呂屋の建物もXに賃貸し、営業を続けさせたが、X

が後にその賃貸借契約を合意解除し、老舗を売却しようとしたところ、Y_1 は Y_2 にその建物を賃貸して大学湯の名前で営業を続けさせたため、X は老舗の売却の機会を喪失したとして Y_1 および Y_2 に対して損害賠償を請求した事案である。原審は、老舗は権利ではないからその侵害は不法行為とはならないと判断したが、大審院は、709条の権利侵害の要件は法律により具体的な権利として認められたものの侵害だけではなく、法律上保護される利益の侵害でもよいと判示して、原審を破棄差戻した。現代語化のための民法改正により、本条に付加された「法律上保護される利益」の侵害は、このような判例の展開を反映させたものである。

2. 違法性論の出現と相関関係説

上記のような判例の展開を受けて、権利侵害の要件を違法性と置き換える学説が出現した。すなわち、不法行為は違法に損害を加えることによって成立するのであって、権利侵害がなくても加害行為が違法と評価されるときには不法行為は成立するという考え方が主張されたのである。要するに、違法性概念を用いて709条の権利侵害の要件を再構成したのである。この見解は、一時期きわめて有力となり、通説を形成するまでになった。

権利侵害という要件を行為の違法性と読み替えた場合、どのようなときに違法性ありと評価するのかという点が問題となる。この問題について、被侵害利益の種類・性質と侵害行為の態様との相関関係から違法性を判断するという学説が登場した。すなわち、加害行為の違法性を具体的に判断するには、加害の事実を被侵害利益と侵害行為の両面から検討していくことが必要であると述べ、被侵害利益が強固なものであれば侵害行為の不法性が小さくても加害に違法性があることになるが、被侵害利益があまり強固なものでない場合には侵害行為の不法性が大きくなければ加害に違法性がないことになると説明するのである。このような考え方は、相関関係説と呼ばれた。当説は、判例にも採用され、学説の到達点として多くの支持を受け通説的な地位を獲得するに至った。また、昭和22年に制定された国家賠償法1条は、公務員の不法行為について権利侵害ではなく違法性概念を採用して、「故意又は過失によって違法に他人に損害を加えたとき」と規定している。この文言

252 Lecture 18 権利侵害と違法性

は、当時の学説の強い影響を物語っている。

3．相関関係説の問題点と要件論の混乱

その後、相関関係説は、加害行為の態様の中心はむしろ故意・過失という行為者の主観的容態ではないかとする批判を受けることになる。このような批判が生ずるのは、当学説では違法性の判断の中に主観的要素が混在せざるをえないため、違法性の判断と故意・過失の判断とが重なりあうことになるからである。このように考えると、違法性の要件と故意・過失の要件の二元的な構造を再検討することが必要となる。

このように相関関係説によれば、違法性の要件の中に主観的要素が混入し、違法性の要件が故意・過失の要件に近接し、両要件の関係がはっきりしない。これに対し、過失について結果回避義務違反と捉える客観的過失論の立場によっても、故意・過失の要件の中に客観的要素が混入し、故意・過失の要件が違法性の要件に接近し、両要件の関係が不明確となる。つまり、違法性要件と故意・過失要件との関係は、違法性についての相関関係説によっても、過失について結果回避義務違反と捉える客観的過失論によっても混乱を招くことになったのである。

□ Ⅱ 不法行為二分論の登場 □

1．絶対権・絶対的利益と相対権・相対的利益

最近、不法行為の要件論の混乱は、不法行為法における絶対権・絶対的利益の保護と、相対権・相対的利益の保護とを区別しなかったことから発生したと分析する見解が登場した。この考え方は、生命、身体、健康、自由、所有権その他の物権等の侵害があったときには、侵害者に故意・過失があれば原則的に損害賠償が認められるとする一方で、老舗その他の利益の侵害があったときには、侵害者に故意・過失があっただけでは損害賠償を認めず、それが悪辣・悪質な方法で侵害されたときに損害賠償が認められると解する。つまり、不法行為法上保護される法益には、2種の類型があるというのであ

る（不法行為二分論）。この学説では、侵害があった場合に侵害者に故意・過失があれば常に損害賠償が認められる権利や利益を、絶対権・絶対的利益といい、侵害者に故意・過失があっただけでは損害賠償を認めず、悪辣・悪質な方法での侵害からは保護される権利や利益を、相対権・相対的利益と呼んでいる。以下、不法行為二分論の立場を基軸におき、論を展開しよう。

2. 権利侵害類型と違法侵害類型

　本来、709条が規定する故意・過失の要件と権利侵害の要件を並置する構成（要件二元論）は、主観的要件と客観的要件を対置する判断枠組みとして、絶対権・絶対的利益については適合的である。しかし、悪辣・悪質な方法で侵害があった場合にのみ損害賠償を認める相対権・相対的利益においては、要件二元論は親和的ではない。なぜなら、相対権・相対的利益の侵害は、悪辣・悪質な方法で侵害がなされたか否かが規定的な意味をもつが、その判断はどのような権利・利益が、どのような方法で、行為者のいかなる主観的な態様のもとで侵害されたのかについて、総合的に評価することによって決定されるからである。この総合的な判断を違法性判断と呼ぶならば、違法性判断は被侵害利益の種類・性質と侵害行為の態様との相関関係から判断されるのみならず、近時の学説が批判するように行為者の意図等の内心的な要素をも含めて判断せざるをえないのである。したがって、ここでは要件一元論が判断枠組みとして妥当なのである（ここにいう要件一元論は、過失一元論ではなく、違法性一元論を指す）。

　このような考察をもとに、不法行為成立の判断枠組みを考究するならば、権利侵害論と違法性論の双方を、それぞれ不法行為の一類型として位置づけることが適当である。すなわち、絶対権・絶対的利益の侵害は、「権利侵害類型」として、主観的要件としての故意・過失と客観的要件としての権利侵害を対置する二元的な判断枠組みによって不法行為の成否を判断する。他方、相対権・相対的利益の侵害は、「違法侵害類型」として、被侵害利益の種類・性質、侵害行為の客観的態様、行為者の意図等の内心的な要素を総合的に判断した違法性の有無のみを基準とする一元的な判断枠組みによって、不法行為の成否を判断するのである。

254 Lecture 18 権利侵害と違法性

▣ Ⅲ 権利侵害類型——絶対権・絶対的利益とその保護 ▣

　不法行為法において保護に値する法益は、多種多様である。以下では、前述した不法行為成立の判断枠組みをふまえ、法益保護のあり方について具体的に考えてみたい。保護法益に関する各論的考察において最も重要な問題は、法益の侵害が権利侵害類型に属するのか、それとも違法侵害類型に属するのか、という点である。まず、権利侵害類型に分類される法益侵害を取り上げよう。故意・過失によって侵害があった場合に、常に損害賠償請求権が発生する法益とは、どういうものであろうか。

1．絶対的人格権と相対的人格権

　権利侵害類型の中で最も要保護性が強いのは、絶対的人格権である。この絶対的人格権について言及するにあたり、まずは人格権について説明しなければならない。生命（711条）、身体・自由・名誉（710条）などの人としての利益（人格的利益）を包括的に人格権と称している。この人格権の侵害は、2つの場面に区分することができる。第1に、生命、身体、健康、自由の侵害の場合である。このような場合は、故意・過失があり、かつ権利侵害の事実が形式的に認定されれば、常に損害賠償責任が生じる。第2に、生命、身体、健康、自由以外の人格権の侵害である。この場合においては、権利侵害の事実は形式的に判断されてはいない。例えば、プライバシーの侵害の場合なら、とるに足らない些細な他人の秘事を親密な友人に耳打ちすることから、重大な他人の秘密を公衆に向かって公表することにいたるまで、侵害行為の態様には多種多様なものがあり、賠償責任は侵害があったすべての場合に認められるのではなく、受忍限度を超えた侵害があったときに初めて責任が問われるのである。肖像権、氏名権、プライバシー権等のような生命、身体、健康、自由以外の人格権の侵害の場合には、権利侵害の有無を形式的に判断して損害賠償の成否を考えるのではなく、どのような権利・利益が、どのような方法で侵害されたか、侵害者の主観的態様がいかなるものであったか等を総合的に判断しなければならないのである。このような相違を考慮し

て、生命、身体、健康、自由にかかわる人格権を絶対的人格権と名づけ、それ以外のものを相対的人格権と称して、両者について不法行為成立の判断枠組みを区別しているのである。つまり、絶対的人格権の侵害は権利侵害類型において、相対的人格権の侵害は違法侵害類型において取り扱われることになるのである。

2．絶対的人格権の侵害

a．生命、身体、健康の侵害

人の生命、身体、健康は、極めて重大な保護法益である。したがって、故意・過失によってこれらの侵害があった場合には、不法行為となることは明らかである。生命、身体、健康は、財産権以上に保護されるべき法益であるから、特別法により実質的に無過失責任を負わせることによって被害者の救済を図る場合も多い（自賠3条など）。

近時の判例は、医師が適切な治療を怠った事件において、適切な医療を行えば救命しえたことの立証はできなくても、死亡時点で生存していた相当程度の可能性の存在が立証されれば、生命侵害ではなく、相当程度の生存可能性の侵害が不法行為となると判断した（最判平12・9・22民集54巻7号2574頁）。生命侵害が認定されない場合においても、相当程度の生存可能性それ自体を保護法益と認めることにより、結果として生命侵害の保護領域を拡大したことになるといえよう。

b．自由の侵害

民法710条は、他人の「身体」と並置して「自由」が不法行為法によって保護されるべきであることを規定する。人の自由な行動が保護されなければならないことは自明の理である。この自由には、逮捕、監禁、通行妨害等の身体的自由だけではなく、詐欺、強迫、共同絶交のような精神的自由も含まれる。通常、身体的自由の侵害は、精神的自由の侵害を伴うことが多い。

3．物権ないし物権的権利の侵害

物権は、すべての人に対する関係で排他的に保護されるべき絶対権とし

256　Lecture 18　権利侵害と違法性

て、権利性が最も強いものと解されてきた。それゆえ、故意・過失による物権の侵害が不法行為となることは当然のことである。具体的には、次のような物権ないし物権的権利を列挙することができる。

a．所有権の侵害

　所有権の侵害とは、所有者の物に対する使用、収益、処分をなす権能の実現が阻害されることである。例えば、他人の物の使用、収益、処分、滅失、損傷等がこれに該当する。土地の利用によって享受される生活利益の侵害の場合は、所有権侵害の要素もあるが、土地利用の用途の視点から観察して生活妨害として解することが適切であろう（後述）。

b．占有権の侵害

　占有権が侵害された場合に占有者が損害賠償を請求しうることは、占有訴権の規定（198条〜200条）で定められている。201条で出訴期間を1年間に限っている点に特徴があるが、この損害賠償は不法行為に基づくものであるから、故意・過失の要件を必要とするのが判例および通説の考え方である。

c．用益物権の侵害

　地上権、永小作権、地役権、入会権等の用益物権が侵害された場合には、所有権の侵害と同様に取り扱われる。

d．担保物権の侵害

　担保物権は、物の使用、収益、処分の権能のうち処分権能を有するのみであるから、担保物権の使用、収益が妨げられたとしても、不法行為は成立しない。しかし、ある行為によってその物の担保価値が減少した場合には、担保物権の侵害となり、損害賠償責任が生ずる。この場合、債務者自身による担保価値の減少行為と、第三者によるそれとに区別して考察する必要がある。債務者自身による担保価値の減少行為の場合には、担保価値維持義務違反（契約上の義務違反）として担保権者は増担保を請求でき、それに応じなければ期限の利益を喪失すると解すべきである。他方、第三者による担保価値

の減少行為の場合には、担保物権者が損害賠償を請求できるが、担保目的物の使用、収益権能はその所有者に残されているのであるから、所有者も損害賠償を請求できる。しかし、担保目的物が損傷された場合には、担保権者に物上代位が認められているため、所有者だけが損害賠償請求権を有し、担保権者はその請求権について物上代位をなしうるにすぎない。

e．特別法上の物権の侵害

鉱業権（鉱業12条）、採石権（採石4条）、漁業権（漁業23条）などの特別法上の物権の侵害も、用益物権の場合に準じた取扱いを受ける。

f．慣習法上の物権の侵害

慣習法上の物権として認められている水利権および温泉権も、絶対権として、故意・過失による侵害があった場合には、損害賠償責任が発生する。

g．知的財産権の侵害

知的財産権は、排他的支配性を有しているから、物権に準じて取り扱われる。著作権、特許権、商標権、回路配置利用権、工業所有権等の侵害は、不法行為上、絶対権の侵害として、故意・過失があった場合には、損害賠償の請求ができる。また、これらの知的財産権に関する特別法には、損害賠償についての特則が定められている。

▢ Ⅳ 違法侵害類型——相対権・相対的利益とその保護 ▢

違法侵害類型として、被侵害利益の種類・性質、侵害行為の客観的態様、行為者の意図等の内心的要素を総合的に考慮した違法性判断によって不法行為の成否が決められる法益とは、どういうものであろうか。

1．債権侵害

債権の侵害は、債務者との関係では債務不履行として法的に救済され、第三者との関係においても不法行為として保護されるべきである。しかしなが

ら、第三者による債権侵害が保護される場面は制限されている。それは、債権が債務者に対してのみ主張しうる相対権であるため相対的効力を有するにすぎないし、排他性も有しないと解されているからである。

第三者による債権侵害の場合の法的救済については、債権の帰属自体の侵害と債権の目的である給付の妨害とに区分することが重要である。債権者以外の者が弁済を受けた場合など、債権自体が消滅するときには、債権の帰属に侵害があったと解されるため、物権の侵害に準じた扱いがなされるべきである。これに対して、不動産の二重譲渡契約のような債権の目的である給付についての妨害は、侵害行為が違法な侵害と評価される場合にのみ不法行為責任を負わせることが妥当であろう。第一買主は目的不動産を取得し登記を得た第二買主に対して不法行為に基づく損害賠償を請求することができるか、という伝統的な議論に対して、判例は、自由競争が許容されることを基本的な前提とし、第一買主は第二買主に不法行為責任を追及できないと解している（最判昭30・5・31民集9巻6号774頁）。近時の学説では、自由競争の原理を重視することなく、第二買主による債権侵害を肯定することを指向する見解も見受けられる。

2. 営業上の利益侵害

Case 1
Ａが以前よりコンビニエンス・ストアを営業していたところ、道路を挟んだ真向かいにＢが同種のコンビニエンス・ストアを開業したため、Ａが経営する店の売り上げが激減してしまった。Ｂがこのことを認識していた場合に、ＡはＢに対して不法行為責任を追及できるであろうか。

前述した大学湯事件は、老舗という営業上の利益に関する判決であったが、営業活動に対しても不法行為上の救済が図られる必要がある。しかし、営業上の利益は、競争者との自由競争（営業の自由）との調整を考慮しなければならない。営業活動による利益については、自由競争の枠内では故意による利益侵害も許容せざるをえず、侵害行為の悪質・悪辣性や反社会性の程度が違法性の判断要素とされることが多い。不正競争行為ないし不公正な取引

の規制については、不正競争防止法 4 条や独占禁止法25条などの規定がある。

3．生活妨害（公害）

　生活妨害とは、騒音、振動、粉塵、煤煙、悪臭、水質汚濁等によって快適で健康な生活や平穏な生活の営みが妨げられることをいう。生活妨害には、騒音、振動、大気汚染、水質汚濁のように積極的に有害物を周辺に拡散させる積極的侵害と、日照妨害、通風妨害、眺望妨害、景観破壊のように消極的に周辺の生活環境を悪化させる消極的侵害に区別される。

　当初、生活利益の侵害は、権利濫用の法理を適用して解決されてきたが、生活利益の保護の重要性が認識されるようになり、その侵害行為は権利濫用の問題としてではなく、侵害される生活利益の視点から把握されるようになった。日照と通風の妨害を扱った最高裁判決は、「居宅の日照、通風は、快適で健康な生活に必要な生活利益」であり、法的保護の対象となると判断したのである（最判昭47・6・27民集26巻 5 号1067頁）。生活利益の保護は、生命、身体、健康の保護と密接に関係している。例えば、騒音のため不眠状態が続き、ついには健康被害が生じたというように、健康被害が生活利益の侵害の延長線上に位置づけられることも少なくないからである。生活妨害が健康被害にまで至っている場合には、生活利益の侵害としてではなく、身体、健康等の絶対的人格権の侵害として解されるべきである。

　通常の社会生活において、騒音等により近隣に迷惑をかけることはよくあることである。生活利益の享受が他人によって干渉されたとしても、私たちは市民社会の構成員として、ある程度まではそれを受忍しなければ共同生活は成り立たない。したがって、生活妨害における主な論点は、受忍が期待される範囲の画定である。この範囲の画定基準は受忍限度と呼ばれ、判例は、生活妨害に対して不法行為上の救済がなされるためには、その生活妨害が社会生活上一般に被害者において受忍すべき限度を超えたものであることが必要であるとしている（最大判昭56・12・16民集35巻10号1369頁〔大阪国際空港事件〕）。受忍限度の判断に際しては、被侵害利益の種類・性質、被害の程度、侵害行為の態様、当該地域の状況、防止措置の難易等の要素が総合的に考慮

される。なかでも、被害の程度と被侵害利益の種類・性質は、生活妨害の被害者の立場から重視すべき要素である。さらに、受忍限度の判断において、侵害行為のもつ公共性や社会的有用性といった国民経済的な要素をどの程度考慮すべきかについて議論がある。この点に関して、判例は、公共性だけを理由として受忍限度の範囲内にあると判断すべきではないとしている（最判平5・2・25民集47巻2号643頁〔厚木基地事件〕）。

4．相対的人格権の侵害

a．相対的人格権の特異性

人格権は、絶対的人格権と相対的人格権に区分できる。違法侵害類型に属する相対権・相対的利益の侵害の場合には、故意・過失と権利侵害の2つの要件は必要ではなく、被侵害利益の種類・性質と侵害行為の態様の双方、つまり主観的要素と客観的要素とを総合的に考慮して、違法性の有無を評価することによって損害賠償責任の成否を判断することになる。したがって、不法行為の要件を一元的に捉える構成（違法性一元論）は、相対的人格権の侵害の場合に適用されるのである。しかし、相対権・相対的利益の侵害の違法性判断と、相対的人格権の侵害のそれとの間には、基本的に相違する点が存在する。それは、行為者の過失を違法性判断の構成要素として解するか否かということである。前述してきた相対権・相対的利益の侵害について、加害者が単なる過失で行為した場合には不法行為とはならなかった。しかし、相対的人格権の侵害の場合には、過失による損害賠償請求権の成立を認めるのである。したがって、相対的人格権は、被侵害利益の要保護性の判断に利益衡量的要素がもち込まれているという意味では相対権的であるが、過失の場合にも不法行為が成立することがあるという意味では絶対権と同様の扱いを受けることになる。このように考えると、相対的人格権は相対権的性格と絶対権的性格の両面性を有していることになり、両者の中間的保護を受けると位置づけられるのである。

以下では、名誉の侵害、プライバシーの侵害、氏名権の侵害、肖像権の侵害、婚姻関係の侵害、その他の人格権の侵害について解説しよう。

b．名誉の侵害

　名誉は、人がその品格、徳行、名声、信用等について社会から受ける外部的な「社会的評価」と、人が自己自身に与えている主観的な「名誉感情」とに区別される。民法典が定める名誉毀損（723条）とは、社会的評価を低下させることである。本条は、名誉毀損に対する救済手段として損害賠償とともに名誉回復処分を定めるが、この処分は社会的評価の低下からの回復を意味していると考えられるからである。社会的評価を低下させるためには、原則としてその言辞が一定範囲に流布されることが必要である。また、社会的評価は、法人など組織化された団体についても観念されるので、名誉毀損は法人についても成立しうる（最判昭39・1・28民集18巻1号136頁）。個人の主観的な名誉感情が害されただけで、社会的評価の低下を招かない場合には、名誉毀損にはあたらないと解されている（最判昭45・12・18民集24巻13号2151号）。しかしながら、単なる名誉感情の侵害も不法行為と考えられるから、損害賠償の請求は可能であろう。

　名誉毀損の場合に、その毀損状態が継続しているときには、その差止めも認められるべきである。判例は、北方ジャーナル事件において、名誉は極めて重大な保護法益であり、人格権としての名誉権は物権と同様に排他性を有する権利であることを根拠として、「人格権としての名誉権に基づき、加害者に対し、現に行われている侵害行為を排除し、又は将来生ずべき侵害を予防するため、侵害行為の差止めを求めることができる」と判示した（最大判昭61・6・11民集40巻4号872頁）。

　名誉毀損的言辞が報道機関によってなされた場合には、表現の自由と人格権の保護との関係が問題となる。これらの関係をどのように調整すべきか、という点について、判例は、名誉毀損行為が、①「公共の利害」に関する事実にかかわり、②その「目的がもっぱら公益を図ること」にあった場合に、③適示された事実の重要な部分について「真実であることの証明」があったときは、その行為には違法性がなく、また、③’たとえその適示された事実が真実であることの証明がなくても、「真実と信ずるについて相当の理由」があれば、故意または過失が否定され、不法行為は成立しないと解している（最判昭41・6・23民集20巻5号1118頁）。しかし、報道機関が誤報を報じた場合

に、③' の「真実と信ずるについて相当の理由」があるからとして、不法行為責任を否定することには、疑義がある。報道機関が誤った情報を自らの責任で報道した以上、人格権の侵害を受けた被害者を救済することが第一義に考えられるべきであるからである。この意味において、近時の判例が、違法性を否定するためには、報道の重要部分について真実であることの証明が必要であると判示したことは、評価に値する（最判平15・10・16裁時1349号3頁）。

　さらに、死者に対する名誉毀損がなされた場合に、遺族はどのような権利に基づいて救済されるかという問題がある。死者の名誉毀損を死者自身の人格権の侵害であると解する学説は、死者であっても人格権を有するから、それが侵害された場合には遺族等が死者に代わって救済を求めることができるとする。死者の名誉毀損を遺族固有の人格権の侵害と捉える説は、死者の人格権の侵害行為が同時に遺族の人格権をも侵害する場合には救済されるが、そうでない場合には救済されないという問題が残る。死者の名誉毀損を死者に対する遺族の敬虔感情の侵害であるとする見解は、遺族を間接的に保護することで足りると考えている。この理論構成を採用する裁判例は少なくない（東京高判昭54・3・14判時918号21頁、大阪地判平元・12・27判時1341号53頁）。

c．プライバシーの侵害

　プライバシーという保護法益のもとで救済されるべき利益または権利は、現在では多様化しているが、その主要なものは、「私生活をみだりに公開されないという法的保障ないし権利」（東京地判昭39・9・28下民集15巻9号2317頁〔「宴のあと」事件〕）または「ひとりにしておいてもらう権利」であり、私的事柄の公開がプライバシー侵害として不法行為を構成する場合もある。名誉毀損の場合とは異なり、社会的評価の低下を問題としないし、公開された内容が真実であることの証明によって違法性が阻却されることもない。

　最近では、コンピュータ社会における個人の情報を保護するために、プライバシーの権利により積極的な内容が付加されるべきとする見解が一般化している。すなわち、プライバシーについて「自己の情報をコントロールしうる権利」として構成する考え方が受け入れられている。これによれば、自己に関する情報を勝手に第三者に伝達することもプライバシーの侵害となる。

例えば、弁護士会の照会に応じて、市がその必要性を調査することなく前科や犯罪歴を回答したことが違法にあたるとした判決（最判昭56・4・14判時1001号3頁）、ノンフィクション作品において実名を使用し前科等の事実を公表したことはプライバシーの侵害にあたるとした判決（最判平6・2・8民集48巻2号149頁）、大学主催の講演会への参加を申込んだ学生の学籍番号、氏名、住所、電話番号を記入した名簿の写しを無断で警察に提出した行為についてプライバシーの侵害と判断した判決（最判平15・9・12民集57巻8号973頁）がある。

d．氏名権の侵害

氏名権は、人格権の一内容を構成するから、その侵害は保護に値する。氏名を他人に冒用されない権利については、その侵害があれば使用差止めの請求が認められるべきであるが、氏名を正確に呼称される利益については、その性質上必ずしも十分に強固なものとはいえないので、当該個人の明示的な意思に反してことさら不正確な呼称をしたり、害意をもって不正確な呼称をしないかぎり違法性のない行為として容認される（最判昭63・2・16民集42巻2号27頁）。

e．肖像権の侵害

肖像権とは、自己の肖像について他人が権限なくして絵画、彫刻、写真その他の方法により作成・公表することを禁止できる権利である。裁判例によると、スポーツ選手や俳優の肖像を無断で宣伝に利用した場合には、肖像権の侵害が認められている。しかし、他人の肖像を無断で公表した場合において、常に肖像権の侵害が肯定されるわけではない。一般人の見地からみて、写真を撮影・公開されることについて本人の拒絶が明らかでない場合や、写真が他人の行状、私生活の状況を取り立てて暴き出したものでない場合には、肖像権侵害にはならないと理解すべきであろう（神戸地尼崎支決平9・2・12判時1604号127頁）。

f．婚姻関係の侵害

> ### Case 2
> 　男性が既に結婚していることを知っているにもかかわらず情交関係を結んだ女性は、男性の妻に対して不法行為責任を負わなければならないであろうか。また、女性が妻子ある男性と同棲するようになったため、父親から愛情を注がれ、監護、教育を受ける機会を失ったとして、子が、その女性に対して不法行為責任を追及できるであろうか。

　婚姻関係にかかわる権利または利益は、不法行為による保護の対象となる。第三者が夫婦の一方の配偶者と情交関係を結んだ場合は、故意または過失がある限り、他方の配偶者の夫または妻としての権利（貞操要求権）の侵害を理由に不法行為責任を追及できる。未成年の子が父親の不倫相手である女性に対して親子関係上の利益の侵害を理由に慰謝料請求できるか否かについて、判例は、不貞行為の相手方が害意をもって父親の子に対する監護等を積極的に阻止するなど特段の事情のない限り、不法行為にはならないと解している（最判昭54・3・30民集33巻2号303頁）。

　婚姻の不当破棄は、違法な婚姻関係の侵害行為として慰謝料請求が認められる。また、内縁関係を正当の理由なく破棄した場合にも不法行為となる（最判昭33・4・11民集12巻5号789頁）。しかし、内縁の不当破棄については、婚姻関係を破綻させた有責配偶者の責任と同様に、婚姻法の特徴を考慮した判断が必要である。

　貞操の侵害は、性的自由の侵害と解され、不法行為となる。合意による性的交渉は不法行為とはならないが、暴行、脅迫、詐術等によって相手の意に反して性的交渉をもつことは、不法行為となる。妻と別れて結婚すると偽って男性が女性と性的関係をもった場合において、判例は、かかる関係を誘起した責任が主として男性にあり、女性側の動機に内在する不法の程度に比べて男性側の違法性が著しく大きいと評価できるときには、貞操等の侵害を理由とする女性の慰謝料請求権が認められるとしている（最判昭44・9・26民集23巻9号1727頁）。

g．その他の人格権の侵害

前記以外でも、人格権の侵害として法的救済を認める場合は、多岐にわたる。

裁判例は、建物が暴力団事務所として使用される場合には、近隣住民の人格権侵害（平穏生活権の侵害）を理由にその使用の差止めを認めている（静岡地浜松支決昭62・10・9判時1254号45頁）。ここにいう平穏生活権とは、生命、身体に対する侵害の危険が深刻な危険感や不安感となって精神的平穏や平穏な生活を侵害している場合の人格権であり、それ自体が法的保護の対象となっている。地下水汚染のおそれのある廃棄物最終処分場の建設・操業をめぐる紛争において、人には飲用・生活用水の質量ともに生存・健康を損なうことのない水を確保する権利（浄水享受権）があるとしたうえで、人格権の侵害として使用操業の差止めの仮処分を認めた裁判例がある（仙台地決平4・2・28判時1429号109頁等）。

役者等につきまとう行為について、その行為が受忍限度を超える場合には損害賠償および差止めが認められている（大阪地判平10・6・29判時1651号120頁）。また、男女間でのつきまとう行為についても、受忍限度を超えればストーカー的行為として不法行為となる（東京地判平10・11・26判タ1040号242頁）。電話を1日に数百回から千回ほどかける等の嫌がらせをした事案では、損害賠償および差止めが認容されている（横浜地判昭53・4・19判時905号87頁）。また、日常生活に不可欠な私道通行の妨害も人格権侵害と構成されている（最判平9・12・18民集51巻10号4241頁）。

職場での地位を利用して弱い立場または拒絶し難い立場にある者に情交を迫ったり、身体に触れたり、性的な言辞を弄するなどの性的な嫌がらせが、不法行為となることもある。いわゆるセクシャル・ハラスメントである。

生活にかかわる利益の侵害の事案において、裁判例は、生活利益を人格権の概念に取り込むことにより、侵害行為を人格権の侵害と解して法的救済を図ってきた。このような裁判所の態度については、人格権概念のインフレーションを招くとの批判がなされている。

近時、人格権について自己決定権の意味で捉えようとする考え方がある。宗教上の信念から絶対的無輸血の意思を有する患者に対し、医師が手術をす

266 Lecture 18 権利侵害と違法性

るにあたって十分な説明をせずに輸血をしたときに、患者の人格権侵害を理由に不法行為責任が成立するとした判決がある（最判平12・2・29民集54巻2号582頁〔エホバの証人輸血拒否事件〕）。

Ⅴ 被侵害利益の要保護性の程度

　不法行為二分論は、被侵害利益を絶対権・絶対的利益と相対権・相対的利益に区分し、前者の侵害を権利侵害類型、後者の侵害を違法侵害類型として位置づけた。そして、権利侵害類型においては、主観的要件（故意・過失）と客観的要件（権利侵害）のもとで損害賠償責任の成否を判断し、違法侵害類型においては、違法性の有無のみを問う主観的要件と客観的要件が融合した違法性一元論に基づいて損害賠償請求権の存否を判断している。この考え方に従うと、被侵害利益の要保護性の程度をどのようにあらわせるであろうか。不法行為二分論における権利・利益の要保護性の程度を4段階に分けて説明しよう。

　① 絶対的人格権（生命、身体、健康）　　権利・利益の中で最も強固な保護が与えられるべきものは、生命、身体、健康である。人身被害が発生した場合には、本来、全面的に無過失責任が問われるべきであるという見解も少なくない。労災事故には労働基準法75条以下が、自動車事故には自動車損害賠償保障法3条が、鉱害には鉱害法109条が、原子力事故には原子力損害賠償法3条がそれぞれ適用され、特別法によって人身被害についての無過失責任が実現している。特別法が整備されていない法領域においても、人身被害がある場合には、実務的にも調査義務を課す等によって過失認定を厳格にして、被害者の救済を図っている。なお、絶対的人格権に位置づけられる自由は、ここでは挙げられていないことに留意する必要がある。

　② 絶対権・絶対的利益　　人身被害以外の絶対権・絶対的利益（絶対的人格権の中の自由および物権等の絶対権・絶対的利益）は、故意・過失があった場合に不法行為法の保護を受ける。

　③ 相対的人格権　　相対権・相対的利益の中に位置づけられている相対的人格権は、他の相対権・相対的利益と異なり、過失による違法侵害からも

保護される。それゆえ、相対的人格権は、その他の相対権・相対的利益よりも保護が図られていることになる。近時、人格権保護の意識の高まりを受け、不法行為法の領域における相対的人格権の地位は重要なものとなってきている。

④　相対権・相対的利益　　相対的人格権以外の相対権・相対的利益については、害意のある悪質・悪辣な方法による侵害のみが保護される。

これら要保護性の程度の４段階について、被侵害利益という観点から観察すると、①生命、身体、健康の絶対的人格権、②人身被害以外の絶対権・絶対的利益、③相対的人格権、④相対的人格権以外の相対権・相対的利益の順に、要保護性が低減していくことが理解できるのである。

□　Ⅵ　違法性阻却事由　□

1．正当防衛

他人の法益に対する侵害行為があったとしても、一定のやむをえない事情があれば、不法行為が成立しない場合がある。通説は、これを違法性阻却事由として説明してきたが、違法性概念を認めない学説では、単に正当化事由または不法行為責任阻却事由と解することになる。

民法720条１項は、他人の不法行為に対し自己または第三者の権利または法律上保護される利益を防衛するためにやむをえず加害行為をした場合には、当該行為者は損害賠償の責任を負わないと規定する。例えば、Ａが突然、カッターナイフでＢおよびＢの家族に切りかかってきたので、やむをえずＢが傍にあった石で反撃してＡを負傷させてしまった場合が、これにあたる。この場合、ＢはＡを負傷させたのであるから、身体侵害として違法行為をおこなったことに間違いはない。しかし、このＢの侵害行為は、自己および家族の生命・身体の安全を確保するためにやむをえずした行為であるから、これを違法なものとしてＢに不法行為責任を課すのは妥当ではない。それゆえ、民法は、正当防衛としてＢに賠償責任が発生しないとしたのである。

正当防衛として違法性が阻却されるためには、3つの要件が必要である。第1に、他人の不法行為が原因となっていることである。したがって、違法性を欠く原因で自己の権利や利益が危険に陥り、それを保護するために他人の法益を侵害することは正当防衛とはならない。第2に、自己もしくは第三者の権利または法律上保護される利益を防衛するための行為であることである。第3に、やむをえずなした行為であることである。具体的には、他に方法がなかったこと、防衛すべき法益と防衛のためになした加害行為により生じた損害との間に社会的に見て合理的な均衡が保たれていることが必要である。したがって、見知らぬ人が庭に侵入してきたので殺害した場合のように、過剰防衛では違法性が阻却されず、不法行為が成立することになる。

2．緊急避難

他人の物より生じた急迫した危難をさけるためにその物を損傷した場合には、違法性が阻却され、不法行為は成立しない（720条2項）。これを緊急避難という。例えば、Aの飼い犬に襲われたBが身を守るためにその犬を棒で殴って怪我を負わせたような場合である。BはAの犬に怪我をさせたのであるから、Aの物を侵害していることになる。しかし、Bの行為は急迫の危険を避けるためのものであり、Bに不法行為責任を課すことは妥当ではない。そこで、民法は、かかる場合にも違法性が阻却されるとしたのである。

緊急避難として違法性が阻却されるための要件として、第1に、他人の物から生じた急迫の危難が原因となっていることが必要である。人による不法行為が原因となっている正当防衛の場合とは異なり、急迫した危難が「他人の物」から生じたことを要するのである。第2に、加害行為が当該「物」に対する損傷であることを要する。したがって、当該「物」以外の法益を侵害した場合には違法性は阻却されない。例えば、犬から襲われるのを避けるために、第三者の物を壊したような場合は、緊急避難の問題ではない。第3に、やむをえずなした行為であることである。この点は、正当防衛と同様である。

3．社会的に妥当な行為

a．正当業務行為

　公務員の犯人逮捕（刑訴213条）・刑の執行、親権者の懲戒権行使（822条）、学校長の懲戒行為（学教11条）、事務管理による他人の権利領域への干渉（697条以下）等、法令で認められている行為は、適法である限りは、違法性を阻却する。

b．スポーツ中の加害

　スポーツ競技中に相手に怪我を負わせた場合には、違法性が阻却されることが多い。しかし、スポーツ事故について一律に違法性阻却の問題として扱うのではなく、過失の判断で解決すべき場合も考えられるであろう。

c．幼年者の加害

> **Case 3**
> 　小学校の校舎内で友達と「鬼ごっこ」をして遊んでいたところ、1年生の女児Ａが2年生の女児Ｂによって傷害を負わせられた。Ａは、Ｂの親権者に対して治療費等の損害を賠償請求できるであろうか。

　幼年者同士で遊んでいて、相手に怪我を負わせた場合でも、社会的に妥当と判断されるならば、原則として違法性が阻却されると解すべきである。この場合、親権者の監督責任（714条）も生じない。違法性阻却の成否については、社会的妥当性の判断が規定的意味をもつことになる。

　設例のようなケースにおいて、判例は、「自己の行為の責任を弁識するに足りる知能を具えない児童が『鬼ごっこ』なる一般に容認される遊戯中前示の事情の下に他人に加えた傷害行為は、特段の事情の認められない限り、該行為の違法性を阻却すべき事由あるものと解するのが相当である」と判示して、Ｂの不法行為は成立しないと解し、Ｂの監督義務者の責任を否定した（最判昭37・2・27民集16巻2号407頁）。この事案において、Ｂの傷害行為が違法性を欠くと判断されたのは、それが社会通念上許される範囲内にあると考え

270 Lecture 18 権利侵害と違法性

られたからである。

4．被害者の承諾

　被害者が、あらかじめ自由な判断に基づいて自己に対する法益侵害を承諾している場合には、その者の法益が自ら処分されたことになるため、被害者に不法行為上の保護を与える必要はなく、違法性が阻却される。しかし、被害者の承諾があると認められるには、それが公序良俗に反しないことが必要とされるのみならず、被侵害利益の種類・性質や承諾の事情等を十分考慮して、慎重に判断されるべきである。

　医療行為における「患者の同意・承諾」（インフォームド・コンセント）について、かつては違法性阻却事由としての被害者の承諾の問題として捉えられてきたが、患者の人格権または基本的人権としての「自己決定権」の問題として扱われるべきものである。

5．自力救済

　自力救済とは、法益が侵害された場合にその侵害を自分の力で除去することである。近代法は、自力救済を原則として禁止し、権利の実現を裁判所その他の国家機関の手に委ねている。私人が勝手に自分の実力で権利行使することを認めると、力の強い者が勝つことになり社会秩序の維持ができなくなるからである。したがって、自力救済の結果、他人の法益を侵害した場合には不法行為が成立する。

　しかし、私人の権利保護を実質的に保証するという見地から、自力救済が容認される場合がある。すなわち、法律の定める手続きを踏んでいたのでは侵害の除去が不可能または著しく困難と認められる緊急やむをえない場合には、当該行為の違法性が阻却されるのである。判例も、「法律の定める手続によったのでは、権利に対する違法な侵害に対抗して現状を維持することが不可能又は著しく困難であると認められる緊急やむを得ない特別の事情が存する場合においてのみ、その必要な限度を超えない範囲内で、例外的に許される」と解している（最判昭40・12・7民集19巻9号2101頁）。

VI 違法性阻却事由 271

【Exercise】
1 なぜ民法典の起草者は不法行為の成立につき権利侵害の要件を加えたのか、説明しなさい。
2 権利侵害の要件を違法性と置き換える学説が出現した理由について述べなさい。
3 相関関係説について解説し、その問題点について述べなさい。
4 不法行為二分論について説明しなさい。
5 権利侵害類型と違法侵害類型における不法行為成立の判断枠組みの相違について述べなさい。
6 どのような法益の侵害が権利侵害類型として掌握されるのか、説明しなさい。
7 違法侵害類型に属する法益侵害にはどのようなものがあるか、述べなさい。
8 絶対的人格権と相対的人格権の相違について説明しなさい。
9 受忍限度について説明しなさい。
10 表現の自由と名誉（人格権）の保護の関係について述べなさい。
11 人格権概念のインフレーションについて説明しなさい。
12 正当防衛と緊急避難の相違について述べなさい。
13 社会的に妥当な行為として違法性が阻却される具体的事案を考え、それについて解説しなさい。
14 自力救済の禁止について説明しなさい。

Lecture 19　損害の発生、因果関係、賠償範囲の画定

Resume

Ⅰ　損害の発生
　1．損害の定義
　2．財産的損害・非財産的損害と積極的損害・消極的損害
Ⅱ　因果関係
　1．因果関係の意義
　2．因果関係の存否
　3．因果関係の立証
　　a．高度の蓋然性
　　b．因果関係の立証の緩和
　　　ⅰ）蓋然性説
　　　ⅱ）「事実上の推定」理論
　　　ⅲ）疫学的因果関係論
Ⅲ　賠償範囲の画定
　1．相当因果関係説
　2．近時の有力説
　　a．義務射程説（保護範囲説）
　　b．危険性関連説（危険範囲説）

□ Ⅰ 損害の発生 □

1．損害の定義

　不法行為に基づく損害賠償は、被害者の受けた損害を塡補する制度である。したがって、不法行為が成立するためには、被害者に損害が発生していることが必要となる。

　損害をどのように捉えるか、判例および通説は、損害の定義について差額説を基本に据えている。差額説とは、不法行為がなければ被害者が置かれているであろう財産的・精神的利益状態と、不法行為があったために被害者が置かれている財産的・精神的利益状態との差を損害と解する見解である。つまり、この立場は利益状態の差を損害と理解しているのである。

　このような通説的損害論の基盤となった差額説は、個別具体的に発生する損害を統合し、損害賠償論の統一に寄与したのみならず、被侵害利益の客観的価値だけではなく被害者の主観的利益についても保護の対象とできたことにより損害の賠償の拡大に重要な役割を果たした。しかし、差額説は、これらの恩恵を享受する代償として、つぎのような批判を受けることとなった。すなわち、差額説が基礎に置く損害概念は、財産的損害には親和的であっても、精神的損害への適用にはなじむものではないうえ、生命・身体に対する侵害のような絶対的人格権の侵害の場合にも、その賠償額を適正にあらわすことができるのかとの疑問があると指摘されている。さらに、このような論難は、そもそも差額説が「事実の確定・評価」に関する問題と「金銭評価」に関する問題とを峻別せず混在させていることから生じると分析する学説もある。

　かかる批判を背景に、最近では差額説とは異なる視点から新しい損害論が展開されている。すなわち、損害とは、不法行為によって被害者に生じた不利益な事実であると解する損害事実説である。この学説は、「不利益の事実」をどう捉えるかによって、3つの立場に大別できる。第1に、個別の損害項目（治療費、交通費、修理費用等といった様々な個別の項目）をもって損害とする考

え方である。第2に、各種の個別項目を系統立てたときに「最上位」に位置づけられる事実をもって損害と解する説である。第3に、不法行為がなければ被害者が置かれているであろう事実状態と、不法行為があったために被害者が置かれている事実状態との差をもって損害と捉える学説である。

2．財産的損害・非財産的損害と積極的損害・消極的損害

財産的損害とは被害者の財産が受けた損失であり、非財産的損害とはそれ以外の損失である。非財産的損害は、精神的損害であり、これに対する賠償金は、通常、慰謝料と呼ばれている。

財産的損害は、積極的損害と消極的損害に分類される。積極的損害とは、既存財産の積極的な減少であり、所有物が破損した場合の修理代金や人身事故における治療費などが、これにあたる。これに対し、消極的損害とは、被害者が将来得ることができたであろう利益を得られなかったことによって生じる損失であり、逸失利益とか得べかりし利益と称される。例えば、事故によって労働できなくなったことにより喪失した収入などが、これにあたる。

▥ Ⅱ 因果関係 ▥

1．因果関係の意義

不法行為に基づく損害賠償請求が認められるためには、加害行為と発生した損害との間に因果関係が存在しなければならない。この因果関係について、従前の考え方は、ドイツ法の影響のもと、加害行為と因果関係があるすべての損害に対し賠償責任を負うのではなく、相当性という法的判断によって賠償すべき範囲が画定されるとする相当因果関係を指すと理解されてきた。しかし、判例や伝統的学説がいう相当因果関係には、3つの異質な問題が含まれていたことが有力説によって明らかにされた。すなわち、第1に、加害行為と損害の発生との間に、原因と結果（あれなければ、これなし）の関係があるか否かであり、これを事実的因果関係と呼んでいる（事実的因果関係の問題）。第2に、事実的因果関係の存在が認められたとしても、損害の発生

は加害行為を起点として際限なく広がる可能性があるため、法的価値判断を加えて一定の範囲に賠償すべき損害を限定する必要がある（賠償範囲の画定の問題）。そして、最後に問題となるのは、このようにして画定された範囲の損害を金銭に算定する作業である（賠償額の算定の問題）。これら3つの問題は、これまで相当因果関係の中で扱う問題として考えられてきたが、それらは峻別して考察されなければならないと主張するのが有力説である。現在では、不法行為の成立要件としての因果関係を事実的因果関係の問題に限定する考え方が、通説の地位を占めているといえよう。なお、賠償範囲の画定の問題については、あらためてⅢで取り上げ、賠償額の算定の問題については、不法行為の効果のところで解説することにしたい（Lecture 21）。

2. 因果関係の存否

　因果関係の存在を認めるには、加害行為という原因がなければ損害の発生という結果が生じなかったという関係、つまり事実的因果関係があれば足りると解されているが、事実的因果関係の命題を形式的に適用するだけでは、妥当な結論が得られない場合があることに注意しなければならない。いわゆる「事実的因果関係の競合」の問題である。例えば、A工場の煤煙とB工場の煤煙によってCの農作物に被害を与えた場合において、Cの損害の発生には、AのほかにBの行為も関与しているが、AとBいずれの行為も単独で同一の結果を生じさせるものであったと想定しよう。かかる場合、AまたはBの行為がなくてもCには損害が生じているから、双方に事実的因果関係は認められないことになる。しかし、被害者Cの立場を考慮すれば、これだけの理由で両方に不法行為責任を問えないのは妥当ではない。したがって、このような場合にも事実的因果関係を認めるために、他人の違法行為により免責されるべきではない等の法的価値判断が介入する余地を認めざるをえないのである。そして、事実的因果関係の存否の認定に際し、かかる法的価値判断の要素を取り込むことは、因果関係の立証においても有益なこととなるのである。

3. 因果関係の立証

a. 高度の蓋然性

因果関係の存在は、損害賠償の請求権者である被害者が立証しなければならない。そこで、因果関係の存在が認められるためには、どの程度の証明が必要とされるのであろうか。この論点について、医療過誤事件の判例では、「訴訟上の因果関係の立証は、一点の疑義も許されない自然科学的証明ではなく、経験則に照らして全証拠を総合検討し、特定の事実が特定の結果発生を招来した関係を是認し得る高度の蓋然性を証明することであり、その判定は、通常人が疑を差し挟まない程度に真実性の確信を持ちうるものであることを必要とし、かつ、それで足りる」と判示されている（最判昭50・10・24民集29巻9号1417頁〔東大病院ルンバールショック死事件〕）。当該判決の意義は、因果関係の証明の程度として高度の蓋然性を要求し、その基準を通常人に据えたところにある。

また、医師が注意義務に従って行うべき診療行為を行わなかった不作為と患者の死亡との間の因果関係の存否の判断において、がん発見のための適切なAFP検査を行っていたならばなお生存していたであろう高度の蓋然性が証明されたとして、因果関係を認めた判例がある（最判平11・2・25民集53巻2号235頁）。

b. 因果関係の立証の緩和

公害、医療過誤、薬害訴訟等においては因果関係の立証が被害者にとって極めて困難である場合が多い。被害者は因果関係を立証するための十分な資料や知見を有していないケースが少なくないからである。このような事案では、様々な観点から因果関係の立証を被害者に有利となるように緩和する方法が提示されている。

i) 蓋然性説

訴訟の特質や証明の難易により、必要とされる証明の程度が異なるという考え方を前提として、公害訴訟等における因果関係の証明は「かなりの程度の蓋然性」でよいとする学説がある。しかし、当説の根拠を何に求めるかに

ついては議論がある。

ii）「事実上の推定」理論

原告が立証すべき事実（主要事実）の存在を直接の証拠によって証明できない場合でも、経験則からその事実の存在を推認させるような事実（間接事実）を証明することにより主要事実の存在を推認させるという理論である。主要事実を推認させるための間接事実は、固定的なものではなく、個別的事情に応じて原告が選択できることから、因果関係の立証を緩和する方法として有益である。この場合、被告は、主要事実の不存在を直接に証明するか、経験則が当該事案では機能しない特段の事情を証明（間接反証）して、経験則による因果関係の推認を覆さなければならない。

Case 1
　Aの自宅の近隣にB工場が建設され操業されてから数年後、Aは原因不明の奇病にかかり、重大な健康被害を生じた。Aは、この病気はB工場の廃水が原因であると主張して、Bに対して損害賠償の訴えを提起した。これに対し、Bは、廃水と病気の因果関係の証明を要求した。Aは、何について、どの程度、証明しなければならないであろうか。

新潟水俣病判決は、結果から遡って、被害者側に近い部分（被害疾患の特性と原因物質、汚染経路など）が矛盾なく説明でき、汚染源の追求がいわば企業の門前にまで到達すると、加害者側の方で自己が汚染源になりえないことを証明しない限り、因果関係の起点にあたる原因物質の排出は事実上推認される、と判示した（新潟地判昭46・9・29下民集22巻9＝10号別冊1頁）。このような事実上の推定の理論は、因果関係を直接に証明することが困難な公害等の訴訟類型に適合的であるが、被害法益の種類・性質やその要保護性等についても考慮される必要があろう。

iii）疫学的因果関係論

因果関係の事実上の推定に親和的な考え方として、疫学的因果関係論がある。この見解は、疾患の原因を人間集団のレベルで観察・解明し、特定の集団における疾病の多発とある因子の間に関連性があること（集団的因果関係）から、特定の個人と問題の疾患との間に個別的因果関係があることを推認（事実上の推定）するというものである。疫学的因果関係の考え方は、レント

ゲン線照射と皮膚がん発生との間の「統計上の因果関係」を考慮に入れて因果関係の存否を判断した医療過誤事件（最判昭44・2・6民集23巻2号195頁〔水虫レントゲン事件〕）に登場し、その後、一連の公害訴訟判決で採用されるに至った（富山地判昭46・6・30判時635号17頁、津地四日市支判昭47・7・24判時672号30頁〔四日市ぜんそく訴訟〕、東京地判昭53・8・3判時899号48頁等）。

□ Ⅲ　賠償範囲の画定 □

1．相当因果関係説

> **Case 2**
> 　母親が交通事故によって寝たきりとなったところ、英国留学中のひとり娘が介護のため帰国することとなったが、その途上、飛行機が墜落して死亡してしまった。娘の死を知った母親は、そのことに精神的ショックを受け、自殺した。交通事故の加害者は、これらすべての損害について賠償の責任を負わねばならないであろうか。

　この設例のように、一つの不法行為を原因として損害は無限に広がる可能性がある。このような場合に、加害者が、加害行為と事実的因果関係にあるすべての損害について賠償の責任を負わねばならないとしたら、加害者は無限の責任を課せられるおそれが生じる。そこで、加害行為と事実的因果関係にある損害のうち、一定の範囲に限定して賠償を認めることが必要となる。つまり、損害の賠償が認められるためには、その損害が賠償されるべき損害の範囲内のものでなければならないのである。ここでは、賠償されるべき損害の範囲を画定する基準について解説しよう。

　判例および通説は、賠償されるべき損害は、加害行為と相当因果関係のある損害に限られるという相当因果関係論を採用したうえで、民法416条を類推適用することにより相当性を判断している。すなわち、賠償されるべき損害は、加害行為と相当因果関係のある損害であるところ、債務不履行の効果としての損害賠償の範囲を定める416条は相当因果関係を定めた規定であるから、不法行為による損害賠償についても同条が類推適用されると理論づけ

るのである（大連判大15・5・22民集5巻386頁〔富喜丸事件〕）。

　この相当因果関係説によれば、まず、416条1項は「通常生ずべき損害」（通常損害）を賠償すべきとすることで相当因果関係論を採用しているが、不法行為の場合も、当該不法行為により「通常生ずべき損害」の賠償が求められるべきであり、さらに、同条2項は「特別の事情によって生じた損害」（特別損害）であっても、債務者がこの特別の事情を予見し、または予見できたときには賠償が認められるとしているから、不法行為の場合も、被害者としては特別の事情を加害者が予見できたことを主張・立証することで特別損害が賠償されるべき損害の範囲に入ってくるのである。設例では、娘の墜落死による損害や母親の自殺による損害については、交通事故と相当因果関係があると判断されなければ、賠償請求できないことになるのである。

2．近時の有力説

　相当因果関係説に対しては、近時、強く批判されている。まず、相当因果関係論は完全賠償主義を理論的前提としてドイツで採用されている学説であるが、これに対して、わが国の416条は制限賠償主義を採ったものであるから、同条と相当因果関係論を接合すること自体に無理があるという。つぎに、416条は債務不履行に関する賠償の規定であり、不法行為の場合にも同条を類推するのは妥当ではないと述べる。債務不履行においては、損害の発生以前に当事者間にはすでに契約関係という一定の関係が存在するため、予見可能性を問題とする意味があるが、無関係な者の間で突発的に発生する不法行為においては、過失による場合には予見可能性はほとんど問題となりえない。それにもかかわらず、416条を類推適用すると、特別損害の賠償が困難となり、その不都合を回避するには通常損害や予見可能性を不自然に擬制せざるをえなくなると論難するのである。

　このような批判を踏まえて、416条を類推適用するのではなく、別の基準で賠償範囲を画定すべきことを主張する学説が有力となっている。

a．義務射程説（保護範囲説）
　損害賠償の範囲は、加害者が違反した注意義務が当該損害の発生を回避す

280 Lecture 19 損害の発生、因果関係、賠償範囲の画定

べきことを目的としていたか否か、すなわち、当該義務の射程に入るか否かによって決まると解する義務射程説（保護範囲説）がある。当説は、故意による不法行為の場合には故意行為と事実的因果関係にある損害は原則として全損害が賠償範囲に含まれ、過失による不法行為の場合には加害者が当該損害につきその発生を防止ないし回避すべき注意義務を負うか否か、すなわち、加害者の違反した注意義務がどのような範囲の損害の防止にまで及ぶものであるか（義務の射程）によって賠償範囲が決まることになるのである。

b. 危険性関連説（危険範囲説）

発生した損害について、加害行為の直接の結果として発生した損害（第一次損害）と、第一次損害が原因となって派生した損害（後続損害）に区分し、後続損害の場合には、加害者の損害回避義務は賠償範囲画定の基準としては機能しえないとして、危険性関連ないし危険範囲という別の基準を設定する危険性関連説（危険範囲説）がある。この学説によれば、賠償すべき第一次損害は、過失による不法行為の場合、当該不法行為における過失の前提となった注意義務がそのような損害の発生を防止するためのものであったか否かによるが、賠償すべき後続損害は、後続損害と第一次損害の危険性の関連の有無、あるいは後続損害が第一次損害の作り出した危険範囲に属しているか否か、すなわち後続損害発生が第一次損害によってもたらされた「特別の危険」の実現か、それとも単に「一般生活上の危険」の実現に過ぎないかによるべきであると説明する。

【Exercise】
1 差額説が通説となった理由およびその問題点について述べなさい。
2 損害事実説について説明しなさい。
3 事実的因果関係およびその競合の問題について解説しなさい。
4 「高度の蓋然性」について説明しなさい。
5 因果関係の立証が緩和される理由について論じなさい。
6 「事実上の推定」理論について説明しなさい。
7 疫学的因果関係論について述べなさい。
8 賠償されるべき損害の範囲を画定する基準について論じなさい。
9 相当因果関係説に対する批判について述べなさい。
10 義務射程説について説明しなさい。

281

Lecture **20**　不法行為の効果（1）

Resume
Ⅰ　損害賠償の方法
　1．金銭賠償の原則
　2．原状回復
　　ａ．名誉の回復
　　ｂ．鉱業法上の原状回復
　　ｃ．その他の特別法による原状回復
　3．差止め
Ⅱ　損害賠償請求権の主体
　1．自然人・法人・胎児
　2．間接被害者
　　ａ．近親者
　　ｂ．企業損害（間接損害）
　3．生命侵害の場合の賠償請求権者
　　ａ．財産的損害
　　ｂ．精神的損害

▣ Ⅰ 損害賠償の方法 ▣

1．金銭賠償の原則

　不法行為の成立要件が充足すれば、その効果として損害賠償を請求することができる。民法は、この損害賠償について別段の意思表示がないときは、金銭をもってその額を定めると規定する（722条1項→417条）。これを金銭賠償主義という。したがって、不法行為によって生じた損害は、財産的損害、精神的損害にかかわらず、原則として金銭に評価して賠償されることになる。資本主義経済の発達した現代社会においては、金銭を社会の価値基準として考える傾向があることから、損害をその金銭的価値によって代償させようとする趣旨である。

2．原状回復

　原状回復とは、損害が発生する以前の状態に復帰させることをいう。例えば、他人の物を壊した者に対してその物を修繕させる場合がこれにあたる。損害賠償制度の本来の目的は被害者救済であるから、原状回復によって被害者が納得する場合には、それもまた認められるべきである。しかし、損害賠償の方法について当事者の特約があれば、それをもって金銭賠償に代えることができるが、そのような特約や法律による特別の規定がない場合には、原状回復の請求をすることはできない。

　法律の規定によって原状回復が認められる主な場合は、以下の通りである。

a．名誉の回復

　他人の名誉を毀損した者に対して、裁判所は、被害者の請求により損害賠償に代え、または損害賠償とともに名誉を回復するのに適当な処分を命ずることができる（723条）。名誉回復の適当な処分とは、新聞や雑誌の記事により名誉が毀損された場合には、その記事の取消広告や謝罪広告を掲載させる

ことが一般的である。また、テレビやラジオによる名誉毀損の場合には、そのテレビやラジオの放送の中で取消しや謝罪がなされるべきであろう。このような方法を認容するのは、名誉毀損の場合には、金銭賠償だけでは被害者救済としては不十分であること、侵害のもととなった行為をそのまま放置しておくと名誉毀損状態が継続することになること、適切な方法をとれば毀損された名誉を回復させることが可能であることによる。

b．鉱業法上の原状回復

　鉱業権者が、鉱物の掘採のための土地の掘削、坑水もしくは廃水の放流、鉱煙等の排出によって他人に損害を与えたときは、金銭による賠償責任を負わねばならない（鉱業法111条2項本文）。しかし、賠償金額に比して著しく多額の費用を要しないで原状回復ができるとき（同項ただし書）、または賠償義務者の申立てにより裁判所が適当と認めるとき（同112条3項）は、金銭賠償に代えて原状回復を命ずることができる。

c．その他の特別法による原状回復

　不正競争防止法14条は、不正競争行為によって「営業上の信用」が害された場合に、被害者が損害の賠償に代えてまたは損害の賠償とともに「営業上の信用を回復するのに必要な措置」を請求することができると規定している。営業上の信用回復の措置は、金銭賠償に代えてまたはそれとともに請求されるため、金銭賠償と同様に加害者の故意・過失が必要とされる。

　工業所有権に関する特別法は、故意・過失によるそれらの権利の侵害によって「業務上の信用」が害された場合に、被害者が信用を回復するために適当な措置を請求することができると規定している（特許法106条等）。

　また、著作権法においても、故意・過失による著作者人格権の侵害により著作者の「名誉若しくは声望」が害された場合に、被害者が回復措置を請求できるとしている（著作権法115条、116条）。

3．差止め

　他人の侵害行為によって法益が侵害されるおそれがある場合に、その行為

284　Lecture 20　不法行為の効果（1）

をやめるように請求する権利を差止請求権という。損害賠償請求権は、事後的な救済方法であるのに対して、差止請求権は事前の救済を目的とする権利である。公害や生活妨害等のように、侵害行為が継続することにより人の生命や健康に侵害が発生する場合には、被った損害を事後的に塡補するだけでは十分な被害者の救済にはならず、根本的に侵害状態を除去することによって、現在および将来における被害の発生を防止することが被害者にとってより望ましい救済方法であるといえよう。

Case 1

　Ａの自宅の裏山にＢが産業廃棄物処理施設を建設し操業を始めたところ、その施設から浸出する汚水によって、Ａが飲料水として利用している自宅の井戸水が汚染されてしまった。そこで、Ａは井戸水が利用できなくなった原因であるＢの処理施設の操業を差止める訴えを提起した。Ａは、どのような法的根拠に基づいて当施設の操業の差止めを請求することができるであろうか。

　他人の行為によって健康被害や生活妨害が生じるおそれがある場合に、いかなる法的根拠に基づいて差止めが請求できるかについては、実定法上の規定がないため以前より議論されてきた。差止請求権の法的根拠の問題は、3つの基本類型に大別することができる。第1に、何らかの絶対権ないし排他的支配権が侵害されたとして、その権利に基づいて差止めを認めようとする権利的構成である。この見解は、権利の捉え方により、物権的請求権説（排煙や臭気のような不可量物または騒音や振動のようなエネルギーの侵入についても所有権等の物権に対する侵害と解して、物権的請求権の一種としての差止請求権を認める考え方）、人格権説（生命、身体、健康等への侵害は人格権への侵害であり、この排他的な権利としての人格権に基づいて差止請求できるとする見解）、環境権説（良き環境を享受し、かつこれを支配しうる権利を環境権として構成し、環境が汚染された場合、環境権を根拠にして差止めを求めることができると解する説）に分けられる。権利的構成は、客観的に違法な権利侵害があれば直ちに差止請求権が発生すると考えるから、被侵害利益の性質、被害の程度、侵害行為の態様等を利益衡量する可能性は理論的には排除されることになる。

　第2に、民法709条の不法行為に差止請求権の根拠を求める不法行為説で

ある。この説によれば、同条は損害賠償の請求とともに、事前に侵害行為を防止する差止めの請求も認めていると解することになる。不法行為の成立要件を厳格に解すると、差止請求にも損害の発生および故意・過失が要求されることになるが、損害がいまだ発生していない段階で不法行為の理論を適用することの当否が問題となる。第3に、違法な侵害またはそのおそれがあることを差止請求の法的構成の基軸とする違法侵害説である。この学説は、法的保護に値する権利または利益が違法に侵害され、予防的救済が必要とされる場合に、違法な侵害からの法益保護の必要性そのものを直接的な根拠として差止請求権を認めようとする考え方である。権利的構成にこだわらず差止めによって保護されるべき法的利益について広く差止めの可能性を肯定する点において不法行為説と共通項が見出せるが、帰責事由を要求するわけではないから、不法行為説の枠外に位置づけられる。

　さらに、権利的構成だけでは抜け落ちる保護法益について受け皿となる法的構成が必要となるとの観点から、権利的構成と他の学説とを並存させて二元的な構成を採る立場も有力である。例えば、絶対権侵害と解される場合は当然に差止めを認めるが、絶対権以外の利益の侵害または質的には絶対権侵害であるが、ある程度の量的侵害がないと違法と認めることができない場合には、侵害行為の態様（悪性）を考慮して違法として差止めを肯認すると解する見解である。二元的構成説は、生命、身体、健康などの絶対権が侵害された場合には直ちに差止請求を認めるが、日照妨害などの絶対権侵害に至らないような生活妨害の場合には侵害行為の種類・性質等の事情をも総合的に考慮して差止めの可否を判断するという、権利的構成を基軸として他の構成がそれを補完する二元的な構成を採っているのである。

　判例においては、被侵害利益の種類と性質、侵害行為の態様等を比較衡量することにより侵害行為が受忍限度を超えると評価される場合には、物権的請求権の拡張形態としての人格権侵害を根拠として差止請求を認容することが主流となっている。つまり、判例は、利益衡量によって人格権の侵害にあたるか否かを判断し、差止めの成否を決めているのである。裁判例は、疾病に至らない不健康の状態、単なる精神的苦痛や不快感をも人格権に委ねて処理しているため、その外延部分において利益衡量による受忍限度的な判断を

せざるをえない。このような利益衡量に決定的な比重をおく判例の態度に対して、「歯止めのない利益衡量」を許し「裁判官の裁量に白紙委任する」ことになるとの批判とともに、人格権を根拠として権利構成したことの意味を喪失させることになるとの論難がなされている。

▢ Ⅱ 損害賠償請求権の主体 ▢

1．自然人・法人・胎児

　他人の行為によって法益を侵害された被害者は、不法行為の効果として加害者に対して損害賠償を請求することができるが、この請求権を取得しうる者を損害賠償請求権の主体という。自然人は、出生によって権利能力を取得するから（3条1項）、不法行為に関しても、損害を被った自然人は、もれなく賠償請求権の主体となることができる。

　出生前の胎児は、権利能力を有しないが（3条1項の反対解釈）、損害賠償請求については、例外的にすでに生まれたものとして扱われる（721条）。例えば、胎児の間に父親が交通事故で死亡した場合でも、胎児は損害賠償請求権を取得する。

　賠償請求権の主体は、自然人に限られず、法人も権利能力を有する以上、賠償請求権の主体となりうる。問題となるのは、法人の名誉や活動の自由等が侵害された場合に、法人が慰謝料を請求できるか、という点である。自然人ではない法人は肉体や精神を持たないから精神的・肉体的苦痛は観念できないとして慰謝料を請求しえないと考えることもできるが、法人でも被侵害利益の性質によっては、とくに名誉権や氏名権等の侵害については、慰謝料請求できると解することが妥当であろう。この問題に関連して、最高裁は、財団法人が新聞記事によって名誉毀損された事案において、710条に基づく賠償請求を認容している。すなわち、同条の「財産以外の損害」は精神的損害のみを意味するのではなく、それ以外の金銭評価可能な「無形の損害」も含み、このような損害は加害者に金銭賠償させるべきであると判示したのである（最判昭39・1・28民集18巻1号136頁）。

2．間接被害者

a．近親者

不法行為の直接の被害者と一定の関係にある近親者が、当該不法行為によって間接的に損害を受けることがある。例えば、父親が交通事故で長期入院を余儀なくされ、子供が休職して付添いをしたことにより、収入が減少したり、精神的損害を被るような場合である。

まず、財産的損害について考えよう。被害者の近親者が支出した費用でも、被害者本人が請求しても認められる損害（不真正損害）と近親者が固有に被った損害（真正損害）とに区分して考察する必要がある。不真正損害は、被害者本人からの賠償請求も可能であるが、近親者からの請求を否定する理由はない。例えば、被害者の近親者が支出した医療費、付添看護費用、葬儀費用、葬儀参列のための旅費等が、これにあたる。この種の損害は、直接の被害者も近親者も共に賠償請求ができるから、両者の関係は連帯債権の関係になる。近親者が付添看護のために休職したことによる損害（逸失利益）などの真正損害の場合は、近親者のみが被害者として固有に請求できる損害であるから、このような損害の賠償請求は709条に基づく独自の損害賠償請求権であると解すべきである。したがって、同条所定の要件を満たす必要がある。

つぎに、精神的損害についてである。直接の被害者の損害が甚大であり、それによって近親者が精神的な損害を受けた場合に、近親者は精神的損害について独自に賠償請求ができるであろうか。生命が侵害された場合には、711条に規定がある。すなわち、被害者が生命を侵害された場合には、被害者の「父母、配偶者及び子」は、自己の財産権が侵害されなかったときでも（精神的）損害の賠償を請求できると定めている。判例は、711条にいう生命侵害でなくても、それと同様な精神上の苦痛を受けたことを認め、同条の場合に類すると解したものがある。すなわち、10歳の女児がオート三輪車にひかれて顔面に医療によっても除去できない傷痕が残った事件において、最高裁は、子の死亡したときにも比肩しうべき精神上の苦痛を受けたことを認め、711条の場合に類するものとして、709条・710条に基づき母親の固有の慰

288 Lecture 20 不法行為の効果（1）

謝料請求を容認した（最判昭33・8・5民集12巻12号1901頁）。

b. 企業損害（間接損害）

> **Case 2**
> A会社の代表取締役であるBは、交通事故により重傷を負ったため、3ヶ月間の入院と半年間の休職を余儀なくされたところ、Bの休職中、A会社の売上げが半減してしまった。そこで、A会社は、加害者に対して売上げ減少による損害の賠償を請求することができるであろうか。

　不法行為により被害者自身ではなく、被害者に関連する第三者が被害者に対する侵害によって間接的な損害を受ける場合がある。このような損害を間接損害という。例えば、直接の被害者が企業の被用者であったときに、雇用者である企業も当該不法行為によって損害を受ける場合が考えられる。このような間接損害について、企業は加害者に対して損害賠償の請求ができるであろうか。

　まず、被用者も加害者に請求できる不真正損害について考えよう。休業補償、療養補償、遺族補償等のように、企業が労働基準法や労働協約・就業規則等に基づく一定の義務にしたがって支払った補償金・給料等が、これにあたる。このような損害については、企業が被用者に支払った分について加害者に当然代位するから、企業は加害者に対して賠償請求できる。企業が、義務を有するわけではないが、医療費や葬儀費用を支払った場合も、422条に基づいて賠償請求できると考えるべきであろう。

　つぎに、企業が固有に受けた真正損害については、賠償請求できるであろうか。例えば、被用者の死傷による売上げの減少等の逸失利益があった場合に、賠償請求を認容できるかということである。このような損害は、加害行為と直接には関係がないから、無条件に賠償を認めることは無理である。そこで、判例は、原則的にはこれらの損害の賠償を否定したうえで、特別に一定の関係が認められるときに肯定する。すなわち、被害者と企業が経済的に同一体（被害者の個人会社）であるときに限って、加害行為と被害者の受傷による会社の利益の逸失との間に相当因果関係を認め、その賠償請求を容認する（最判昭43・11・15民集22巻12号2614頁）。これに対して、多数説は、賠償請求

権者を直接被害者に限定し、間接被害者からの請求を否定する。従業員の死傷等による営業上の損失は、営業上のリスクとしてあらかじめ企業計算の中に織り込んでおくべきであるというのである。しかし、ある企業の営業に損失を与える目的をもって、故意に社員を死傷させる場合（故意不法行為）までも、賠償請求を否定するものではない。

3．生命侵害の場合の賠償請求権者

Case 3

　50歳のサラリーマンであるＡは、交通事故に遭い即死してしまった。Ａの妻および子供は、加害者に対してどのような損害の賠償を請求することができるであろうか。

　不法行為によって被害者の生命が奪われた場合に、だれがどのような損害賠償を請求することができるであろうか。被害者は死亡しているため被害者自ら請求することはできないから、実際には被害者の家族や近親者が請求することになる。そこで、被害者の家族や近親者が賠償請求する際に、どのような法的理論に基づいて請求できるかという点が問題となる。財産的損害と精神的損害に分けて説明しよう。

a．財産的損害

　財産的損害の典型例は、被害者の死亡によって将来の稼働年齢内で得たであろう利益（逸失利益）の喪失である。死者の逸失利益について、遺族は賠償請求できるであろうか。民法典施行当初は、相続人自身に対する侵害、つまり扶養請求権の侵害を理由とする相続人固有の財産的損害の賠償請求権しか認められないとして、相続を否定していた。しかし、生命侵害による財産的損害の賠償請求権の発生とその相続を容認しなければ、被害者が負傷後に死亡した場合には被害者自身が損害賠償請求権を取得して相続人がそれを承継するにもかかわらず、これよりも深刻な即死の場合には加害者に対して不法行為責任を免責するという不当な結果をもたらすことになり均衡を失するとの理由から、学説は、相続を肯定する傾向が強くなった。被害者の死亡による逸失利益についての損害賠償請求権を被害者がいったん取得し、それを

遺族が相続すると解する理論は、その前提として死者が損害賠償請求権の主体たりうることを承認するのであるが、このことは、人は死亡により権利能力を喪失すると考える民法の理論と抵触するため、その解釈をめぐって様々な見解が主張されている。すなわち、即死の場合でも被害者の負傷と死亡との間には、現実または観念上の時間の間隔があり、被害者は致命傷を受けたことによる損害賠償請求権を取得し、相続人はこれを相続すると解する時間的間隔説、相続を同一人格の承継と解し、被相続人の生命侵害に対する賠償請求権が、その人格を承継する相続人によって原始的に取得されるとする人格承継説、生命侵害は身体侵害の極限概念であるとして、身体侵害の場合と同様に生命侵害の場合にも相続を肯定してよいと説明する極限概念説、家族共同生活体を被害者と考えるべきであるとする家族共同体被害者説等の学説である。

判例においても、負傷後の死亡の場合でも、即死の場合でも、生命侵害を理由とする財産的損害の賠償請求権が死亡した被害者に発生し、ついで相続人がこれを相続するとの見解を支持し、現在に至っている（大判大9・4・20民録26巻553頁、大判大15・2・16民集5巻150頁）。

このような相続肯定説に対しては、子供が死亡した場合、親が子供の逸失利益相当額を含めて相続しうる点や、保護に値するにもかかわらず相続人でない者（事実上の親子等）は保護されない不都合がある点等について批判がある。そこで、今日では相続を否定する固有損害説が有力となってきている。当説によれば、生命侵害を理由とする損害賠償請求権は、死者には帰属せず相続も生じないと解したうえで、被害者の生命侵害の結果として遺族が受けた固有の財産的損害が賠償されるべきであり、近親者固有の損害に対して賠償請求を認めるというのである。この場合、何を「固有の損害」と捉えるかによって見解に相違があるが、扶養を受ける利益が侵害されたことを近親者固有の損害と考える扶養侵害説と、遺族の生活利益が侵害されたことを近親者固有の損害と観念する生活利益侵害説が有力である。

b．精神的損害

民法711条は、生命侵害の不法行為における近親者に対する損害の賠償を

Ⅱ　損害賠償請求権の主体　*291*

定めている。すなわち、生命侵害の場合には、被害者の父母、配偶者および子に対して固有の慰謝料請求権を認めているのである。そして、判例・学説は、同条に列挙されている者と実質的に同視される者にも、固有の慰謝料請求権を容認している（最判昭49・12・17民集28巻10号2040頁）。したがって、生命侵害を理由とする慰謝料請求権が死者に死亡と同時に発生し、相続人がそれを相続するという理論を構築しなくても、711条を直接の根拠として被害者の近親者は救済されることになる。

　しかし、判例は、同条所定の近親者固有の慰謝料請求権とともに、生命侵害を理由とする死者自身の慰謝料請求権を認め、その相続を肯定している。当初、判例は、相続を否定する立場を採っていたが、その後、被害者が死亡する前に慰謝料請求の意思表示をしていれば相続を認めるという態度に変わった（大判昭2・5・30新聞2702号5頁〔残念残念事件判決〕等）。その理由は、慰謝料請求権は一身専属権であるが、慰謝料請求の意思表示があれば、これにより金銭債権に転化して相続の対象となるというのである。これに対しては、被害者による意思の表現の差異によって結論が相違すること、即死や意識不明のまま死亡した場合との均衡を失すること、財産的損害賠償請求権の相続との間で整合性がつかないこと等の批判が出された。そこで、最高裁は、交通事故の被害者が意識不明のまま死亡した事案について、慰謝料も財産的損害と同様に、被害者の意思表示を必要とせず当然に相続されるとの立場を示し、従前の態度を変更するに至った（最大判昭42・11・1民集21巻9号2249頁）。

【Exercise】
1　金銭賠償の原則について述べなさい。
2　法律の規定によって原状回復が認められる場合について説明しなさい。
3　差止請求権の法的根拠について論じなさい。
4　法人の名誉が侵害された場合に法人が慰謝料請求できるか、論述しなさい。
5　加害者に対して間接損害を賠償請求できるか、論じなさい。
6　死者の逸失利益について遺族は賠償請求できるか、述べなさい。
7　生命侵害を理由とする死者自身の慰謝料請求権の相続について判例はどのような立場を採ってきたか、説明しなさい。

Lecture 21　不法行為の効果（2）

Resume

Ⅰ　損害賠償額の算定
 1．損害賠償額の算定方法
  ａ．個別算定方式
  ｂ．一括算定方式
 2．損害賠償額の算定基準時
 3．弁護士費用
 4．過失相殺
  ａ．過失相殺の意義
  ｂ．過失相殺における「過失」の意義
  ｃ．被害者側の過失
   ⅰ）監督義務者の過失
   ⅱ）同乗車両の運転者の過失
  ｄ．過失相殺の方法
 5．損益相殺
  ａ．損益相殺の意義
  ｂ．個別的検討
   ⅰ）生活費・養育費
   ⅱ）保険金
   ⅲ）遺族年金
   ⅳ）労災保険給付
Ⅱ　損害賠償請求権の性質
 1．相続性と一身専属性
 2．相殺の禁止
 3．消滅時効
  ａ．短期消滅時効（主観的起算点からの消滅時効）
  ｂ．長期消滅時効（不法行為の時からの消滅時効）

□ Ｉ 損害賠償額の算定 □

1．損害賠償額の算定方法

　日本民法は金銭賠償主義を採用しているため、不法行為によって生じた損害は、最終的に金銭に評価されなければならない。しかし、損害を金銭に評価することは容易なことではない。とくに、人の生命、身体、健康が侵害された場合の被侵害利益は人格的価値に関する利益であるから、金銭的評価とは本質的になじまないところがある。そこで、人身損害における損害賠償額の算定方法として、実務がどのように対応しているか、概観することにしよう。

　人身損害における損害賠償額の算定方法は、大別して 2 種の方式がある。第 1 は、損害を積極的損害・消極的損害（逸失利益）・精神的損害の 3 つに区分し、損害項目ごとに損害額を算定し、それらを合計する方法（個別算定方式）である。交通事故による人身損害の賠償においてはこの方法によるのが一般的であり、それ以外の人身損害についてもこれに従う場合が多い。第 2 に、個別算定方式のように個別の損害項目に分解せずに、人身損害全体に対する賠償額を一括して算定する方法（包括算定方式または一括算定方式）である。公害や薬害訴訟において原告側が主張する場合が多い。

a．個別算定方式

　積極的損害として認められるのは、治療費、入院費、付添看護費、葬儀費等である。葬儀費は、人身事故がなくても将来いずれは支出しなければならない費用であると考えることも可能であるが、判例は、死亡により必要になった現実の費用であることを考慮して、被害者の社会的地位等から見て合理的である範囲でこの賠償を容認している（最判昭43・10・3判時540号38頁）。

　消極的損害（逸失利益）とは、不法行為がなかったならば被害者が得たであろう利益をいう。これは、被害者の収入を基礎として算出されるから、被害者が生存していて事故による収入の減額がない場合には、逸失利益はない

294 Lecture 21 不法行為の効果（2）

ことになる（最判昭56・12・22民集35巻9号1350頁）。逸失利益の算定方法を式で表せば、次のようになる。

逸失利益＝死者の得べかりし年間収入×稼働可能年数－（生活費＋中間利息）

　死者の得べかりし年間収入は、現実に得ていた収入が算定の基礎となる。給与所得者の場合には、死亡当時の給与額が計算の基準となる。個人営業の企業主の場合には、特段の事情がない限り、企業主生存中の従前の収益の全部ではなく、企業利益のうち被害者の寄与部分の額が逸失利益算定の基準となる（最判昭43・8・2民集22巻8号1525頁）。無職者は、賃金センサスによる平年賃金による。専業主婦については議論があったが、最高裁は、「家事労働に専念する主婦も平均労働不能年齢に達するまで女子労働者の平均賃金に相当する財産上の利益をあげる」と判示した（最判昭49・7・19民集28巻5号872頁）。現在では、女子労働者の平均賃金による算定が実務上、定着している。

　稼働可能年数は、被害者の年齢・経歴・職業・健康状態その他具体的事情を考慮して、自由な心証によって算定される（最判昭36・1・24民集15巻1号35頁）。

　平均稼働期間における被害者の生活費は、死亡により支出が不要になったとして控除される。控除方法は、計算が困難なため、年間収入の一定割合（30〜50％）を控除するのが一般的である。

　このように計算された賠償額は、本来、将来の稼働可能年数内で一定期間ごとに取得するものであるが、それが一時金賠償として支払われることになると、その利息分を被害者が理由なく利得することになるので、その部分を控除する必要がある。これを中間利息の控除という。この方法には、中間利息を単利計算によって控除するホフマン方式と、中間利息を複利計算によって控除するライプニッツ方式がある。

　中間利息を控除した損害額を X、純利益を A、稼働可能年数を n、年利率を r と定めて数式化すると、ホフマン方式は、つぎのようになる。

$$X = \frac{A}{1 + nr}$$

　ホフマン方式には、1年ごとに計算する複式ホフマン方式があり、つぎのように数式化できる。

$$X = \frac{A}{1 + 1r} + \frac{A}{1 + 2r} + \frac{A}{1 + 3r} \cdots\cdots + \frac{A}{1 + nr}$$

　ライプニッツ方式を同様に数式化すると、つぎのようになる。

$$X = \frac{A}{1 + r}$$

　複式ライプニッツ方式は、つぎのように数式化できる。

$$X = \frac{A}{1 + r} + \frac{A}{(1 + r)^2} + \frac{A}{(1 + r)^3} \cdots\cdots + \frac{A}{(1 + r)^n}$$

　判例は、両方の方式の使用を認めている（最判昭37・12・14民集16巻12号2368頁、最判昭53・10・20民集32巻7号1500頁）。

　ここで前提となる年利率は、別段の意思表示がない限り法定利率を指すが、この法定利率は年3％とされ、3年ごとに見直しをするという変動利率制度が2017年の民法改正で導入された（404条）。また、法定利率の基準時は「損害賠償の請求権が生じた時点」であり、その時点における法定利率により中間利息控除の利率が決まる（417条の2第1項）。そして、当該条項は、不法行為に基づく損害賠償請求についても準用されている（722条）。

　慰謝料は、被害者に生じた精神的損害を塡補するものである。しかし、精神的損害は、その性質上、金銭による評価がきわめて困難であるため、裁判官は、被侵害利益の種類・性質、被害の程度、被害者の年齢・職業・収入、加害行為の態様、加害者の事情等、諸般の事情を考慮して慰謝料を算定しなければならない。判例は、裁判官によって数額の算定根拠が示される必要はないとする（大判明43・4・5民録16輯273頁）。

　近時、裁判所は、慰謝料を一定の基準に基づいて定型的に算定するという

方法を採用するに至った。これらの基準は、紛争の早期解決のためには有効な機能を果たしているが、その反面、慰謝料算定の柔軟性が失われるおそれがある。

慰謝料の主要機能は、精神的損害の塡補であるが、硬直的になりがちな財産的損害の賠償額の算定を調整または補完する機能をも併有すると理解されている。他方、不法行為の民事制裁的機能を強調し、その機能を実現するのが慰謝料の賠償であると解する学説も存在する。

b．一括算定方式

人身事故の損害賠償額の算定について、損害項目を具体的に算定して合算する伝統的方式に対して、死傷それ自体を一つの非財産的損害と捉えて、それにふさわしい賠償額を一括して算定しようとする有力説（死傷損害説）がある。当説は、一見、緻密そうに見える個別算定方式の中身は、不確定な要素を基礎にして賠償額の算定がなされているため、不正確なものとならざるをえないことを疑問視して主張されたものである。死傷損害説およびそれに基礎を置く一括算定方式は、生命、身体について金銭的評価では算定できない価値を認め、人間の平等の尊重の立場から、人身被害の救済を賠償額算定の伝統的枠組みから解放する新たな視点を与えた点に意義がある。公害訴訟や薬害訴訟等では、死傷損害説に基づき、被害者が財産的損害と精神的損害を一括して請求したり（一括請求）、多数の被害者が一定額を一律に請求したり（一律請求）、さらには、身体的損害だけではなく、家庭生活や社会生活あるいは広く環境の破壊等を含む、総体としての損害を請求する方法（包括請求）で主張されることが多い。

2．損害賠償額の算定基準時

不法行為によって物が滅失した場合には、物の交換価格を賠償請求することになる。この場合、いつの時点の交換価格を基準にして賠償額を算定するかが問題となる。交換価格は、不法行為時から口頭弁論時までの間に、変動することがありうるからである。

判例は、賠償額の算定時期は原則として不法行為時であるとしたうえで、

損害賠償額の算定 　*297*

それ以後の高騰した価格による賠償を請求するためには、騰貴した価格をもって転売その他の処分をなし、またはその他の方法によって該価格に相当する利益を確実に取得しえたという特別の事情があり、かつその特別の事情について不法行為当時、予見しまたは予見し得べかりし場合であったことを被害者が立証する必要があると判示した（前掲大連判大15・5・22）。

　しかし、この判例の見解には、批判が強くなされている。なかでも義務射程説からの論難は説得的である。すなわち、損害賠償額の算定基準時の議論は、損害賠償の範囲画定の問題ではなく、賠償範囲内の損害を金銭的にどう評価するかの問題であるというのである。そして、当説は、損害の金銭的評価について過去の事実の認定ではなく、どのような金銭的評価が妥当かという裁判官の創造的判断であると解し、算定基準時の決定は、賠償範囲の画定基準を定めた民法416条に基づくのではなく、代物購入の可能性、転売の可能性等、口頭弁論終結時までの一切の事情を考慮して、裁判官の裁量により決めるほかないとする。

　賠償額の算定が裁判官の裁量によってなされていることは否めないが、義務射程説が賠償額の算定を裁判官の裁量に全面的に委ねてしまうことにつき、法的安定性を欠くとの批判も強い。

3．弁護士費用

　訴訟費用は、一般的に敗訴した側が負担しなければならない（民訴61条）。しかし、わが国では、訴訟手続きにつき弁護士強制主義を採用していないから、弁護士費用は訴訟費用には含まれない。そこで、不法行為に基づく損害賠償の請求に際し弁護士を依頼した場合には、その費用を損害として賠償請求できるか否かが問題となる。

　判例は、不当訴訟のように相手方の訴訟提起が不法行為にあたる場合には、それに応訴するためにやむをえず支出した弁護士費用の賠償請求を認めた（大連判昭18・11・2民集22巻1179頁）。さらに、最高裁は、専門化の進んだ今日の訴訟を一般人が十分に遂行することは不可能に近いとの理由で、不法行為の被害者が権利を行使するために提訴を余儀なくされた場合の弁護士費用については、事案の難易、請求額、認容額、その他の事情を斟酌して相当と

298 Lecture 21　不法行為の効果（2）

認められる範囲のものに限り賠償を認めると判示した（最判昭44・2・27民集
23巻2号441頁）。

　その後、不法行為訴訟に関する弁護士費用について賠償請求できるとする
判決が定着しており、現在では、加害者側で被害者が無理に訴訟を提起した
ことを立証できない限り、弁護士費用の賠償を容認するのが一般化している
といえよう。

4．過失相殺

> **Case 1**
> 　自動車を運転していたＡは、青信号を確認して交差点に進入したと
> ころ、赤信号を無視して道路を横断していた10歳の男児を轢き、重傷
> を負わせてしまった。このように被害者が信号を無視していた場合に、
> 加害者は損害の全額を賠償しなければならないであろうか。

a．過失相殺の意義

　被害者に過失があったときは、裁判所は、これを考慮して損害賠償額を定
めることができる（722条2項）。加害者の過失と被害者のそれとを対比させ
て賠償額を縮減するという意味で、過失相殺と呼ばれている。この制度の目
的は、損害の発生や拡大に被害者の関与があれば、その過失を考慮して加害
者と被害者との間で損害の公平な分担を図ることにある。ここにいう被害者
の過失は、損害の発生に寄与したものだけではなく、その拡大に寄与したも
のを含むと解される。

b．過失相殺における「過失」の意義

　過失は、加害者に不法行為責任を負わせるための基本概念であるが、過失
相殺における被害者の過失は、公平の理念に基づいて損害賠償額を縮減させ
るために考慮される概念である。しかし、判例は、722条2項の過失と709条
のそれとを同義であると考え、過失相殺が認められるには被害者に注意義務
違反による非難可能性の前提としての責任能力が必要であるとの立場を採っ
ていた（最判昭31・7・20民集10巻8号1079頁）。これに対して、学説は、過失相

殺の機能は加害者が負うべき賠償責任の範囲を図るにすぎないのであるから、不注意ないし損害の発生を避けるのに必要な注意能力があれば足りると主張した。その後、最高裁は、学説の影響を受け、自転車に2人乗りしていた8歳児2人が車に衝突され死亡した事案において、過失相殺における過失は709条の過失の場合とは異なり責任能力までは必要なく、自分の行為の是非善悪を理解できる能力（事理弁識能力）が備わっていればよいと解して、過失相殺を認めて、先例を変更するに至った（最大判昭39・6・24民集18巻5号854頁）。

このように被害者の過失は、加害者の過失と同様に扱う必要はないが、幼児の行為が予期されないものであったとしても、その幼児に事理弁識能力がなければ過失相殺をすることはできないのである。そこで、かかる判例・学説の態度に対して、被害者の過失は、加害者側の違法性ないし非難可能性を縮減する事情として考慮されるべきであるとか、結果発生に対する被害者の寄与の度合いの問題として解決すべきであるとか、一定の状況で期待される行動パターンを基準としてそれからの逸脱を減額事由にすべきであるとする有力説も主張されている。

c．被害者側の過失

被害者自身の過失ではないが、被害者と身分上または生活上一体と見られる関係にある者に過失があり、それが損害の発生・拡大に関与した場合に、その過失を考慮して賠償額を減額することができるであろうか。以下のような場合が考えられる。

i）監督義務者の過失

幼児が不法行為により被害を受けて損害賠償の請求をする場合、その幼児を監督すべき義務のある者の監督上の過失は考慮されるであろうか。かつての判例は、他人の過失によって不利益を受けることはないとの自己責任の原則から過失相殺を否定したが、後に監督義務者の過失を「被害者側の過失」と捉え、考慮することを容認するようになった（最判昭42・6・27民集21巻6号1507頁）。しかし、被害者側の過失と判断される範囲は限定的である。例えば、幼児の監督者である父母ないしその被用者である家事使用人等のように

300 Lecture 21　不法行為の効果（2）

「被害者と身分上ないし生活上一体をなすとみられるような関係にある者」
の過失に限ると解して、保母に引率されて保育園に登園中に交通事故で幼児
が死亡した事案において、保母の過失の考慮を否定した判決がある（前掲最
判昭42・6・27）。

ⅱ）同乗車両の運転者の過失

　妻が夫の運転する自動車に同乗中、第三者が運転する自動車と衝突して負
傷した事案において、妻の第三者に対する損害賠償請求の損害額算定につ
き、夫婦の婚姻関係が既に破綻にひんしているなど特段の事情のない限り、
夫の過失を被害者側の過失として斟酌することができるとした判決がある
（最判昭51・3・25民集30巻2号160頁）。

d．過失相殺の方法

　過失相殺によって何割を減額するか（過失割合）については、事実審裁判
所が裁量により決定する（最判昭34・11・26民集13巻12号1562頁）。ただし、裁量
の範囲を逸脱して違法と評価される場合には、破棄理由となる（最判平2・
3・6判時1354号96頁）。交通事故のケースにおいては、迅速な紛争処理の観点
から、事故態様を類型化し、その類型に応じた過失割合の定型化が進展して
いる。

5．損益相殺

a．損益相殺の意義

> **Case 2**
> 　Ａ建設会社の従業員Ｂは、現場監督の不注意で工事現場で怪我をし
> た。Ｂは、労災保険給付として50万円を受け取ったが、Ａに対して損
> 害賠償請求をする場合に、この給付はどのように扱われるであろうか。

　損益相殺とは、不法行為の被害者が同一の不法行為により利益を受けた場
合に、その利益を控除して損害額を算定することをいう。損害を差額説によ
って理解する立場からは、賠償されるべき損害の算定に際して損害から加害
行為によって被害者が受けた利益を控除するのは当然である。損益相殺の意
義は、「不法行為から利益を得ることは許されない」という理念または損害

の公平な分担という政策的な判断にあると解すべきである。

　それでは、どのような利益が損益相殺によって控除されるべきであろうか。従来の通説的見解に従えば、その不法行為と相当因果関係にあるものに限られるということになろう。しかし、最近では、被害者の取得する利益と損害の塡補との関係性の視点から、利益と損害との間に「法的同質性」があることを要すると解する学説が有力である。最高裁も「同一の原因」によって受けた「同質性」ある利益に限って損益相殺すべきであるとの基準を示している（最大判平5・3・24民集47巻4号3039頁）。

b．個別的検討

ⅰ）生活費・養育費

　被害者が死亡した場合の損害賠償額の算定においては、被害者の生活費が控除される。しかし、被害者が幼児の場合は、その幼児の養育費を控除すべきか否かが問題である。判例は、養育費は父母自身の出費であり幼児の損害賠償請求権とは別個のものであるから、幼児自身の逸失利益の算定にあたって親の支出した養育費を控除すべきではないと判断した（最判昭39・6・24民集18巻5号874頁）。

ⅱ）保険金

　被害者が死亡して遺族が受け取った生命保険金は、損益相殺の対象とはならない。この根拠について、判例は、生命保険金はすでに払い込まれた保険料の対価的性質を有し、死亡の原因とは関係なく支払われるものであるからだという（最判昭39・9・25民集18巻7号1528頁）。これに対して、生命保険金は損害を塡補する目的をもたないとの理由づけをする学説もある。

　損害保険金についても、生命保険の場合と同様に、保険契約から生じた保険料の対価であるから損益相殺の対象とはならないと考えるべきである。ただし、この場合には、保険金を払った保険者は、その支払った範囲内で被保険者が加害者に対して有していた損害賠償請求権を代位取得するから（商法662条1項）、実際には損益相殺をしたのと同様の結果となる。

ⅲ）遺族年金

　被害者の死亡によってその遺族が遺族年金の受給権を取得した場合に、被

302 Lecture 21 不法行為の効果（2）

害者の逸失利益からその遺族年金を控除すべきであろうか。この点に関して、最高裁は、退職年金の受給者が自動車に轢かれて死亡し、その遺族が遺族年金の受給権を取得したケースにおいて、遺族年金の受給は不確実なものであるから、現実に支給された遺族年金および既に支給を受けることが確定した遺族年金の額は控除されるべきであるが、まだ支給を受けることが確定していない遺族年金の額は控除することができないと判断した（最大判平5・3・24民集47巻4号3039頁）。これに関しては、遺族の生活保障を目的とする遺族年金について、これを損害発生と同一原因による利益と解することはできないうえ、遺族年金の給付は損害の補塡とも無関係であるから、損益相殺的調整をすることは許されないとする、裁判官の反対意見があることに留意すべきである。

iv）労災保険給付

仕事中または通勤途中で第三者の運転する自動車に轢かれて負傷した場合において、被害者が一定額の労災保険給付を既に受けていたときには、加害者に対する損害賠償の請求額はその分だけ縮減する（最判昭52・5・27民集31巻3号427頁）。労働者災害補償保険法12条の4には、政府が労災の保険給付をしたときには、政府はその給付価額の限度において被害者の損害賠償請求権を取得すると規定されているからである。同じ法理論によって、使用者が賠償義務を負担する場合に、政府が労災の保険給付をしたときには、労働基準法84条2項を類推して使用者はその労災保険給付額を控除すべきである（最判昭52・10・25民集31巻6号836頁）。しかし、労災保険給付は慰謝料を含まないので、保険給付を慰謝料請求から控除することはできない（最判昭62・7・10民集41巻5号1202頁）。

▢ II 損害賠償請求権の性質 ▢

1．相続性と一身専属性

不法行為によって発生した損害賠償請求権は、金銭債権であるから、原則的には一般の指名債権と変わりはない。したがって、賠償請求権は、通常の

指名債権と同様の一般的効力を有する。

　財産的損害に対する賠償請求権が、財産権の一種として相続の対象となることには異論はない。これに対して、慰謝料請求権については、精神的・肉体的苦痛の慰謝を目的としているため、一身専属性を有するのではないかという議論がある。判例は、慰謝料請求権も金銭債権として当然に相続されると解しているが、これに反対する有力説については既に述べた通りである。

2．相殺の禁止

　不法行為による損害賠償請求権について、加害者（債務者）は、被害者（債権者）に対する債権で相殺することによって賠償債務を免れることはできない（509条）。この趣旨は、損害賠償請求権が相殺によって消滅させられると、被害者救済という賠償制度の目的を達成することができなくなるからである。同条は、被害者救済の観点から損害賠償請求権を受働債権として相殺することができない旨を規定しているのであって、被害者が賠償債権を自働債権として加害者に対して負担する債務と相殺することまで禁止しているものではない（最判昭42・11・30民集21巻9号2477頁）。判例は、双方の過失に基因する同一の交通事故によって生じた物的損害に対する損害賠償債権相互間においても相殺を認めていない（最判昭49・6・28民集28巻5号666頁）。しかし、このような「交叉責任」の場合においては、同一事故の損害発生につき双方の過失が原因しているのであるから、相殺を認めても差し支えないとする学説がある。

3．消滅時効

a．短期消滅時効（主観的起算点からの消滅時効）

　不法行為に基づく損害賠償請求権は、被害者またはその法定代理人が損害および加害者を知った時から3年間行使しないときは時効によって消滅する（724条1号）。一般の債権の時効期間である5年よりも加害者に有利な3年の短期時効期間が規定されている理由として、契約関係がある場合に比べて証拠の証明が困難になることや、ある程度の時間の経過によって被害者の被害感情も沈静化することがあげられる。しかし、実際上、この3年の消滅時効

304 Lecture 21　不法行為の効果（２）

期間は短く、被害者の保護に欠けることから、2017年の改正民法724条の２は、人の生命または身体を害する不法行為による損害賠償請求権について損害および加害者を知った時から５年間行使しないときは、時効によって消滅すると規定して、時効期間を延長した。

　この改正は、一般的な債権の長期消滅時効の10年間（166条１項２号）を、人の生命または身体の侵害による損害賠償請求権については20年間に延ばす特則（167条）とセットで理解する必要がある。すなわち、生命または身体に関する損害賠償請求権については、167条が長期消滅時効を20年間と定める一方で、724条の２が短期消滅時効を５年間と規定することによって、不法行為責任または債務不履行責任として追及する場合の時効期間の統一を図ったのである。

　消滅時効の起算点は、「損害及び加害者を知った時から」である。これは、損害と加害者の両方を知った時点から起算するということである。起算点をこのように理解したのは、被害者が損害または加害者を知らず、賠償請求が事実上不可能な間に請求権の消滅時効が進行するのは、被害者にとって酷な結果を招くとの理由からである。

　損害を知った時について、判例は、他人の不法行為によって被害者が損害の発生を現実に認識した時であると解している（最判平14・１・29民集56巻１号218頁）。これに対して、被害者が損害の発生を認識しうる時であるとする学説もある。

　土地の不法占拠や生活妨害のような継続的不法行為の場合には、加害行為の継続に伴って損害も継続的に発生するから、日々新たに発生する損害についてそれぞれ別個に時効が進行する（大連判昭15・12・14民集19巻2325頁）。

　加害行為は一回限りであるが、損害が継続している場合、例えば、交通事故により後遺症が発生し継続している場合に、後遺症に対する賠償請求権の消滅時効はいつから進行するであろうか。判例は、不法行為時に通常予測できる後遺症については事故時から時効が進行するが、予測できなかったものについては、その後遺症が顕在化するまで時効は進行しないとしている（最判昭42・７・18民集21巻６号1559頁）。

　加害者を知った時については、「加害者に対する賠償請求が事実上可能な

状況のもとに、その可能な程度にこれを知った時」を意味する（最判昭48・11・16民集27巻10号1374頁）。

b．長期消滅時効（不法行為の時からの消滅時効）

　不法行為に基づく損害賠償請求権は、不法行為の時から20年間行使しないときは時効によって消滅する（724条2号）。権利行使の期間制限の性質について、消滅時効と解するか、それとも除斥期間と解するか、議論があった。民法典の起草者は、同条の3年と同様に消滅時効と考えていたと指摘されているが、かつての学説は、除斥期間と解するものが多かった。判例においても、「20年の期間は被害者の認識のいかんを問わず一定の時の経過によって法律関係を確定させるため請求権の存続期間を画一的に定めたものと解するのが相当である」とし、除斥期間であることを判示した（最判平元・12・21民集43巻12号2209頁）。

　消滅時効と除斥期間の相違については、次のように考えられている。すなわち、消滅時効とは、権利の不行使という事実状態の継続を根拠として権利の消滅を認める法制度であり、権利不行使の事実状態が一定期間継続すること、および当事者が時効の援用をすることが必要とされる。一方、除斥期間とは、権利の性質や公益上の要請から権利行使期間を制限した制度であるから、当事者による援用を必要としないと解されている。

　除斥期間は援用を不要とすると解した場合、消滅時効のようにその援用が信義則違反や権利濫用にあたると解される余地はないと考えてよいであろうか。この点について、最高裁は、除斥期間は当事者の主張がなくても裁判所がその適用を判断できるため、その援用が信義則違反や権利濫用にあたると解されることはありえないと判断した（前掲最判平元・12・21）。しかし、この判例理論は学説から批判された。すなわち、援用を不要とする除斥期間には信義則違反や権利濫用の規定が適用されないとして、原告側にいかなる権利行使上の困難があっても、または被告側に原告の権利行使を困難にするいかなる事情が存在しても、20年が経過すれば損害賠償請求権は自動的に消滅すると解することは妥当ではないから、損害賠償請求の原因である不法行為の態様を含む事情を考慮し、信義則や権利濫用の法理を適用して、除斥期間に

306 Lecture 21 不法行為の効果（２）

よる権利の絶対的な消滅を阻止する可能性を留保すべきであるというのである。近時では、加害者が損害賠償義務を免れる結果、著しく正義・公平の理念に反するような場合には、民法724条の20年の期間制限の効果を限定することは条理にもかなうとした判決も出現している（最判平10・6・12民集52巻4号1087頁）。

このような学説の批判や判例の揺らぎを踏まえ、2017年の民法改正では「不法行為の時から20年間行使しないとき」には、「時効によって消滅する」と規定して（724条）、消滅時効であることを明確にした。すなわち、改正民法724条は、20年の期間制限の性質につき除斥期間ではなく時効期間であることを明示して、この問題を立法的に解決したのである。

【Exercise】
1 積極的損害と消極的損害について説明しなさい。
2 個別算定方式と一括算定方式の特徴を述べなさい。
3 差額説と死傷損害説の相違について論じなさい。
4 損害賠償額の算定基準時について説明しなさい。
5 過失相殺における「過失」の意義について述べなさい。
6 「被害者側の過失」について説明しなさい。
7 いかなる利益が損益相殺によって控除されるべきか、論じなさい。
8 継続的不法行為による損害賠償請求権の消滅時効の起算点について述べなさい。
9 消滅時効と除斥期間の相違について説明しなさい。
10 改正民法724条は20年の期間制限を消滅時効と定めたが、これを除斥期間と解した場合にはどのような問題が生じるか、述べなさい。

Lecture **22**　特殊の不法行為

Resume
Ⅰ　特殊の不法行為とは
Ⅱ　責任無能力者の監督義務者責任
　1．監督義務者責任の意義
　2．監督義務者・代理監督者
　3．監督義務者の709条責任
Ⅲ　使用者責任
　1．使用者責任の意義
　2．使用者責任の成立要件
　　a．使用関係の存在
　　　ⅰ）事業
　　　ⅱ）使用関係（指揮監督関係）
　　b．事業執行性
　　c．被用者の第三者への加害行為
　　d．免責事由の不存在
　3．賠償義務者
　4．求償関係
　5．注文者の責任
Ⅳ　土地工作物責任
　1．土地工作物責任の意義
　2．土地工作物責任の要件
　　a．土地の工作物
　　b．設置・保存の瑕疵
　3．賠償責任の負担者
　　a．占有者と所有者
　　b．求償関係
Ⅴ　動物占有者の責任
　1．動物占有者責任の意義
　2．動物占有者責任の要件
　　a．動物が他人に損害を加えたこと
　　b．免責事由の不存在
　3．賠償責任の負担者——占有者・保管者
Ⅵ　共同不法行為
　1．共同不法行為の意義
　2．共同不法行為の成立要件
　　a．一般的不法行為要件との関係
　　b．関連共同性
　3．共同不法行為の効果
　　a．全部賠償の義務
　　b．求償関係
　4．加害者不明の共同不法行為
　5．教唆・幇助による共同不法行為
　6．競合的不法行為

308 Lecture 22 特殊の不法行為

▣ Ⅰ 特殊の不法行為とは ▣

民法709条は、不法行為の一般的準則を定めた規定である。これに対して、特定の場合に適用範囲を限定し、709条とは異なった成立要件を定めた特別の不法行為責任に関する規定がある。すなわち、714条（責任無能力者の監督義務者責任）、715条（使用者責任）、716条（注文者の責任）、717条（土地工作物責任）、718条（動物占有者の責任）および719条（共同不法行為）である。これら特殊の不法行為（特殊的不法行為）と呼ばれる規定は、3つの類型に分類できる。第1に、加害者以外の者が責任を負う類型であり、714条、715条、716条がこれに該当する。第2に、物の所有者・管理者が責任を負う類型であり、717条、718条がこれにあたる。第3に、複数の加害者による不法行為責任であり、719条が定められている。以下では、これらの民法典上の特殊の不法行為について解説する。

▣ Ⅱ 責任無能力者の監督義務者責任 ▣

1．監督義務者責任の意義

> **Case 1**
> 　小学校2年生のAは、学校の昼休みの時間に同級生のBと喧嘩をして怪我を負ってしまった。Aは、誰に対して損害賠償の請求ができるであろうか。

未成年者に自己の行為の責任を弁識する能力がなかった場合には、その侵害行為について賠償の責任を負わなくてもよい（712条）。責任を弁識する能力は何歳から有するかについては、民法には規定がないが、判例は12歳頃を目安としている（大判大6・4・30民録23輯715頁）。さらに、精神上の障害により自己の行為の責任を弁識する能力を欠く状態にある者も、他人に損害を加えた行為について賠償責任を負わなくてもよい（713条）。しかし、このような場合に、被害者を救済しないのは不当である。そこで民法は、責任無能力

者を監督する法定の義務を負う者または監督義務者に代わって責任無能力者を監督する者が損害賠償の責任を負うと定めたのである（714条）。

責任能力のない未成年者または精神障害者が行った侵害行為について、監督義務者が常に責任を負うわけではない。第1に、加害者に責任能力が認められる場合には、監督義務者の責任は発生しない。監督義務者責任は、加害者に責任能力が否定された場合に発生する「補充責任」なのである。第2に、監督義務者がその義務を怠らなかったこと、またはその義務を怠らなくても損害が生じたであろうことを証明すれば、免責される（714条1項ただし書）。監督義務者の義務とは、親権者の監護・教育義務（820条）と解されている。第3に、侵害行為の違法性が阻却される場合には、行為者が責任能力を有しない者であっても監督義務者の責任は発生しない（前掲最判昭37・2・27）。

2．監督義務者・代理監督者

監督義務者とは、未成年者の場合には親権者（818条）・未成年後見人（838条1号、867条）・児童福祉施設の長（児童福祉47条）、成年被後見人の場合には成年後見人（838条2号）、精神障害者の場合には精神保健及び精神障害者福祉に関する法律20条所定の保護者である。

代理監督者とは、法定の監督義務者との契約、法律の規定、事務管理等、一定の法的根拠に基づいて監督を引き受ける者である。例えば、幼稚園や小学校の教師、託児所の保育士等がこれに該当する。監督義務者がその監督を他人に代行させたことをもって、監督義務者の責任が免除されるわけではない。学説は、その責任関係を連帯責任と解している。

3．監督義務者の709条責任

監督義務者の責任は、行為者に責任能力がない場合に発生する補充的なものである。しかし、この補充責任を貫徹させると、行為者に責任能力があればその者の賠償資力が欠けていたとしても、被害者は監督義務者に賠償請求することができず、不公平な結果が生ずることになろう。そこで、判例は、責任能力のある未成年者の不法行為についても、「監督義務者の義務違反と当該未成年者の不法行為によって生じた結果との間に相当因果関係を認めう

310 Lecture 22 特殊の不法行為

るとき」は、監督義務者に709条による不法行為責任が成立すると判示した（最判昭49・3・22民集28巻2号347頁）。監督義務者に不法行為の一般的準則を適用することによって被害者救済を図ったものである。

□ Ⅲ 使用者責任 □

1．使用者責任の意義

被用者が第三者に損害を与えた場合には、その加害行為が事業の執行についてなされたものである限り、使用者自らが損害賠償の責任を負わなければならない（715条1項本文）。ただし、使用者は、被用者の選任およびその事業の監督について過失がなかったこと、または相当の注意を払っても損害が生じたであろうことを証明すれば、免責される（同項ただし書）。

民法が、被用者の不法行為について使用者に特別な責任を負わせるのは、使用者は他人を使用して自己の活動範囲を拡大することができるからである。活動範囲の拡大は、使用者に利益をもたらす反面、損害発生の危険性も高めることになる。使用者責任の基底には、利益取得の観点から、「利益の存するところに損失をも帰せしめる」という報償責任の考え方があると解される一方で、損害発生の見地から、危険発生源としての被用者を支配する立場にある者に課される危険責任という考え方も、そこには内包されていると理解できるのである。

715条1項ただし書は、使用者責任が免責される場合に被用者の選任およびその事業の監督について過失の有無を問題としている。ここでは、一般的不法行為の原則である過失責任主義との調和が図られているが、使用者責任については、他人の不法行為に対する代位責任とする見解が通説である。代位責任説を採用すると、他人の不法行為について使用者が代位して負う特別の責任と解することになるから、使用者の免責は例外的扱いとなり、同項ただし書の適用は容易には認められないことになる。しかし、公害訴訟等で企業責任（使用者責任）を追及するという視点からは、代位責任性の強調よりも、活動範囲の拡大に伴う自己責任の範囲の拡張と解する考え方のほうが、

報償責任や危険責任の原理となじみやすいと思われる。

2．使用者責任の成立要件

使用者責任が成立するためには、以下の4つの要件が必要である。すなわち、第1に、ある「事業」のために「他人を使用」すること（使用関係の存在）、第2に、被用者が「事業の執行について」損害を発生させたこと（事業執行性）、第3に、被用者が第三者に損害を加えたこと（被用者の第三者への加害行為）、第4に、免責事由がないこと（免責事由の不存在）である。ここでは各要件について解説しよう。

a．使用関係の存在
ⅰ）事　業
ここでいう「事業」は、使用関係の論理的前提となる概念であるから、「仕事」と同義であると理解してよい。判例および学説は、事業の範囲について極めて広く解し、営利的な事業か、非営利的で個人的・家庭的な仕事か、継続的か一時的か、事実的なものか法律的なものかを問わないとしている。

ⅱ）使用関係（指揮監督関係）
使用関係が存在すると判断されるためには、雇用契約や労働契約のような他人に仕事をさせることを目的とする契約に基づく関係がある場合には問題はない。しかし、このような契約関係がなくても、仕事の遂行にあたって両当事者に実質的な指揮監督の関係が認められる場合には使用関係があると解されている。例えば、元請負人と下請負人の従業員の間には直接の雇用関係は存在しないが、下請負人の従業員が元請負人の現場監督の指図に従って労務を提供していた場合には、下請負人の従業員は元請負人の被用者と解される（最判昭41・7・21民集20巻6号1235頁）。兄が弟に迎えに来させ帰宅する途中で交通事故が発生した場合のように、事実上使用しているにすぎない場合にも使用関係が存在するとされる（最判昭56・11・27民集35巻8号1271頁）。一方、弁護士、医師、個人タクシーの運転手等のように顧客から独立して仕事をしている場合は、顧客との関係においては原則として指揮監督関係がないと考

312 Lecture 22 特殊の不法行為

えられるから、使用関係は存在しないと解される。なお、自動車運送業の免許など営業上の名義が貸与された場合の名義利用者による不法行為について、名義貸与者は使用者責任を負わなければならないと解されている（最判昭41・6・10民集20巻5号1029頁）。

b. 事業執行性

> **Case 2**
> AはB会社の運転手であったが、会社の自動車を無断で私用のため運転していたところ、Aの不注意が原因で事故を起こしてしまった。被害者は、使用者責任（715条）を根拠にB会社に対して損害賠償を請求した。これに対して、B会社は仕事中の事故ではないことを理由にこの請求を拒否することができるであろうか。

使用者責任が成立するためには、被用者による加害行為が事業の執行についてなされたものであることが必要である。当該要件が、使用者責任の成否を決定する実質的基準となっている。しかし、事業執行性の要件をどのように解するかについては、議論がある。

判例は、当初、被用者の行為は、使用者の事業の執行自体か、またはその事業の執行と関連して一体不可分の関係にあることが必要であるとしていた（一体不可分説）。しかし、一体不可分説の厳格な解釈は715条の趣旨や一般取引の通念と一致しないため、大審院は、学説の批判を受け入れ、事業の執行について広義に解釈し、判例変更するに至った（大連判大15・10・13民集5巻785頁）。

その後、最高裁は、事業執行性を緩やかに解釈する判例の立場を明確にして、次のように定式化した。すなわち、取引的不法行為について、「事業の執行につきとは、被用者の職務執行行為そのものには属しないが、その行為の外形から観察して、あたかも被用者の職務の範囲内の行為に属するものとみられる場合をも包含する」と判示したのである（外形標準説、最判昭40・11・30民集19巻8号2049頁）。さらに、最高裁は、取引関係が介在しない事実的不法行為についても、外形的に観察して被用者の職務行為の範囲に属するか否かによって判断するとして、外形標準説を採用した（最判昭39・2・4民集18巻2

号252頁）。しかし、被用者のなした取引行為がその外形から使用者の事業の範囲内に属するものと認められる場合であっても、その行為が被用者の職務権限内において適法に行われたものでなく、かつ相手方がその事情を知り、または重大な過失によって当該取引をしたときは、使用者責任は発生しないとしている（最判昭42・11・2民集21巻9号2278頁）。

　ところで、職務中の暴力行為等、職務の外形が加害行為との関係で意味を有しない場合がある。判例は、このような事案において、被用者の行為が使用者の事業の執行行為を契機とし、これと密接な関連を有する場合には使用者責任を認め、職務との密接関連性という基準を示している（最判昭44・11・18民集23巻11号2079頁）。このように判例では、外形標準性と職務密接関連性という2つの基準が見出せるが、取引的不法行為においては、原則的に外形標準説を採っていると理解してよいであろう。ただ、事実的不法行為においては、学説の批判を受けて職務密接関連性を基準としていると解することもできよう。

　学説では、事実的不法行為における外形標準説の採用等を批判して、次のような見解が主張されている。すなわち、当該行為が客観的に見て使用者の支配領域に入っているか否かによるとする学説、加害行為と被用者の本来の職務との関連性と加害行為への近接性を基準とすべきと解する説、加害行為が被用者たる地位にあることから通常予見されうるものか否か、加害行為と被用者の本来の職務との近接性、加害行為の状況、被害者の善意・無過失など種々の要因を総合して判断すべきとする説等が有力である。

c．被用者の第三者への加害行為

　被用者が第三者に損害を与えたことが必要である。この要件については、被用者の加害行為それ自体が一般の不法行為の成立要件を充たしていることが要求される。しかし、これに関しては、使用者責任を代位責任と位置づける場合には説明しやすいが、公害や製造物責任等に関する訴訟において企業が被告となる場合に、被用者の不法行為を立証するには負担が大きすぎる等の批判がある。

　ここにいう第三者とは、被用者・使用者以外のすべての者である。同じ使

314 Lecture 22 特殊の不法行為

用関係にある加害被用者以外の被用者も第三者に該当する。

d．免責事由の不存在

　使用者責任には、2つの免責事由がある。第1は、被用者の選任およびその事業の監督について相当の注意を払ったとき、第2は、相当の注意を払っても損害が生じたであろうときである（715条1項ただし書）。使用者は、免責事由を証明すれば賠償責任を免除されるが、実際にはこの立証はほとんど認められないため、免責事由条項は事実上、死文化しているといわれている。

3．賠償義務者

　使用者責任の賠償義務者は、使用者および代理監督者である。使用者に代わって事業を監督する代理監督者（715条2項）とは、客観的に観察して、実際上、現実に使用者に代わって事業を監督する地位にある者をいう（最判昭35・4・14民集14巻5号863頁）。工場長、営業所長、現場監督者などがこれに該当する。また、使用者の賠償責任と代理監督者のそれとは、連帯責任の関係にあると解すべきである。

4．求償関係

　使用者または代理監督者が715条により被害者に賠償した場合には、被用者に対して求償することができる（同条3項）。使用者責任が、他人の不法行為についての代位責任であると解する場合には、被用者が最終的な損失塡補者と考えられるから、使用者による求償が認められるのは道理であろうが、使用者は、被用者の活動によって利益を得ていることや、企業活動に伴う危険性を考慮すると、形式的な求償ではなく、損害の公平な分担という見地から実質的な負担者および負担額を追及することが重要である。したがって、事業執行性が緩やかに解される結果として、使用者が被用者の私利を目的とする故意的不法行為による賠償責任を負わされる場合には、完全な求償が認められるのは当然であるが、通常の事業執行の過程で生じた損害については求償権の行使が制限されるべき場合があることにつき、判例および学説に異論はない。判例には、タンクローリー車の運転手が不注意で他の車に追突し

IV 土地工作物責任 *315*

た事例において、事業の性質・規模・施設の状況・被用者の業務内容・労働条件・勤務態度等の諸般の事情に照らして損害の公平な分担という見地から、信義則上相当と認められる限度においてのみ求償しうるとして、求償の範囲を4分の1に制限したものがある（最判昭51・7・8民集30巻7号689頁）。

5. 注文者の責任

注文者は、請負人がその仕事につき第三者に与えた損害については、賠償責任を負わない（716条本文）。請負人には、業務の遂行にあたって自主性や独立性が認められているため、注文者と請負人との関係は、原則的に使用者としての責任が問われる使用関係にはあたらないからである。ただし、注文または指図について注文者に過失があれば、賠償責任が生じる（同条ただし書）。

□ Ⅳ 土地工作物責任 □

1. 土地工作物責任の意義

土地の工作物の設置または保存に瑕疵があることによって他人に損害が生じたときは、その工作物の占有者は、被害者に対してその損害の賠償責任を負わなければならない（717条1項本文）。ただし、占有者が損害の発生を防止するのに必要な注意を怠らなかったときには、所有者がその損害を賠償しなければならない（同項ただし書）。つまり、土地工作物責任については、第一次的には占有者が、第二次的には所有者が責任を負うことになるのである。また、竹木の栽植または支持の瑕疵によって損害が生じたときも、同様に取り扱われる（同条2項）。

第一次的責任である占有者の責任は、免責事由が存在するため、中間責任であり、準無過失責任といえる。これに対して、第二次的責任である所有者の責任は、免責事由が認められていないから、民法典における唯一の無過失責任を定めたものと解することができる。工作物責任の帰責根拠については、危険責任の原理に求めることができる。

なお、公の営造物の設置・管理の瑕疵による損害については、国家賠償法

316 Lecture 22 特殊の不法行為

２条において国・公共団体が賠償責任を負うと規定されている。

2. 土地工作物責任の要件

a. 土地の工作物

> **Case 3**
> Ａは、Ｂが所有する土地を借りて使用していた。ところが、この土地内にある放置された古井戸に子供が落ちて死亡してしまった。子供の遺族は、誰に損害賠償を請求することができるであろうか。

瑕疵は「土地の工作物」に関するものでなければならない。土地の工作物と判断されるためには、土地に接着して人工的につくられたものであることが必要である。つまり、物の土地への接着性と人工的作業を要件としているのである。例えば、建物およびそれに付属する物、石垣、鉄塔、プール、トンネル、橋梁、道路、堤防、貯水池等がこれにあたる。その他にも、判例は、鉄道の踏切道のように保安設備を伴う施設についても、機能的一体性からその設備全体をもって工作物と解し、土地工作物の範囲を広げている（最判昭46・4・23民集25巻3号351頁）。また、工場内の機械や設備のように土地への接着性がないものについては、否定的に解する判例もあったが、学説は、機械や設備の据えつけが直接土地上であるか建物内であるかによって区別する合理性がないとして、土地への接着性要件の緩和に積極的である。

b. 設置・保存の瑕疵

土地工作物の設置または保存に瑕疵があり、それが原因で損害が発生した場合でなければならない。瑕疵とは、工作物がその用途に応じて通常有すべきものとされる安全性を欠くことである（最判昭59・1・26民集38巻2号53頁、国賠2条に関する大東水害訴訟）。また、性状において安全性が欠けている場合だけではなく、しかるべき安全設備が講じられていないために、危険な状態が生じていることも瑕疵にあたると解されている（前掲最判昭46・4・23）。

「瑕疵」の解釈については、議論がある。客観説は、瑕疵について物理的・客観的に捉え、工作物が本来備えているべき性質や設備を欠くことと解している（通説）。当説は、無過失責任の考え方と親和的である。一方、義務

違反説は、瑕疵が規範的概念である以上、工作物の設置・管理者が負うべき安全確保義務違反であるとする（有力説）。この見解は、土地工作物責任を過失責任と理解している。

3．賠償責任の負担者

a．占有者と所有者

土地工作物責任を負うのは、第一次的に占有者であり、第二次的には所有者である。占有者には、間接占有者も含まれると解するのが判例の立場である。しかし、占有者の責任を拡張するためには、事実上の支配管理、支配管理もしくは瑕疵修補すべき地位など、実質的に判断すべきとする有力説もある。

占有者が損害の発生を防止するのに必要な注意を怠らなかったことを証明したときには、占有者は責任を免れ、所有者が賠償しなければならない（717条1項ただし書）。この損害防止に必要な注意については、工作物の種類・性質、存在場所などを考慮して判断されなければならないが、具体的な防止策を講じなければならないと考えられている。なお、所有者が最終的な責任負担者とされているが、その責任は絶対的なものではないから、損害が通常ではない自然力によって生じたときなど、不可抗力を理由に責任が否認される場合があることに留意すべきである。

b．求償関係

損害の原因について他にその責任を負う者があるときは、損害賠償をした占有者または所有者は、その者に対して求償することができる（717条3項）。工作物の瑕疵がそれを建築した請負人の過失による場合や前所有者の過失による場合などが、これに該当する。

求償の相手方である原因者が被害者に対して負う責任は、一般的不法行為責任と解される。したがって、被害者は、占有者または所有者の責任を問わずに、またはそれと並んで、その原因者に対して責任を追及することができるのである。

318 Lecture 22 特殊の不法行為

▣ **V 動物占有者の責任** ▣

1．動物占有者責任の意義

　動物の占有者は、その動物が他人に加えた損害について賠償する責任を負わなければならない（718条1項本文）。動物の占有者は、このような損害を防止するのに最も近い立場にあるからである。ただし、動物の種類および性質に従い相当の注意をもって動物の管理をしたときには賠償責任を免れる（同項ただし書）。このように免責事由が存在するので、動物占有者の責任は、通常、中間責任と解されているが、帰責根拠としては危険責任である。なお、717条の土地工作物責任と異なり、動物の所有者には責任が課されていない。現在では、農耕や交通手段として動物が使われなくなったため、この規定の重要性は低下しているが、ペットの危害のほか、微生物・細菌・ウィルス等の占有者責任のように、別の視点から本規定の意義が取り上げられている。

2．動物占有者責任の要件

a．動物が他人に損害を加えたこと

　ここでいう動物とは、家畜やペットが典型であるが、規範的概念として定義づけるならば、「生命体であって独自に危害を加えうる物」と解されるべきであろう。したがって、微生物・細菌・ウィルス等の占有者・保管者が誤って他人に損害を与えた場合には、動物占有者としての責任が問われるといえよう。

b．免責事由の不存在

　動物の占有者が、その動物の種類および性質に従い相当の注意をもってその管理をした場合には賠償責任を免れる（718条1項ただし書）。相当の注意の内容について、判例は、通常払うべき程度の注意義務で足り、異常な事態に対処しうる程度の注意義務までは要求されないと解しているが（最判昭37・2・1民集16巻2号143頁）、結果として、注意義務の認定について厳格な態度

をとっているため免責事由の立証は容易ではない。

3．賠償責任の負担者——占有者・保管者

占有者とは、動物を「占有」する者であるが、「占有」概念には「管理」概念が内包されていると解すべきである。保管者とは、占有者に代わって動物を保管する者である。

ここで占有者と保管者の関係性が問題となる。具体的には、動物を寄託し、または運送を委託した場合の両者の関係性である。判例は、運送委託者を占有者とし、運送者を保管者と捉えて、相当の注意をもって保管者を選任・監督したことを立証できない限り、占有者が責任を負うと判断した（最判昭40・9・24民集19巻6号1668頁）。これに対して、占有を管理という観点から考え、運送人や受寄者等も占有者に含まれると解する有力説がある。

□ Ⅵ 共同不法行為 □

1．共同不法行為の意義

民法719条は、複数者による不法行為を3類型に分け、各共同行為者が連帯して損害賠償責任を負う旨を規定している。第1に、同条1項前段は、数人が共同して不法行為を行い他人に損害を加えた場合について定める（主観的共同関係のある共同不法行為または狭義の共同不法行為）。第2に、同項後段は、共同行為者のいずれが損害を加えたのか明らかでない場合について規定する（加害者不明の共同不法行為）。第3に、同条2項は、教唆者および幇助者の共同不法行為について定める（教唆・幇助による共同不法行為）。

共同不法行為責任の特徴は、被害者救済という理念のもと、被害者は各共同行為者の誰に対しても賠償請求ができるうえ、その賠償額は全額を請求できることである。このような特徴は、各共同行為者に対して各個人の加害行為との因果関係を超えた損害を賠償させることを意味するから、719条は、要件および効果について709条とは異なった視点から考察する必要がある。共同不法行為を特殊の不法行為と位置づける所以である。

2．共同不法行為の成立要件

a．一般的不法行為要件との関係

　共同不法行為として取扱われるとしても、その基礎となるのは各加害者の行為であるから、賠償責任を負わせるためには各自が独立に不法行為の要件を充足していることが必要である（最判昭43・4・23民集22巻4号964頁〔山王川事件〕）。したがって、一般的不法行為で要求される故意・過失、因果関係、違法性、責任能力等の要件が問題となるが、なかでも因果関係については議論が多い。判例は、加害者各自の行為と損害発生との間に因果関係を必要とするが（大判昭9・10・15民集13巻1874頁、前掲最判昭43・4・23）、実際には緩やかに解釈されている（前掲大判昭9・10・15参考）。

b．関連共同性

> **Case 4**
> 　Ａ工場の廃水とＢ工場の廃水が河川を汚染したため、Ｃが所有する畑の作物が枯れてしまった。ＣはＡ工場に損害賠償を請求したが、Ａ工場は、Ｃの作物が枯れた原因はＡ工場の廃水だとは確定できないと主張した。Ｃの損害賠償請求は認められるであろうか。

　719条1項前段は、数人が共同して不法行為を行い、それによって損害が生じたことを要求している。ここでいう共同の不法行為とは、加害者相互間に「関連共同性」がある場合をいう。しかし、この関連共同性をどう解釈するかについては、共同不法行為をいかに構成するかの議論に関係し、重要な論点となっている。

　関連共同性の議論では、2つの学説が対立している。第1は、関連共同性には、行為者の共謀や共同の認識のような何らかの意思的な根拠が必要であるとする主観的共同説である。第2は、主観的関連共同性がなくても、各加害者の行為が客観的に関連共同していれば共同不法行為は成立すると解する客観的共同説である。判例は、客観的共同説を採用しており（大判大2・4・26民録19輯281頁）、学説でも、かつてはこれを通説と解してきた。客観的共同説によれば共同不法行為が成立する範囲が拡大するため、被害者救済が強化

されることになるが、その反面、損害発生に関する寄与度が低い加害者に対しても客観的な関連共同が存在するというだけで、寄与度が高い加害者と同様に連帯責任を追及できるとなると、加害者間の公平性に欠けることになる。共同不法行為に関与した各行為者は一般的不法行為の要件が求められるうえに、客観的共同説によって関連共同性が緩やかに解釈されるのでは、それぞれに独立した複数の不法行為が単に競合したにすぎない場合との差異が曖昧となる。そこで、学説は、共同不法行為について独自の意義づけをするため、関連共同性を制限すべきであるとの考え方が有力に主張されるようになった。これらの諸説では、関連共同性の制限方法については様々であるが、関与者相互間の意思の態様によって制限するという共通項を見出すことができる。これは、主観的共同説の再評価につながるといえよう。

　関連共同性の再構成について、2つの基軸となる学説がある。第1に、719条は自己の行為と因果関係にない損害についても賠償責任を負うべきことを定めた特殊的不法行為であり、その責任根拠は、「共同」すなわち、「各自が他人の行為を利用し、他方、自己の行為が他人に利用されるのを容認する意思をもつこと」であるとする説である。当説においては、主観的共同が意思の連絡として厳格に解されると、共同不法行為の成立範囲が狭められ、被害者救済の趣旨が希薄化することが考えられるが、関与者が相互に他人の行為を利用しあう関係において自己の行為が利用されるのを容認する意思があれば足りると述べて、主観的共同を比較的広く解しているところに、かつての主観的共同説とは異なる特徴を有している。

　第2に、719条1項には、関連共同性の内容について性質が相違する複数の類型が存すると解し、共同不法行為の理論的な類型化を指向する学説がある。代表的な説として、関連共同性には、意思的関与が存在する意思的共同不法行為と意思的関与はないが各人の行為に「社会的一体性」が認められる関連的共同不法行為があると解し、前者では各人の行為と結果との間の因果関係は問題とならないのに対し、後者では被害者がこれを立証する必要があるとする学説がある。本説は、関連共同性を主観的共同の意味に限定すると、共同不法行為の現代的意義が喪失することになると考え、主観的要素以外の因子も考慮すべきであると主張するものである。このほかにも、関連共

同性について緊密性の程度により2類型に区分し、因果関係のみなし規定と解する同条1項前段と、因果関係の推定規定と解する同項後段とに対応させる立場もある。このような多元的解釈が定着するには、主観的要素以外の因子についてより具体的に解明していく必要があろう。

関連共同性について「社会通念上の一体性」の概念を取り入れた判例として、6つの会社が関与した大気汚染に関する四日市公害事件判決（津地四日市支判昭47・7・24判時672号30頁）がある。本判決は、関連共同性を強弱の2つの類型に分類し、「結果の発生に対して社会通念上全体として一個の行為と認められる程度の一体性があること」と解する弱い関連共同性を超え、「より緊密な一体性（強い関連共同性）が認められるときは、たとえ、当該工場のばい煙が少量で、それ自体としては結果の発生との間に因果関係が存在しないと認められるような場合においても、結果に対して責任を免れないことがあると解される」と判示した。

3．共同不法行為の効果

a．全部賠償の義務

共同不法行為者は、各自が連帯して損害を賠償する責任を負わなければならない（719条）。この規定の趣旨は、分割責任を排除することであり、各人が損害の全部について賠償義務があることを宣明している。共同不法行為者の損害賠償債務は連帯債務であるから、これらの関係には債権総則の連帯債務に関する規定が適用される。したがって、被害者が共同不法行為者の一人に損害賠償を請求した場合であっても、他の共同不法行為者に請求したことにはならない。また、被害者が共同不法行為者の一人に対して債務を免除したとしても、他の共同不法行為者の債務を免除したことにもならない。

b．求償関係

共同不法行為者の一人が被害者に損害を賠償した場合には、その者は他の共同不法行為者に対して、民法442条以下の規定に基づき求償することができる。民法442条1項は「その免責を得た額が自己の負担部分を超えるかどうかにかかわらず」としているため、一部弁済した者は「自己の負担部分を

超える額」を弁済していなくても求償することができる。共同不法行為者の内部的負担部分は、各自の過失割合によって決定される（最判平3・10・25民集45・7・1173）。

4．加害者不明の共同不法行為

Case 5

　ABCの3人は、河原で石を投げて遊んでいたところ、誰かが投げた石の1つが通行人Dの頭に命中し、重傷を負わせてしまった。Dに当たった石は誰が投げたものか、当時の事情からは判明しない。ABCは、Dに対してどのような責任を負わなければならないか。

　このような場合でも、直接の加害者を証明しなければ賠償請求できないと解するのであれば、被害者の救済にはならない。そこで、719条1項後段は、「共同行為者のうちいずれの者がその損害を加えたかを知ることができないとき」も、各行為者が前段と同様の連帯責任を負うと規定している。本段は、因果関係の推定規定と解する見方が一般的であるから、共同行為者として特定された者であっても因果関係の不存在を立証すれば免責されることになる。

　共同行為者については、前段の共同よりも広く解釈され、直接の加害行為の前提となる集団行為における客観的共同関係にある者と理解されているが、さらに広範に捉え、法益侵害を惹起する危険性や同一の損害惹起への関与を基準として決めるべきであるとする有力説がある。

5．教唆・幇助による共同不法行為

　教唆者および幇助者は、共同行為者とみなされ、共同不法行為責任を負わなければならない（719条2項）。教唆とは、他人をそそのかして不法行為をさせることであり、幇助とは、窃盗の見張りのように、当該不法行為について補助的な行為をすることである。教唆・幇助の場合は、客観的共同説では、その多くは客観的関連共同性が存在すると考えられるから同条1項で捉えられ、主観的共同説でも、意思が認められるから同項で対処されることになる。

6．競合的不法行為

　交通事故で重傷を負った被害者が救急車の搬送先の病院の医療過誤によって死亡した場合に、交通事故を惹起させた運転者の責任と医療過誤の医師の責任とは、いかなる関係にあるか。これは、1つの損害発生について複数の加害者が関与している場合であるが、運転者と医師との間には関連共同性は存在しない。それゆえ、共同不法行為は成立しないと解すべきであろうか。しかし、発生した損害が両方の加害行為を原因としている限り、ときには被害者は両者に対して全額賠償を請求できると扱うことも必要であろう。

　判例は、「交通事故における運転行為と医療事故における医療行為とは719条の共同不法行為にあたるから、各不法行為者は被害者の被った損害の全額について連帯して責任を負うべき」であると判示した（最判平13・3・13民集55巻2号328頁）。これに対して、原因が競合しているにすぎない不法行為には関連共同性が認められないから共同不法行為ではないと解し、単純に各行為者の不法行為が競合する「競合的不法行為」として理解すべきであるとする説も有力である。

【Exercise】
1　判例が監督義務者に709条責任を負わせる理由について説明しなさい。
2　使用者責任の法的性質について述べなさい。
3　事業執行性の判断基準に関する判例の立場の変遷について説明しなさい。
4　使用者責任に関して求償権の行使が制限される理由について述べなさい。
5　土地工作物責任について説明しなさい。
6　土地工作物の設置・保存の瑕疵について論じなさい。
7　動物占有者の責任について説明しなさい。
8　719条に規定される複数者による不法行為を3類型に分け、説明しなさい。
9　共同不法行為の関連共同性に関する主観的共同説の再評価について論じなさい。
10　共同不法行為と競合的不法行為の相違について述べなさい。

Lecture 23 特別法上の不法行為

Resume

Ⅰ 特別法上の不法行為
Ⅱ 国家賠償法
　1．国家賠償法の意義
　2．公務員の不法行為責任
　　ａ．公務員の不法行為
　　ｂ．公権力の行使と職務上の行為
　　ｃ．求償
　　ｄ．公務員の個人責任
　3．公の営造物責任
　　ａ．公の営造物責任の意義
　　ｂ．公の営造物
　　ｃ．設置または管理の瑕疵
　　ｄ．求償
　4．賠償責任者
Ⅲ 自動車損害賠償保障法
　1．自動車損害賠償保障制度の意義
　2．運行供用者
　3．運行供用者責任の成立要件
　　ａ．運行
　　ｂ．他人の生命・身体に対する侵害
　　ｃ．免責事由
Ⅳ 製造物責任法
　1．製造物責任制度の意義
　2．製造物責任の成立要件
　　ａ．製造物
　　ｂ．欠陥
　　ｃ．生命・身体・財産に対する侵害
　　ｄ．免責事由
　3．賠償義務者
　4．請求権行使期間
Ⅴ 失火責任法
　1．失火責任法の意義
　2．重過失
　3．他の賠償責任との関係

□ I 特別法上の不法行為 □

　民法709条で定立される不法行為の一般原則の枠外に位置づけられる特殊の不法行為は、714条から719条において個別的に規定されている。しかし、社会が進展し社会関係が複雑化するにしたがい、民法の原理や規定では適切に対処できない多種多様な不法な行為が発生するようになる。そこで、これらに対応するため、特別法を制定し民法の原理や規定を修正している場面は少なくない。このような場合、民法典とは別個の特別法という形で不法行為法が形成されているのである。ここでは、代表的な特別法上の不法行為を紹介しよう。

□ II 国家賠償法 □

1．国家賠償法の意義

　戦前の日本においては、官公吏は天皇に対してのみ義務を負うものとされ、国や公共団体の活動が国民に損害を与えても賠償の義務を負わないという考え方が一般的であった。しかし、昭和21年に現行憲法が公布され、17条において公務員の不法行為によって生じた損害に対する国・公共団体の賠償義務が定められた。この規定を受けて、昭和22年に国家賠償法（国賠法）が制定された。すなわち、公務員が公権力行使に際して不法行為を行った場合、および道路・河川その他の営造物の設置・管理の瑕疵に基づく損害が発生した場合について、国または公共団体の責任が明確にされたのである。

2．公務員の不法行為責任

a．公務員の不法行為

　国賠法1条1項は、国または公共団体の公権力の行使にあたる公務員がその職務を行うについて、故意または過失により違法に他人に損害を与えた場合には、国または公共団体が賠償責任を負うと規定している。本条は、使用

者責任を定めた民法715条に類似しているが、同条1項ただし書のような免責事由を認めていない点において相違している。国または公共団体が賠償責任を負う前提には、当該公務員の不法行為が存在するので、709条の成立要件を充たしていなければならない。したがって、国または公共団体の負うべき賠償責任は、公務員の不法行為責任を代わって負うこと、すなわち「代位責任」である。

b．公権力の行使と職務上の行為

　公権力の行使とは何か、については議論がある。権力的な作用に限るとする説、非権力的な作用も包含すると解する説、私経済作用を除くすべての国・公共団体の作用とする説の3つの見解が対立する。判例および通説は、第3説の立場を採り、私経済作用の場合は、私企業と従業員の関係と同様に、民法上の使用者責任（715条）を問えばよいと解している。その際、同条を適用する場合には、1項ただし書の免責事由はほとんど認められないから、国賠法1条が適用される第2説と適用されない第3説とは大差はないと指摘されている。

　公務員が「その職務を行うについて」不法行為を行った場合でなければならない。この「職務を行うについて」とは、使用者責任における「事業の執行について」と同様に、実質的な職務執行ではなく、客観的に見て職務執行と考えられる場合であればよい。

c．求　償

　国および公共団体は、違法行為をした公務員に故意または重過失があるときに限って、求償することができる（同1条2項）。軽過失の場合に求償を認めていないのは、公務員の職務執行意欲に差し支えるとの理由からである。

d．公務員の個人責任

　使用者責任では、使用者とともに不法行為を直接に行った被用者も損害賠償責任を負うが、公権力行使責任では、公務員は個人責任を負わないというのが判例の立場である（最判昭30・4・19民集9巻5号534頁）。しかし、公務員

328 Lecture 23 特別法上の不法行為

に709条の不法行為が成立している以上、被害者は、軽過失の場合でも公務員個人に対して賠償責任を追及できるとする学説も有力である。

3．公の営造物責任

a．公の営造物責任の意義

> **Case 1**
> 　局地的な集中豪雨によって国道に面した崖が崩れ、そこを通行中の自動車に岩が直撃したため、その運転者が重傷を負った。受傷した運転者は、誰に対してどのような責任を追及できるであろうか。

　道路、河川その他の公の営造物の設置または管理に瑕疵があったために他人に損害が生じた場合には、国または公共団体が賠償責任を負う（同2条）。本条は民法717条の土地工作物責任に類似するが、「公の造営物」概念は動産も含むため土地工作物の概念よりも広義である点、本条は717条1項ただし書が定める工作物占有者の免責事由を認めない点において相違している。公の営造物責任の性質について、通説は危険責任に基づく無過失責任と解するが、工作物責任と同じく設置・管理上の義務違反による責任であると捉える学説も有力である。

b．公の営造物

　公の営造物とは、国または公共団体により公の目的に供される有体物および物的設備をいう。これには、道路、橋梁、堤防、下水道、官公庁の庁舎や公立の学校の施設などのほか、それに付属するものも含まれる。河川、海岸、湖沼など、自然の状態で公共の用に供しうるものが営造物に該当するかについては、見解が分かれるが、通説はこれを積極的に解している。

c．設置または管理の瑕疵

　設置または管理の瑕疵については、民法717条で定める土地工作物責任の「設置または保存の瑕疵」と同義と解されている。ただ、瑕疵については、工作物責任よりむしろ営造物責任に関して議論が積み重ねられ、理論が掘り下げられてきたいきさつがある。

d．求　償

　国または公共団体が公の営造物責任を負う場合において、他に損害の原因について責任を負うべき者があるときは、国または公共団体は、これに対して求償権を有する（同2条2項）。

4．賠償責任者

　国または公共団体が公務員の不法行為責任または公の営造物責任を負う場合において、公務員の選任もしくは監督または公の営造物の設置もしくは管理にあたる者と、公務員の俸給、給与その他の費用または公の営造物の設置もしくは管理の費用を負担する者とが異なるときは、費用を負担する者もまた、その損害を賠償する責任を負わなければならない（同3条1項）。

□　Ⅲ　自動車損害賠償保障法　□

1．自動車損害賠償保障制度の意義

　現代社会において自動車は運送手段として大きな役割を果たしているが、その利便性の反面、それが引き起こす交通事故は深刻な社会問題となっている。自動車事故に関わる問題のなかで最も重要な視点は、被害者の救済である。自動車損害賠償保障法（自賠法）は、被害者救済制度の柱となる特別法である。同法の特徴は、つぎの2点に集約できる。第1に、「自己のために自動車を運行の用に供する者」、いわゆる運行供用者に対して過失責任主義を修正した厳しい責任を課している点である。同法3条は、被害者に対して加害者の故意・過失の証明を要求する代わりに、運行供用者に対して自己および運転者が注意を怠らなかったこと等の免責事由を証明しなければならないと規定している。第2に、被害者救済制度の実効性を確保するため、賠償責任を責任保険と結合させている点である。自動車事故によって生じた損害は、自動車損害賠償責任保険に基づき保険会社によって塡補され、さらにこの保険契約が締結されていなければ自動車を運行の用に供してはならないと定め（同5条）、責任保険の加入が義務づけられているのである。このように

330 Lecture 23　特別法上の不法行為

責任保険を被害者救済制度の中核として位置づけることによって損害賠償の実現を担保するとともに、被害者が損害賠償額を保険会社に対して直接請求できると規定することにより（同16条）、被害者救済の機能を高めているのである。

2．運行供用者

> **Case 2**
> 　Ａは、友人Ｂの自家用自動車が故障したため、自分が所有する自家用自動車をＢに無料で１日だけ貸してあげた。ところが、Ｂは、その自動車を運転中に、不注意で歩行者を轢いて負傷させてしまった。Ａは、その自動車の所有者として当該事故の責任を負わなければならないであろうか。

　自賠法３条は、運行供用者が賠償責任を負担すると定めている。同法が、自動車の保有者（自動車の所有者その他自動車を使用する権限を有する者で、自己のために自動車を運行の用に供する者）ではなく、運行供用者を賠償義務者と定めたのは、自動車泥棒等の保有者の承諾なく自動車を使用する者にも責任を負担させるためである。

　運行供用者をどのように解するかについては、議論がある。かつては、運行支配と運行利益の２つの基準を充たす必要があると解されてきた。この見解は、同法の責任が自動車のもつ危険性に着目した危険責任の考え方と、運行供用者が自動車の運行によって利益を得ていることからくる報償責任の考え方を基礎としている。しかし、近時は、運行供用者責任を危険責任として捉え、運行供用者の基準は運行支配であり、運行利益は運行支配を認める際のひとつの徴表にすぎないと解する説が有力である。具体的事例から導出される運行支配の内容は、当該自動車に対する物的な管理権限関係または当該運転者に対する人的な指揮監督関係と理解することができよう。判例は、自動車を貸与したレンタカー会社、使用貸与者、泥棒運転者、無断運転者を人的に指揮監督する権限ある者、未成年者所有の自動車の名義人となった父親、修理業者などの運行供用者責任を認めている。

3．運行供用者責任の成立要件

a．運　行

　運行供用者の責任が発生するためには、自動車の運行によって人身損害が生じたことが必要である。自動車の「運行」とは、自動車を当該装置の用い方にしたがい用いることと定義されている（同2条2項）。自動車を運転中に歩行者を轢いて負傷させたような場合がこれに当たることは明らかであるが、クレーン車等を停車させて作業中に事故が発生したような場合に、運行により生じた事故といえるかが問題となる。判例は、クレーン車を停車させてクレーンの作業中にそのワイヤーが高圧線に接触して作業員が感電死した事故（最判昭52・11・24民集31巻6号918頁）、貨物自動車からフォークリフトによる荷降ろし作業中に作業員が積荷の下敷きになった事故（最判昭63・6・16判時1298号113頁）では、自動車の固有の装置による事故であると解して運行起因性を肯定しているが、貨物自動車からフォークリフトによる荷降ろし作業中に当該フォークリフトに別の貨物自動車が衝突して運転者が負傷した事故（最判昭63・6・16民集42巻5号414頁）では、運行起因性を否定している。

　近時では、路上駐車が関連する事故について、駐車中の自動車の運行供用者責任を認める下級審の裁判例が少なくない。例えば、夜間に無灯火で駐停車していた場合、路上に駐車している自動車が円滑な交通の妨げとなり、交通上の危険を増大させているとして、運行供用者責任を肯認した判決がある（横浜地判平2・3・27判時1365号100頁）。

b．他人の生命・身体に対する侵害

　運行供用者責任が成立するためには、自動車の運行によって他人の生命・身体に損害が発生したことが必要である。つまり、自賠法で救済の対象となる損害は人身損害に限定され、物的損害の賠償は民法の規定によることになる。

　他人とは、自動車の運行供用者・運転者・運転補助者以外の者であると解されている。したがって、無償同乗者・好意同乗者が損害を受けた場合にも他人として自賠法の責任を追及できることになる。しかし、これらの者は無

償または好意で同乗させてもらうことにより利益を享受する一方で、同乗によって運行経路の変更等、運行に一定の影響を及ぼすことも考えられるため、当該同乗者に全面的な賠償を認めるのではなく、何らかの制限が必要であるとの議論がある。判例は、無償または好意同乗を慰謝料の減額事由と解する等、問題を賠償額算定の次元において解決する場合が多い。

c．免責事由

自賠法3条ただし書は、つぎの3つの免責事由を定めている。すなわち、自己および運転者が自動車の運行に関して注意を怠らなかったこと、被害者または運転者以外の第三者に故意または過失があったこと、自動車に構造上の欠陥または機能の故障がなかったことを、被告が証明した場合には、運行供用者は責任を免除されるのである。免責が認められる場合として、追突事故による被追突車側の責任等があるが、極めて限られた場面で適用されると解すべきであろう。

▨ Ⅳ 製造物責任法 ▨

1．製造物責任制度の意義

製造物責任とは、消費者が購入した商品に欠陥があり、それによって消費者に損害が発生した場合の製造者の責任をいう。このような場合に、消費者が709条の不法行為を理由として損害賠償を請求するためには、商品に欠陥が存在したことと、欠陥と損害発生との因果関係を証明しなければならないが、専門知識を持たない消費者がそれらを立証することは容易ではない。したがって、消費者保護の観点から、製造物の責任を合理的に追及できる道筋が望まれていた。

アメリカにおいては、製造物について厳格責任を認めており、EC諸国も製造物責任を無過失責任と位置づけている。これらの影響を受け、日本でも平成6年に製造物責任法（製造物法）が制定され、物の製造・加工・輸入に携った業者は、その物の欠陥により他人の生命・身体・財産を侵害したとき

IV　製造物責任法　*333*

は、損害賠償の責任を負うと定められたのである。

2．製造物責任の成立要件

a．製造物

Case 3
　AがB社製の暖房機を購入しそれを使用していたところ、突然、暖房機から煙が出て爆発したため、Aは重度の火傷を負ってしまった。この場合、AはB社に対してどのような責任を追及できるであろうか。

　製造物とは、製造または加工された動産をいう（同2条1項）。土地や建物のような不動産は含まれない。コンピュータ・ソフト等の無形的財産は、製造物に含まれる。

　製造または加工された物とは、商品としての完成品と解されているから、収穫された状態の農産物や海産物等は製造物ではないとされるが、商品として流通に置かれた物と解して、これらも製造物に含める説もある。

b．欠　陥

　製造物責任は、製造者等の故意・過失に代えて、製造物の欠陥を責任発生要件としている。欠陥は製造物の客観的態様を指すから、行為者の主観的態様である過失とは異なり、被害者の証明の容易性という観点において重要な意義を有する要件である。

　欠陥とは、製造物が通常有すべき安全性を欠いていることをいう（同2条2項）。製造物に欠陥があるか否かについては、消費者の期待を基準として判断されるが、その判断に際しては、当該製造物の特性、その通常予見される使用形態、その製造業者等が当該製造物を引渡した時期、その他の当該製造物に係る事情の諸要素が考慮される。

c．生命・身体・財産に対する侵害

　製造物責任が成立するためには、製造物の欠陥によって人の生命・身体・財産を侵害したことが必要である（同3条）。すなわち、その製造物を原因として被害者の生命・身体・財産を侵害することによって生ずる損害（拡大損

334 Lecture 23 特別法上の不法行為

害）に限られるのであって、損害が当該製造物についてのみ止まっていると
きは、製造物責任は成立しない（同条ただし書）。このような場合は、民法上
の契約責任の問題となるだけである。

d．免責事由

製造業者等は、つぎの事項を証明したときは、製造物責任を免れる（同4
条）。第1に、当該製造物を消費者に引渡した時点における科学・技術の知
見では、当該製造物にその欠陥があることを認識することができなかったこ
とである。第2に、当該製造物が他の製造物の部品または原材料として使用
された場合において、その欠陥がもっぱら他の製造物の製造業者が行った設
計に関する指示に従ったことにより生じ、かつその欠陥が生じたことにつき
過失がなかったことである。

3．賠償義務者

製造物責任を負担するのは、製造業者、加工業者、輸入業者、表示製造業
者、実質的製造業者である（同2条3項、3条）。製造物法は、製造物の販売業
者や賃貸・リース業者を責任主体としていない。これらの者に故意・過失が
あって損害が生じた場合には、民法上の責任が問題となるにすぎない。

4．請求権行使期間

製造物法による損害賠償請求権は、被害者またはその法定代理人が損害お
よび賠償義務者を知った時から3年間行使しなかったとき、製造業者等が製
造物を引渡した時から10年を経過したときには、時効によって消滅する（同
5条1項）。ただし、この場合、身体に蓄積した場合に人の健康を害すること
となる物質による損害（蓄積損害）、または一定の潜伏期間が経過した後に症
状が現れる損害（遅発損害）については、その損害が生じたときから起算す
る（同条2項）。

□ Ⅴ 失火責任法 □

1. 失火責任法の意義

　これまで取り扱ってきた特別法は、被害者救済の視点から709条の不法行為責任を加重しているが、失火責任法（失火法）は、失火者の賠償責任を重過失がある場合に限定して認めている点で不法行為責任を軽減する特異な制定法である。このような失火法の立法趣旨は、単なる軽過失で出火した場合に、自己の家屋だけでなく延焼した家屋等のすべての損害を賠償しなければならないとすれば、賠償額が高額となり出火者の資力では賠償できないから、重過失の場合だけに責任を限定しているのである。しかし、現在では、以前のような木造家屋も減少し、延焼防止のための道路の拡幅や建築制限規制等が存在しており、立法当時の状況をそのままあてはめるのには無理がある。そこで、本法の適用は、制限的に解されるべきであるとの見解が有力である。

2. 重過失

　失火者に重大な過失がある場合には、失火についての不法行為責任が認められる。ここにおける重過失とは、「一般人に要求される注意義務を著しく欠くこと」であり、故意に限りなく近い概念であると解されている。例えば、寝たばこが原因で火災が生じた場合や天ぷらの料理中の長電話が原因で火災が発生した場合には、重過失があると考えられる。

3. 他の賠償責任との関係

　失火法は、一般の不法行為の特則と解されているので、契約責任との関係では、失火者の責任が軽減されることはない。したがって、判例は、借家人が軽過失で借家を焼失させてしまった場合であっても、債務不履行責任を免れることはできないとする（大連判明45・3・23民録18輯315頁）。

　火災の発生が土地工作物の設置・保存の瑕疵に起因する場合に、失火法が

336 Lecture 23 特別法上の不法行為

適用されるのか、それとも717条の土地工作物責任が適用されるのかについ
ては、見解が分かれている。すなわち、失火法か717条のいずれかのみを適
用すると解する説、工作物の設置・保存の瑕疵から直接に生じた火災部分と
延焼部分とを分けて、前者には717条を適用するとする学説等があるが、工
作物の設置・保存の瑕疵が重過失によるときに限って責任を負わせるとし
て、717条に失火法をはめ込む解釈をする判例も見受けられる（大判昭7・
4・11民集11巻609頁）。

【Exercise】
1　国家賠償法における公権力の行使について述べなさい。
2　公権力行使責任と公務員の個人責任との関係について論じなさい。
3　公の営造物責任について説明しなさい。
4　自動車損害賠償保障法は被害者救済の実効性を確保するためどのような規定を置い
　　ているか述べなさい。
5　運行供用者について論じなさい。
6　製造物責任法が製造物の欠陥を責任発生要件としている理由について述べなさい。
7　失火責任法は制限的に適用されるべきとする見解があるのはなぜか説明しなさい。

Lecture **24**　事務管理

Resume

Ⅰ　事務管理の意義
Ⅱ　事務管理の成立要件
　1．他人の事務を管理すること
　2．他人のためにする意思があること
　3．法律上の義務がないこと
　4．本人の意思および利益に適合すること
Ⅲ　事務管理の効果
　1．違法性の阻却
　2．事務管理者の義務
　　a．管理開始の通知義務
　　b．管理継続義務
　　c．本人の意思に従うべき義務
　　d．善管注意義務
　　e．委任の規定の準用による義務
　3．本人の義務
　　a．費用償還義務
　　b．損害賠償義務および報酬支払義務
　4．事務管理の対外的効果
　　a．管理者の名でした法律行為
　　b．本人の名における法律行為
Ⅳ　準事務管理

□ Ⅰ 事務管理の意義 □

> **Case 1**
> Ａの海外旅行中に暴風雨があり、Ａが所有する建物の屋根瓦が飛んでしまった。Ａが留守であることを知っていた隣人Ｂは、Ａのために好意で自己の費用をもってその屋根の修繕をした。Ｂは、Ａが帰国したのでその費用を請求したところ、ＡはＢに建物の管理を依頼したおぼえはないので修繕費は支払わないという。ＢはＡに対して修繕費用を請求できないのであろうか。

　近代法においては、何人も他人の財産に対して干渉することは許されない（私的自治の原則）。したがって、近代社会では、他人の事務に干渉するためには、契約または法律の規定に基づかなければならない。Case 1 のように、ＢがＡの同意なくして勝手に他人の財産に干渉することは、原則として違法行為であり、それによってＡに何らかの損害が発生すれば、ＡはＢに対して不法行為に基づく損害賠償を請求することができる。しかし、ＢのようにＡのために他人の事務に干渉することも日常生活ではあり得ることであり、望ましいこともある。Ｂの修繕行為をありがた迷惑であるとか、よけいなお節介だと理解すると、無味乾燥な社会が形成されることになるであろう。そこで、民法は、このような利他的行為を法的に正当化して特別に保護することとし、事務管理の制度を設けたのである。この意味において、事務管理は、当事者の自由な意思に基づかずに法律上の規定によって債権関係が発生することから、法定債権の制度であるといわれている。

　事務管理とは、法律上の義務がないのに他人のためにその事務を処理する行為をいう（697条）。事務管理は、法律行為ではないが、他人のためにする意思が必要であるため、準法律行為と解されている。事務管理を行う過程においては、Ｂ自身が屋根の修理を行えば事実行為であり、Ｂが修理業者に修繕を依頼すれば法律行為となる。しかし、この法律行為は事務管理の手段にすぎず、ＡやＢは管理継続義務（700条）や費用償還請求権（702条）等の法律効果の発生を欲して意思表示しているわけではないから、事務管理全体が法

律行為となる余地はないのである。

□ Ⅱ　事務管理の成立要件　□

　事務管理の成立要件は、①他人の事務を管理すること、②法律上の義務がないこと、③他人のためにする意思があること、④本人の意思および利益に適合すること、である。

1．他人の事務を管理すること

> **Case 2**
> 　Aの海外旅行中に暴風雨があり、Aが所有する建物の屋根瓦が飛んでしまった。Aが留守であることを知っていた隣人Bは、この屋根を自分で修繕しようと思い、瓦など修繕に必要な物を購入した。しかし、Bが修繕をする前に、Aが帰宅した。この場合に、BはAに対してその購入費用の償還を請求できるであろうか。

　事務は、社会生活にとって有意義な仕事でなければならず、違法な行為は事務管理の対象とはならない。事務は、事実行為であると法律行為であるとを問わず、継続的であるか（例えば不在者の財産管理）、一時的であるか（例えば費用の立替え払い）も問わない。また、財産的であるか、非財産的であるか（例えば治療行為）も問題としない。管理は、事務の目的を達成するのに適した行為であればよい。保存行為、利用行為、改良行為および処分行為、さらには破壊行為（例えば倒壊寸前の家屋の取壊し）も含まれる。

　事務は、他人の事務でなければならない。自分の建物を他人の物だと誤信していた場合でも自分の事務となる。Bが屋根の修繕材料を購入したことは、それだけでは他人の事務とも自分の事務とも判断がつかない。これを「中性の事務」という。中性の事務につき事務管理が成立するかについては、議論がある。事務管理が成立すれば、BはAにその購入費用を請求できることになる（702条）。中性の事務でも、それが他人のためにする意思をもってなされ、その意思が外部から客観的に推断される場合には、事務管理が成立すると解するのが通説である。したがって、BがAのためにする意思で

340 Lecture 24　事務管理

購入したことが外部的に推断されるときには、購入費用の償還が認められる。事務管理は、取引の安全と無関係の制度であり、管理者の主観（利他的意思）を尊重しても差し支えないからである。

2．他人のためにする意思があること

事務管理は「他人のために」する意思をもってする行為であるから、自己以外の者に事実上の利益を与える意思（利他的意思）を必要とする。しかし、その利益を享受するものが誰であるかを知っている必要はなく（例えば迷子になった小犬を飼い主が判明するまで世話した場合）、また本人について錯誤があった場合（例えばAの猫だと思って世話をしていたら、Bの猫であった場合）にも、事務管理は成立する。また、他人のためにする意思は、自己のためにする意思と併存していてもよい。例えば、豪雪地帯で隣家の屋根からの雪で自己の建物が損傷するおそれがあるため、隣家の屋根に雪止めを設置したような場合がこれにあたる。

3．法律上の義務がないこと

> **Case 3**
> 　BはAから100万円を借りた。そこで、CはBから委託されてもいないのに、Bの保証人としてAと保証契約を締結した。その後、CがAに保証債務の弁済をした場合に、CとBとの間には事務管理による債権関係が生じるであろうか。

事務管理は、管理者が本人のためにする義務がないのに事務の管理を始めたことを要する（697条）。「義務なく」とは、管理者が請負契約のような契約関係がないのに他人の建物を修理したり、法律上の扶養義務がないのに迷子になった他人の子どもの世話をしたような場合である。Case 3におけるCのAに対する弁済は、保証契約上の義務に基づく弁済であり、CがBに対して事務管理上の請求をする場合の要件である法律上の義務のないことを充たさないから、CとBとの間には事務管理による債権関係は生じないと理解してよいのであろうか。Cは、あくまでAとの保証契約に基づいて債務を履行しているのであって、Bとの関係では義務を負っていない。したがっ

て、Cの弁済は事務管理となり、CはBに対して求償することができるのである。委託を受けない保証人の求償権について定めた462条は、求償権に関する特別規定と解すべきである。

4．本人の意思および利益に適合すること

事務管理は、本人の意思に従って開始されなければならず（697条2項）、かつ管理の継続が本人の意思に反し、または本人のために不利であることが明らかなときは、事務管理を中止しなければならない（700条ただし書）。Case 1 の事案において、Aの海外旅行中にBが屋根瓦の修繕をした場合に、その修繕がAの意思に反するときは、事務管理は成立しないのであろうか。通説は、Bが善良なる管理者の注意をもってしてもそのようなAの意思を知ることができないときは、事務管理が成立すると解する。

さらに、本人の意思が適法であるときは、その意思を無視して事務管理をすることはできないが、自殺をしようとする意思のように違法な（公序良俗に反する）意思を無視しても事務管理は成立する。例えば、自殺未遂者を本人の意思に反して救助した場合には、事務管理が成立する。

□ Ⅲ 事務管理の効果 □

1．違法性の阻却

権限も義務もなくして他人の事務に干渉することは、本来、違法な行為であるが、事務管理の成立要件を充たすならば違法性が阻却されるから、その結果、何らかの損害が生じたとしても不法行為は成立しない。例えば、室内で倒れている者を救出する際、ドアや窓ガラスを壊しても財産権侵害とはならない。事務管理が成立する場合でも、管理の方法が不適当で本人に損害が生じたときには、管理者の責任が問われるが、これは、あくまでも事務管理の効果として発生した債務の不履行による責任であって、不法行為責任ではない。

2．事務管理者の義務

　事務管理者は、原則として以下に掲げる義務を負い、それに違反した場合には本人に対して債務不履行に基づく賠償責任を負う（415条）。

a．管理開始の通知義務
　管理者は、管理を始めたことを遅滞なく本人に通知しなければならない。ただし、本人が既に知っているときは、通知しなくてもよい（699条）。

b．管理継続義務
　いったん管理を開始した以上、管理者は、本人、その相続人または法定代理人が管理することができるようになるまで、管理を継続しなければならない（700条本文）。管理が途中で放棄されてしまうと、本人の利益が害されるからである。ただし、管理の継続が本人の意思に反し、または本人ために不利であることが明らかであるときは、管理を中止すべきである（同条ただし書）。

c．本人の意思に従うべき義務
　管理者は本人の意思を知ったとき、または推知することができるときは、その意思に従って管理をしなければならない（697条2項）。本人の意思を知ることができないとき、またはその意思が不適法もしくは公序良俗に違反していてその意思に従えないときは、事務の性質に従って最も本人の利益に適合する方法によって管理しなければならない（同条1項）。

d．善管注意義務
　管理者は、原則として委任におけると同様に、善良なる管理者の注意をもって管理行為をしなければならない。したがって、管理者が善管注意義務に違反したときは、債務不履行責任を負うことになる（415条）。
　管理者が本人の身体、名誉または財産に対する急迫の危害を免れさせるために事務管理をしたときは、悪意または重過失がある場合にのみ本人に対して損害賠償責任を負う（698条）。いわゆる「緊急事務管理」の場合である。

急迫の危害があるときこそ事務管理を行う必要性が認められ、そのような場合の事務管理を推奨するために、管理者の注意義務を軽減したのである。例えば、急病人を救護するためにその衣類を汚損するような場合や本人所有の家屋への類焼を防ぐために建物の一部を損壊する場合などである。なお、民法の通常の用語法によれば、悪意はある事情を知っていることを意味するが、ここでの「悪意」は害意的な意思と解される。

e．委任の規定の準用による義務

事務管理者は、委任の規定を準用して、本人に対して次に掲げる義務を負う (701条)。①本人の請求があったときは、いつでも管理の状況を報告し、管理が終了した後は遅滞なくその経過および結果を報告しなければならない (645条の準用)。②管理にあたって、管理者が受け取った金銭その他の物を引渡し、管理者が本人のために自己の名をもって取得した権利を本人に移転しなければならない (646条の準用)。③管理者が本人に引渡すべき金額または本人の利益のために用いるべき金額を自己のために消費したときは、それを消費した日以後の利息 (法定利率、404条) を支払わなければならず、それ以上の損害が生じたときは、その賠償もしなければならない (647条の準用)。

3．本人の義務

a．費用償還義務

> Case 2 の事案において、
> ① 屋根瓦がインフレで高騰していた場合、Bはいつの時点での価額をもって費用償還を請求できるであろうか。
> ② Bが屋根の修理業者と修繕契約をしたが、まだその代金を支払っていない。Bは、Aに対してその代金を支払うように請求することができるであろうか。
> ③ Bが費用償還請求をしたときに、建物が震災によって既に全壊していた場合には、Aはなお償還義務を負うであろうか。

管理者が本人のために支出した有益な費用について、本人は、管理者の請求に応じて償還しなければならない (702条1項)。ここでいう有益な費用と

344 Lecture 24 事務管理

は、有益費（物の改良費、その他物の価格増加に要した費用）以外に必要費（修繕費等物の管理・保存に要した費用）も含まれる。償還額は、支出の時を基準とする。例えば、隣家修繕のために購入した材料費が購入の日以降に高騰した場合でも、購入時の価格が基準となる。また、有益費支出後の利息について管理者は請求できない。702条2項が650条1項を準用していないからである。したがって、BはAに瓦の購入時の価額をもって代金を請求することができる。

　管理者が本人のために有益な債務を負担したときは、本人は、管理者に代わって弁済し、または弁済期が到来していないときは、相当の担保を供する義務を負う（702条2項→650条2項）。問い②については、BはAに対して修理業者へ代金を支払うように請求できる（代弁済請求権）。ただし、あくまでも契約当事者はBと修理業者であり、業者に対してAは義務を負うわけではないから、業者がAに支払いを請求することはできない。もっとも、BがAの名で契約をした場合、基本的には無権代理であるが、表見代理が成立する場合には、業者はAに対して支払いを請求することができる。

　管理者が本人の意思に反して管理をしたときは、本人は現に利益を受ける限度でのみ、有益費償還、有益債務の弁済、担保供与の義務を負う（702条3項）。本人の意思に反することが管理開始時に明らかであったときには、事務管理は成立しないが、事務管理開始後に意思に反することが判明した場合には、現存利益だけを本人は償還すればよいと定めたのである。問い③については、屋根の修理がAの意思に反することが判明した時に利益が残存していないならば、AはBに対して費用を償還しなくてもよいことになろう。

b．損害賠償義務および報酬支払義務

> **Case 4**
> 　Aが川で溺れていたので、川岸を散歩していたBは衣服を着たまま川に飛び込み、Aを救助した。その際、Bの衣服が汚損した。BはAに対して衣服の修理代やクリーニング代を請求できるであろうか。

　事務管理では、701条は645条から647条までの規定を準用し、702条2項は650条2項を準用するだけで同条3項を準用してはいない。したがって、管

理者が事務管理を行うために自己に過失なくして被った損害を本人に請求しうる根拠条文を欠くことになり、BはAに対して損害賠償の請求ができないとも解せられる。しかし、Case 4 におけるような衣服の修理代やクリーニング代は、Aの救助において必要な費用と捉えることができるから、有益費として請求することができるであろう（702条1項）。Bが負傷したときには、治療代を有益費として請求することは無理にしても、事務管理が成立する限り本人には信義則上の賠償義務があると解するのが妥当であろう。なお、このような損害は、本人ではなく、相互扶助に伴う公的犠牲として社会全体で負担すべきとの考えから、私人が警察官や海上保安官に協力して人命救助等にあたり災害を被ったときには、国または地方公共団体が災害給付をする旨を定める特別法がある（警察官の職務に協力援助した者の災害給付に関する法律、海上保安官に協力援助した等の災害給付に関する法律）。

報酬とは、労務等に対する対価である。事務管理は、他人の事務を勝手に処理した場合に、そのためにかかった費用（有益費）の償還を受けることを前提に成り立っているから、対価という観念が介入する余地はない。したがって、遺失物法等の特別法で認められる特殊な場合を除いて、一般的に否定されると解すべきである。

4．事務管理の対外的効果

事務管理者が第三者とした取引は、どのような効果を本人に及ぼすであろうか。これが、事務管理の対外的効果の問題である。

Case 2 の事案において、
① Bは、建築資材店Cから屋根瓦を購入したが、代金が未払いであった。CはAに対して代金の支払いを請求することができるであろうか。
② Bは屋根を修理するに際して、次の暴風雨ではAの敷地内にある立木によって建物が損傷するおそれがあると思い、この立木をDに売却した。この場合に、DはAに対して立木の引渡しを請求することができるであろうか。

346 Lecture 24 事務管理

a．管理者の名でした法律行為

問い①の場合のように、管理者が自己の名において第三者と取引をした場合には、その法律効果は、管理者と第三者間、すなわちＢ・Ｃ間で発生するにとどまり、本人Ａには及ばない。したがって、屋根瓦の売買はＢ・Ｃ間の契約であるから、ＣはＡに対して代金を請求することはできない。また、問い②の場合のように、ＢがＡの所有する立木をＤに売却したときは、他人物売買となり（561条）、Ａには売買契約の効果は及ばない。

b．本人の名における法律行為

ＢがＡの名においてＣから屋根瓦を買い受ける契約をした場合に、Ａ・Ｃ間に売買契約が成立したことになるか否かが問題となる。ＢがＡの代理人として契約をした場合には、ＡはＢに代理権を授与していないのであるからＢは無権代理人であり、表見代理が成立しない限り、売買契約の効果は本人Ａに帰属しない（最判昭36・11・20民集15巻10号2629頁）。したがって、Ｂは無権代理人としての責任を負わなければならない（117条１項）。また、Ｂが事務管理である旨を告げてＣと売買契約をした場合には、ＣはＢに代理権がないことを知っているのであるから表見代理は成立せず、また、Ｂに対して無権代理人の責任を追及することもできない（117条２項１号）。

☐ Ⅳ 準事務管理 ☐

Case 5

Ａは、無名の作家Ｂの小説を無断で映画化し、それが大ヒットして多大の利益を得た。Ｂは、Ａに対してその利益を自分に引渡すように請求することができるであろうか。

このCase 5の場合には、ＡがＢの利益のために行為をしたのであるならば、それがＢの意思に反しない限り事務管理が成立し、Ａは受けた利益から有益費を差し引いてＢに引渡さなければならない。しかし、通常、Ａは自己の利益を図るためにしているであろうから、他人のためにする意思を欠いており、事務管理は成立しない。このような場合には、不法行為または不

当利得の問題となるが、BがAに請求できるのはBに生じた損害の限度に制限される。すなわち、Bが映画化のために契約したならば得られたであろう利益が基準となり、Aが映画化によって得た収益がそれよりも大きかったときでも、それをすべて引渡せと請求することはできない。そうすると、Aとしては適法に事務管理をした場合よりも、違法に他人の事務を管理したときのほうが大きな利益を獲得することになり、それは不当といえよう。

ドイツ民法は、事務管理が管理者自身のためにされた場合でも、事務管理が成立した場合と同様の扱いをして、本人は管理者に対して利得の引渡しを請求することができるとしている（ドイツ民法687条）。これを「準事務管理」と呼ぶが、わが国の民法には規定がないため、これをわが国でも認めるべきか否かについては議論がある。

否定説は、①事務管理は本来利他的な行為であり、他人の著作権を勝手に使用した場合まで事務管理では説明できず、また②無断使用者Aの特別な才能による利益はAに帰属させてよく、③無断使用の場合は、特別法によって解決すればよいと説くのである。これに対して、肯定説は、著作権の無断使用のような場合を事務管理とするのではなく、事務管理が成立した場合と同様に取り扱うとするのであり、否定説の論拠②についてAの才能で得た利益も悪意の侵奪者であるAに保有させることを許すのは、いわば詐欺師の才覚に敬意を表し、その有償的押売りを本人に受忍させることになって不当であるとする。

なお、特許権等の無体財産権については、特別法において解決が図られている。すなわち、特許法は、特許権の無断使用によって取得された利益を特許権者の損害額と推定している（特許102条1項）。他の無体財産についても同様の規定が設けられている（著作114条、実用新案29条、意匠39条、商標38条、半導体25条）。

348 Lecture 24 事務管理

【Exercise】
1 私的自治の原則と事務管理の関係について説明しなさい。
2 中性の事務について事務管理が成立するか論じなさい。
3 事務管理者の義務について解説しなさい。
4 本人の費用償還義務について説明しなさい。
5 管理者が事務管理を行うために自己に過失なくして被った損害を本人に請求することができるか論じなさい。
6 事務管理者が第三者とした取引は、どのような効果を本人に及ぼすか述べなさい。
7 準事務管理について説明しなさい。

Lecture 25 不当利得

Resume

I 不当利得の意義および類型
 1．不当利得の意義
 2．不当利得の性質
 3．不当利得の類型
  ａ．給付利得
  ｂ．侵害利得
II 一般不当利得の成立要件
 1．「受益」と「損失」
  ａ．給付利得
  ｂ．侵害利得
 2．受益と損失との間における因果関係
 3．法律上の原因がないこと
  ａ．給付利得
  ｂ．侵害利得
III 転用物訴権
IV 一般不当利得の効果
 1．現物返還と価格返還
 2．他の請求権との関係
 3．不当利得返還の範囲
  ａ．給付利得
   ⅰ）金銭の返還に利息を付すべきか
   ⅱ）同時履行の抗弁権
   ⅲ）危険負担
  ｂ．侵害利得
V 特殊な不当利得
 1．非債弁済
 2．不法原因給付
  ａ．不法原因給付の趣旨
  ｂ．不法の原因
  ｃ．給付
  ｄ．708条ただし書

350 Lecture 25　不当利得

☐ Ⅰ　不当利得の意義および類型 ☐

1．不当利得の意義

> **Case 1**
> 　Aは、錯誤によってBからマンションを買い受け、Bに代金を支払い、引渡しを受けた。その後、Aは、錯誤に気づいて、このマンションの売買契約は無効であると主張した。この主張が認められた場合には、AがBに対して代金の返還を請求することができるが、その法的根拠は何に求めることができるであろうか。

　不当利得とは、法律上の原因がないのに他人の財産または労務により利益を受け、これによってその他人が損失を受けた場合における利得を意味する。このような利得は、衡平の観点から、損失者に返還されなければならない。そこで、民法は、利得を得た者が善意であるときは現存利益の返還を(703条)、また悪意のときはその受けた利益に利息をつけて返還することを義務づけている (704条)。不当利得は他人の損失において得られた利得を吐き出させることを目的としている点で、違法な行為によって発生した損失を塡補することを目的とする不法行為とは区別される。

　Case 1 の場合のように、売買契約が錯誤によって無効になった場合には、BはAから受け取った代金を保持することについて法律上の理由がなく、他方、Aもマンションを占有する法律上の原因に欠けることになるから、AはBに対して代金の返還を、また、BはAに対してマンションの返還を請求することができる。このように請求しうる権利を不当利得返還請求権という。

2．不当利得の性質

　不当利得は、当事者の数の観点から、二当事者が関与する不当利得と多数当事者が関与する不当利得に分けることができる。二当事者が関与する不当利得は、Case 1 に掲げたようにA・B間の売買契約が無効になったような場

合、すなわち、無効ではあるが外形的には法律行為が行われ、財貨が移転した場合が典型である。もっとも、Aが所有する畑の作物をB所有の馬が食べてしまったとか、A所有の空き家にBが無断で住みついてしまったように、事実行為で発生する場合もある。他方、多数当事者が関与する不当利得としては、例えば、AがC銀行に預金をしていたが、BがAの預金通帳と銀行印を盗み、C銀行からAの預金を引き出した場合が挙げられる。この場合には、C銀行が窓口に現れたBをAと思い込み、そのことに過失がない場合には、預金の払い戻しは有効となり、C銀行はAに対して責任を負わないことになる（478条、最判昭41・10・4民集20巻8号1565頁）。また、AがBに高価な絵画を預けておいたら、Bがこれを善意・無過失のCに売却し引渡してしまったというケースも多数当事者が関与する不当利得に属する。この場合には、Cは即時取得（192条）によって所有権を取得する。

いずれの事例でも、AはBに対して不当利得の返還を請求することができるが、A・B間において財貨の移転があったわけではない。このように不当利得は、複数の当事者を巻き込んで発生したり、法律行為や事実行為に基づいて発生したりして、その発生原因は多様である。しかし、不当利得はその発生原因となる行為自体を指すのではなく、その行為によって一方に損失が生じ、他方に法律上の原因がない受益が生じるという事実を指すのである。それゆえ、不当利得の法的性質は、法律行為ではなく、「事件」という概念で説明されている。

3．不当利得の類型

不当利得制度の沿革は、ローマ法まで遡るといわれるが、ローマ法では個別のケースごとに利得の返還請求が認められていたにすぎず、一般的不当利得法はなかったといわれている。しかし、ドイツ民法典の制定に際し、統一的不当利得法の必要性が叫ばれ、ドイツ民法には統一不当利得法の原則が採用された。わが民法もドイツにならい「法律上の原因なく」を中心的要件とする不当利得の原則規定が703条と704条に置かれ、それ以外に非債弁済と不法原因給付という特殊な不当利得に関する規定が705条から708条に配置されている。

352 Lecture 25 不当利得

　ドイツ法の影響のもと、わが国でも不当利得法の存在理由を統一的に説明しようとする学説が登場した。すなわち、「衡平」をキーワードとして、不当利得の本質は、形式的・一般的には正当視される財産的価値の移転が実質的・相対的には正当視されない場合に、衡平の理念に従ってその矛盾の解消を試みようとすることであると論ずるのである（衡平説）。

　しかし、前述したように不当利得の態様は多様であり、これを衡平という抽象的な基準で統一的に捉えるには無理がある。また、「法律上の原因なく」という要件を「衡平」で説明するのは、構成要件の内容を茫漠としたものにし、紛争解決の結論を裁判官に白紙委任することになって望ましくないとの批判がなされるようになった。

　近時の学説は、ドイツで有力に唱えられた類型論の影響を受けて、不当利得を類型的に把握するのが主流となってきている。どのような類型を析出するかについては一致した見解はないが、大別して「給付利得」と「侵害利得」の２つの類型があることには異論はない。

a．給付利得

> **Case 2**
> 　被保佐人Ａは保佐人の同意を得ずに、Ａ所有の土地をＢに売却する契約をし、移転登記をすると同時に代金の支払いを受けた。その後、Ａは保佐人の同意を得ていないことを理由に、この売買契約を取消した。ＡとＢはそれぞれ相手方に対してどのような請求をすることができるであろうか。

　Case 2 は、売買契約等の外形上有効な法律上の原因に基づいて財貨が移転した（これを「給付」という）が、その契約が無効・取消・解除等によって法律上の原因を欠くことになって、ＡおよびＢがそれぞれ給付したものを取り戻す類型に属する。このような類型の不当利得を給付利得という。給付利得の場合には、法律上の原因がないといっても、外形的に有効な法律関係があったのであり（表見的法律関係）、不当利得による財貨の移転は契約の履行過程とは逆方向の移転となる。したがって、双務契約の場合には、契約の履行と同様に同時履行の抗弁権等の適用を認めるべきか否かが問題となる。

b．侵害利得

Case 3
Ａ所有のＣ銀行預金通帳と銀行印を盗み出したＢが、ＡになりすましてＣ銀行から預金を払い戻した場合には、ＡはＢに対してどのような請求をすることができるであろうか。

　Case 3 は、外形的にも契約関係等がない当事者間において、法律上一方に割り当てられている権利を他方が侵害して権限なく利益を得た場合に、その利得の返還を請求する類型に属する。このような類型の不当利得を侵害利得という。この設例では、Ｃが善意・無過失でＢに弁済したときには、その弁済は有効になるので（478条）、ＡはＣに弁済を請求することができなくなる。この場合に、ＡはＢに対して、ＡのＣ銀行に対して有している預金債権の帰属を侵害したとして、不法行為責任（709条）を追及することも可能であるが、同時に、ＡはＢに対して不当利得の返還を請求することができる。侵害利得の場合には、表見的にも法律関係が存在しないのに財貨が利得者に移転する点で、給付利得の類型とは異なる。また、返還請求権は、無権利者に対して物の返還を求める物権的請求権と同様の性格をもつと考えられる。

　このような不当利得の2類型を対比させて観察すると、給付利得は、一定の法律上の原因を前提として給付がなされたが、その前提が存在しなかった場合であり、侵害利得は、権限のない者が他人の財産（物や権利）を使用・収益・消費・処分した場合であるといえよう。これら2つの類型は、各々における不当利得法の機能の相違を基礎にもっており、別個に考察する必要がある。

　不当利得を給付利得と侵害利得に分類して捉えるにあたっては、日本民法の不当利得に関する規定には前者に該当する条文が長年にわたり欠如していた点を指摘しなければならない。不当利得の中心規定である703条は、「現存利益」の返還を原則としていることから、所有権秩序の維持を目的とする侵害利得に関する定めと解される。そのため、契約が解消された場合にその契約によって生じた給付物を「原状回復」、すなわち全面返還する、703条とは別個の規律が必要とされてきたのである。2017年の民法改正による121条の2第1項（原状回復義務の承認）の追加は、このような給付利得の効果に関す

354 Lecture 25 不当利得

る原則規定の補完と位置づけられる。

　以下では、各節ごとに給付利得と侵害利得を区別して解説していきたい。

□ Ⅱ 一般不当利得の成立要件 □

　不当利得は、703条・704条で定める一般不当利得と、705条〜708条で定める特殊な不当利得に分類される。一般不当利得の成立要件は、①他人の財産または労務によって利益を受けたこと（受益）、②それによって他人に損失を与えたこと（損失）、③受益と損失との間に因果関係があること、④受益に法律上の原因がないこと、である。

1．「受益」と「損失」

a．給付利得

　「受益」と「損失」とは、一般的に財産の増加および減少をいい、一方の財産に受益があったということは、他方の財産がそれだけ減少していることを意味する。したがって、結局のところ「受益」と「損失」は、一つの財貨移転の実体の表裏関係をあらわしているにすぎないから、両者を独立の要件として掲げる必要性は乏しい。

　Case 2 を取り上げよう。被保佐人 A が保佐人の同意を得ていないことを理由に土地の売買契約を取消すことによって、当該契約は無効となり、B は有効な契約なしに土地の引渡しを受けたことになるが、これが「受益」といえる。これに対して、「損失」とは、A が B に土地を引渡して財貨の給付をしたことである。このように給付利得では、受益と損失は、同一事実について A の立場からみると損失となり、B の立場からみると受益となるという表裏一体の関係にあるのである。

b．侵害利得

Case 4

　B は、A 所有の空き地を A に無断で自分の車の駐車場として使用していた。A がこの空き地を全く利用するつもりがないときでも、A は

Bに対して不当利得返還請求をすることができるであろうか。

　侵害利得は、他人の財産を勝手に使用、消費または処分する場合であって、財産的利益の帰属に関する権利を侵害して、すなわち財貨帰属秩序に反して、利益を得ることである。侵害利得類型においては、厳密にいうと、必ずしも受益に対応する損失があるとは限らない。Case 4 の場合も、Bは土地の通常の使用料に相当する利得があったといえるが、これに相応する損失がAにあるであろうか。設例のように、Aがこの土地を使用するつもりが全くないときもあろう。しかし、侵害利得の成立要件としての損失は、受益と対応するものであり、利用可能性の喪失自体が損失に該当し、その損失は使用料相当額で評価されるのである。したがって、Case 4 の場合は使用料相当額の返還請求が認められるのである。このように返還請求が容認されるのは、厳密な意味での損失の発生を要求していないからであり、実質的に損失の要件は不要と解されているのである。

Case 5

　AがBにダイヤモンドの指輪を預けていたところ、Bは、この指輪を100万円で善意かつ無過失のCに売却し、引渡してしまった。AはBに対して100万円の引渡しを請求することができるであろうか。

　Case 5 のように多数当事者が関与する不当利得では、受益と損失の要件は有効に機能する。すなわち、Cは、指輪の代価を支払い、善意かつ無過失でその所有権を即時取得することになるから（192条）、受益も損失も生じていない。しかし、Aは、指輪の所有権を失いその代価も受け取っていないから、損失が認められる。これに対してBは、Cから代金を受け取っているから、利得が生じている。したがって、AはBに対して不当利得の返還を請求することができるのである。このような侵害利得においては、「受益」と「損失」を要件とすることは有用なのである。

356 Lecture 25　不当利得

2．受益と損失との間における因果関係

Case 6
　Ａ所有のＣ銀行預金通帳と銀行印を盗み出したＢが、ＡになりすましてＣ銀行から預金を払い戻した場合には、ＡはＢ、Ｃのいずれに対して不当利得の返還を請求することができるであろうか。

Case 7
　ＢはＣから100万円を借りたが、返済するのが困難となったので、ＢはＡから100万円を騙し取り、この100万円でＣに対する借金を返済した。Ｂに騙されたことに気づいたＡは、Ｂが無資力であることから、Ｃに対して不当利得を理由に100万円の返還を請求した。この不当利得返還請求は認められるであろうか。

　703条は、「他人の財産又は労務によって利益を受け、そのために他人に損失を及ぼした」と規定しているが、ここでいう「そのために」との法文は因果関係を意味すると解されてきた。例えば、株の値上がりで利得を得た者とマンションの値下がりで損失を被った者との間では、利得と損失の間に因果関係はないから不当利得は問題とはならない。因果関係とは、受益と損失が原因と結果の関係にあることをいうが、この因果の連鎖は無限に広がる可能性があるので、判例はそれを制限するために「因果関係の直接性」とか、「社会観念上の因果関係」という判断基準を用いて不当利得の成立を論じている。

　Case 6 のように、預金通帳の窃盗者ＢがＡの預金債権につき社会通念上受領権者としての外観を有する者としてＣ銀行から弁済を受けた場合には、Ｂが預金の払い戻しを受けたことによって利益を受け、その結果、Ａは本来持っていた預金の払い戻し債権を失うという損失を被ることになる。すなわち、受益と損失に因果関係があることが認められ、ＡはＢに対して不当利得の返還を請求することができるのである。他方、Ｃが善意かつ無過失で弁済していた場合には、この弁済は有効となり（478条）、ＡはＣに対して責任を問うことはできない。

　問題は、Case 7 のようにＡから騙取した金銭をもってＢがＣに対する債

務を弁済した場合に、弁済を受けたことによってＣは利益を受け、Ａは損失を被るから、不当利得成立の因果関係ありと解することができるか、ということである。初期の判例は、「直接の因果関係」という基準を用いて不当利得を否定していたが（大判大8・10・20民録25輯1890頁）、昭和49年の最高裁判決は、Ｃの受益とＡの損失に「社会通念上の連結」があるときには、因果関係が認められ、またＣが騙取金を受領するにつき悪意または重大な過失がある場合には、法律上の原因がなく不当利得となると判示した（最判昭49・9・26民集28巻6号1243頁）。

近時の有力説は、因果関係に代えて「関連性」という基準を示す。すなわち、Case 6 の場合の不当利得は、受益と損失が社会通念上受領権者としての外観を有する者への弁済という同一事件によって発生しており、これは原因と結果という関係ではなく、むしろ受益と損失に関連性があると捉えるほうが実体を正確に反映するというのである。

3．法律上の原因がないこと

利得に「法律上の原因がない」ということは、利得が社会通念上「不当」と評価されることを意味する。この要件は、不当利得成立の中心的要件として重視されてきた。したがって、従来から多くの議論がなされ、類型論もこの要件をめぐって掘り下げられてきた経緯がある。

a．給付利得

Case 8
　Ａ男とＢ女は婚約をしていたが、合意の上で婚約を解消した。Ａ男は、Ｂ女に対して差し入れた結納金を不当利得として返還請求することができるであろうか。

給付利得では、売買契約が無効であったり、取消・解除された場合のように、財貨の移転を基礎づける法律関係が表見的なものであって実体的には存在しないことが、法律上の原因がないことにあたる。この Case 8 における結納金は、判例によると、婚姻の成立を予想して授受する一種の贈与であり、婚姻不成立のときは目的不到達によって法律上の原因を欠くから結納金

358 Lecture 25 不当利得

相当額を不当利得として返還すべきものとされる（大判大6・2・28民録23輯292頁）。財貨の移転を基礎づける表見的法律関係は、契約等の債権関係に限られず、扶養、相続等の家族法関係、さらには商法、行政法等あらゆる実体法上の法律関係から生じる。

b．侵害利得

> **Case 9**
> 　ＢはＡから土地を賃借して、その土地上に建物を建てた。この建物をＢはＣに売却し、土地賃借権も譲渡することにしたが、Ａが賃借権の譲渡に承諾しない。Ｂが裁判所にＡの承諾に代わる許可の裁判（借地借家法19条）を申し立てないので、ＣはＡに対して建物買取請求権を行使した（借地借家法14条）。しかし、Ａは建物の代金を支払うことなく、Ｃ対して土地・建物の明渡しを請求してきたため、Ｃは同時履行の抗弁権をもってこれを拒絶した。Ａは、Ｃが土地を明け渡すまでの間の土地使用料を不当利得として返還請求することができるであろうか。

　侵害利得においては、給付利得のような表見的法律関係は存在しない。すなわち、何らの法律関係の外形が存在しないにもかかわらず、権限のない者に財貨が移転したということが、侵害利得における「法律上の原因なく」ということである。例えば、他人の所有する土地を勝手に駐車場に使用する場合は、無断で使用している者は使用権限を有しないのであるから、駐車場使用料相当額を不当利得していることになる。また、ＢがＡの銀行預金通帳と銀行印を盗んでＡになりすまして、銀行から預金の払い戻しを受けた場合には、銀行が善意かつ無過失であれば有効な弁済となり（478条）、預金債権者Ａは無権限で払い戻しを受けたＢに対して不当利得返還請求をすることができる（大判昭17・5・23新聞4778号5頁）。

　また、Case 9の場合も、Ａが賃借権の譲渡に承諾しなかった場合には、Ｃは、賃借権を譲り受けたことをＡに対抗できないから、Ａに対する関係では土地の占有は無権限であることになる。したがって、侵害利得型の不当利得が問題となるが、Ａが建物の代金を支払うまでは、Ｃは同時履行の抗弁権を行使して、建物の引渡しを拒み、土地の占有を継続することができるが、

同時履行の抗弁権を行使しても C に占有権限がないことには変わりがない
ので、C は土地の賃料相当額を不当利得していることになるのである（最判
昭35・9・20民集14巻11号2227頁）。

□ III 転用物訴権 □

Case 10

　土木工事請負業者 A は、ブルドーザーを Y から賃借して使用してい
たが、故障したので修理業者 X に修理を依頼した。修理完了後、A は
修理代金を後で支払うことにして、ブルドーザーの引渡しを受けた。
しかし、その後、間もなく A が倒産したので、Y は A のところから修
理済みのブルドーザーを引き上げた。そこで、X は、資力のない A で
はなく、Y に対して不当利得の返還請求をした。この請求は認められ
るであろうか。

Case 11

　A は Y から老朽化したビルを賃借した。A は、権利金を支払わない
代わりに、このビルを自己の負担で改修工事する旨の特約をした。そ
こで、A は改修工事を X 工務店に請け負わせ、工事は完成した。とこ
ろが、A は倒産し、請負代金を支払わずに行方不明となった。Y は建
物賃貸借を解除して、建物を取り戻した後、これにテナントを入れて
賃貸している。X は、Y に対して改修工事代金を請求することができ
るであろうか。

　転用物訴権とは、契約に基づく給付が契約の相手方のみならず第三者の利
益にもなった場合に、給付した契約当事者が利益を受けた第三者に対して利
得の引渡しを請求することができる権利である。Case 10 に即していうと、
契約の給付の受領者 A から第三者 Y に受益が転用されていることから、
「転用物訴権」と呼ばれるのである。

　わが国で転用物訴権が承認される契機になったのは、「ブルドーザー事件」
（最判昭45・7・16民集24巻7号909頁）であった。この事件の概要は、Case 10 と
同様な事案であった。本件において、最高裁は、「ブルドーザーの修理は、
一面において、X にこれを要した財産および労務の提供に相当する損失を

生じせしめ、他面において、Yに右に相当する利得を生ぜしめたもので、Xの損失とYの利得との間に直接の因果関係ありとすることができる」から、Xは修理によってYが受けた利得を不当利得として返還請求できると判示して、転用物訴権を認めたのである。

しかし、最高裁判所のように広く転用物訴権を認めることに対しては、学説から強い批判がなされた。すなわち、①AがYの利得保有に対応する反対債権を有している場合、例えばAがYに対して修理代金を必要費償還請求権によって請求できるときでも（608条）、Xの請求を認めるべきであろうか。Yとしては債務の履行の相手方がAからXに代わるだけである。しかし、Aに他の一般債権者がいた場合には、XのYに対する転用物訴権に基づく弁済を認めると、AのYに対する費用償還債権が消滅するので、Xは他の一般債権者よりも優先的地位を獲得することになる。これは債権者平等の原則に反し、破産法秩序を害するので転用物訴権を認めるべきではないとする。②Y・A間にAが修理代金を負担する特約があり修理したときには、修理代金分の賃料を安くするとしていた場合に、Xに転用物訴権に基づく利得返還を認めると、Yは修理費用について直接支払わないとしているのに、契約上の予期に反して支払いを強いられることとなる。さらに、Yが賃料を安く設定したうえに修理代金も請求されるという二重の経済的負担を負うことは不合理であるから、この場合も転用物訴権を認めるべきではないとする。③Y・A間の特約でAが費用償還請求権を放棄している場合のように、AがYの利得保有に対する反対債権を有せず、かつYの利得保有がY・A間の関係全体からみて無償と認められる場合には、Xの転用物訴権が認められるべきであるとする。なぜならば、Xと無償で利益を得たYとどちらを保護すべきかが問われた場合には、Xの要保護性のほうが大きいと判断されるからである。

このような学説の批判を受け容れて、最高裁判所はその態度を変更した。すなわち、Case 11と同様な事案において、XのAに対する請負代金債権の全部または一部がAの無資力によって無価値になった場合において、Yが法律上の原因なく利益を受けたということができるのは、「YとAとの間の賃貸借関係を全体としてみて、Yが対価関係なしに右利益を受けたとき

に限られるものと解するのが相当である」と判示したのである（最判平7・9・19民集49巻8号2805頁）。すなわち、上述した③の場合にのみ転用物訴権を認容すると判断したのである。

□ Ⅳ　一般不当利得の効果 □

1．現物返還と価格返還

不当利得が成立すると、受益者は損失者に対して不当利得を返還しなければならない。返還義務の内容は、原則として「給付したもの」(705条)、すなわち現物であるが、現物の返還が不能な場合には、価格（金銭）の返還をすることになる。代替物の場合には同種・同量・同等の物を返還しなければならない（大判昭16・10・25民集20巻1313頁）。利益の内容が労務や物の使用の場合には、価格（労務相当額、使用料相当額）を返還することになる。

2．他の請求権との関係

Case 12

　Aは、Bにダイヤモンドの指輪を預けていたところ、Bはこの指輪を100万円で善意かつ無過失のCに売却し、引渡してしまった。その後、ダイヤが150万円に値上がりした場合に、AはBに対して100万円、150万円のいずれの価額を請求することができるであろうか。

Case 13

　AはBに自動車を売る契約をして引渡したが、この売買契約は錯誤により無効であった。Aは、どのような理由によってBに対して返還請求することができるであろうか。

同一の事実が、不当利得返還請求権を発生させると同時に他の請求権を発生させる場合がある。Case 12 の場合には、AはBに対して不当利得の返還として代金100万円を、加えて損害賠償として値上がり分50万円を請求することができる。また、寄託契約における受寄者としてのBの債務不履行、あるいはAの指輪の所有権を侵害した不法行為として値上がりした150万円

362 Lecture 25 不当利得

を損害賠償として請求することができる。Case 13 では、A は B に対して、自動車の所有権に基づく返還請求権と不当利得を理由とする返還請求権とを有することになる。

債務不履行による損害賠償請求権および不当利得返還請求権については、一般の債権であるから消滅時効の期間は 5 年または10年であるが（166条 1 項）、不法行為による損害賠償請求権については消滅時効の期間は短期の 3 年である（724条 1 号）。また、所有権に基づく返還請求権は消滅時効にかからない。各請求権の行使に関して、これら時効期間の相違についても留意すべきである。

不当利得返還請求権は他の請求権が成立するときには生じないと解すべきか、すなわち不当利得返還請求権と他の請求権との競合は生じるか、という問題がある。これは、不当利得返還請求権の補助性として論じられるが、判例および通説は、不当利得返還請求権は補助的なものではなく、不当利得の要件が充たされる限り、他の請求権と競合して広く成立が認められると解している。

3．不当利得返還の範囲

民法は、不当利得返還の範囲について受益者が善意である場合と悪意の場合とに分けて規定している。受益者が善意のときは、「利益の存する限度」（現存利益）において利得を返還する義務を負う（703条）。一方、悪意の受益者は、その受けた利益に利息を付して返還しなければならない（704条）。善意とは、利得が法律上の原因を欠くことを知らないことであり、無過失を要求されない。これに対して、悪意とはこれを知っていることをいう。善意か悪意かの判断時期は、受益の時が基準とされる。受益時に善意であっても、後に悪意となった場合には、その時から悪意の受益者の返還義務を負わなければならない。

現存利益とは、不当利得返還の請求を受けたときに、残っている利益の現物もしくは変形物をいう。現物が受益者のもとにあるときは、その物を返還すればよい。たとえ、損傷していてもそのまま返還すればよい。ただし、損傷が受益者の帰責事由（故意・過失）による場合には、減少価格分の賠償をしなければならない。現物を代償するもの（売却代金、保険金、損害賠償金等）が

残っているときは、利益が現存していることになるから、それを返還しなければならない。また、金銭については一般にそれが消費されると現存利益は消失するが、利得した金銭を生活費や受益者の債務の弁済に充てたときは、受益者のもとにある他の金銭が節約されたことになるから、利益は現存していることになる。したがって、節約された分を返還しなければならない。

他方、悪意の受益者は、現存利益の存否に関係なく、利得した当時の価格全部と、それに利息を付して返還しなければならない。さらに、損失者になお損害があれば、それも賠償しなければならない（704条）。

a　給付利得

Case 14

　Ａは、Ｂに騙されてその所有する建物を500万円でＢに売却する契約を締結し、その建物を引渡した。その後、詐欺に気づいたＡは、この売買契約を取消した。

　①　Ｂは、Ａに対して代金の返還を請求したが、Ａはこの代金中、100万円を海外旅行で消費してしまったとして、400万円だけ返還するというが、Ｂは500万円に利息を付して返還せよと主張する。どちらの主張が妥当であろうか。

　②　Ａが代金の返還の準備をしないで、Ｂに建物の返還を請求してきた場合に、建物の引渡しを拒絶できるであろうか。

　③　取消後、Ａに建物が返還される前に、近所から出火した火事によってこの建物が焼失してしまった場合に、Ａはａに対して建物の価格に相当する金銭での利得の返還を請求することができるであろうか。

ⅰ）金銭の返還に利息を付すべきか

　給付利得の返還は、表見的に存在していた法律関係によって相手方に給付された財貨を取り戻すことである。すなわち、Ｂは引渡された建物をＡに返還し、ＡはＢから受け取った代金をＢに返還することである。そこで、売主Ａは、代金を返還しなければならないのであるが、利息を付して返還しなければならないであろうか。704条は、悪意の受益者に対してのみ利息の返還義務を課している。それでは、善意の受益者は、現存利益のみを返還すればよいのであろうか、それとも現存利益に利息を付すべきであろうか。

364 Lecture 25 不当利得

判例は、利息について受益者の行為の介入がなくても社会通念上当然に損失者が取得したと推認される利益であるから、利息相当分は返還すべきと解している（最判昭38・12・24民集17巻12号1720頁）。通常、金銭は、現金では保管せず、銀行や郵便局等の金融機関に預け、その利息が生ずるのが一般的であり、また、解除の場合に買主は利息を付して代金の返還をしなければならないこと（545条2項）とのバランスを考慮すると、利息相当分の返還は妥当であろう。したがって、問い①では、善意の受益者であるAの現存利益は400万円であるが、これに利息を付して返還しなければならないのである。

ⅱ）同時履行の抗弁権

問い②において、Aの代金返還債務とBの建物返還債務は同時履行の関係に立つであろうか。この関係は、売買契約の裏返しの関係になるから、533条を類推して同時履行の関係を認めるのが判例の立場である（最判昭47・9・7民集26巻7号1327頁）。したがって、Bは、同時履行の抗弁権に基づいてAの建物引渡請求を拒絶することができるのである。

ⅲ）危険負担

無効な売買契約に基づいて引渡された建物が火災で焼失した場合のように、目的物の給付後に両当事者の帰責事由なしに目的物が滅失または損傷した場合については、その返還請求をどのように処理すればよいのであろうか。買主（受益者）が法律上の原因を欠くことについて善意であるときは、703条の適用によって買主は現存利益だけを返還すればよいと解すると、売主は滅失した建物を返還してもらえないが代金は返還しなければならなくなり、双務契約関係があったことを考慮すると妥当とはいえない。そこで、危険負担における債権者の履行拒絶権（536条1項）を類推適用し、買主の建物の返還債務は履行不能となり消滅し、売主は代金返還債務の履行を拒むことができると解する学説がある。

しかし、実現された給付の返還が両当事者の帰責事由なしに不能となったときには、536条の類推適用を否定し、原則としてその給付の客観的価値が回復されるべきであろう。双務契約に基づく給付の場面で適用される危険負担の規定を、契約関係の清算（給付の返還）の場面に類推適用するのは妥当ではないと考えるからである。この見解によれば、給付そのものの返還または

IV　一般不当利得の効果　　*365*

給付の客観的価値の返還がなされることになる。

　問い③のようにBが悪意で建物が両当事者の過失によらずに滅失した事案において、前説に従えば、536条1項を類推適用することにより、Bの建物の返還債務は履行不能となり消滅し、Aは代金返還債務の履行を拒むことができる。他方、後説の立場にたてば、建物の返還請求が不可能となったため、AはBに対して給付の客観的価値、つまり建物の客観的価値に相当する金銭の返還を請求することができるのである。

b．侵害利得

> **Case 15**
> 　Aは、Bに未登録のトラクターを預けていたところ、Bはこのトラクターを悪意のCに売却し、引渡してしまった。
> 　①　AはCに対してトラクターの返還を請求したが、Cはこのトラクターで畑を耕している最中、過失によってそれを横転させ損傷させてしまった。AはCに対してどのような請求をすることができるであろうか。
> 　②　Cがこのトラクターをさらに善意かつ無過失のDに売却し、引渡してしまった場合には、AはCに対してどのような請求をすることができるであろうか。

　侵害利得の返還範囲は、基本的に703条と704条にしたがって決められる。しかし、現物返還の場合には、703条と704条ではなく、190条と191条が適用される。したがって、問い①では、Cが悪意であるから即時取得（192条）は成立せず、AはCに対して現物の返還を請求することができる。この場合、Cの過失によってトラクターが損傷しているが、Cは損傷したトラクターを返還することになる。しかし、Cは悪意であり、かつ損傷につき帰責事由もあるから、この損害の全部をAに賠償しなければならない（191条）。

　問い②のように、Cがトラクターをさらに善意かつ無過失のDに売却し引渡したときには、Dはトラクターを即時取得するから、AはCに対して価格の返還を請求することになる。この場合には、Cは悪意であるから704条が適用され、AはCに対してCの取得した価額に利息を付して請求することができるのである。

▣ Ⅴ 特殊な不当利得 ▣

1．非債弁済

　非債弁済とは、債務が存在しないのに弁済することである。非債弁済の場合、弁済者は受領者に対して不当利得の返還を請求することができるが、一定の場合には返還請求は認められない。民法は、債務の存在しないことを知りながら弁済した者は不当利得の返還を請求することができないと規定する（705条）。自ら不合理なことをして損失を招いた者を保護する必要はないと考えるからである。

　弁済期前に弁済しても、弁済自体は法律上の原因を欠くものではないから、弁済者は不当利得返還請求をすることができない（706条）。ただし、弁済者が錯誤に基づいて弁済したときは、本来の弁済期まで弁済の受領者が得た利息等の利益の返還を請求することができる（同条ただし書）。

　他人の債務を他人の債務と知って弁済したときは、第三者の弁済として有効であるから、債務は消滅する（474条）。したがって、弁済者は本来の債務者に対して求償することができる（499条）。他人の債務を自己の債務と誤信して弁済したときは、債務は消滅せず、債権者が取得した利得は返還されねばならない。しかし、善意の債権者は、有効な弁済があったと信じて、債権証書を破棄したり、担保を放棄したり（例えば抵当権の抹消登記）、または時効が完成したりして、本来の債務者からの債権の回収が困難になるおそれがある。そこで、民法は、このような場合に、善意の債権者を保護するため、弁済者は返還請求することができないと規定する（707条1項）。この結果、弁済者は第三者弁済をしたことになり、債務が消滅する。したがって、弁済者は、本来の債務者に求償することができるのである（同条2項）。

2．不法原因給付

ａ．不法原因給付の趣旨

不法の原因に基づいて給付をした場合に、給付者はその給付したものの返

還を請求することができない（708条本文）。例えば、殺人を依頼して報酬を支払った依頼者が、この契約は公序良俗に反して無効であると主張して報酬返還の訴えを裁判所に提起した場合に、裁判所はこれを不法原因給付として給付の返還を認めないのである。不法の原因に基づいてみずから給付した場合にその給付の返還を認めることは、裁判所がそれに対して法的に保護することとなり正義の観念に反するから、国家的助力を与えないのである。不法な行為に手を染めた者は法的救済を求めることはできないという英米法の「クリーン・ハンズの原則」に基づき、間接的に不法な行為の抑止を目的とする制度である。

b．不法の原因

　不法の原因とは、公序良俗違反（90条）に限定される。すなわち、90条と708条は、表裏一体となって不法な法律行為に対する法的保護を排除しているのである。広く強行規定違反も不法の原因に含まれると解すると、強行規定違反による給付がそのまま受益者に帰属して、強行規定の保護目的に反する結果が生じるからである。判例も、不法とは「当時の社会生活および社会感情に照らし、真に倫理、道徳に反する醜悪なもの」（最判昭37・3・8民集16巻3号500頁）、すなわち公序良俗違反を意味すると解している。

　給付行為の基礎となった法律関係自体は法に反しないものであっても、この行為がなされる目的や動機が不法である場合や給付に付された条件が不法である場合も不法原因給付となる。例えば、芸娼妓契約と結びついた前借金交付、妾関係の維持を目的とした妾への不動産贈与は不法原因給付となる。

c．給　付

> **Case 16**
> 　Aは、妾Bと不倫関係を維持する目的で建物をBに贈与し引渡したが、後になって不仲となり、AはBに建物の返還を請求した。その後、Aは建物が未登記であったので、自己名義で保存登記をした。Aの建物の返還請求は認められるであろうか。

給付は、物や金銭の交付もあれば、サービスの提供も含まれる。物の交付

368 Lecture 25 不当利得

の場合には、それが終局的に相手方に利益を移転するものでなければ、703条の意味での給付は認められても、708条にいう給付があったものとは解されない。つまり、708条の給付は、狭く解されているのである。不法原因給付と判断され返還請求が認められないときは、給付された財貨がそのまま受益者に帰属し、かえって不公正な結果を生じさせることになるからである。そこで、判例は、給付が「完了」したと評価できる場合には、返還請求を認めないとしている。Case 16 のように、妾関係という公序良俗に反する関係を維持するためになされた贈与契約は無効であるが、AのBに対する給付が完了していると評価されれば、返還請求は認められないことになる。当該事案のように、建物が未登記である場合には、引渡しにより給付は完了したと解されて、返還請求は認められない（最大判昭45・10・21民集24巻11号1560頁）。

　当ケースにおける贈与は公序良俗に反して無効であるから、所有権はAから移転していないはずであるが、Aは、不法原因給付のため返還請求をすることはできない。そうすると、建物所有権は誰に帰属しているのであろうか。判例は、Aの返還請求が排除される反射的効果として所有権はBに帰属すると解している。もっとも、既に登記されている建物の場合には、建物を妾に引渡しただけでは給付は完了していないとして、妾からの移転登記請求を認めていない（最判昭46・10・28民集25巻7号1069頁）。

d. 708条ただし書

> **Case 17**
>
> 　Aは、勤務先の部下であるB女に言い寄り、その意思がないのに、妻と別れて結婚すると騙して、Bと数回にわたり情交関係を結んだ。その結果、Bは妊娠し、Bがその旨を告げると、AはBを避けるようになり、出産費用を支払っただけで、交際を絶った。BはAに対して慰謝料を請求することができるであろうか。

　708条ただし書は、不法の原因が受益者にのみ存在し、給付者に存在しないときは、不当利得の返還を請求することができると規定している。本条ただし書を字義通りに解釈すると、不法な要素が給付者の側に少しでもあると、ただし書が適用されず、返還請求は認められないことになる。そこで、

V　特殊な不当利得　369

判例は、当事者双方の不法性を比較して、不法性が微弱な側の返還請求を認めるとしている（最判昭29・8・31民集8巻8号1557頁）。Case 17 においては、BがAと情交関係をもったことはAの配偶者に対する不法行為となるが（最判昭54・3・30民集33巻2号303頁）、判例は、AがBを騙して情交関係を求めたことにも不法性があり、情交関係を誘起した責任が主として男性側にあるときは、男性側の違法性が著しく大きいと解して慰謝料請求を認めている（最判昭44・9・26民集23巻9号1727頁）。したがって、BはAに対して慰謝料を請求することができるといえよう。

【Exercise】
1　不当利得の意義について説明しなさい。
2　不当利得における類型論について述べなさい。
3　給付利得と侵害利得について解説しなさい。
4　不当利得の成立要件について論じなさい。
5　転用物訴権について判例はどのような態度をとっているか述べなさい。
6　善意不当利得と悪意不当利得ではその効果にどのような差異があるか論述しなさい。
7　現存利益について説明しなさい。
8　非債弁済について説明しなさい。
9　不法原因給付について解説しなさい。
10　不法原因給付の返還請求が認められる場合について論じなさい。

■事項索引

あ

悪意	343
安全確保義務	243
意思的共同不法行為	321
慰謝料	274, 295
遺族年金	301
一時的契約	4
一部不能	40
一律請求	296
一括算定方式	296
一括請求	296
逸失利益	229, 274, 287, 289, 293, 294
一身専属性	303
一体不可分説	312
一般的不法行為構成	235
一般的不法行為の成立要件	238
一般不当利得	354
一方の予約	58
委任	182
──の終了	186
違法侵害説	285
違法侵害類型	253, 257
違法性一元論	253, 260
違法性阻却事由	267
違法性判断	253
違法性論	251
因果関係	274, 356
──の意義	274
──の存否	275
──の立証	276
──の立証の緩和	276
インフォームド・コンセント	270
請負	191
──の終了	199
請負人の義務	191

請負人の担保責任	194
内金	58
売主の義務	61
売主の契約不適合責任	67
運行	331
運行供用者	330
営業上の信用	283
営業上の利益侵害	258
疫学的因果関係論	277
得べかりし利益	274
公の営造物	328
公の営造物責任	328

か

外形標準説	312
解除契約	52
解除権の行使	42
解除権の消滅	50
解除権の消滅時効	50
解除権の不可分性	43
解除条件	35
蓋然性説	276
買主の義務	83
買戻し	85
解約手付	58
解約の申入れ	137
違約罰	58
加害意思	244
加害者不明の共同不法行為	323
価格返還	361
拡大損害	333
瑕疵	316, 328
過失責任主義	230, 236, 244
過失相殺	298
──の方法	300
過失の一応の推定	246
過失の客観化	239
過失の立証責任	245

過失割合	300
家族共同体被害者説	290
環境権説	284
間接効果説	44
間接事実	277
間接損害	288
間接反証	277
間接被害者	287
監督義務者	309
──の過失	299
監督義務者責任	308
合有	208
管理継続義務	342
関連共同性	320
関連性	357
関連的共同不法行為	321
企業損害	288
危険性関連説	280
危険責任	310, 315, 318, 330
危険責任主義	230
危険の移転	82
危険範囲説	280
危険負担	25, 364
金銭賠償の原則	282
寄託	217
──の終了	220
寄託者の義務	220
規範統合説	233
義務違反説	316
義務射程説	279, 297
客観説	316
客観的過失	239
客観的共同説	320
求償関係	314, 317, 322
給付利得	352
狭義の共同不法行為	319
競合的不法行為	324
教唆	323
教唆・幇助による共同不法行	

事項索引　*371*

為 ……………………… 323
共同不法行為 ……………… 319
競売 ………………… 13, 78
業務執行者 ………………… 206
業務上の信用 ……………… 283
共有 ………………………… 208
共有持分 …………………… 208
極限概念説 ………………… 290
居住用建物賃借権の承継
　……………………………… 174
緊急事務管理 ……………… 342
緊急避難 …………………… 268
近親者 ……………………… 287
具体的過失 ………………… 240
組合 ………………………… 202
　──の解散 ……………… 214
　──の業務執行 ………… 205
　──の債務 ……………… 210
　──の成立 ……………… 204
　──の内部的業務執行
　…………………………… 205
組合員の加入 ……………… 213
組合員の脱退 ……………… 211
組合契約の瑕疵 …………… 205
組合財産の法的性質 ……… 208
組合代理 …………………… 206
軽過失 ……………………… 244
刑事責任 …………………… 229
継続地代 …………………… 155
継続的契約 ……………… 4, 139
軽微な不履行 ……………… 39
契約解除 …………………… 73
契約自由 …………………… 4
契約上の地位の移転 ……… 30
契約締結上の過失 ………… 8
契約の解除 ………………… 34
契約の成立時期 …………… 12
契約引受 …………………… 30
契約不適合 ………………… 67
契約不適合責任の期間制限
　……………………………… 76
結果回避義務 …………… 241, 242
欠陥 ………………………… 333

原始的不能 ………………… 17
原状回復 …………………… 282
　──の範囲 ……………… 45
原状回復義務 ……………… 44
懸賞広告 …………………… 13
現存利益 …………………… 362
現物返還 …………………… 361
権利金 ……………………… 118
権利侵害類型 ……………… 253
権利侵害論 ………………… 250
権利的構成 ………………… 284
権利に関する契約不適合 ‥ 74
故意 ………………………… 244
故意の不法行為 …………… 314
講 …………………………… 203
合意解除 …………………… 52
行為義務違反 ……………… 239
公害健康被害補償法 ……… 234
交換 ………………………… 89
公権力の行使 ……………… 327
交叉責任 …………………… 303
交叉申込み ………………… 13
公序良俗違反 ……………… 367
後続損害 …………………… 280
高度の蓋然性 ……………… 276
衡平説 ……………………… 352
公務員の個人責任 ………… 327
公務員の不法行為責任 …… 326
合名会社 …………………… 202
告知 Kündigung …………… 139
国家賠償法 ……………… 251, 326
個別算定方式 ……………… 293
個別的不法行為構成 ……… 235
固有損害説 ………………… 290
固有の損害 ………………… 290
雇用 ………………………… 177
　──の終了 ……………… 180
婚姻関係 …………………… 264
混合寄託 …………………… 222

さ

再寄託 ……………………… 218
債権者の帰責事由による不履

行 …………………………… 41
債権侵害 …………………… 257
債権代位権の転用 ………… 130
債権の売主の担保責任 …… 79
催告 ………………………… 38
　──による解除 ………… 36
財産的損害 ……… 274, 287, 289
再売買の予約 ……………… 86
裁判上の和解 ……………… 224
債務者の帰責事由 ………… 41
債務不履行 …………… 36, 231
債務不履行責任 …………… 232
差額説 ……………………… 273
差止め ……………………… 283
差止請求権 ………………… 284
　──の法的根拠 ………… 284
サブリース ………………… 170
死因贈与 …………………… 57
時間的間隔説 ……………… 290
指揮監督関係 ……………… 311
敷金 ………………………… 119
事業 ………………………… 311
事業執行性 ………………… 312
事業用定期借地権等 ……… 161
事件 ………………………… 351
自己決定権 …………… 265, 270
自己借地権 ………………… 158
自己責任の原則 …………… 236
仕事完成前の滅失・損傷
　……………………………… 193
仕事の滅失・損傷 ………… 193
獅子組合 …………… 204, 211
事実上の推定 ……………… 277
事実的因果関係 …………… 274
　──の競合 ……………… 275
事実的契約関係 …………… 14
事実的不法行為 …………… 312
死傷損害説 ………………… 296
下請負 ……………………… 191
示談と後遺症 ……………… 227
失火責任法 ………………… 335
私的自治の原則 …………… 338
自動車損害賠償保障制度

事項索引

……………………… 329	使用関係 ……………… 311	請求権非競合説 ……… 233
自動車損害賠償保障法 … 329	消極的侵害 …… 259, 274, 293	政策的免責制度 ……… 247
自動車損害賠償責任保険	使用者 ………………… 177	精神的損害 …… 274, 287, 290
……………………… 329	使用者責任 …………… 310	製造物 ………………… 333
事務 ………………… 339	肖像権 ………………… 263	製造物責任 …………… 332
事務管理 …………… 338, 346	使用貸借 ……………… 98	製造物責任制度 ……… 332
事務管理者 …………… 342	——の終了 …………… 100	製造物責任法 ………… 332
氏名権 ………………… 263	承諾 …………………… 12	正当業務行為 ………… 269
社会的評価 …………… 261	消費寄託 …………… 217, 221	正当事由 ……………… 168
社会保障制度 ………… 235	消費貸借 ……………… 92	正当防衛 ……………… 267
借地契約の更新 ……… 147	——の効力 …………… 94	生命侵害 ……………… 289
借地権 ………………… 145	——の終了 …………… 95	成立上の牽連関係 …… 17
——の存続期間 ……… 146	消滅時効 …………… 303, 305	責任能力 ……………… 246
——の対抗力 ………… 151	証約手付 ……………… 58	責任弁識能力 ………… 246
借地権価格 …………… 142	職務上の行為 ………… 327	責任弁識能力を欠く者 … 248
借地条件の変更の許可 … 159	職務密接関連性 ……… 313	責任保険 ……………… 233
借地上の建物の賃借人 … 173	浄水享受権 …………… 265	責任無能力者 ………… 308
借地法 ………………… 143	除斥期間 ……………… 305	セクシャル・ハラスメント
借地権の対抗要件 …… 151	書面によらない贈与 … 55	……………………… 265
借家権の対抗力 ……… 166	自力救済 ……………… 270	積極的侵害 …………… 259
借家法 ………………… 143	事理弁識能力 ………… 299	積極的損害 …………… 274
社団 ………………… 202	侵害利得 ……………… 353	絶対権・絶対的利益
重過失 …………… 244, 335	人格権 ………………… 254	……………………… 253, 266
自由競争 ……………… 258	人格権概念のインフレーショ	絶対的人格権 … 254, 255, 266
終身定期金 …………… 222	ン …………………… 265	折衷説 ………………… 44
修繕義務 ……………… 112	人格権説 ……………… 284	善管注意義務 ………… 342
修繕特約 ……………… 114	人格承継説 …………… 290	全部不能 ……………… 40
集団的因果関係 ……… 277	真正損害 …………… 287, 288	占有者 ………………… 319
受益 ………………… 354	人的 (persönlich) な信頼関係	相関関係説 ………… 251, 252
主観的過失 …………… 239	……………………… 133	造作買取請求権 ……… 171
主観的共同説 ………… 320	信頼関係破壊 ………… 132	相殺の禁止 …………… 303
主観的共同説の再評価 … 321	信頼関係理論 ………… 122	相続肯定説 …………… 290
受寄者の義務 ………… 218	信頼の原則 …………… 242	相対権・相対的利益
受忍限度 ……………… 259	数量の契約不適合 …… 68	……………………… 253, 267
主要事実 ……………… 277	スポーツ中の加害 …… 269	相対的人格権 … 255, 260, 266
受領義務 ……………… 85	生活費 ………………… 301	相当因果関係 ………… 274
受領遅滞 ……………… 85	生活妨害 ……………… 259	相当因果関係説 ……… 278
種類・品質の契約不適合	生活利益侵害説 ……… 290	双方の予約 …………… 58
……………………… 67	生活利益の保護 ……… 259	双務契約 ……………… 3
準事務管理 …………… 346	成果報酬型委任 ……… 185	双務予約 ……………… 58
準消費貸借 …………… 96	請求権競合 …………… 232	贈与 …………………… 54
準法律行為 …………… 338	請求権競合説 ………… 233	即物的 (sachlich) な信頼関係
準無過失責任 ………… 231	請求権二重構造説 …… 233	……………………… 133

事項索引　　*373*

即物的信頼関係説 ………… 133
損益相殺 ……………………… 300
　　──の意義 ……………… 300
損益分配 …………………… 211
損害事実説 ………………… 273
損害の定義 ………………… 273
損害の発生 ………………… 273
損害賠償 ……………………… 72
損害賠償額の算定基準時
　……………………………… 296
損害賠償額の算定方法 … 293
損害賠償請求 ………………… 49
損害賠償請求権の主体 … 286
損害賠償請求権の性質 … 302
損害賠償の方法 …………… 282
損害賠償の予定 …………… 58
損害論 ……………………… 273
損失 ………………………… 354
存続期間の満了 …………… 136
存続上の牽連関係 ………… 18

た

代位責任 ……………… 310, 327
第一次損害 ………………… 280
代金減額請求権 …………… 70
代金支払義務 ……………… 83
第三者のためにする契約 ‥ 27
第三者の保護 ……………… 46
代弁済請求権 ……………… 344
代理監督者 ……………… 309, 314
諾成契約 …………………… 3
諾成的消費貸借 …………… 93
諾約者 ……………………… 29
建物買取請求権 …………… 157
建物譲渡特約付借地権 … 162
建物転借人の保護 ………… 173
建物保護法 …………… 126, 143
他人物の売買 ……………… 62
他人物売買と相続 ………… 63
短期消滅時効 ……………… 303
短期賃貸借 ………………… 110
蓄積損害 …………………… 334
地震売買 …………………… 126

地代 ………………………… 155
地代等の自動改定特約 … 156
地代等の増減額請求権 … 155
遅発損害 …………………… 334
注意義務の配分 …………… 242
中間責任 ………… 231, 315, 318
中間利息の控除 …………… 294
仲裁 ………………………… 224
抽象的過失 ………………… 240
中性の事務 ………………… 339
注文者の義務 ……………… 198
長期消滅時効 ……………… 305
調査研究義務 ……………… 241
調停 ………………………… 224
懲罰的損害賠償 …………… 245
直接効果説 ………………… 44
賃借権に基づく妨害排除請求
　権 ………………………… 129
賃借権の譲渡 ……………… 130
賃借権の対抗力 …………… 125
賃借人の義務 ……………… 116
賃借物の転貸 ……………… 130
賃貸借 ……………………… 106
　　──の解除 …………… 138
賃貸人の義務 ……………… 111
賃貸人の担保責任 ………… 111
賃貸人の地位の移転 …… 126
賃料 …………………… 116, 155
賃料自動増額特約 … 170, 171
賃料支払義務 ……………… 116
賃料増減額請求権 ………… 170
追完請求権 ………………… 69
通常損害 …………………… 279
通常損耗 …………………… 121
通常人 ……………………… 242
定期行為 …………………… 41
定期借地権 ………………… 161
定期借家 …………………… 168
定期贈与 …………………… 56
定期建物賃貸借 …………… 168
定型約款 …………………… 6
貞操 ………………………… 264
貞操要求権 ………………… 264

手付 ………………………… 58
典型契約 …………………… 2
同乗車両の運転者の過失
　……………………………… 300
同時履行の抗弁権 …… 18, 364
動物占有者責任 …………… 318
労働者災害補償保険法 … 234
特殊な不当利得 …………… 366
特殊の不法行為 …………… 308
特別損害 …………………… 279
特別法上の不法行為 …… 326
匿名組合 …………………… 203
土地工作物責任 …………… 315
土地賃借権の譲渡・転貸の許
　可 ………………………… 160
土地の工作物 ……………… 316
取消し ……………………… 35
取壊し予定の建物賃貸借 ……
　170
取締法規違反 ……………… 243
取引的不法行為 …………… 312

な

二元的構成説 ……………… 285
二重構造論 ………………… 239
入札 ………………………… 13

は

賠償範囲の画定 …………… 278
売買 ………………………… 57
　　──の効力 …………… 61
　　──の予約 …………… 58
　　──は賃貸借を破る … 125
被害者側の過失 …………… 299
被害者救済制度 …………… 234
被害者の承諾 ……………… 270
保護義務 …………………… 115
非財産的損害 ……………… 274
非債弁済 …………………… 366
非訟事件手続 ……………… 159
被侵害利益の要保護性 … 266
必要費 ………………… 115, 344
必要費償還請求権 ………… 115

非典型契約 ……………………… 2
表見的法律関係 …………… 352
費用償還義務 ………… 115, 343
費用償還請求権 ………… 115
不安の抗弁権 ………………… 22
復委任 …………………………… 183
復受任者 ……………………… 183
不真正損害 ………… 287, 288
負担付贈与 …………………… 56
物権 …………………………… 255
物権的権利 …………………… 255
物権的請求権説 …………… 284
不当 …………………………… 357
不当利得の意義 …………… 350
不当利得の性質 …………… 350
不当利得の類型 …………… 351
不当利得返還請求権 …… 350
不法原因給付 ……………… 366
不法行為 …………… 229, 232
　——の意義 ……………… 229
不法行為責任 ……………… 232
不法行為説 ………………… 284
不法行為二分論 …………… 252
不法行為法の構造 ……… 235
不要式契約 …………………… 4
扶養侵害説 ………………… 290
プライバシー ……………… 262
平穏生活権 ………………… 265
返還義務 …………………… 122
弁護士費用 ………………… 297
片務契約 ……………………… 3
片務予約 ……………………… 58
包括請求 …………………… 296
幇助 …………………………… 323
法条競合説 ………………… 233
報償責任 …………… 310, 330
報償責任主義 ……………… 231
法人の名誉 ………………… 286

法定解除権 …………………… 35
法定解除の効果 …………… 43
法定債権 …………… 229, 338
法定借家権 ………………… 163
法定利率 …………………… 295
法律要件構成要素 ……… 238
保管義務 …………… 121, 218
保管者 ……………………… 319
保険金 ……………………… 301
保護範囲説 ………………… 279
補充責任 …………………… 309
保証金 ……………………… 118
補償制度 …………………… 234
ホフマン方式 ……………… 294

ま

未成年者 …………………… 247
民事責任 …………………… 229
無過失責任 ………………… 315
無過失責任主義 …………… 230
無形の損害 ………………… 286
無催告解除 ………… 39, 41
無償契約 ……………………… 3
無名契約 ……………………… 2
名誉 ………………………… 261
名誉感情 …………………… 261
名誉毀損 …………………… 261
名誉権 ……………………… 261
名誉の回復 ………………… 282
申込み ……………………… 10
目的物引取義務 …… 85, 199

や

約定解除 …………………… 51
約款 ……………………………… 5
有益費 …………… 115, 344
有償契約 ……………………… 3
優等懸賞広告 ……… 13, 14

有名契約 ……………………… 2
養育費 ……………………… 301
要件一元論 ………………… 253
要件事実 …………………… 238
要式契約 ……………………… 4
幼年者の加害 ……………… 269
要物契約 …………… 3, 92
用法違反 …………………… 122
用法遵守 …………………… 121
要約者 ……………………… 29
予見可能性 ………………… 240
予見義務 …………………… 241
預貯金契約 ………………… 222
予約完結権 ………………… 58

ら

ライプニッツ方式 ……… 294
履行拒絶 …………………… 40
履行上の牽連関係 ……… 17
履行遅滞 …………………… 36
履行不能 …………………… 40
利他的意思 ………………… 340
立証責任の転換 ………… 231
賃貸借の終了 ……………… 136
類型論 ……………………… 352
礼金 ………………………… 118
レセプツム責任 ………… 218
労災保険給付 ……………… 302
労働者 …………… 177, 178
　——の義務 ……………… 178
労務供給契約 ……………… 177

わ

和解 ………………………… 224
　——と錯誤 ……………… 226
割合的報酬請求権 ……… 198

■判例索引

大判明40・3・25民録13輯328頁等 ············ 245
大判明43・4・5民録16輯273頁 ··············· 295
大判明43・12・9民録16輯910頁 ··············· 38
大判明44・12・26民録17輯916頁 ·············· 211
大連判明45・3・23民録18輯315頁 ····· 232, 335
大判大2・1・24民録19輯11頁 ················· 97
大判大2・6・28民録19輯573頁 ··············· 209
大判大3・7・4刑録20輯1360頁 ·············· 250
大判大3・12・26民録20輯1208頁 ············ 192
大判大5・9・22民録22輯1732頁 ·············· 55
大判大5・11・27民録22輯2120頁 ············ 192
大判大6・2・28民録23輯292頁 ··············· 358
大判大6・4・30民録23輯715頁 ··············· 308
大判大6・6・27民録23輯1153頁 ·············· 38
大判大6・10・27民録23輯1867頁 ········ 44, 50
大判大7・4・13民録24輯669頁 ··············· 51
大判大7・7・10民録24輯1480頁 ············· 204
大判大7・8・14民録24輯1650頁 ········ 18, 85
大判大8・10・20民録25輯1890頁 ············ 357
大判大9・4・20民録26輯553頁 ·············· 290
大判大10・2・17民録27輯321頁 ············· 129
大判大10・3・5民録27輯493頁 ··············· 87
大判大10・6・2民録27輯1038頁 ·············· 84
大判大10・6・2民録27輯1048頁 ·············· 20
大判大10・7・11民録27輯1378頁 ············ 125
大判大10・9・26民録27輯1627頁 ············ 114
大判大11・10・25民集1巻621頁 ·············· 93
大連判大13・9・24民集3巻440頁 ······ 62, 84
大判大14・4・23新聞2418号15頁 ··········· 154
大判大14・11・28民集4巻670頁 ············· 250
大判大15・2・16民集5巻150頁 ·············· 290
大連判大15・5・22民集5巻386頁 ··········· 279
大連判大15・10・13民集5巻785頁 ·········· 312
大判昭2・2・2民集6巻133頁 ················· 38
大判昭2・4・25民集6巻182頁 ··············· 131
大判昭2・12・27民集6巻743頁 ··············· 84
大判昭3・2・28民集7巻107頁 ················· 42
大判昭3・5・31民集7巻393頁 ················· 24
大判昭5・6・4民集9巻595頁 ················· 96

大判昭5・7・26民集9巻704頁 ··············· 111
大判昭5・9・30新聞3195号14頁 ············· 112
大判昭7・4・11民集11巻609頁 ·············· 336
大判昭7・10・8民集11巻1901頁 ············· 135
大判昭8・6・13民集12巻1437頁 ·············· 50
大判昭8・12・11裁判例7巻民277頁 ········· 132
大判昭9・3・7民集13巻278頁 ··············· 135
大判昭9・6・27民集13巻1745頁 ············· 111
大判昭9・10・15民集13巻1874頁 ············ 320
大判昭11・6・16民集15巻1125頁 ············· 92
大判昭13・2・12民集17巻132頁 ············· 209
大判昭13・3・1民集17巻318頁 ··············· 21
大判昭13・4・22民集17巻770頁 ········ 87, 89
大判昭14・4・28民集18巻484頁 ············· 115
大判昭14・7・7民集18巻748頁 ··············· 48
大判昭16・10・25民集20巻1313頁 ··········· 361
大判昭17・5・23新聞4778号5頁 ············· 358
大判昭18・7・20民集22巻660頁 ············· 192
大連判昭18・11・2民集22巻1179頁 ········· 297
最判昭和27・4・25民集6巻4号451頁 ····· 122
最判昭28・6・16民集7巻6号629頁 ·········· 20
最判昭28・9・25民集7巻9号979頁 ········· 132
最判昭28・12・18民集7巻12号1446頁 ······· 50
最判昭28・12・18民集7巻12号1515頁 ······ 126
最判昭29・1・14民集8巻1号16頁 ··········· 172
最判昭29・1・21民集8巻1号64頁 ············ 59
最判昭29・2・2民集8巻2号321頁 ·········· 122
最判昭29・3・11民集8巻3号672頁 ········· 172
最判昭29・6・25民集8巻6号1224頁 ········ 114
最判昭29・7・22民集8巻7号1425頁

 ·· 21, 172
最判昭29・8・31民集8巻8号1557頁 ······· 369
最判昭29・9・24民集8巻9号1658頁 ······· 130
最判昭29・12・17民集8巻12号2182頁 ······ 188
最判昭30・4・19民集9巻5号534頁 ········ 327
最判昭30・5・31民集9巻6号774頁 ········ 258
最判昭30・9・23民集9巻10号1350頁 ······ 154
最判昭31・1・15民集10巻5号496頁 ······· 170
最判昭和31・6・26民集10巻6号730頁 ····· 122

最判昭31・7・20民集10巻8号1079頁 …… 298
最判昭31・12・6民集10巻12号1527頁 ……… 38
最判昭31・12・28民集10巻12号1639頁 …… 226
最判昭32・3・28民集11巻3号610頁 ……… 38
最判昭32・5・21民集11巻5号732頁 ……… 57
最判昭32・7・9民集11巻7号1203頁 …… 244
最判昭33・4・11民集12巻5号789頁 …… 264
最判昭33・6・5民集12巻9号1359頁 …… 61
最判昭33・6・14民集12巻9号1449頁 …… 47
最判昭33・6・14民集12巻9号1492頁 …… 227
最判昭33・7・22民集12巻12号1805頁
　…………………………………… 208, 209
最判昭33・8・5民集12巻12号1901頁 …… 288
最判昭34・5・14民集13巻5号609頁 …… 24
最判昭34・8・18裁判所時報287号2頁 …… 102
最判昭34・11・26民集13巻12号1562頁 …… 300
最判昭35・4・12民集14巻5号817頁 …… 98
最判昭35・4・14民集14巻5号863頁 …… 314
最判昭35・4・26民集14巻6号1091頁 …… 112
最判昭35・9・20民集14巻11号2227頁
　………………………………… 21, 157, 359
最判昭35・11・29民集14巻13号2869頁 …… 48
最判昭35・12・20民集14巻14号3130頁 …… 158
最判昭36・1・24民集15巻1号35頁 …… 294
最判昭36・5・26民集15巻5号1336頁 …… 226
最判昭36・5・30民集15巻5号1459頁 …… 88
最判昭36・7・31民集15巻7号1982頁 …… 208
最判昭36・11・20民集15巻10号2629頁 …… 346
最判昭36・12・21民集15巻12号3243頁 …… 136
最判昭37・2・1民集16巻2号143頁 …… 318
最判昭37・3・8民集16巻3号500頁 …… 367
最判昭37・3・9民集16巻3号514頁 …… 39
最判昭37・3・29民集16巻3号662頁 …… 136
最判昭37・4・20民集16巻4号955頁 …… 65
最大判昭37・6・6民集16巻7号1265頁 …… 147
最判昭37・12・14民集16巻12号2368頁 …… 295
最判昭37・12・18民集16巻12号2422頁 …… 208
最判昭37・12・25民集16巻12号2455頁 …… 174
最判昭38・2・21民集17巻1号219頁 …… 136
最判昭37・2・27民集16巻2号407頁 …… 269
最判昭38・5・24民集17巻5号639頁 …… 154
最判昭38・5・31民集17巻4号600頁 …… 207
最判昭38・12・24民集17巻12号1720頁 …… 364

最判昭39・1・28民集18巻1号136頁
　…………………………………… 261, 286
最判昭39・2・4民集18巻2号252頁 …… 312
最判昭39・5・26民集18巻4号667頁 ……… 56
最大判昭39・6・24民集18巻5号854頁 …… 299
最判昭39・6・24民集18巻5号874頁 …… 301
最判昭39・7・7民集18巻6号1049頁 …… 93
最判昭39・9・25民集18巻7号1528頁 …… 301
最判昭39・10・13民集18巻8号1578頁 …… 175
最大判昭40・3・17民集19巻2号453頁 …… 152
最判昭40・6・29民集19巻4号1027頁 …… 154
最判昭40・11・30民集19巻8号2049頁 …… 312
最判昭40・12・3民集19巻9号2090頁 …… 199
最判昭40・12・7民集19巻9号2101頁 …… 270
最判昭40・12・17民集19巻9号2159頁 …… 131
最判昭41・3・22民集20巻3号468頁 …… 24
最判昭41・4・14民集20巻4号649頁 …… 68, 77
最判昭41・4・21民集20巻4号720頁 …… 122
最大判昭41・4・27民集20巻4号870頁 …… 153
最判昭41・6・10民集20巻5号1029頁 …… 312
最判昭41・6・23民集20巻5号1118頁 …… 261
最判昭41・7・21民集20巻6号1235頁 …… 311
最判昭41・10・4民集20巻8号1565頁 …… 351
最判昭41・10・21民集20巻8号1640頁 …… 132
最判昭42・2・21民集21巻1号155頁 …… 174
大判明42・5・14民録15輯490頁 …………… 49
最判昭42・6・27民集21巻6号1507頁 …… 299
最判昭42・7・18民集21巻6号1559頁 …… 304
最大判昭42・11・1民集21巻9号2249頁 …… 291
最判昭42・11・2民集21巻9号2278頁 …… 313
最判昭42・11・24民集21巻9号2460頁 …… 102
最判昭42・11・30民集21巻9号2477頁 …… 303
最判昭43・1・25判時513号33頁 …………… 114
最判昭43・2・16民集22巻2号217頁 …… 97
最判昭43・3・15民集22巻3号587頁 …… 227
最判昭43・3・28民集22巻3号692頁 …… 163
最判昭43・4・23民集22巻4号964頁 …… 320
最判昭43・7・25判時530号37頁 …………… 243
最判昭43・8・2民集22巻8号1525頁 …… 294
最判昭43・8・20民集22巻8号1692頁 …… 68
最判昭43・9・3民集22巻9号1817頁 …… 154
最判昭43・10・3判時540号38頁 …………… 293
最判昭43・10・8民集22巻10号2145頁 …… 110

判例索引 *377*

最判昭43・11・15民集22巻12号2614頁 ……… 288
最判昭44・1・31判時552号50頁 ………… 54, 55
最判昭44・2・6民集23巻2号195頁 ……… 278
最判昭44・2・27民集23巻2号441頁 ……… 298
最判昭44・7・17民集23巻8号1610頁 ……… 120
最判昭44・9・26民集23巻9号1727頁
　…………………………………………… 264, 369
最判昭44・11・18民集23巻11号2079頁 ……… 313
最大判昭44・11・26民集23巻11号2221頁 …… 164
最判昭45・7・16民集24巻7号909頁 ……… 359
最大判昭45・10・21民集24巻11号1560頁 …… 368
最判昭45・12・15民集24巻13号2051頁 ……… 110
最判昭45・12・18民集24巻13号2151号 ……… 261
最判昭46・3・5判時628号48頁 ………… 192
最判昭46・4・9民集25巻3号264頁 ……… 227
最判昭46・4・23民集25巻3号351頁 ……… 316
最判昭46・4・23民集25巻3号388頁 ……… 128
富山地判昭46・6・30判時635号17頁 ……… 278
新潟地判昭46・9・29下民集22巻9＝10号別冊
　1頁 …………………………………………… 277
最判昭46・10・14民集25巻7号933頁 ……… 140
最判昭46・10・28民集25巻7号1069頁 ……… 368
最判昭46・12・16民集25巻9号1472頁 ……… 85
最判昭47・3・9民集26巻2号213頁 …… 62, 134
最判昭47・6・22民集26巻5号1051頁 ……… 153
最判昭47・6・27民集26巻5号1067頁 ……… 259
津地四日市支判昭47・7・24判時672号30頁
　…………………………………………… 278, 322
最判昭47・9・7民集26巻7号1327頁
　……………………………………………… 20, 364
最判昭47・12・22民集26巻10号1991頁 ……… 186
最判昭48・2・2民集27巻1号80頁 ………… 120
最判昭48・11・16民集27巻10号1374頁 ……… 305
最判昭49・3・22民集28巻2号347頁 ……… 310
最判昭49・6・28民集28巻5号666頁 ……… 303
最判昭49・9・2民集28巻6号1152頁 ……… 120
最判昭49・9・26民集28巻6号1243頁 ……… 357
最判昭39・11・20民集18巻9号1914頁 ……… 153
最判昭49・12・17民集28巻10号2040頁 ……… 291
最判昭50・2・13民集29巻2号83頁 ……… 152
最判昭50・2・25民集29巻2号143頁 ……… 180
最判昭50・10・2判時797号103頁 ………… 145
最判昭51・2・13民集30巻1号1頁 ………… 45

最判昭51・3・25民集30巻2号160頁 ……… 300
最判昭51・7・8民集30巻7号689頁 ……… 315
最判昭52・2・22民集31巻1号79頁 ……… 194
最判昭52・5・27民集31巻3号427頁 ……… 302
最判昭52・10・25民集31巻6号836頁 ……… 302
最判昭52・11・24民集31巻6号918頁 ……… 331
最判昭53・2・17判タ360号143頁 ………… 56
横浜地判昭53・4・19判時905号87頁 ……… 265
東京地判昭53・8・3判時899号48頁 ……… 278
最判昭53・10・20民集32巻7号1500頁 ……… 295
東京高判昭54・3・14判時918号21頁 ……… 262
最判昭54・3・20判時927号184頁 ………… 197
最判昭54・3・30民集33巻2号303頁
　…………………………………………… 264, 369
大阪高判昭55・1・30判タ414号95頁 ……… 101
最判昭56・1・19民集35巻1号1頁 ……… 187
最判昭56・4・14判時1001号3頁 ………… 263
最判昭56・4・20民集35巻3号656頁 ……… 157
最判昭56・11・27民集35巻8号1271頁 ……… 311
最大判昭56・12・16民集35巻10号1369頁 …… 259
最判昭56・12・22民集35巻9号1350頁 ……… 294
最判昭57・1・19判時1032号55頁 ………… 21
最判昭58・1・20民集37巻1号1頁 ……… 148
最判昭59・1・26民集38巻2号53頁 ……… 316
最判昭和59・9・18判時1137号51頁 ……… 10
宮崎地裁都城支部判昭和60・2・15判時1169号
　131頁 ……………………………………… 100
最判昭60・11・29民集39巻7号1719頁 ……… 56
最大判昭61・6・11民集40巻4号872頁 …… 261
最判昭62・6・5判時1260号7頁 ………… 110
最判昭62・7・10民集41巻5号1202頁 ……… 302
静岡地浜松支決昭62・10・9判時1254号45頁
　……………………………………………… 265
最判昭63・2・16民集42巻2号27頁 ……… 263
最判昭63・6・16判時1298号113頁 ……… 331
最判昭63・6・16民集42巻5号414頁 ……… 331
最判平元・12・21民集43巻12号2209頁 ……… 305
大阪地判平元・12・27判時1341号53頁 ……… 262
最判平2・3・6判時1354号96頁 ………… 300
横浜地判平2・3・27判時1365号100頁 ……… 331
東京地判平2・11・13判時1395号78頁 ……… 113
東京地判平2・12・20判時1389号79頁 ……… 23
最判平3・4・2民集45巻4号349頁 ……… 68

最判平 3 ・10・17判時1404号74頁 ……………… 116
最判平 3 ・10・25民集45巻 7 号1173頁 ……… 323
仙台地決平 4 ・ 2 ・28判時1429号109頁 …… 265
最判平 4 ・ 9 ・22金法1358号55頁 …………… 188
最判平 5 ・ 2 ・25民集47巻 2 号643頁 ……… 260
最判平 5 ・ 3 ・16民集47巻 4 号3005頁 ……… 60
最大判平 5 ・ 3 ・24民集47巻 4 号3039頁
…………………………………………… 301, 302
東京地判平 5 ・ 9 ・14判タ870号208頁 …… 101
最判平 5 ・10・19民集47巻 8 号5061頁 …… 193
最判平 6 ・ 2 ・ 8 民集48巻 2 号149頁 ……… 263
最判平 6 ・ 3 ・22民集48巻 3 号859頁 ………… 61
最判平 6 ・10・25民集48巻 7 号1303頁 …… 149
最判平 7 ・ 9 ・19民集49巻 8 号2805頁 …… 361
神戸地尼崎支決平 9 ・ 2 ・12判時1604号127頁
……………………………………………………… 263
最判平 9 ・ 7 ・17民集51巻 6 号2882頁 ……… 131
最判平 9 ・11・13判時1633号81頁 …………… 137
最判平 9 ・12・18民集51巻10号4241頁 …… 265

最判平10・ 6 ・12民集52巻 4 号1087頁 ……… 306
大阪地判平10・ 6 ・29判時1651号120頁 …… 265
東京地判平10・11・26判タ1040号242頁 …… 265
最判平11・ 2 ・23民集53巻 2 号193頁 ……… 212
最判平11・ 2 ・25民集53巻 2 号235頁 ……… 276
最判平12・ 2 ・29民集54巻 2 号582頁 ……… 266
最判平12・ 9 ・22民集54巻 7 号2574頁 …… 255
最判平13・11・27民集55巻 6 号1311頁 ……… 76
最判平14・ 3 ・28民集56巻 3 号662頁 ……… 119
最判平14・ 9 ・24判時1801号77頁 …………… 197
最判平15・ 6 ・12民集57巻 6 号595頁
……………………………………………… 156, 157
最判平15・ 9 ・12民集57巻 8 号973頁 ……… 263
最判平15・10・10判時1840号18頁 …………… 195
最判平15・10・16裁時1349号 3 頁 …………… 262
最判平17・12・16判時1921号61頁 …………… 121
最判平18・ 2 ・ 7 民集60巻 2 号480頁 ………… 86
最判平24・ 9 ・13民集66巻 9 号3263頁 …… 168
最判平25・ 4 ・16民集67巻 4 号1049頁 …… 183

藤井俊二（ふじい　しゅんじ）

1949年　北海道富良野生まれ
1971年　神奈川大学法学部卒業
1985年　早稲田大学大学院法学研究科博士課程修了
現　在　創価大学名誉教授、日本土地法学会監事・関東支部長、山梨県不動
　　　　産鑑定士協会顧問、地籍問題研究会幹事、早稲田大学博士（法学）

＜担当項目＞　Lecture 1～15
＜主要著書＞
『現代借家法制の新たな展開』（成文堂、1997年）、『事例でわかる民法総則』
（敬文堂、2005年）、『借地権・借家権の存続保護』（成文堂、2006年）、『クル
ツ・レーアブーフ民法総則』（成文堂、2011年）、『ドイツ借家法概説』（信山
社、2015年）、『基本法コンメンタール借地借家法〔第2版〕』（共著、日本評
論社、2009年）、『民法判例30講〔民法総則・物権法〕』（共著、成文堂、2000
年）、『借地・借家の裁判例〔第2版〕』（共著、有斐閣、2001年）、『基本法コ
ンメンタール物権〔第5版〕』（共著、日本評論社、2002年）、『借家の法律相
談』（共著、有斐閣、2002年）、『民法判例30講〔債権法〕』（共編著、成文堂、
2004年）、『基本法コンメンタールマンション法〔第3版〕』（共著、日本評論
社、2006年）、『コンメンタール借地借家法〔第4版〕』（共著、日本評論社、
2019年）、『新基本法コンメンタール借地借家法〔第2版〕』（共著、日本評論
社、2019年）など

宮﨑　淳（みやざき　あつし）

1964年　三重県鈴鹿市生まれ
1987年　創価大学法学部卒業
1993年　創価大学大学院法学研究科博士後期課程単位取得退学
現　在　創価大学法学部教授、博士（法学）

＜担当項目＞　Lecture 16～25
＜主要著書＞
『水資源の保全と利用の法理―水法の基礎理論』（成文堂、2011年）、『債権法
総論』（共著、成文堂、1996年）、『民法判例30講〔民法総則・物権法〕』（共
著、成文堂、2000年）、『民法判例30講〔債権法〕』（共著、成文堂、2004年）、
『環境用水―その成立条件と持続可能性』（共著、技報堂出版、2012年）、『コ
ンメンタール借地借家法〔第4版〕』（共著、日本評論社、2019年）など

レクチャー民法学　債権各論〔第2版〕

2006年10月20日　初　版第1刷発行
2019年10月20日　第2版第1刷発行

著　者　　藤　井　俊　二
　　　　　宮　﨑　　　淳

発行者　　阿　部　成　一

〒162-0041　東京都新宿区早稲田鶴巻町514番地

発　行　所　　株式会社　成　文　堂

電話03(3203)9201(代)　Fax 03(3203)9206
http://www.seibundoh.co.jp

製版・印刷・製本　㈱シナノ

© 2019　S. Fujii, A. Miyazaki　　　Printed in Japan

☆乱丁・落丁本はおとりかえいたします☆　検印省略

ISBN4-7923-2741-5　C3032

定価（本体3000円＋税）